정약용의 문제들

김영식 金永植

서울대학교 공과대학 화학공학과 졸업
미국 하버드 대학 Ph.D. (화학물리학)
미국 프린스턴 대학 Ph.D. (역사학)
서울대학교 화학과, 동양사학과 교수
서울대학교 규장각한국학연구원 원장
현재 서울대학교 명예교수

주요논저 | 『주희의 자연철학』, 『정약용 사상 속의 과학기술』, 『유가 전통과 과학』 등

정약용의 문제들

김 영 식 지음

2014년 4월 25일 초판 1쇄 발행

펴낸이 · 오일주
펴낸곳 · 도서출판 혜안
등록번호 · 제22-471호
등록일자 · 1993년 7월 30일

주   소 · ㉾ 121-836 서울시 마포구 서교동 326-26번지 102호
전   화 · 3141-3711~2 / 팩시밀리 · 3141-3710
E-Mail · hyeanpub@hanmail.net

ISBN 978-89-8494-501-2 93910

값 25,000원

정약용의 문제들

김 영 식 지음

혜안

감사의 말

이 책을 쓰면서 수많은 사람들로부터 도움을 받았고 그들 모두를 일일이 거명하여 감사를 표하는 것은 불가능할 것이다. 우선 이 책은 내가 이런저런 계제에 구두로, 혹은 활자로 발표한 내용들을 포함하는데, 그 같은 발표에서 토론과 논평을 해 준 여러 사람들로부터 많은 도움을 받았다. 특히 몇 개월 전 나로서는 일단락되었다고 생각한 원고를 꼼꼼히 읽고 많은 유익한 지적을 해 준 임종태, 구만옥 교수에게 감사한다. 두 사람은 구체적인 내용이나 번역, 표현의 오류뿐 아니라 책 전체의 구성과 논조가 지니는 나 자신도 인정할 수밖에 없는 문제점들을 지적해 주었는데, 이 최종 원고에서도 그 같은 문제들을 충분히 해소하지 못한 것은 아직 정약용에 대한 내 이해가 '문제가 없는' 완전한 것이 되지 못함을 보여주는 것이겠다. 또한 빼놓을 수 없는 것은 수많은 이차문헌의 저자들이다. 많은 경우 나는 이차문헌을 통해 그 속에 인용된 원전의 구절들에 관심을 갖게 되었다. 특히 구만옥 교수의 여러 글들을 읽으면서 정약용뿐만이 아니라 그 이외의 여러 조선 학자들의 자료들에 접하게 되었다. 각 구절에서 모두 일일이 밝히지는 못했지만 책 끝에 실은 참고문헌목록으로 이들에 대한 감사를 대신한다. 끝으로 이 같은 책의 출판을 흔쾌히 맡아준 도서출판혜안에 감사한다.

2014년 2월

김 영 식

서론: 정약용의 '문제들'

1

뒤늦게 정약용의 글을 읽으면서 그에 대한 연구를 시작한 후 지난 10여 년 동안 정약용의 삶과 사상의 여러 가지 측면들에 대한 내 자신의 이해는 깊어져 왔다고 생각된다. 그러나 하나의 틀로 그것들을 통합해서 일관된, 정합적인 이야기를 한다는 것은 나로서는 아직 힘들게 느껴진다. 내가 겪은 어려움은 주로 내가 이해한 정약용의 여러 측면들 사이의 모순, 불일치 때문이지만 상당 부분은 내가 이해한 측면들과 그간 학계에서 받아들여진 측면들과의 모순과 불일치에 기인한다. 가장 두드러진 예가 우리 학계 대부분이 받아들이는 정약용의 이른바 '탈주자학적' 성격에 대해 나로서는 수긍하기 힘든 면이 있다는 점일 것이다. 그러나 그 외에도, 흔히 거론되는 정약용의 '개혁적', '진보적', 심지어는 '근대적' 면모에 대해서 나는 받아들이기 힘들며, 그러한 면모의 일부로서 그의 사상과 학문이 지닌 것으로 평가되는 '합리적', '과학적', '반미신적' 성격이 지나치게 과장되었거나 단순화되었다고 느낀다. 이 책은 이 같은 측면들에 대해 검토해 보고 그에 대한 내 생각을 밝히려는 목적에서 씌어졌다.

그동안 많은 이차문헌들에서 정약용의 사상과 학문의 여러 가지 측면들이 다루어졌고, 나는 이들 연구로부터 수많은 것을 배웠지만 그럼에도 불구하고 정약용이라는 인간과 그의 삶, 생각, 저술 등이 충분히 이해되지 않는다는 불만은 떨치기 힘들었다. 이런 불만에서 쓰게 된 이 책은 자연히 정약용에 대한 그간 학계의 방대한 업적과 이해, 합의와 어긋나는 면을 많이 포함하게 될 것이다. 특히 이 책의 내용은 그간의 연구가 제시해 준 주된 경향과는 다른 방향으로 향하게 될 것이고, 때로는 지나치게 반대 방향으로 나아가는 면도 있을 것이다. 그러나 이 점은 어느 정도 불가피하다고 생각한다. 그동안 다른 한쪽으로 치우쳤던 것을 바로잡으려는, 그리고 그 동안의 연구와는 다른 각도에서 정약용을 이해해 보려는 작업이 오히려 이처럼 반대쪽으로의 치우침을 통해 더 효과적으로 수행될 수도 있을 것이기 때문이다.

이 책을 쓰는 작업은 2006년 출간된 내 책『정약용 사상 속의 과학기술』로 거슬러 올라간다.[1] 그 책을 쓰면서 정약용 사상 속에서의 과학기술의 위치, 성격, 역할 등에 대해 생각해 보는 과정에서 그의 삶과 사상 속의 많은 요소, 많은 측면들에 접하게 되었었다. 그러나 짧은 분량으로, 그나마 과학기술에 초점을 둔 그 책에서 어쩔 수 없이 많은 측면들을 간단히 다루거나 그냥 언급하기만 할 수밖에 없었다. 그 같은 여러 측면들에 대해 이 책에서 더 자세히 다룰 기회를 갖게 된 것이다.

2

이 같은 목적과 성격을 지닌 책의 내용을 '정약용의 문제들'이라는 화두를 중심으로 해서 정리해 보았는데, 여기서 '문제들'이란 표현은 적어도 두 가지 서로 다른 의미를 지닌다.

---

1) 김영식,『정약용 사상 속의 과학기술─유가 전통, 실용성, 과학기술』(서울대출판부, 2006).

첫째, 정약용 자신에게 '문제'가 되었던 것들이다. 이는 물론 그에게 어려움을 주었다는 의미도 되지만 그에게 '중요했다'거나 '관심의 대상이었다'는 의미까지 포함한다. 그리고 그런 의미에서 생각해 볼 수 있는 것들이 몇 가지 있다. 그가 살았던 조선 후기의 사회는 과거와는 달라진 어려워진 환경에서 여러 가지 문제들을 겪고 있었다. 무엇보다도 절박했던 것은 나라를 다스리고 사회를 지탱하기 위해 해결해야 할 문제들이었다. 그 중에는 그간 조선 양반사회를 지탱해 왔지만 더 이상 제대로 기능하지 못하는 것으로 드러난 주자학의 문제도 포함되어 있었다. 또한 기독교, 과학기술 등 서양으로부터 조선 사회에 새로 들어온 요소들이 문제를 제기하고 있었다. 그리고 과거부터 계속 존재해 왔지만 폐단이 더욱 심해진 미신, 술수 등의 문제들도 이런 문제들에 더해졌다.

한편 정약용 자신이 개인적으로 처한 상황에서 겪게 된 문제들도 있었을 것이다. 특히 40세 때부터 18년에 걸친 유배생활은 그의 문제의식에 깊은 영향을 미쳤다. 사실 길고 굴곡이 있었던 정약용의 생애에서 그 개인에게 닥쳤던 가장 중요한 문제는 1800년 그의 강력한 후원자 정조正祖(재위 1776~1800)의 죽음과 함께 그에게 닥쳐온 정치적인 추락, 그리고 그에 따라 긴 기간을 서울을 떠나 먼 유배지에서 보내게 된 상황이었다고 할 수 있다. 이 기간 동안 그는 왕성한 지적 활동을 보여주었지만 일상생활만이 아니라 학문적 활동에 있어서도 큰 어려움을 겪으며 지냈을 것이다. 특히 그는 지방과 서울의 문화적 격차와 지방의 낙후함에 대해 자주 토로했다. 이같이 정치적으로 박해받고 문화적으로 낙후한 유배지에서 고립된 채 살아나간 정약용의 개인적 상황은 그의 지적 태도에 당연히 큰 영향을 미쳤을 것이다.

'문제들'이라는 표현이 지닌 두 번째 의미는 정약용을 오늘날 우리가 이해하는 데 있어서 문제가 되는 점들─역시 '중요한', '관심을 끄는' 점들을 포함해서－이다. 그리고 이 의미와 관련해서 그간 자주 논의되어 온 것은 그의 개혁 사상, 진보적 측면, 독창성 등이다. 과연 그가 '개혁적', '진보적', '독창적'이었는가? 그리고 그렇다고 한다면 구체적으로 어떤 면에서 그러했고, 그렇지 않다고 한다면 구체적으로 어떤 면에서 그렇지 않았는가? 또한, 이런 측면들을 이해하는 데 있어서의 '문제'들 이외에 위에서 본 것처럼 그에게 문제가 되었던 조선 후기 사회의 여러 요소들－기독교를 비롯한 서학, 과학기술, 술수와 미신, 그리고 유가 전통과 주자학 등－에 대해서 정약용 자신이 지녔던 태도와 생각 역시 우리가 그를 이해하는 데 있어 문제가 된다. 이들 여러 요소들에 대해 정약용이 보인 태도에 대해서는 많은 논의가 있어왔지만, 다양한－때로는 서로 상반된－견해들이 존재하고 그것들이 우리가 정약용의 사상과 학문을 이해하는 데 문제가 되는 것이다.

이 두 가지 의미에서의 '문제들'에 덧붙여, 개인적인 차원에서 내 자신이 정약용을 이해하는 데 문제가 되는 측면들도 존재한다. 특히 오랫 동안 주희朱熹(1130~1200)를 연구해 온 나로서 어쩔 수 없이 주희의 틀 속에서, 주희의 틀에 비추어서 정약용을 보는 것을 피할 수 없었고 이것이 내가 정약용을 이해하는 데 문제가 될 수도 있었을 것이다. 그러나 정약용 자신에게 실제로 주희가 엄청난 중요성을 지녔음을 생각하면 이것은 문제가 아닐 수도 있다고 나는 생각한다. 실제로 정약용 자신이 항상 주희의 틀을 의식하면서 생활했을－행동하고 말하고 저술했을－것이기 때문이다. 그렇다면 주희가 정약용에게 어떤 의미였을까 하는 문제 역시 정약용을 이해하는 데 있어서 중요한 문제가 된다. 또한 이에 덧붙여, 내가 과학사학자이기에 특별히 문제가 되었던 점들도 있었을 것이다. 정약용에게 과학기술이 어떤 의미, 어떤 문제였는가 하는 관심이 바로 그런 예라고 할 수 있다.

이 책에서 나는 이런 문제들에 대한 탐구를 통해 정약용이라는 인간을－

그의 삶과 사상을—이해해 보려고 시도할 것이다. 그리고 이를 위해 그의 학문, 사상, 믿음의 내용 자체에 대한 이해보다 그가 왜 그런 생각을 했고 그런 글을 썼고 그런 믿음을 지녔는지, 그의 학문, 사상, 믿음이 그에게 어떤 의미를 지녔는지를 이해하려고 노력할 것이다.

3

'정약용의 문제들'을 다루는 이 책의 첫 장은 정약용이 살았던 조선 후기 사회의 여러 문제들에 대한 그의 태도를 살펴보는 것으로 시작한다. 이 같은 '문제들'에 대해 정약용이 대처하는 모습을 논의하면서 많은 학자들이 정약용에게서 근대적인 여러 특성들을 지적해 왔다. 그러나 정약용을 두고 흔히 지적되는 '근대적'—또는 '민주적', '과학적'—이라는 개념들은 그 당시에는 없었던 것들이며, 또한 그 시기 조선의 학자로서 정약용이 서양의 근대에 나타난 이 같은 '근대적' 특성들을 추구해야 할 이유도 없었다. 따라서 그런 특성들을 그에게서 찾으려 들면 자칫하면 억지스러운 견강부회와 왜곡을 빚게 되기가 쉬울 것이다. 1장에서는 이 같은 문제들을 지적하는 한편, 설사 그 같은 문제들을 무릅쓰고 정약용에게서 '근대적' 측면들을 찾아낸다고 해도 그 '근대성'에는 많은 한계와 제약이 있었음을 보일 것이다. 그리고 그 같은 근대적인 특성의 하나로 정약용이 지녔던 조선인으로서의 자의식이 거론되기도 하는데 이에 대해서도 다룰 것이다.

정약용이 처했던 조선 후기, 특히 18세기 후반의 다양한 학문적, 사상적 조류들이 정약용에게 영향을 주었다. 우선 '서학西學'이라는 이름으로 불린 기독교와 서양 학문을 들 수 있으며 그 외에도 중국의 경학經學 및 고증학考證學, 그리고 일본 고학파古學派를 비롯한 여러 사상적 조류들을 들 수 있고, 조선 학계의 주류를 이루었던 주자성리학, 그리고 북학파를 비롯한 여러 사상적 조류들도 당연히 그의 사상 형성에 영향을 미쳤다. 그러나 이런 여러 조류들의 영향을 다루면서 간과해서는 안 될 점은 정약용의 주된 지적 관심이 유가 학문전통 안에 머물렀다는 것이다. 물론 정약용은 송대 이래의 신유학, 특히 주자학의 폐단을 인식하고 원시유학原始儒學으로 돌아가려는 경향을 보였으며, 그 과정에서 주자학의 개념들이나 주장들로부터 벗어나는 경우들이 많았다. 그간 정약용의 철학과 사상에 대한 많은 연구가 주로 이 측면을 대상으로 이루어져 왔으며, 많은 학자들이 이를 대체로 원시유학으로의 복귀, 또는 '탈주자학'이라고 보았다. 이는 전체적인 경향을 두고 볼 때 대체로 타당한 평가이다. 그러나 나는 정약용을 두고 '탈주자학'이라는 표현을 사용하는 것은 지나친 면이 있다고 생각한다. 정약용이 주희에게서 여러 가지 불만스러운 점들을 보고 그것들을 고치려 했고 그 과정에서 주자학 이외의 당시의 많은 사상적 조류들과 학문적 경향들을 종합한 것은 사실이지만, 그렇다고 그가 조선 시대 유학자 대부분의 사상적 토대였던 주자학 그 자체를 배격한 것은 아니었기 때문이다. 주희의 신유가 철학의 틀은 여전히 그의 사상 전반의 기초로 남아 있었으며 그가 시도한 것은 이에 대한 수정, 보완이었던 것이다. 2장에서는 정약용에게서 볼 수 있는 주자학 체계로부터 일탈, 수정의 예들과 함께 그가 여전히 주자학 체계 안에 남아 있었음을 보여주는 예들을 다룸으로써 이를 보일 것이다.

정약용은 이 같은 유가 전통 내부의 문제들 이외에 그 외부로부터도 많은 문제들에 접하고 있었다. 당시 정약용에게 주자학에 대한 대안으로 보였을 수 있는 것 한 가지는 천주교, 그리고 그와 함께 들어온 서양 과학기술이었고, 정약용은 그것들을 부분적으로 받아들였다. 이와 관련해서 그동안의 연구는 주로 그의 천주교 신앙의 깊이, 진위眞僞 등에 집중해 왔다. 3장은 우선 이에 대해 검토하면서 시작할 것이다. 한편 많은 사람들이 서양 과학기술에 대해서는 막연히 그가 많은 관심을 지니고 상당한 지식을 가졌을 것으로 생각해 왔는데, 사실은 그렇지 않았음을 3장의 뒷부분에서 보게 될 것이다.

　정약용은 서양으로부터 들어온 과학기술에 대해서만이 아니라 일반적으로 과학기술 자체에 대해 큰 관심이나 수준 높은 지식을 지니지 않았다. 이런 면을 고려하면 '정약용의 문제들'을 다루는 이 책에서 과학기술에 별도의 장을 둘 필요가 없을 수도 있을 것이지만, 흔히 대표적인 '실학자'로 알려진 정약용이 당연히 과학기술에 많은 관심과 지식을 지니고 있었을 것이라는 생각이 널리 퍼져 있는 상황에서 그 같은 선입견을 불식시키기 위해 별도의 장을 마련했다. 그렇다면 4장에서 논의하게 될 '문제'들이란 정약용 자신에게 문제가 되는 것들이라기보다는 오늘날 우리가―그리고 내가―정약용을 이해하는 데 있어서 문제가 되는 것들이라고 할 수 있겠다. 이에는, 앞에서 이야기했듯이, 내 자신의 개인적 관심도 물론 영향을 미쳤다. 사실 많은 학자들이 정약용에게서 높은 수준의 과학기술 지식뿐만 아니라 과학기술을 위한 풍토, 기초, 이론, 방법 등을 보기도 한다. 물론 그에게서 그 같은 요소들을 찾는 것이 불가능한 것은 아니다. 그러나 그것들은 정약용에게서 새롭게 나타나는 것이기보다는 유가 전통과 주자학 전통 자체에 존재하고 있었던 요소들이며, 그것들이 다른 유학자들에 비해 정약용에게서 더 두드러졌던 것이 아니었다. 4장에서는 유가 전통 속에서의 과학기술의 위치에 대한 일반적 논의를 포함시킴으로써 이 같은 면을 보일 것이다.

　술수와 미신은 기독교, 과학기술 등과는 서로 상반되는 것으로 보이지만, 이들 또한 기독교나 과학기술처럼 유가 전통의 주변부에 속하는 것들이었다. 5장에서는 이에 대한 정약용의 태도를 다룰 것인데 그가 술수와 미신을 전적으로 부정하지는 않았고 그 일부를 받아들였음을 보게 될 것이다. 그리고 이와 관련해서 이 같은 유가 전통 주변부의 요소들에 대한 그의 태도―관계 정립, 또는 경계 획정―를 검토해 볼 것이다. 한편 술수와

미신에 대한 정약용의 태도의 밑바탕에는 '상관적 사고'(correlative thinking)
에 대한 거부가 놓여 있었다. 5장은 상관적 사고에 대한 정약용의 생각도
살펴볼 것이다.

위의 '문제들'에 대한 정약용의 태도에서 일관적으로 드러나는 두드러진
점이 실제 생활에 유용한 것을 추구하고 실천과 효용, 성과를 중시하며
현실적 여건과 실현가능성을 중시하는 특성이었다. 이 같은 특성은 그의
개혁 정책과 과학기술에 대한 태도에서 뚜렷이 드러났으며, 그 외에도
주자학, 기독교, 술수와 미신 등을 두고 광범위하게 나타났다. 사실 학문과
사상 이외에도 그의 삶의 거의 모든 측면에서 이 같은 '실용주의적' 특성을
찾아볼 수 있는데, 6장에서 이에 대해 다룰 것이다.

4

이 책에서 드러나는 정약용의 모습은 그에 대해 그간 흔히 알려져 왔던
것과는 다르다. 그는 개혁적이기보다는 보수적이었으며 주자학을 타파하
거나 그로부터 벗어나기보다는 그 문제점을 개선, 보완하여 그것을 완성하
려 했다. 그리고 천주교, 과학기술, 술수와 미신 등 다른 여러 문제들에
대한 그의 태도는 이론적, 이념적이기보다는 현실적, 실용적이었다. 나는
이 같은 모습이 그가 처했던 상황에서 지극히 자연스러운 것이었다고
생각한다. 조선 양반사회의 일원으로 그 사회가 당면한 여러 문제들을
목도하면서 흔들려가는 사회의 근간을 유지, 지탱한 채 문제들을 해결하려
는 그의 희망이 이 같은 모습으로 나타났던 것이다. 특히 생애 후반 조선
양반사회의 중심으로부터 추락한 상황에서 그로부터 영영 낙오되어 배제될
것을 걱정하는 처지에서, 정약용은 자신에게 남겨진 유일한 길인 학문적
작업을 통해 그 사회를 지탱할 길을 제시했으며, 그런 가운데 자신의 능력과

정약용의 문제들

성취를 인정받으려는 현실적인 태도를 보였다. 그리고 그 같은 그의 학문적 작업에는 경세학만이 아니라 조선 양반사회가 중요시하는 경학 연구가 당연히 포함되었다.

이 같은 내용으로 이루어진 이 책은 몇 가지 한계를 지니고 있다. 가장 두드러진 한계는 이 책이 '정약용의 문제들' 모두를 균형 있게 다루지는 못하고 있다는 것이다. 그리고 이 책에서 상대적으로 더 자세히 길게 다룬 것들이 정약용 자신에게 상대적으로 더 중요한 문제들이었다거나 우리가 그를 이해하는 데 있어 더 중요하다고 할 수 있는 것도 아니다. 그보다는, 그간 중요하게 여겨지지 않아서 길게 다루어지지 않은 측면들과 문제들을 이 책이 더 자세히 길게 다루었다고 하는 편이 더 정확할 것이다.

이에 따라 이 책은 정약용과 관련된 '신화 깨기'에 치중한 감을 줄 수 있다. 그러나 이는 그간의 치우친 시각, 그리고 지나치게 정약용에 열광함으로써 그에 대해 빚어진 많은 오해와 왜곡을 바로잡기 위해 어쩔 수 없었다. 특히, 이 책에서의 나의 목적이 정약용의 '개혁적', '진보적', '독창적' 면모를 무시하거나 깎아내리고자 하는 것은 아니라는 점을 강조하고 싶다. 오히려 내가 의도하는 것은 그 시기를 살던 인물로서의 정약용에 대한 제대로 된 이해를 얻어내고 그렇게 함으로써 그의 독창성이나 탁월함을 더 제대로 이해해 보자는 것이며 이에 대해서는 결론에서 더 자세히 언급할 것이다.

1장 조선 후기 사회의 문제들

정약용이 살았던 조선 후기 사회의 문제들에 대해서는 그간 많은 연구가 이루어져 왔다. 사실 그간의 정약용 연구의 많은 부분이 이 같은 문제들에 대한 그의 생각과 태도를 대상으로 행해져 왔다. 정약용의 생각과 태도가 당시 조선 사회의 맥락 속에서 형성되고 표출된 것이기에 이는 당연한 일이다. "정약용의 문제들"을 여러 각도에서 살펴보고자 하는 이 책도 첫 장에서 정약용이 처했던 조선 후기 사회의 문제들에 대한 그의 생각과 태도를 살펴보면서 시작할 것이다.

1. 조선 후기 사회와 정약용

정약용이 살았던 조선 후기 사회는 여러 가지 변화들이 일어나고 있었고 그에 따른 많은 문제들을 겪고 있었다. 김태영은 이를 "중세적 사회 구성의 해체"라고 표현하면서 조선 후기 사회에서 "본격적인 상품화폐경제가 전개되고 … 요역제徭役制가 바뀌어 고용노동제로 대체되어 가고 … 노비제가 급격히 해체되어 가고, 그에 따라 … 병작반수제가 보편적인 생산관계로 등장하게 되고 … 사회 신분제도가 붕괴되면서 양반호兩班戶가 급증하며 상민호常民戶가 급감하고 … 다양한 사회적 욕구가 분출하고 지배질서 전체가 동요"하고 있었다고 지적했다.[1] 이 같은 당시 조선 사회의 상황 속에서, 정약용이 느낀 주된 문제는 정쟁政爭, 정부의 타락과 무능, 관리와 토호의 탐욕과 착취, 그리고 그에 따른 민생 도탄 같은 것들이었다. 그는 중앙과 지방의 관료로서의 경험을 통해 제도와 관행상의 여러 문제들을 인식했을 것이고 긴 유배 기간 중에는 직접 백성들의 생활의 고통을 많이 목도할 수 있었을 것이다. 실제로 『목민심서牧民心書』의 서序에서 그는 "남쪽 변두리 땅에서 전세田稅와 공부貢賦를 서리胥吏들이 농간하고 어지럽혀 폐단이 마구 떨치고 있었는데 [내가] 처한 바가 이미 비천해져서 듣는 바가 좀 상세했기에 [이같은 폐단들] 또한 종류에 따라 기록하고 얕은 견해를 덧붙였다"고 썼다.[2] 유배기간 중인 1809년 김이재金履載(1767~1847)에게 보낸 편지에서 는 "지금 호남 지역에서 걱정할 일이 두 가지 있는데 그 하나는 백성의 소요騷擾이고 또 하나는 관리의 탐욕"이라는 말로 시작한 후 탐관오리의 악행과 백성의 고통을 자세히 기술했으며,[3] 다른 편지에서는 "이 몸이 살아 돌아갈지 아닐지는 단지 나 하나의 기쁨과 걱정이지만, 이제 이 만백성 이 구렁텅이로 다 내몰리고 있으니 이를 장차 어찌할 것인가?"라고 한탄했 다.[4] 이 같은 상황에서 그는 조선 사회가 "털 한 오락까지 병들지 않은 곳이 없다"고 보고 "지금 개혁하지 않으면 기필코 나라가 망하고 말 터이니 이를 어찌 충성된 신하와 뜻있는 선비가 수수방관할 수 있는가?"라고 말했다.[5]

---

1) 金泰永, 『실학의 국가 개혁론』(서울대학교출판부, 1998), 97쪽.

2) "南徼之地, 田賦所出, 吏奸胥猾, 弊瘼棼興. 所處旣卑, 所聞頗詳, 因亦以類疏錄, 用著膚見.": 『牧民心書』「自序」: 『與猶堂全書』第5集 第16卷 1b쪽(이하에서 "전서 V.16.1b" 와 같은 형식으로 표기함).

3) "今湖南一路, 有可憂者二. 其一民騷也. 其一吏貪也. … ": 「與金公厚」: 전서 I.19.15a.

4) "此身之生還與否, 唯是一己之歡戚. 今此萬民盡迫溝壑, 此將奈何.": 「與金公厚」: 전서 I.19.16b.

5) "竊嘗思之, 蓋一毛一髮, 無非病耳. 及今不改, 其必亡國而後已. 斯豈忠臣志士所能袖手 而傍觀者哉.": 『經世遺表』권1, 「引」: 전서 V.1.3b.

그러나 정약용은 조선 사회의 이 같은 여러 문제들에 직접 대응하여 해결을 시도하거나 개혁을 추진할 수 있는 입장에 있지 못했다. 정조 재위기간 중 그는 아직 소장 관료로서 정조의 명을 받아 정책을 수행하는 정도에 머물렀고, 그나마 마지막 수년간은 자신과 측근의 천주교 신앙을 에워싼 의혹에 시달려 제대로 활동하기 힘든 상황이어서 이 기간 중 그가 한 일은 정조가 제시하는 대책에 대한 답을 제시하거나 경연經筵 강의를 준비하는 수준을 넘지 못했다. 그가 39세였던 1800년 정조가 사망한 이후 긴 유배기간 동안은 더욱 더 실제 정책을 추진할 수 있는 입장이 아니었다. 그런 상황에 처해서 오히려 조선 사회의 여러 문제들에 대해 더 절실히 느끼게 된 그는 그 같은 문제들에 대처하고 해결책을 찾아내는 일에 무력한 정부와 이들 문제들을 외면한 채 비생산적인 논쟁에만 몰두하는 당시 학계에 대해 비판적인 생각을 지니게 되었지만, 그에게 주어진 길은 저술을 통해 개혁 방안을 제시하는 것뿐이었다. 그리고 실제로 채택되기를 기대하기 힘든 상황에서 이들 개혁 방안들은 이론적, 사상적 차원에 머물렀다. 그 자신이 『목민심서』를 '심서心書'라고 부른 이유에 대해 "목민할 마음은 있으나 몸소 실행할 수 없어서" 그렇게 했다고 이야기하기도 했다.[6]

많은 현대의 학자들이 여러 개혁 방안들이 담긴 정약용의 사상에서 근대적, 진보적인 면을 본다.[7] 예를 들어 그가 신분제도를 전면적으로 타파하고 사회적 평등을 확립하려 했다거나[8] 민民의 정치참여와 '주권재민主權在民'과 같은 근대적 정치사상을 지녔다는 주장들이 자주 제기되었다.[9]

---

6) "其謂之心書者何. 有牧民之心, 而不可以行於躬也. 是以名之.":『牧民心書』「自序」: 전서 V.16.2a.
7) 관제, 토지제, 군제 등 광범위에 걸친 정약용의 개혁 사상에 대해서는 일찍부터 수많은 연구가 이루어졌다. 그 같은 초기의 연구들에 대해서는 예를 들어 姜萬吉, 鄭昌烈 외,『茶山의 政治經濟 思想－李佑成教授定年記念論文選』(창작과비평사, 1990)을 볼 것.
8) 금장태,『실천적 이론가 정약용』(이끌리오, 2005), 376쪽.

정약용의 문제들

그러나 그의 개혁 방안들을 자세히 살펴보면 그가 진보적이거나 근대적이었다기보다는 근본적으로 보수적이었음이 드러난다. 그는 자신이 처했던 당시의 사회체제를 깨뜨리려고 하기보다는 유지하려는 쪽이었던 것이다. 그의 개혁 방안이라는 것들이 예禮를 통한 것이었고, 특히 『주례周禮』에 바탕하여 여러 제도의 개혁을 추구한 것이라는 점도 그 같은 그의 보수적 성격을 보여주는 것이라고 할 수 있다. 또한 6경六經 - 4서四書 - 경세經世의 순서로 펼쳐진 그의 학문도 철저하게 전통적 유가 학문체계에 기반하고 있었으며,[10] 그가 여러 경전들이나 그 핵심 개념들에 대해 새로운 견해와 해석을 제시하기는 했지만 그의 학문적 작업은 혁신적인 틀을 제시한 것이라기보다는 전통적 체계 안에서 가장 우수한, 완성된 내용을 갖추려 한 것이었다고 보는 것이 타당하다.

이와 관련해서, 정조 재위기간 중 중앙과 지방의 관료로서 정약용의 경험, 그리고 실각 후 유배생활을 다시 돌이켜 볼 필요가 있다. 사실 길고 굴곡이 많았던 그의 생애에서 그 개인에게 닥쳤던 가장 중요한 문제는 1800년 그의 든든한 후원자였던 정조의 죽음과 함께 그에게 닥쳐온 정치적인 추락, 그리고 그에 따라 18년의 기간을 서울을 떠나 먼 유배지에서 보내게 된 상황이었다. 이 기간 동안 그는 왕성한 지적 활동을 보여주었지만 서울에서 멀리 떨어져 문화적으로 크게 낙후한 지역에서 일상생활만이 아니라 학문적으로도 많은 제약을 겪었을 것이다. 실제로 아들들에게 보낸 편지에서 그는 "중국은 문명이 풍속을 이루어서 비록 궁한 촌이나 먼 모퉁이에서도 성인이나 현인이 되는 데 해가 없는데 우리나라는 그렇지

---

9) 조광, 「丁若鏞의 민권의식연구」, 『아세아연구』 56(1976), 81~118쪽, 특히 96~99쪽 ; 조성을, 「朝鮮後期 實學의 理想國家와 政治體制論」, 연세대학교 국학연구원, 『韓國實學思想硏究 2. 政治經濟學篇』(혜안, 2006), 55~100쪽 중 97쪽.

10) 이는 그의 저술작업의 순서에서도 드러난다. 그는 유배기간의 대부분을 주로 經學에 집중하다가 1816년 경학 저술을 어느 정도 완성한 후 경세학의 저술을 시작했다.

않다. 도성 문에서 10리만 벗어나도 벌써 태고의 황량한 세계이니, 하물며 멀리 떨어진 곳은 어떻겠는가?"라고 이야기하고 있었다.11) 이같이 정치적으로 박해받고 유배지에 고립된 채 살아나간 정약용의 개인적 상황이 그의 지적 태도에 영향을 주었을 것은 당연하다.

그러나 정약용은 비슷하게 박해받고 고립된 상황에 처한 다른 사람들이 지녔던 것과는 다른 태도를 보였다. 그와 비슷한 상황에 처한 사람들에게서는 확립된 기존 질서와 가치에 대한 비판적 태도를 흔히 찾아볼 수 있는데, 정약용은 달랐던 것이다. 그는 유가 전통의 기본으로부터 흔들리지 않았고 그 핵심 가치들을 확고히 견지했다. 유배 기간 중에도 그는 자기 자신을 조선 양반사회의 국외자로 생각하지 않았으며, 오히려 이 시기에 그는 더욱 더 자신을 조선 사회와 문화의 수호자로 생각했던 것으로 보인다. 그는 자신이 조선 사회와 문화의 중심으로부터 타의에 의해 잠시 물러난 것으로 생각했을 뿐, 그 같은 상태를 당연한 것으로 생각하거나 지속될 것으로 생각하지 않았던 것이다. 당연히 그는 조선 양반사회의 주류로서의 자의식을 지키고 있었고 그 근간을 유지하려고 했다.

따라서 조선 양반사회가 중요하게 여겼던 여러 가지 것들이 정약용에게도 마찬가지로 중요했다. 김상홍이 분석한 것처럼 군주 정조에 대한 추모, 부모와 자식에 대한 강한 애착, 사서육경의 가르침에 충실하지 못한 회한 등을 담고 있는 유배 기간 및 그 이후의 그의 시詩들이 이를 잘 보여준다.12) 또한 그는 유가 의식儀式의 세부절차들에 대해 깊은 관심을 보였다. 그는 예학禮學에 많은 저술들을 남겼으며 그것들을 매우 중요시해서, 자신의 책들 중 『상례사전喪禮四箋』과 『주역사전周易四箋』만 전해지면 다른 책들은 없어져도 좋다고 이야기하기도 하고,13) 『제례고정祭禮考定』에 대해서는 "이

---

11) "中國文明成俗, 雖窮鄉遐陬, 不害其成聖成賢. 我邦不然. 離都門數十里, 已是鴻荒世界. 矧遐遠哉.": 「示二兒家誡」: 전서 I.18.7b.

12) 金相洪, 『茶山 文學의 再照明』(단국대학교 출판부, 2003), 153~191쪽.

정약용의 문제들

는 내 평생의 뜻이다"라고 말하기도 했다.14) 그가 심혈을 기울인 저술인
『중용강의보中庸講義補』에서 그는『중용』제19장을 여러 부분들로 나누고
여러 의식들의 세부 절차들에 대해 길게 논의했다.15) 「자찬묘지명自撰墓誌銘」
에서 여러 경전들에 대한 자신의 견해를 밝히는 부분에서 그는 상례와
제례의 자세한 사항들에 대해 가장 길게 이야기했다.16) 중형 정약전丁若銓
(1758~1816)에게 보낸 그의 편지들에도 장례와 제사에 대한 자세한 논의가
담겨 있으며, 상복喪服의 상세한 모양이나 규격을 옛 제도와 비교해 논의하고
있다.17)

　　정약용은 조선 양반사회의 통상적, 세속적 관심사들로부터 초연하지도
않았다. 그는 특히 관직에 나가 벼슬하는 것이 가문을 위해 중요하다는
생각에 깊이 젖어 있었다. 예컨대 정약전에게 쓴 편지에서 그는 자신들의
외증조부 윤두서尹斗緖(1668~1715)가 높은 인격과 훌륭한 능력에도 불구하
고 벼슬이 없이 포의布衣로 지냈음을 안타까워했으며, 윤두서로부터 "뛰어난
기(秀氣)"를 물려받은 자신과 자신의 형제들도 출세하여 높은 벼슬에 올라야
당연하다는 생각을 감추지 않았다.18) 또한 그가 유배기간 중 아들들에게
쓴 편지들에는 그의 가문이 결국은 영영 관직에서 소외되어 퇴락할 수도

---

13) "周易四箋, 是吾得天助之文字. … 喪禮四箋, 是吾篤信聖人之文字. … 如有受賜,
　　即此二部得有傳襲之, 餘雖廢之可也.": 「示二兒家誡」: 전서 I.18.5b.『喪禮四箋』「序」
　　의 끝 부분에서도 그는 "藏之巾衍, 以俟後世, 其或有施之邦國, 公之域外, 以闡古聖人
　　之精義者, 余雖阨窮乎, 庶亦无悶焉.": 전서 III.1.2a.
14) "此吾平生之志也": 「寄兩兒」: 전서 I.21.20a.
15) 『中庸講義補』: 전서 II.4.25b~34b.
16) 「自撰墓誌銘」: 전서 I.16.13a~14a.
17) 「答仲氏」: 전서 I.20.16a~17a ; 「答仲氏」: 전서 I.20.17a~17b ; 「答仲氏」: 전서
　　I.20.27b. 사실 이는 禮 일반에 대한 고양된 관심의 일환으로 정약용만이 아니라
　　당시 청나라와 조선의 유학자들에게 공통된 경향이었다. Kai-wing Chow, *The
　　Rise of Confucian Ritualism in Late Imperial China: Ethics, Classics, and Lineage
　　Discourse* (Stanford: Stanford University Press, 1994)을 볼 것.
18) 「上仲氏」: 전서 I.20.22b.

있다는 걱정이 자주 표현되어 있었다.[19]

　　폐족이면서 공부하지 않으면 결국 어그러지고 비천하여 가까이할 수
없는 것들이 되어 세상으로부터 버림받고 혼인이 통하지 않아 배필을
정함이 천한 부류에 이를 것이고 한 대가 지나면 물고기 입술이나 개
이마 모양을 지닌 자식이 태어나게 될 것인 즉, 결국 집안은 더 묻지
못하게 될 것이다.[20]

　　지금 우리 가문은 폐족이 되었고 여러 친족들이 모두 갈수록 쇠퇴하고
있다. … 아마 [어떤 사람들은] 우리 집안이 본래 이와 같았다고 말할
것 같다. … [그러나] 너희들이 모름지기 힘을 합쳐 만회하여 30년 전의
옛 모습을 [되찾아] 지니게 된다면 너희들은 참으로 효자이자 '자손慈孫'이라
고 말할 수 있을 것이다.[21]

　그는 퇴락한 처지에 빠지지 않으려면 학문에 정진하고 몸가짐을 바르게
해서 양반으로서의, 선비로서의 품위를 유지해야 한다고 아들들을 타일렀
다.

　　폐족이면서 글공부를 하지 않고 예禮가 없으면 더욱이 어찌하겠느냐?
보통사람에 비해 반드시 백배의 노력을 기울여야만 겨우 사람의 부류에
낄 수 있을 따름이다. 내게 힘든 상황들이 매우 많지만 너희가 능히 독서하고

---

19) 이영훈은 이에 대해 "노론 일당 독재의 피해를 입어 폐족화할 위기에 처한 입장에서
사족의 기존 특권에 강하게 집착하였음이 다산의 숨길 수 없는 솔직한 모습"이었다
고 지적하고 있다. 이영훈, 「다산 경세론의 경학적 기초」, 『茶山學』 제1호(2000),
122~161쪽 중 153쪽.

20) "廢族而不學, 遂爲悖戾鄙穢不可近之物. 爲世所棄, 婚姻不通, 而嫁娶及於賤流. 一傳而
有魚吻犬額之子出焉, 則家遂不可問矣.": 「寄兩兒」: 전서 I.21.13b.

21) "今吾門廢矣, 而諸宗皆益衰矣. … 猶云吾家本來如此. … 汝曹須勤力挽回, 以存三十年
前舊觀, 則汝曹眞可謂孝子慈孫.": 「寄兩兒」: 전서 I.21.17b.

삼간다고 듣는다면 걱정이 없겠다.[22)

또한 그는 그 같은 생활을 하기 위해서는 서울 근처에 살아야 한다고 말하기도 했고,[23)] 심지어 양계養鷄 같은 일을 함에 있어서도 "책 읽는 사람의 양계(讀書者之養鷄)"를 해야 한다고 이야기했다.

> 네가 닭을 기른다고 들었다. 양계란 참으로 좋은 것이다. 그러나 양계 중에도 고상함과 속됨, 맑음과 흐림의 구별이 있다. 농서를 숙독해서 좋은 방법을 택해 시험해 보아라. 때로 색의 종류별로 나누어 길러보기도 하고 때로 그 홰를 다르게 해 보기도 해서 닭이 살찌고 알 낳는 빈도가 다른 집보다 낫도록 해라. 또 때로는 시를 짓고 닭의 정경을 그려봄으로써 '사물로써 사물을 풀도록(以物遣物)' 해라. 이것이 책 읽는 사람의 양계이다.[24)

이 같은 생각을 지닌 정약용은 결코 지적인 차원에서도, 혁명적이 되거나 과격한 개혁론자가 될 수는 없었다. 아래에서도 볼 것처럼 그가 여러 가지 정치적, 사회적 개혁을 주장한 것은 사실이지만 그것은 체제를 깨뜨리기 위한 것이 아니라 흔들려 가는 체제를 더 굳건하게 해서 그것을 수호하기 위한 개혁이었다. 그처럼 체제를 흔들고 있던 것들 중에는 한때 그 자신이 믿었던 천주교도 포함되어 있었을 것인데, 그는 그 같은 천주교의 도전에 접해서도 유가의 근본체제를 수호하려고 했다. 전반적으로, 그는 전통에

---

22) "廢族而不文無禮, 尤當如何. 比凡人須加百倍之功, 纔得數作人類耳. 吾苦狀甚多, 然聞 汝輩能讀書飭躬, 斯無憂耳.":「答二兒」: 전서 I.21.2a. 그는 또한 "誠願汝等常令心氣 和平, 不異當路之人. 及至兒孫之世, 得存心科擧, 留神經濟."(「示二兒家誡」: 전서 I.18.8a)라고 이야기하기도 했다.

23)「示二兒家誡」: 전서 I.18.8a.

24) "聞汝養雞. 養雞固善. 然養雞之中亦有雅俚清濁之殊. 苟能熟讀農書, 擇其善法而試之. 或別其色類, 或異其塒桀, 使雞之肥澤繁衍勝於他家. 又或作詩, 寫雞情景, 以物遣物. 此讀書者之養雞也.":「寄游兒」: 전서 I.21.21a.

바탕한 선택적 수용과 보완적 개혁이 성공적으로 이루어지면 그 당시 조선 사회가 당면한 문제들을 해결할 수 있으리라고 믿었던 것으로 보인다. 사실 정약용은 바로 그 같은 일을 수행하고 있었으며, 그 자신 그런 일을 하고 있다고 생각하고 있었다.

박해받고 고립된 사람들은 때로는 신비적인 활동에 관심을 보이고 그에 빠져들기도 한다. 예를 들어 말년에 심한 정치적 박해에 시달리던 주희朱熹(1130~1200)는 양생養生 기법에 관심을 보이고 내단內丹의 경전인 『참동계參同契』에 탐닉해서 일종의 주석서인 『참동계고이參同契考異』를 쓰기도 했다.25) 그러나 이런 면에서도 정약용은 달랐다. 사람에 따라서는 어려운 상황에 처해서 점점 더 현실 상황으로부터 벗어나서 깊은 내면적 성찰과 자기 수양으로 빠져들기도 하지만 정약용은 그러지 않았던 것이다.26) 오히려 그는 5장에서 볼 것처럼, 미신적이고 신비적인 믿음과 행위들에 대해서 더욱 더 강력한 비판자가 되었다. 또한 정약용의 경우는 박해받고 고립된 상황에서 과학적 주제들에 관심을 보였던 사람들과도 대비된다. 이 경우에도 말년 정치적 박해를 받던 시기 천문 역법과 우주론 등에 많은 관심을 쏟았던 주희의 경우와 비교해 볼 수 있는데,27) 정약용의 경우에는, 4장에서 볼 것처럼, 유배기간 중이나 그 이후 과학에 깊은 관심을 보였다는 증거를 찾아볼 수 없으며 이런 면에서 주희와 달랐던 것이다. 오히려 정약용은

---

25) 吾妻重二,「朱熹周易參同契考異について」,『日本中國學會報』36(1984), 175~190쪽 ; 신동원,「朱熹와 연단술: 周易參同契考異의 내용과 성격」,『한국의사학회지』14권 2호(2001), 45~57쪽 ; Yung Sik Kim, "The *Ts'an-t'ung-ch'i k'ao-i* and the Place of Internal Alchemy(*Nei-tan*) in Chu Hsi's Thought," *Monumenta Serica* 55(2007), pp.99~131.

26) 사실 기독교 신앙도 그 같은 신비적 요소를 지니고 있었고, 따라서 유배생활의 어려움을 겪으면서 정약용이 그런 성격을 지닌 기독교에 다시 빠져들 수도 있었을 것이지만, 긴 유배기간 동안 그는 자신이 젊은 시절 지녔던 기독교 신앙을 다시 찾지 않았다.

27) 김영식,『주희의 자연철학』(예문서원, 2005).

정약용의 문제들

정조 재위기간 중 집권 주도세력에 속해 있으면서 추구하려 했던 학문과 실무의 정책 등을 실각한 후 유배 기간 중 근본적으로 재검토하여 정리, 보완하고 싶어 했던 것으로 보인다.

2. 신분제도

조선 양반사회의 체제와 가치의 수호자로서 정약용이 지녔던 근본적으로 보수적인 태도를 뚜렷이 보여주는 것이 신분제도에 대한 그의 생각이다. 그는 조선 사회를 지탱해 주는 요소로서 반상班常의 구분에 바탕한 신분제도를 옹호했다. 물론 정약용의 사상 속에서 신분제도의 폐단에 대한 인식이나 사회적 평등에의 지향 등과 같은 측면을 볼 수 없는 것은 아니지만,[28] 그가 신분제의 혁파라는 생각으로까지 나아간 것으로 보기는 힘들다. 예컨 대 그가 양반신분제의 폐해를 자주 지적하고 심지어는 "나라를 통틀어 양반이 되게 하면 곧 나라를 통틀어 양반이 없게 될 것"이라고 이야기하기까 지 했지만,[29] 이는 양반의 폐해를 강조하는 수사적 표현일 뿐 반상의 구별을 실제로 없애자는 주장이었다고 보기는 힘들다. 또한 그가 「통색의通 塞議」에서 신분, 지역에 의한 차별이나 서얼 차별의 폐단을 지적하고 있지 만[30] 이는 신분제도 자체를 폐지하자는 것이 아니라 그 같은 차별이 인재등 용의 폭을 제약하는 것을 비판한 것으로 보아야 한다. 더구나 신분제도에 대한 그나마 어느 정도 진보적이었던 그의 생각이 유배기간 중 유가의 전통적 가치를 더 강조하게 되면서 오히려 더 보수화된 면도 볼 수 있다.[31]

---

28) 조성을, 「丁若鏞의 身分制改革論」, 『동방학지』 51(1986), 75~118쪽.
29) "使通一國而爲兩班, 卽通一國而無兩班矣.": 「跋顧亭林生員論」: 전서 I.14.23b~24a.
30) 전서 I.9.31b~32b ; 「庶孼論」(전서 I.12.8b~9a)에도 비슷한 내용이 나온다.
31) 이헌창, 「茶山 정약용의 國家制度論에 관한 一考察」, 『韓國實學硏究』 24호(2012), 9~81쪽 중 27~28쪽.

무엇보다도, 정약용은 신분의 높고 낮음을 구분해야 한다는 것을 분명히 했다. 예를 들어 그는 『목민심서』의 「예전禮典 변등辨等」조를 "등급을 구분하는 것은 백성을 안정시키고 뜻을 바로잡는 요체이다"라는 말로 시작한 후 "벼슬을 하여 군자가 된 자는 그 지위가 존귀하고 업業에 종사하여 소인이 된 자는 그 지위가 비천하니, 두 가지 등급일 따름이다"라고 단언하고,[32] "대체로 천한 백성은 어리석으며 군신의 의義와 사우師友의 가르침이 없어서 귀족과 높은 집안이 이들을 다스리지 않으면 난민亂民이 아닌 자가 없게 될 것이다"라고 이야기했다.[33] 따라서 그에게 백성이란 "천하고 가련한 존재"로서 한낱 구제 대상일 뿐이었다.[34]

정약용은 이 같은 자신의 생각을 군자와 소인의 구분을 언급하는 경전 구절들을 통해 뒷받침했다. 예컨대 "백성은 그것에 따라 하게 할 수는 있으나 그것을 알게 할 수는 없다(民可使由之, 不可使知之)"라는 『논어』의 구절(8.10)에 대해 그는 다음과 같이 설명했다.

'백성'이란 농부, 공장工匠, 상인을 말한다. "그것에 따른다"라고 하는 것은 우리 [유가의] 도道를 따른다는 것이다. "그것을 안다"라고 하는 것은 우리 도를 안다는 것이다. … 따라서 "천한 업에 종사하는 자는 그것을 알게 할 수 없다"고 말한 것이다. 오직 선비만이 도를 업으로 한다.[35]

---

32) "辨等者, 安民定志之要義也. … 入仕爲君子者, 其位尊貴. 操業爲小人者, 其位卑賤. 兩等而已.": 『牧民心書』 권8: 전서 V.23.1a~1b.

33) "大抵小民愚蠢, 無君臣之義, 師友之敎. 非有貴族高門爲之綱紀, 則無一非亂民也.": 『牧民心書』 권8: 전서 V.23.5b. 백성은 어리석다는 생각은 그에게 퍽 자주 드러났던 생각으로 예컨대 『牧民心書』 「勸農」에서도 "至愚者下民, 至精者農理."라고 단언하고 있다.: 전서 V.22.1b.

34) 임형택, 「茶山의 '民' 主體 政治思想의 이론적, 현실적 근거―「湯論」「原牧」의 이해를 위하여」, 姜萬吉·鄭昌烈 외, 『茶山의 政治經濟 思想』, 52~78쪽 중 67쪽.

35) "民, 謂農虞工商也. 由之, 謂由斯道也. 知之, 謂知斯道也. … 故曰, 操賤業者, 不可使知

정약용의 문제들

"군자는 의義를 즐겨 깨우치고 소인은 이익을 즐겨 깨우친다(君子喩於義, 小人喩於利)."라는『논어』구절(4.16)에 대한 설명에서는 "군자는 좋은 사람이고 소인은 나쁜 사람이다"라고 단언하기까지 했다.[36]『주역』「계사전繫辭傳」 첫머리의 "낮음과 높음이 늘어서서 귀하고 천함이 자리잡는다(卑高以陳, 貴賤位矣)."라는 구절에 대한 설명에서도 "무릇 비천한 자로서 존귀한 자를 범하면 안 되고 높은 자가 낮은 자를 핍박해서는 안 되며, 음이 양을 간섭해서는 안 되며 남편이 부인을 따르면 안 된다. 이 때문에「대전大傳」의 첫머리에서 먼저 지위를 이야기한 것이다"라고 하여 귀하고 천한 지위의 구별을 강조했다.[37]『상의절요喪儀節要』의 제찬祭饌과 상복喪服에 관한 논의에서 그가 5등급의 신분에 따른 차등화를 주장한 데에도 엄격한 신분 구분을 주장하는 그의 생각이 나타나 있다.[38] 물론 정약용이 도덕과 학문의 수양을 통해 소인이 교화될 수 있는 가능성을 근본적으로 부인한 것은 아니었지만 실제로 그런 일이 일어날 수 있다고 생각하지는 않았던 것으로 보인다.[39] 예를 들어 몇 세대에 걸쳐 독서를 하는 집안에서만 문장을 제대로 할 수 있다고 그가 이야기한 것은 그런 의미에서였을 것이다.[40]

  신분제도에 관한 정약용의 이 같은 보수적 태도는 당시 이미 해체 중이던 노비제를 복구하자는 그의 주장에서 특히 잘 드러난다.[41] 위에서 인용한

    之. 惟士業道.":『論語古今註』권4: 전서 II.10.3b~4a.

36) "君子善人也, 小人惡人也.":『論語古今註』권2: 전서 II.8.20b.

37) "蓋以卑不可以侵尊, 上不可以偪下, 陰不可以干陽, 男不可以從婦也. 故大傳之首, 先言位.":『周易四箋』권8: 전서 II.44.1b.

38) "祭饌之有五等, 猶喪服之有五等. 曰斬衰, 曰齊衰, 曰大功, 曰小功, 曰三月. 不能月者, 袒免而已. 服於是五者乎, 無當者, 非禮之服也. 饌於是五者乎, 無當者, 非禮之饌也.":『喪儀節要』권2: 전서 III.22.24b.

39) 이영훈,「다산 경세론의 경학적 기초」, 144~145쪽.

40) "醫不三世, 不服其藥. 文章亦然. 必世而後能焉.":「寄二兒」: 전서 I.21.3a. 그가 인재 등용을 과거 시험에만 의존하는 것을 비판한 것도 이와 관련지어 생각해 볼 수 있겠다.「人材策」: 전서 I.8.40a~40b.

『목민심서』「변등」조에서 그는 "군주와 신하, 노비와 주인은 곧 명분이 있으며 천지와 꼭 같아서 겹치거나 올라가서는 안 된다"고 단언했으며,[42] 1731년 영조의 종모종량법從母從良法 개혁으로 신분제가 문란해 져서 생긴 폐해에 대해 논한 후 "노비의 법제를 복구하지 않으면 어지러운 멸망으로부터 구할 수 없을 것"이라고 주장했다.[43] 『흠흠신서欽欽新書』에서는 사노私奴 득복得福이 자신의 친족을 죽인 주인을 고발한 데 대해 "노비와 주인의 구분은 하늘과 땅[의 구분]과 꼭 같아서 한번 이 기강을 깔보고 범하는 일이 있어 이렇게 무너지면, 사람이 사람이 될 수 없고 나라가 나라가 될 수 없다"고 비판한 정조의 의견을 옹호했다.[44] 이영훈이 지적하였듯이, 노비제에 대한 이 같은 정약용의 태도는 노비제의 혁파가 주장되고 있었고 실제로 해체되어 가고 있었던 당시 상황에서는 예외적으로 보수적인 것이었다고 할 수 있다.[45]

또한 정약용은 지방 서리胥吏들에 대한 강한 불신감과 경멸감을 지니고 있었다. 예컨대 아들들에게 보낸 편지에서 그는 "문객, 하인, 서리 등이

---

41) 이영훈은 심지어 "다산의 신분론이 그 보수성을 가장 분명히 드러내고 있는 경우가 노비제에 대한 그의 입장"이라고 이야기했다(이영훈, 「다산 경세론의 경학적 기초」, 154쪽).

42) "君臣奴主, 斯有名分, 截若天地, 不可階升.": 『牧民心書』권8: 전서 V.23.2a.

43) "貴族日彫, 賤類日橫, 上下以紊, 敎令不行. 一有變亂, 卽土崩瓦解之勢, 莫之能禦也. 君門旣遠, 縣官如寓, 而村閭比鄰之間, 無以統領群愚者, 則不亂何爲. 亦何以禁其潰裂哉. 愚謂奴婢之法不復, 則亂亡不可救也.": 『牧民心書』권8: 전서 V.23.5b~6a. 물론 그가 노비제 부활에 대해 확고한 입장을 일관되게 견지한 것은 아니었다. 예를 들어 1년전에 쓴 『경세유표』 引에서는 "英宗大王, 改奴婢法, 改軍布法, 改翰林薦法. 斯皆合天理而協人情, 如四時之不能不變."이라고 하여 영조의 노비제 개혁을 찬양한 바 있었다.: 전서 V.1.2b.

44) "奴主之分, 截若霄壤. 一有凌犯紀綱, 虧壞如是, 則人不得爲人, 國不得爲國.": 『欽欽新書』권9: 전서 V.38.15b~16a.

45) 이영훈, 「다산 경세론의 경학적 기초」, 154쪽 ; 李榮薰, 「18~19세기 小農社會와 實學-實學 再評價」, 『韓國實學研究』4호(2002), 1~33중 29쪽 ; 이영훈, 「다산의 인간관계 범주구분과 사회인식」, 『茶山學』제4호(2003), 8~53쪽 중 41쪽.

정약용의 문제들

말씨와 마음씀이 약삭바르고 천하고 어그러지지 않음이 없다"고 하여 서리에 대한 경멸감을 보였다.46) 사실 서리들에 대한 불신과 경멸의 경향은 정약용에게만 특별히 나타난 것이 아니라 당시의 양반 학자들 사이에 널리 퍼져 있었는데 지방 관직과 유배지에서의 그의 경험이 양반관료 뿐만 아니라 서리들의 폐해가 심각함도 일깨워줬을 것이고, 그 같은 경멸과 불신을 더욱 더 깊게 했을 것으로 보인다. 서리에 대한 그의 기본적인 생각은 철저하게 수령의 입장에 선 것으로, 짧은 임기 동안 체재하는 수령들이 지역에 계속 거주하며 실제로 권력을 행사하는 간악한 향리들로부터 꼬임을 받아 부정을 저지르게 된다는 것이었다. 예컨대 「간리론奸吏論」의 서두에서 그는 서리들이 간사해지는 이유에 대해 다음과 같이 이야기했다.

　　무릇 직책은 작은데 재주가 남으면 간사해지고, 지위가 낮은데 지식이 높으면 간사해지며, 노력은 미미한데 빠른 효과가 있으면 간사해지고, 나는 홀로 [같은 자리에] 오래 있을 수 있는데 나를 감독하는 자가 자주 바뀌면 간사해지고, 나를 감독하는 자 또한 반드시 올바름에서 나오지 않으면 간사해지고, 아래에 한편이 많은데 위가 외롭고 어두우면 간사해지고, …47)

「향리론鄕吏論」에서도 그는 같은 내용을 이야기한 후 이는 "지나가는 손님이 주인을 부리고 알지 못하는 사람이 아는 사람을 부리는 것이니 그 권력을 떼어놓는 일이 있을 수 있겠는가? 이것이 향리가 항상 그 권력을 잡는 이유이다."라거나48) "군수와 현령縣令은 손님이다. 주인[즉 향리]이 자기

---

46) "門客傔從吏胥之等, 口業心筭無不儇薄鄙悖.": 「寄兩兒」: 전서 I.21.13a.

47) "凡職小而才有餘則奸, 地卑而知崇則奸, 勞微而有速效則奸, 我獨能久而其監制我者數遷則奸, 其監制我者亦未必出於正則奸, 黨與茂於下而上孤昏則奸, …": 「奸吏論」: 전서 I.12.10a.

48) "以過客馭主人, 以不知馭知者, 其有能移其權者乎. 此鄕吏之所以恒操其權也.": 「鄕吏

집을 어지럽게 하였는데 손님이 그 죄를 받으니 원통하지 않겠는가? 그러므로 악의 우두머리는 향리이니 높은 형벌이 합당하다. 그들을 따르는 자가 수령이니 그보다 낮은 형벌이 합당하다."라고 결론지었다.[49]

정약용은 '4민四民', 즉 '사농공상士農工商'의 위계 관념도 고수했으며 사농공상이 뒤섞임으로써 법도를 잃게 되었다고 생각했다. 『경세유표經世遺表』에서 정전井田을 논의하면서 그는 다음과 같이 말했다.

> 지금 우리나라에서는 사, 농, 공, 상이 뒤섞여서 구별이 없다. 한 마을 안에 4민이 섞여 기거할 뿐 아니라 또한 한 몸 안에서도 네 가지 업을 함께 익히고 있다. 이것이 하나의 기예도 이루지 못하고 백가지 일에 법도가 없게 된 까닭이다.[50]

더 나아가 그는 온 백성을 사士, 농農, 상商, 공工, 포圃(과일채소 재배), 목牧(목축), 우虞(산림 목재), 빈嬪(직조), 주走(잡일) 등 아홉가지 직분(九職)으로 나누고,[51] 그 각각의 직분에 속한 사람들로 하여금 그 직분을 수행함으로써 생활을 영위하도록 하자고 주장했다.[52] 그는 이렇게 "백성을 아홉 가지

論一」: 전서 I.11.17b~18a.

49) "郡守縣令, 客也. 主人亂其家而客受其罪, 不冤乎. 故凡首惡者, 吏也. 服上刑. 從之者, 守令也. 服次刑.":「鄕吏論二」, 전서 I.11.17b~19a. 그 외에도 지방 군수로 부임하는 李鍾英에게 준 글에서는 "吏胥世襲其業, 又終身一職, 專精壹志, 馴習閑熟, 坐閱官長, 如逆旅之貫於行人."이라고 경계했으며(「爲靈巖郡守李鍾英贈言」: 전서 I.17.38a. 『欽欽新書』의 「序」에서는 "顧士大夫, 童習白紛, 唯在詩賦雜藝. 一朝司牧, 芒然不知所以措手, 寧任之奸胥, 而弗敢知焉. 彼崇貨賤義, 惡能咸中."이라고 이야기했다(전서 V.30.1b).

50) "今我邦士農工賈, 混雜無別. 不唯一村之中, 四民雜處. 抑亦一身之內, 四業兼治. 此所以一藝無成, 百事無法.": 『經世遺表』 권8, 「井田議二」: 전서 V.8.7a.

51) "民職有九. 一曰士, 二曰農, 三曰商, 四曰工, 五曰圃, 六曰牧, 七曰虞, 八曰嬪, 九曰走(閒民無業者. 受雇行走).": 『經世遺表』 권8, 「井田議四」: 전서 V.8.35b.

52) "先王之意, 非欲使天下之民, 均皆得田. 乃欲使天下之民, 均皆受職. 受職以農者治田, 受職以工者治器, 商者治貨, 牧者治獸, 虞者治材, 嬪者治織, 使各以其職得食.": 『經世

정약용의 문제들

직분으로 나누는 것이 '하늘의 리(天之理)'이며 위에서 시키지 않아도 백성들이 스스로 [그렇게] 나뉘어지는 것이다"라고 말하기까지 했다.53) 또한 그는 공, 상, 산림, 목축, 직조 등 각각의 직분에 종사하는 사람들이 모두 있어야 하며, 예컨대 모든 사람이 농사에만 종사한다고 하면 "비록 밥이 귀하지만 천하의 백성이 모두 밭으로 돌아가 [농사를 짓는다고 하]면 또한 곤란해져서 죽게 될 뿐"이라고 말했다.54) 그는 이들 중 공업과 상업에 종사하는 사람들을 읍성邑城 안에 모아 살도록 하자고 주장하고, "관중管仲이 제齊나라를 다스린 [그 같은] 방법을 지키지 않을 수 없다"고 덧붙였으며,55) 「군기론軍器論」에서는 "백성 중에 백공百工의 기예가 있는 자들을 그 호세戶稅를 면해 주고 부역을 감해 주어 읍에 모여 살게 하고 촌리에 흩어져 살지 않도록 하며 달마다 한 사람의 식량을 주어 그 이름을 군적軍籍에 편입시키자"고 주장하기도 했다.56)

이 같은 정약용의 생각들을 두고서, 그가 농업의 분업과 전업專業을 추구했다던가, 산업육성책을 제시했다던가, 도시 농촌간 분업을 주장했다는 식의 평가들이 있어 왔다.57) 강만길은 "정약용의 직업분화론은 새로운 생산부문

遺表』권6, 「田制五」: 전서 V.6.15b~16a.

53) "民分九職, 天之理也. 上雖不令, 民自分也.": 『經世遺表』권10, 「地官修制賦貢制一」: 전서 V.10.13a.

54) "飯雖貴, 悉天下之民而歸於田, 亦困而死而已矣. 工不攻金攻木攻陶瓦塼埴, 以出其器用, 則有死已矣. 商不通貨財遷有無, 以濟其匱乏, 則有死已矣. 虞不作山澤之材, 牧不蕃食鳥獸, 嬪不治絲麻葛枲, 以資其衣服, 則有死已矣.": 『經世遺表』권5, 「井田論三」: 전서 V.5.4a.

55) "若夫工商二民, 不可不聚之於邑城之中. 管仲治齊之法, 不可不遵.": 『經世遺表』권8, 「井田議二」: 전서 V.8.7a. 이 같은 생각은, 5장에서 보겠지만, 그가 「기예론」에서 이야기한 것처럼 사람이 많이 모일수록 기술이 발전한다는 생각과도 부합되었다. "故人彌聚則其技藝彌精, 世彌降則其技藝彌工. 此勢之所不得不然者也.": 「技藝論一」: 전서 I.10b.

56) "凡民之有百工技藝者, 復其戶蠲其庸, 令聚居于邑, 毋得散處村里, 月繼其一口之糧, 而編其名于軍籍.": 「軍器論一」: 전서 I.11.9b~10a.

이 발달하여 농촌의 과잉인구가 그쪽으로 갈 수 있다는 정도에 머문 것이 아니라 토지의 왕유제 아래서의 직업의 전문화까지를 내다본 것"으로 보기도 했다.[58] 그러나 농업이나 상공업에 대한 정약용의 생각들이 그 같은 성격을 얼마간 보이는 것은 사실이지만 그럼에도 불구하고 그는 어디까지나 '사士'를 가장 우선시했다. 그는 '사가 농사를 짓지 않으면서도 땅을 받는 것에 대해 다음과 같이 이야기하여 여러 가지 직분 중 '사'가 특별하다는 생각을 드러냈다.

> 농사를 짓는 자는 땅을 얻고 농사를 짓지 않는 자는 땅을 얻지 못한다. 농사를 짓지 않으면서 땅을 얻는 자는 오직 '사'뿐이다. '사'는 사람들을 다스리는 직분이다. 위로 천자와 제후로부터 아래로 부사府史, 서리의 무리 까지 모두 '사'의 부류이고, 따라서 모두 땅을 얻는다.[59]

또한 그는 국가가 농업이나 기술을 장려할 것을 주장하면서 그 분야들에서 좋은 실적을 거둔 자들에 대해 관직을 주자고 했는데, 이렇듯 농업과 기술 분야들의 활동에 대한 유인으로 그 분야들 자체에서 가치나 의미를 지니는 어떤 것이 아니라 '사'가 중요시 하는 관직을 제시했다는 것도 그가 '사'의 가치를 사회 전체의 우선적인 가치로 생각했음을 보여준다고 할 수 있다.[60]

---

57) 김용섭, 「18, 19 세기의 농업실정과 새로운 농업경영론」, 『대동문화연구』 9(1974), 1~170쪽, 특히 121~125쪽 ; 金泰永, 「茶山의 국가 産業行政體系 개혁론」, 『한국실학연구』 5호(2003), 317~357쪽 ; 안병직, 「다산과 체국경야(體國經野)」, 『茶山學』 4호(2003), 54~95쪽.

58) 姜萬吉, 「茶山의 土地所有觀」, 姜萬吉, 政昌烈 외, 『茶山의 政治經濟 思想－李佑成敎 授定年記念論文選』(창작과비평사, 1990), 135~181쪽 중 170쪽.

59) "農者得田, 不爲農者不得田. 不爲農而得田者, 唯士而已. 士者治人之職. 上自天子諸侯, 下至府史胥徒, 皆士之類也. 故皆得有田.": 『經世遺表』 권6, 「田制五」: 전서 V.6.15b~16a.

60) 『牧民心書』 권7, 「戶典六條 勸農」: 전서 V.22.13a~14b ; 『經世遺表』 권2, 「冬官工曹 利用監」: 전서 V.2..28a~29b ; 金泰永, 「茶山의 국가 産業行政체계 개혁론」,

정약용의 문제들

'사' 다음으로 그는 농업의 지위를 높고 중요하게 생각했다. 위에서 본 것처럼 그는 농사는 '사'로서도 종사할 수 있는 일이라고 생각했을 뿐 아니라, 위의 여러 직분들에 대해 이야기한 후 그중 "특히 농업에 종사하는 자가 가장 많은데 이는 선왕이 그것을 중요하게 여겼기 때문"이라고 이야기 했다.[61] 또한 그는 정조의 책문에 답해 쓴 「농책農策」의 서두에서 "'사'와 '농'이 둘로 나뉘어지면서 천하의 농사가 날로 폐단이 늘어난 것"이라고 말하기도 했다.[62] 따라서 그는 당연히 농업을 진흥시키는 '권농勸農'의 일을 중요시했다. 예를 들어 『목민심서』 「호전戶典 권농」조에서 그는 농업을 6가지 과科로 나누고 각 과에 대해 9가지 검토할 항목考을 논의했다.[63]

정약용은 근본인 농업에 비해 상공업은 '말기末技'라고 하여 높게 생각하지 않았다. 예컨대 그는 세금이 무거워져서 백성들이 근본인 농사를 버리고 '말기'로 몰리는 것을 걱정했다.[64] 이는 물론 정약용만이 아니라 당시 널리 퍼져 있던 생각으로, 정조도 책문에서 "근본되는 가르침을 중히 여기고 말기를 억제함은 바로 왕정의 으뜸가는 일이고, 나는 밤낮으로 이에 대해 생각하는 것이다."라고 이야기하여 근본인 농업을 중시하고 말기인 상공업을 억제하는 것이 당연하다는 생각을 드러냈다.[65] 정약용은 특히 상업을 아주 비천한 것으로 생각했다. 예를 들어 그는 가난한 선비가 경작이나 채소 가꾸는 것은 해도 되는 일인 데 반해 장사하는 것은 "이름을 해치는

342~343쪽 ; 金泰永, 『실학의 국가 개혁론』, 184~185쪽.

61) "特職農者最多, 先王重之而已. 非欲使天下之民, 悉歸於農職. 又非欲使天下之民, 盡得 其田地也.": 『經世遺表』 권6, 「田制五」: 전서 V.6.15b~16a.

62) "士農分爲二岐, 而天下之農日趨於弊也.": 전서 I.9.10a. 「農策」의 곳곳에서 그는 士가 농사에 폐해가 되는 예들을 이야기하기까지 했다. 전서 I.9.10a, 15b.

63) 『牧民心書』 권7, 「戶典六條 勸農」: 전서 V.22.12b~13a.

64) "自夫經界紊而兼竝起, 隱覈混而徵斂重, 天下之民, 始穰穰乎棄本趨末, 而農之家不復 振矣.": 전서 I.9.10b.

65) "嗚呼. 重本敎抑末技, 卽王政之首務, 而予寡人夙夜念妓者也.": 「農策」: 전서 I.9.15a.

것(名敗)"이라고 생각했으며,66) 마을마다 시장이 있기 때문에 재물의 낭비, 폐업, 술주정, 싸움, 도적, 살인 등 큰 폐단이 생긴다고 하여 마땅히 시장을 엄금하여야 한다고 주장하기도 했다.67)

이상에서 본 것과 같은 정약용의 생각은 그가 철저하게 '사' 우위의 신분관을 지니고 있었음을 보여준다. 그리고 그 같은 그의 생각에서 당시 신분 질서의 혼란이 진행됨에 따라 '사'와 '백성(民)'의 구분, 양반과 상민의 구분이 허물어져 가던 상황을 되잡아 신분질서를 재정립하려는 양반 '사'로서의, 특히 폐족이 되어 몰락할 위험에 처한 '사'로서의 정약용의 관심을 엿볼 수도 있다.68) 특히 그는 천민이나 노예의 자손들이 벼슬이 없는 양반의 후손을 함부로 대하는 데 대해 강한 불만을 표시했다. 위에서 본 것처럼『목민심서』「변등」조에서 벼슬하는 군자와 업에 종사하는 소인의 두 등급을 구분한 후, 그는 "군자의 자손이 대를 이어 그 도를 지키고 글을 쌓고 예를 지키면 비록 입사仕하지 않아도 어디까지나 귀족이거늘 저 천민과 노예의 자손이 감히 그들을 공경하지 않으니, 이것이 마땅히 변등해야 하는 첫 번째 일"이라고 이야기했다.69) 또한 그는 서리와 그 가족들이 가마를 타고 갓을 쓰고 보료를 깔고 앉는 등 기강이 무너진 세태를 한탄하기도 했다.70) 따라서 그는 몸을 따뜻하게 하는 것에 더해

---

66) "貧士慮營産業勢也, 然耕作力倦, 商販名敗. 唯手治園圃, 種珍果芳蔬, 雖王戎鑽李雲卿粥瓜, 無傷也.":「爲尹惠冠贈言」: 전서 I.18.1a.

67) "場市之村村皆設, 大是敝俗. 糜財廢業, 酗醬鬪鬩, 盜賊殺越之變. 皆由場市, 斷當嚴禁.":「上仲氏」: 전서 I.20.19b.

68) 山內弘一,「경성(京城) 귀족으로서의 긍지 – 정약용의 귀천(貴賤)과 화이(華夷)에 대한 이해」,『茶山學』1호(2000), 292~331쪽, 특히 299~306쪽.

69) "然君子之子孫, 世守其道, 續文秉禮, 雖不入仕, 猶爲貴族. 彼陀隷之子若孫, 敢不祗敬. 此第一等當辨者也.":『牧民心書』권8,「辨等」: 전서 V.23.1b.

70) "比歲吏族豪橫甚矣. … 其婦女少者勿論, 已老爲婆者, 或往鄰縣, 皆乘屋轎, 左右呵擁, 摸擬官眷. 其子弟不仕者, 平居戴冠隱囊. 名分都壞, 紀綱全頹.":「與金公厚履載」: 전서 I.19.14b.

"문채를 만들어 귀천을 나타내는 것"도 의복의 기능으로 이야기했으며,71) "서민의 의복은 특히 마땅히 억제하여 귀천을 구별해야 한다"고 말했다.72) 나아가 그는 천민과 노예가 대속代贖하여 천한 신분을 면한 후 재산을 모으고, 그 자손이 뇌물을 써서 향리가 되고 족보를 바꾸고 토지와 노비를 바쳐 귀족과 혼인하고 관장官長과 결탁하는 것 같은 일을 막아야 한다고 주장했다.73) 유배기간 중 아들들에게 보낸 편지에서 자주 표현되었듯이 폐족의 위기에 처하여 장차 가문의 퇴락을 걱정하던 그가 이같이 허물어져 가는 신분질서의 재정립을 통해 사회의 안정을 유지해야 한다고 믿었던 것이다. "도道는 하늘에서 나와 중간에 군자를 거쳐 끝에는 백성을 '화化'한 다"74)는 그의 말도 양반과 상민이 구분되는 신분질서에 바탕해서 사회의 조화와 안정을 이룰 수 있다는 그의 생각을 보여준다.

　사실 이 같은 '사' 위주의 신분관은 정약용에만 국한된 것이 아니라 조선 후기 대부분의 양반 학자들에게 공통된 것이었다. 노비제 폐지가 거론되기도 하는 분위기 속에서도 당시 양반 학자들의 지배적 견해는 군자-소인의 구분에 바탕하여 양반-상민의 신분 구분을 고수하는 반상제였 던 것이다. 물론 당시 서울 지역의 이른바 '경화사족京華士族'은 국가의 부의 증대를 위해 농업만이 아니라 때로 상공업의 중요성을 받아들이기도 했지 만 그렇다고 백성을 다스리는 직분을 지닌 '사'의 신분적 우위 자체를 포기한 것은 아니었다. 예를 들어 공公노비의 혁파, 서얼 차별 폐지를 주장하 는 등 개혁적인 신분관身分觀을 지녔다고 평가받는 박지원朴趾源(1737~1805)

---

71) "衣服之於人, 其用有二. 一爲煖體, 一爲掩體. 煖體者, 爲之裘帛以禦風寒是也. 掩體者, 爲之文章以表貴賤是也.":「公服議」: 전서 I.9.29b.

72) "庶人之服, 尤宜裁抑, 以別貴賤.":「庶人服議」: 전서 I.9.31a.

73) "其或以皂隸之賤, 高貲致富. 其子若孫, 納賂圖差得爲鄕丞. 換父易祖, 印出僞譜. 納田 獻婢, 連姻貴族. 鑽穴尋蹊, 締結官長. 若此之類, 在所懲抑, 不可扶植.":「牧民心書」 권8,「辨等」: 전서 V.23.1b~2a.

74) "道出乎天, 中於君子, 終於化民.":『中庸講義補』: 전서 II.4.63b.

도 반상제 자체를 비판하거나 노비제의 폐지를 주장한 것은 아니었으며, 그는 오히려 사회의 변화에 따라 흔들려진 양반의 위상 회복을 추구했던 것이라고 볼 수 있다.[75] 홍대용洪大容(1731~1783)의 경우도 비록 '사농공상'의 직분이 세습되는 데 대해 비판한 것은 사실이지만 그렇다고 해서 그가 위계적 신분 관념을 완전히 버리고 '4민四民'이 평등하다고 생각했던 것은 아니었다.[76] 정약용은 이렇듯 조선 후기 양반 학자들에게 흔들릴 수 없는 대전제였던 '사' 우위의 신분관을 그대로 유지하고자 했던 것이다.

3. 정치적 개혁

정약용이 제시하는 정치적인 개혁 방안들도 근본적으로 보수적인 그의 성향을 보여 준다. 물론 그의 개혁 방안들에 '민주적'이라고 볼 만한 성격을 지닌 정치적 견해들이 포함되어 있음은 사실이다. 이런 면에서 주목되는 글들이 「원목原牧」과 「탕론湯論」인데, 「탕론」에서 그는 다섯 집(五家)이 '이웃(隣)'을 이루고 이웃의 장(隣長)을 추대하고 다섯 이웃(五鄰)이 마을(里)을 이루고 마을의 장(里長)을 추대하며 같은 식으로 마을들이 현縣을 이루고 현장들이 제후諸侯를, 제후들이 천자天子를 추대하는 것을 설명한 후 다음과 같이 결론지었다.

천자란 여러 사람이 추대하여 이루어진 것이다. 무릇 여러 사람이 추대하여 이루어지는 것은 또한 여러 사람이 추대하지 않으면 이루어지지 않는다. 그러므로 다섯 집의 뜻에 맞지 않으면 다섯 집이 의논하여 이웃의 장을

---

75) 유봉학, 『燕巖一派 北學思想 硏究』(一志社, 1995), 112쪽 ; 김문용, 『홍대용의 실학과 18세기 북학사상』(예문서원, 2005), 247~249쪽 ; 박희병, 『범애와 평등－홍대용의 사회사상』(돌베개, 2013), 325~329쪽.

76) 김문용, 『홍대용의 실학과 18세기 북학사상』, 173~175쪽.

정약용의 문제들

바꾸고 다섯 이웃의 뜻에 맞지 않으면 스물 다섯 집이 의논하여 마을의
장을 바꾸고 9후8백九侯八伯의 뜻에 맞지 않으면 9후8백이 의논하여 천자를
바꾼다.77)

그는 이를 춤추는 사람들이 한 사람(執羽葆者)을 뽑아 춤을 선도하도록
하는 일에 비유해서 선도하는 사람이 "좌우의 장단에 맞추지 못하면 여러
사람이 그를 잡아 끌어내려 대열에 복귀시키고 그렇게 할 수 있는 자를
다시 뽑아 올라가게 하며 그를 존경하여 부르기를 우리의 '춤 스승(舞師)'이
라고 한다"고 말하기도 했다.78)

　군왕을 추대하고 바꿀 수 있다는 식의 생각을 보여주는 이들 구절들에서
그간 여러 연구자들이 근대적인 '국민주권'의 관념을 읽었다. 예를 들어
조광은 위의 구절들에서 정약용이 "상향식 통치제제, 정치계약설, 그리고
입법과정에 민중참여 등과 같은 세 가지 주장을 통하여 전제적 정치체제를
부인"한 것으로 보고 "국민참정권 의식의 초기적인 형태를 발견해 낼
수 있다"고 말했고,79) 조성을은 "주권재민 관념에 입각한 우리식 민주주의
국가"라는 생각을 읽었으며,80) 정호훈도 "대의정치론적 발상"을 보았다.81)

---

77) "五家爲鄰, 推長於五者爲隣長. 五鄰爲里, 推長於五者爲里長. 五鄙爲縣, 推長於五者爲
縣長. 諸縣長之所共推者爲諸侯. 諸侯之所共推者爲天子. 天子者, 衆推之而成者也.
夫衆推之而成, 亦衆不推之而不成. 故五家不協, 五家議之,改鄰長. 五鄰不協, 二十五
家議之, 改里長. 九侯八伯不協, 九侯八伯議之. 改天子.":「湯論」: 전서 I.11.24a.「原
牧」에도 다음과 같이 비슷한 내용이 실려 있다. "民于于然聚居, 有一夫與鄰鬨莫之
決, 有叟焉善爲公言, 就而正之. 四鄰咸服, 推而共尊之, 名曰里正. 於是數里之民,
以其里鬨莫之決, 有叟焉俊而多識, 就而正之. 數里咸服, 推而共尊之, 名曰黨正. 數黨
之民, 以其黨鬨莫之決, 有叟焉賢而有德, 就而正之. 數黨咸服, 名之曰州長. 於是數州
之長, 推一人以爲長, 名之曰國君. 數國之君, 推一人以爲長, 名之曰方伯. 四方之伯,
推一人以爲宗, 名之曰皇王. 皇王之本.": 전서 I.10.4b~5a.

78) "舞於庭者六十四人. 選於中, 令執羽葆, 立于首以導舞者. 其執羽葆者能左右之中節,
則衆尊而呼之曰我舞師. 其執羽葆者不能左右之中節, 則衆執而下之, 復于列, 再選之
得能者而升之, 尊而呼之曰我舞師.":「湯論」: 전서 I.11.24b.

79) 조광,「丁若鏞의 민권의식연구」,『아세아연구』56(1976), 81~118쪽 중 97~98쪽.

더 나아가 임형택은 정약용이 곡산 부사로 부임한 후 수령에게 반항한 민란 주동자를 처벌하지 않고 오히려 칭찬한 예에서 "저들 '민'이 … 숙명적으로 감수만 하지 않고 주체적으로 대결해서 밝은 정치를 구현할 수 있는 한가닥 실마리를 농민저항의 운동현실에서 다산은 예민하게 포착했"음을 보았다.[82)

그러나 정약용의 생각들에서 이렇듯 '근대적'이거나 '민주적'인 정치관을 보는 것은 지나친 해석이다. 「탕론」에서 그가 주장한 것은 어디까지나 이상적인 고대 성왕聖王들의 왕도王道를 회복하자는 원론적인 주장이었다. 그리고 이는 근대적, 민주적인 발상이라기보다는 궁극적으로 복고주의적인 유가 사상에 충실한 것이었으며, 이헌창이 지적하듯이 유가 본연의 "위민 이념과 민본 이념을 발전시키려"는 생각이었다.[83) 또한, 비록 '1서2표'에서 드러나듯이 정약용이 추구한 개혁 방안들에 제도와 법을 통하려는 경향이 있었던 것은 사실이지만,[84) 그렇다고 그가 정치의 근본을 통치자의 도덕적 소양에 두는 유가의 전통적 견해에서 벗어난 것도 아니었다. 그에게는 여전히 통치자나 수령의 인격 수양이 중요했으며, 이는 금장태가 지적하듯이 『목민심서』라는 책 제목 자체, 그리고 그 서문에서의 "군자의 학學은 수신이 절반이고 그 절반이 목민이다"라는 정약용 자신의 언급이 잘 보여준다.[85)

---

80) 조성을, 「朝鮮後期 實學의 理想國家와 政治體制論」.

81) 정호훈, 「실학자의 정치이념과 정치운영론」, 연세대학교 국학연구원, 『韓國實學思想研究 2. 政治經濟學篇』(혜안, 2006), 101~153쪽.

82) 임형택, 「茶山의 '民' 主體 政治思想의 이론적, 현실적 근거」, 74~75쪽.

83) 이헌창, 「茶山 정약용의 國家制度論에 관한 一考察」, 14~15쪽.

84) 이영훈은 이에 대해 "도덕주의적 왕정론이 폐기되고 … 부국강병을 추구하는 작위의 왕정론으로 대체되었"고까지 평가했다. 이영훈, 「다산의 인간관계 범주 구분과 사회인식」, 33~34쪽.

85) "君子之學, 修身爲半, 其半牧民也.": 전서 I.12.42b ; 금장태, 『실천적 이론가 정약용』(이끌리오, 2005), 379쪽. 이봉규도 정약용에게서 "인륜과 법제를 분리시켜야

정약용의 문제들

결국 정약용의 정치적 개혁 방안은 왕정을 강화하고 확고히 하는 것을 목적으로 하고 있었다. 이는 "왕이란 하늘天을 대신해서 사물을 다스린다. 사물이 어지러운데도 이를 다스리지 않으면 그 직분이 결여된 것이다"라는 그의 말에 잘 나타나 있다.86) 여전제閭田制나 정전제井田制 같은 토지제도에 관한 그의 생각도 토지의 사유私有를 지양하고 이를 국가가 통제하도록 함으로써 세수를 확보하고 농민을 보호, 확보하여 왕조를 유지하는 것을 목적으로 하고 있었다.87) 그리고 김태영이 지적하였듯이, 정약용의 산업개혁론도 강력한 왕정의 실현을 목표로 국가 행정력의 관리 아래 모든 산업을 조직, 배치, 관리할 것을 추구한 "전반적인 국가체제 개혁론"이었다.88)

이와 관련해서 정약용이 젊은 나이에 정조의 왕권강화 정책에 의해 발탁되어 총애받는 신하가 되었다는 사실을 주목할 필요가 있다. 물론 정조는 토지개혁, 상공인 육성, 노비 혁파, 서얼 허통 등 여러 가지 개혁 방안을 논의하고 실제로 추진했으며,89) 유배기간 중 정약용의 저술에

한다는 관념이 존재하지 않"으며 "왕권 역시 … 인륜으로부터 자유로운 절대권력의 행사자로서 제시되지 않는다"고 지적했다. 이봉규, 「사서(四書) 해석을 통해 본 정약용의 정치론」, 『茶山學』 제7호(2005), 167~202쪽 중 199쪽. 김대중은 이에 따라 "공적 영역과 사적 영역은 구분되지 않"았고 "개인의 도덕적 수양을 정치의 근본적 토대로 생각"하는 "성리학적 정치론과 유사한 '德治'의 논리가 그대로 유지"되고 있다고 지적했다. 김대중, 「동아시아적 차원에서 본 탈성리학적 정치론—황종희, 오규 쇼라이, 정약용」, 『한국실학연구』 13호(2007), 211~265쪽 중 230쪽.

86) "王者代天理物. 物亂而莫之理. 則其職闕矣":「擬嚴禁湖南諸邑佃夫輸租之俗箚子」: 전서 I.9.60b.

87) 姜萬吉, 「茶山의 土地所有觀」, 姜萬吉, 政昌烈 외, 『茶山의 政治經濟 思想—李佑成教授定年記念論文選』(창작과비평사, 1990), 135~181쪽 중 172~176쪽 ; 홍덕기, 『茶山 丁若鏞의 토지개혁 사상』(전남대학교 출판부, 2001). 김태영은 이를 "'王土' 즉 토지국유로의 歸一을 전제로 하고 있었"다고 표현했다. 金泰永, 『실학의 국가 개혁론』, 151쪽.

88) 金泰永, 「茶山의 국가 産業行政체계 개혁론」, 350쪽.

89) 김용흠, 「조선 후기 정치와 실학」, 『다산과 현대』 2호(연세대학교 강진다산실학연구원, 2009), 379~442쪽 중 416~424쪽.

담긴 개혁 방안들은 이 같은 정조의 개혁 추진이 지속되었었더라면 그에 참여해서 펼쳐나가게 되었을 것들이었다고 볼 수도 있다. 그러나 그 같은 개혁적 성향이 있었음에도 불구하고 정조의 주된 목적은 어디까지나 왕권 확립과 사회안정이었다. 그리고 아마도 정조 개혁 정책의 좌절을 보아서였 던지 유배 이후 정약용은 정조보다도 더 보수적이 되었던 것으로 보인다.

이상에서 정약용이 근본적으로 보수적이었고 그의 개혁 방안들이 지니는 근대적 성격에는 뚜렷한 한계가 있음을 보았다. 물론 그의 여러 가지 개혁 방안들이 매우 다양하고 풍부한 내용임은 사실이지만 그 같은 개혁 방안들 이 '근대적' 사회를 지향하지는 않았던 것이다. 결국은 정약용이 "'선왕'의 '왕정'을 준거삼고 고경古經의 원뜻을 추찰해 내세우면서 … 실학적 국가개혁 론으로까지 일관시키고 있지만 현실적으로 그 실현 가능성은 처음부터 매우 적은 것"으로 "전근대적 국가론의 최후의 원형"에 지나지 못했다는 김태영의 결론이 수긍이 간다고 할 수 있다.[90]

4. 조선인으로서의 자의식

정약용의 '근대적' 성격을 보여주는 또 다른 측면으로 그에게서 볼 수 있는 조선인으로서의 자의식, 나아가 자주적, 주체적 경향이 지적되며, "나는 조선인이기에 기꺼이 조선 시를 쓴다"는 그의 유명한 시 구절이 이 같은 경향을 보여주는 것으로 자주 인용된다.[91] 아들에게 보낸 편지에서 그는 당시 조선의 학자들이 조선의 문헌들을 읽지 않는 풍조에 대해 다음과 같이 비판했다.

---

90) 金泰永, 「茶山의 國家改革論 序說」, 姜萬吉, 政昌烈 외, 『茶山의 政治經濟 思想－李佑 成敎授定年記念論文選』(창작과비평사, 1990), 79~108쪽 중 108쪽.
91) "我是朝鮮人, 甘作朝鮮詩.": 「老人一快事六首, 其五」: 전서 I.6.34a.

정약용의 문제들

수십년 이래 이상하게 일종의 의론이 있어 [우리] 동방의 문학을 배척하는 일이 성행하고 있고 대개 옛 문헌과 문집은 눈도 주지 않으려 하기에 이르렀다. 이는 큰 병통이다. 사대부 자제들이 나라의 옛 일을 알지 못하고 선배의 의론을 보지 않으면 비록 그 학문이 고금을 꿰뚫는다고 해도 거칠고 조잡한 것일 뿐이다.

그는 이어서 상소문, 비문碑文, 서간문 등을 읽어 안목을 넓혀야 하며, 그 외에도 근래의 학자들의 문집들을 "널리 찾아 광범위하게 읽어야 한다"고 주장했다.92) 또한 그는 당시 문인들이 자신들의 시에 중국의 사실들만 인용하는 것을 비판하고 "모름지기 『삼국사기三國史記』, 『고려사高麗史』, 『국조보감國朝寶鑑』, 『여지승람輿地勝覽』, 『징비록懲毖錄』, 『연려실기술燃藜室記述』 및 그 외의 동방 문헌들을 취해 그 사실들을 뽑고 그 지방들을 고찰하여야" 한다고 말했다.93) 지리 지식을 두고서도 그는 나라 밖의 신기한 것들을 탐구하는 것보다는 나라 안의 사실들을 밝혀야 한다고 주장했으며,94) 그 자신 조선의 여러 지역과 지명의 역사를 정리한 『아방강역고我邦疆域考』, 중국과의 경계를 논한 『강계고疆界考』를 짓고 조선의 하천에 관한 지지地誌인 『대동수경大東水經』을 간행했다.95) 『아언각비雅言覺非』의 서두에서는 서울을 중국 지명인 '장안長安'이나 '낙양洛陽'이라고 지칭하는 것을 비판하기도

---

92) "數十年來, 怪有一種議論, 盛斥東方文學. 凡先獻文集, 至不欲寓目. 此大病痛. 士大夫子弟, 不識國朝故事, 不見先輩議論, 雖其學貫穿今古. 自是鹵莽. 但詩集不須急看. 而疏箚墓文書牘之屬, 須該其眼目. 又如鵝洲雜錄, 盤池漫錄, 靑野謾輯等書, 不可不廣搜博觀也.": 「寄二兒」: 전서 I.21.4b.

93) "我邦之人, 動用中國之事, 亦是陋品. 須取三國史, 高麗史, 國朝寶鑑, 輿地勝覽, 懲毖錄, 燃藜逑李道甫所輯, 及他東方文字. 採其事實, 考其地方, 入於詩用, 然後方可以名世而傳後.": 「寄淵兒」: 전서 I.21.9b~10a.

94) "與其探奇搜神於方域之外, 欲窮其不可窮之理, 曷若察邇覈實於方域之內, 以明其不可不明之事哉.": 「地理策」: 전서 I.8.1b.

95) 오상학, 「다산 정약용의 지리사상(地理思想)」, 『茶山學』 10(2007), 105~131쪽, 특히 111~119쪽.

했다.96)

　　정약용의 이 같은 생각도 그에게만 국한된 것은 아니었고 당시 유학자들 사이에 쉽게 찾아볼 수 있었다. 예컨대 이미 이익李瀷(1681~1763)이 우리나라 사람들이 중국의 자료에만 의존하고 우리나라의 것으로는 『고려사』만 있을 뿐 조선시대에 대한 문헌은 없어져서 득실得失을 상고할 수가 없게 되었음을 지적하고 각 부서의 자료들을 부문을 나눠 절록節錄하여 간행할 것을 주장했다.97) 『동사강목東史綱目』을 저술한 이익의 제자 안정복安鼎福(1712~1791)은 "동인東人은 비록 '경천위지經天緯地'의 재주를 지녔어도 필경 동인에 지나지 않는데, 동인이 동국의 일(東事)을 익히지 않아서 되겠는가"라거나,98) "동인이 매양 동국의 일을 소홀히 하여 알지 못한다. 그가 이룩한 바가 아무리 크다 해도 필경 끝내 동인인데 몸은 이 땅에 살면서 이 땅의 일을 모르니 진실로 안타까워 할 일이다."라고 말했다.99) 18세기 후반부터 19세기 전반의 시기에는 조선의 진보적 지식인들 사이에 '조선풍'이라고 부를 수 있는 이 같은 사조가 널리 퍼져 있었다.100) 따라서 조선인으로서의 자의식을 보여주는 정약용의 생각을 제대로 이해하기 위해서는 이를 조선 후기의 지적 풍토의 전체적 흐름 속에서 살펴볼 필요가 있다.

　　그 같은 흐름의 기저에는 유가 전통의 보편성과 우수성에 대한 조선 학자들의 뿌리깊은 믿음이 깔려 있었다. 조선의 유학자들은 유가 전통의 근원인 고대 중국의 지식과 제도에 대해 깊은 존경심을 보였으며, 특히

---

96) "長安洛陽, 中國兩京之名. 東人取之爲京邑之通名, 詩文書牘, 用之不疑. … 皆習焉而弗察.": 『雅言覺非』 권1: 전서 I.24.1a.

97) 『星湖僿說』 권8: 人事門, 「東人奏議」(慶熙出版社 影印本, 1967), 上, 283~284.

98) "東人雖有經緯天地之才, 畢竟是東人而止, 則東人而不習東事可乎.": 「答鄭子尙書」: 『順菴先生文集』 권9: 문집총간, 229집, 527上.

99) "東人每忽東事不知. 渠所樹立雖大, 畢竟終是東人. 身居此土, 不知其事, 誠可慨歎.": 「上星湖先生書」: 『順菴先生文集』 권2: 『한국문집총간』, 229집, 373上.

100) 沈慶昊, 「18세기 후반, 19세기 전반의 한국문학에 나타난 실학적 특성에 관한 일 고찰」, 『韓國實學研究』 5호(2003), 247~291쪽 중 251쪽.

정약용의 문제들

고대 경전들에 대한 그들의 존경심은 거의 절대적이었다. 이 같은 경향은 전통 시대 중국과 동아시아에 퍼져 있던 중국중심적 세계관인 중화 사상의 일환이었는데, 그 가장 분명한 형태는 중국 황제만이 천자天子임을, 그리고 조선 국왕은 천자의 제후임을 받아들이는 것이었다. 조선인들이 흔히 자신들의 나라를 '유명조선국有明朝鮮國'이라 불렀던 것이 이를 보여준다. 특히 조선 후기 학자들이 처했던 역사적 상황은 그들로 하여금 중국의 전통에 대해 심하게−때로는 중국인들보다도 더 심하게−집착하도록 했다. 17세기 초 만주족 청에 패배하여 복속되는 수모를 당한 후 조선 학자들 사이에 이적夷狄에 대한 반감이 팽배했고, 그들이 이상적 시기로 생각했던 주周나라의 문화를 존숭하는 '존주론尊周論'이 널리 퍼졌던 것이다. 중국에서는 강희제康熙帝의 통치 기간(1661~1722) 중 만주족 황제에 대한 반감이 어느 정도 수그러진 데 반해, 조선에서는 18세기 대부분 기간 중 반청 감정과 대명의리론이 학자들 사이에 지배적이었다. 심지어 이들은 자신들을 '대명유민大明遺民'이라고 일컫기까지 했다.

그러나 시간이 가면서 조선 학자들 사이에 이 같은 중국중심적 경향에 대한 반작용으로 볼 수 있는 경향들이 나타났고 위에서 본 '조선풍'은 이 같은 경향들의 한 가지 예였다고 할 수 있다. 또 다른 경향은 조선의 학문, 문화 수준에 대한 자부심으로 나타났다. 그 같은 자부심은 모기령毛奇齡(1623~1716), 기윤紀昀(1724~1805), 옹방강翁方綱(1733~1818) 등 당대 유수의 청 학자들에 대한 조선 학자들의 비판적 평가에서도 찾아볼 수 있다.[101] 특히 당시 조선 학자들 사이에 청에서 유행하던 고증학에 대한 비판적 태도가 널리 퍼져 있었다는 점은 이와 관련해서 주목할 만하다. 이것은 때로는 중국에서 이룬 것보다 한 차원 더 높은 단계의 성취를 이루려는 시도들을 낳기도 했다. 예를 들어 서양 천문학 지식의 기원을 황제의 『주비산

---

101) 김문식, 『조선후기 지식인의 대외인식』(새문사, 2009), 101~105쪽.

경周髀算經』으로 본 매문정梅文鼎(1633~1721)보다 더 나아가, 복희伏羲의 선천
역先天易으로까지 거슬러 올라간 서명응徐命膺(1716~1787)에게서 그 같은
태도를 볼 수 있으며,102) 중국에서 이루어진 어느 우주론적 체계보다 더
크고 원대한 김석문金錫文(1658~1735), 홍대용, 최한기崔漢綺(1803~1877)
등의 방대하고 때로는 황당한 우주론 체계들도 같은 태도를 보여주는
시도들로 생각할 수 있다. 조선의 문화에 대한 자부심은 또한 조선 고대
문화에 대한 자부심으로 이어지기도 했다. 조선이 기자箕子의 나라이고
따라서 중화 문명의 본류에 속한다는 인식도 그러한 예라고 할 수 있겠는데
이에 따라 16세기에 활발했다가 한동안 수그러들었던 기자에 대한 논의가
18세기 들어 다시 고조되었고 이익은 자신을 "은殷의 유민遺民"이라고 칭하기
까지 했다.103)

결국 이 같은 분위기는 이적인 만주족이 중원을 지배하는 상황에서
이제 조선이 바로 진정한 '중화' 문화의 담지자라는, '조선중화론朝鮮中華論'이
라고 부를 수 있는 인식을 빚어내기에 이르렀다.104) 조선 후기 여러 학자들이
지녔던 그 같은 인식은 송시열宋時烈(1607~1689)의 다음의 언급에 직접적으
로 표현되어 있다.

오늘에 이른 즉 순舜, 우禹가 순수巡狩하던 나라와 공자와 주자가 도를
가르치던 곳이 모두 과거의 옛 모습이 아니고 썩어 못쓰게 되고 비린내

---

102) 임종태, 『17, 18세기 중국과 조선의 서구 지리학 이해-지구와 다섯 대륙의 우화』(창
    비, 2012), 195~198쪽.
103) 趙成山, 「조선후기 소론계의 古代史 연구와 中華主義의 변용」, 『歷史學報』202집
    (2009), 49~90쪽.
104) '조선중화론'에 대해서는 정옥자, 『조선후기 조선중화사상연구』(일지사, 1998) ;
    우경섭, 「朝鮮中華主義에 대한 학설사적 검토」, 『韓國史研究』159호(2012),
    237~263쪽 ; 계승범, 「조선후기 조선중화주의와 그 해석 문제」, 『韓國史研究』
    159호(2012), 265~294쪽 ; 김영민, 「조선중화주의의 재검토: 이론적 접근」, 『한국
    사연구』162호(2013), 211~252쪽 등을 볼 것.

나게 되었다. … 오직 우리 동방은 한쪽 구석에 치우쳐 있고, 그 때문에
홀로 관대冠帶를 갖추는 나라가 될 수 있었으니 가히 "주周의 예禮가 노魯나라
에 있다"고 이야기할 만하다. 성인이 다시 나더라도 반드시 뗏목을 타고
동으로 올 것이다.[105]

정조 또한 명과 명의 문화를 계승한 조선의 관계를 주나라와 노나라의
관계와 같은 것으로 보고 명의 역사를 제대로 편찬한 것은 조선밖에 없다고
생각하기까지 했다.[106] 정약용도 조선이 성인의 학문과 정치의 수준에
이르렀고 따라서 중화가 되었다는 생각을 가지고 있었다. 예를 들어 그는
북경으로 연행 길을 떠남에 앞서 들떠 있는 한치응韓致應에게 주는 글에서
"지금 중국이라고 말하는 소이所以는 어디에 있는가? 성인의 학문과 성인의
다스림으로 말하면 동국이 이미 얻어 옮겨왔다. 다시 하필 먼 곳에서 이를
구할 것인가?"라고 물은 후 "지금 중국에서 이익을 취할 것"은 농법의
편리함이나 문장과 예술의 해박함과 우아함이 있을 뿐 "그 외에는 억세고
사나운 풍조와 음탕하고 기이한 기술로 예속禮俗을 상하게 하고 사람의
마음을 방탕하게 하니 선왕이 힘쓴 바가 아니"라고 덧붙였다.[107]

이와 같은 생각의 밑바탕에는 중화와 이적夷狄을 구분하는 기준이 문화라
는 인식이 깔려있었다. 정약용은 "성인의 법으로는, 중국이면서도 이적의
일을 하면 이적으로 여기고, 이적이면서도 중국의 일을 하면 중국으로

---

105) "至於今日, 則虞夏巡狩之國, 孔朱講道之處, 皆非疇昔之舊, 而臭敗腥羶矣. … 惟我東
方僻在一隅, 故獨能爲冠帶之國. 可謂周禮在魯矣. 使聖人而復起, 想必乘桴而東來
矣.":「皇輿考實序」:『宋子大全』권138(문집총간 112집, 551下).

106) 김문식,『조선후기 지식인의 대외인식』, 57~58쪽.

107) "今所以謂中國者何存焉. 若聖人之治, 聖人之學, 東國旣得而移之矣, 復何必求諸遠哉.
唯田疇種植之有便利之法, 而使五穀茁茂焉, 則是古良吏之遺惠也. 文詞藝術之有博
雅之能, 而不爲鄙俚焉, 則是古名士之餘韻也. 今所宜取益於中國也者, 斯而已. 外是則
强勍鷙悍之風, 淫巧奇詭之技, 夷禮俗蕩人心, 而非先王之所務也.":「送韓校理致應使
燕序」, 전서 I.13.13b.

여긴다. 중국과 이적이란 그 도道와 정政에 있지 강역疆域에 있지 않다"고 이야기했다.108) 그는 조선이 험난한 지리적 조건에도 불구하고 중화 문명을 받아들여 오랑캐 문화를 변화시키는 '용하변이用夏變夷'의 과정을 통해 문물을 발전시켰기 때문에 '작은 중화(小華)'라는 칭호가 들어맞게 되었다고 생각했다.109)

조선의 문화에 대한 이 같은 자부심과 조선중화론적 경향이 퍼져나가는 일방 이들과는 다른 쪽을 향하는 경향이 생겨났다. 청을 오랑캐라 비웃으면서도 한편으로는 그런 청에 옛 중화의 유풍遺風이 남아있다고 보는 인식이 그것이었다. 이 같은 경향은 이미 17세기 말부터 찾아볼 수 있었으나 18세기에 들어서 점점 커져 갔는데, 특히 연행을 다녀온 학자들 사이에 그 같은 생각이 퍼졌다. 이런 상황에서 당시 조선 학자들 사이에 널리 퍼진 지나친 자부심과 중화 사상을 비판하는 학자들이 나타났다. 이들은 청이 비록 오랑캐이지만 강희제 이후 높은 문화적, 학문적 수준을 성취했음을 들어 청의 문물을 높이 평가하면서, 그럼에도 불구하고 청을 얕보는 조선 학자들을 비판했으며, 반면에 조선이 지닌 중화 문화의 유풍이라 믿었던 것이 사실은 중국 주변 이적들의 풍속과 다를 바 없음을 지적하기도 했다. 예컨대 홍대용은 조선의 언어가 이풍夷風을 면치 못하고 있다고 하여 부끄럽게 생각했으며 박지원, 박제가朴齊家(1750~1805) 등은 청의 문물이 중화의 문물이 되어 청이 '화華'가 된 것으로 보고 이제 낙후된 조선은 '이夷'라고 이야기하기도 했다. 박제가는 심지어 조선의 언어를 버려야 한다고 주장하기까지 했다.110)

---

108) "聖人之法, 以中國而夷狄, 則夷狄之. 以夷狄而中國, 則中國之. 中國與夷狄, 在其道與政, 不在乎疆域也.":「拓跋魏論」: 전서 I.12.7a.

109) "我東方負山環海, 地利有險阻之固. 用夏變夷, 文物致煥爛之美. 小華之號. 洵其宜矣.":「地理策」: 전서 I.8.5b.

110) 이 같은 경향은 '東俗'을 교정의 대상으로 생각하는, 이미 16세기부터 볼 수 있었던 경향과 상통한다고 할 수 있다. 조성산,「조선후기 西人·老論의 풍속인식과

정약용의 문제들

이렇듯 조선이 청에 뒤져 있다는 것을 인식하게 된 조선 학자들은 청을 본받을 필요성을 제기하게 되었다. 예를 들어 박지원, 홍대용, 박제가, 홍양호洪良浩(1724~1802) 등 이른바 '북학파北學派' 학자들은 청의 문화가 이제 높은 수준에 이르렀으니 그로부터 배워야 한다는 주장을 폈다.[111] 이 같은 주장은 물론 처음에는 받아들여지지 않았으며, 오히려 어떻게 오랑캐 청에게서 선왕의 유제를 찾겠느냐는 비웃음을 사기도 했다. 그러나 얼마가 지난 후에는 청의 문화를 본받고 받아들이는 것이 조선 학자들, 특히 서울의 학자들 사이에서는 유행이 되었다. 그리고 이와 함께 반청숭명反淸崇明 사조도 수그러들어서, 북벌론, 존주론, 대명의리론 등이 현저히 퇴조했다.[112] 4장에서 살펴보게 될 정약용의 중국 기술 도입론은 이 같은 배경에서 나온 것이었다.

이상에서 본 것과 같은 조선 후기 학자들의 조선인으로서의 자의식이나 조선중화론 그리고 북학 사상 등은 일견 중화 사상으로부터 벗어나는 경향이었던 것으로 보인다. 중국이 아닌 조선의 우수성과 자주성 등을 인식하거나 또는 이적 만주족 왕조인 청 문화의 우수성과 그 수용을 주장하고 있기 때문이다. 그러나 자세히 살펴보면 상황이 그렇게 단순하지는 않았다. 이 같은 경향들이 중화 사상으로부터 완전히 벗어난 것이 아니었던 것이다.

먼저, 위에서 본 조선인으로서의 '자의식'과 조선 문화에 대한 자부심이 중국 전통으로부터 벗어나서 조선을 생각하는 '자주적' 의식으로 이어지지는 않았다. 그 같은 경향을 보인 조선 학자들도 대체로 중국이 중심이고

그 기원」, 『史學研究』 102호(2011), 39~77쪽 중 50~56쪽.

111) 북학파의 사상에 대해서는 유봉학, 『燕巖一派 北學思想 研究』(一志社, 1995) ; 김문용, 「18세기 北學論의 문명론적 함의에 대한 검토」를 볼 것.

112) 趙成山, 「18세기 후반~19세기 전반 對淸認識의 변화와 새로운 中華 관념의 형성」, 『韓國史研究』 145(2009), 67~113쪽.

중화이며 조선은 그 주변부임을 받아들였기 때문이다. 더 나아가 '조선중화론'적 경향을 보여주는 사람들도 중화 사상 자체를 배격한 것은 아니었다. 그들의 생각으로는 중원이 이적에게 점유된 상태에서 이제 조선이 중화가 되었다고 볼 수 있는 것이었을 뿐, 그들이 '존화尊華'나 '모화慕華' 의식 자체를 탈피한 것은 아니었던 것이다.[113] 이들이 기자箕子를 내세운 것도 중화 사상의 틀에 조선을 포함시키는 것이었고 고구려나 발해 같은 우리 고대사에 대해 보인 관심도 청을 쳐서 중화를 회복하려는 의도에서 나타난 것이었다.[114]

청의 문물을 본받자고 한 '북학파' 학자들도 중화 사상을 던져버린 것이 아니었다. 이적 왕조인 청의 문화적 융성이 전통적 모화 의식에 기반한 중화 사상에 금이 가게 한 것은 사실이지만, 그렇다고 그들이 중화와 이적을 구분하는 화이론 자체를 부정한 것이 아니라 청의 문물이 이제 중화의 문물이 되어 청이 중화가 되었다고 본 것이었다. 그런 면에서 중화 사상의 기초인 '용하변이'의 관념이 북학 사상을 뒷받침했음을 볼 수 있다. '용하변이'의 과정을 통해 청이 변해 중화가 되었기에 이제 조선이 청의 문화를 본받아야 한다는 생각이었다. 예컨대 박제가는 『북학의北學議』의 서문을 '용하변이'의 관념으로 시작한 후 청이 중화의 유제遺制인 중국의 문물을 수용하여 100여 년간 천하를 다스리고 있음을 지적했으며,[115] 위에서 보았듯이 홍대용, 박지원, 박제가 등은 청에 비해 낙후된 조선을 '이夷'로 볼 수 있다고 생각하기까지 했다.[116] 또한 북학론자들이 대명의리론이나 북벌

---

113) 계승범, 「조선후기 조선중화주의와 그 해석 문제」, 280~282쪽.

114) 허태용, 『조선후기 중화론과 역사인식』(아카넷, 2009), 245~251쪽. 이와 관련해서, 이들이 조선의 고대사에 대해 알기 위해 사용한 자료들도 대부분 중국의 문헌이었음을 주목할 필요가 있다. 조성산, 「18세기 말~19세기 전반 조선의 自國文獻에 대한 관심확대와 그 의의」(미출간 원고).

115) 『北學議內篇』, 自序 ; 『北學議外篇』, 「尊周論」.

116) 유봉학, 『燕巖一派 北學思想 硏究』, 124~143쪽.

론을 단념한 것도 아니었으며, 오히려 명의 원수를 갚기 위해서라도 오랑캐 청의 문물을 먼저 배워야 한다는 것이 그들 대부분의 생각이었다.

이들에게 널리 나타난 조선이 오랑캐라는 생각, 즉 조선은 단지 문화와 예禮의 수준이 높고 중화에 더 가까웠을 뿐 어디까지나 오랑캐로서 중화가 아니라는 생각은 정약용도 공유했다. 정약용은 '오랑캐' 조선의 상대적으로 높은 문화 수준을 조선이 중국의 동쪽, 그것도 '정동正東'에 위치한다는 것과 연결시켜 설명하기까지 했다. 「동호론東胡論」에서 그는 흉노匈奴, 돌궐突厥, 몽골 등 북쪽 사람들은 사납고 잔악하고 서쪽 강羌족은 간사한 데 반해 선비鮮卑, 거란契丹, 여진女眞족 등 동쪽 사람들은 중국 땅을 차지했을 때도 예와 학문을 숭상하고 잔혹스럽지도 않았음을 지적한 후, "유독 이적 중 동쪽에 있는 자들은 모두 인후仁厚하고 성실, 공손하여 족히 칭찬할 만하다. … 역사에서 동쪽 오랑캐들이 인선仁善하다고 칭찬함은 진실로 까닭이 있다"고 했으며, 이어서 동쪽 오랑캐들 중에서도 특히 "조선은 [중국의] 정동쪽 땅에 위치해서 그 풍속이 예를 좋아하고 무武를 낮게 여기며 차라리 약할망정 포악하지 않으니 군자의 나라이다"라고 했다. 그는 이 글을 "어차피 중국에서 태어날 수 없을 바에야 오직 동쪽 오랑캐[가 되는 길이 있을] 뿐이다."라는 탄식으로 끝맺었다.117) 결국 중국이 중화이고 조선은 변방의 제후국이라는 생각이 정약용에게 상존함을 볼 수 있다. 사실 이 같은 생각은 그에게 깊이 각인되어 있어서 예컨대 제도 개혁을 논하는 『경세유표』의 서두에서 "『주례周禮』는 천자의 예이고 우리나라는 번국藩國이다. 제도가 마땅히 작아야 한다"는 말을 전제로 내세우기도 했다.118) 실제로 정약용은

---

117) "北方之人, 大抵强悍. 故匈奴突厥蒙古之屬, 莫不嗜殺戮習殘暴, 而西羌亦詐薄多變. 獨夷狄之在東方者, 皆仁厚愿謹. 有足稱者. … 史稱東夷爲仁善, 眞有以哉. 況朝鮮處 正東之地, 故其俗好禮而賤武, 寧弱而不暴. 君子之邦也. 嗟乎. 旣不能生乎中國, 其唯 東夷哉.": 「東胡論」: 전서 I.12.7b∼8a.
118) "周禮, 天子之禮. 我國家, 藩國也. 制度宜小.": 『經世遺表』권1: 전서 V.1.1a.

청의 문물에 비해 조선이 뒤떨어졌음을 자주 지적했다.[119]

결국 뿌리 깊은 중화 사상과 조선인으로서의 자의식이 공존하면서 복잡한 상호작용을 하는 조선 후기 여러 학자들의 모습이 정약용에게서 지속됨을 볼 수 있다. 아들들에게 보낸 편지에서 자신의 작업을 돌이켜보면서 정약용이 이야기한 다음 구절이 중국에서 멀리 떨어진 조선의 유학자로서 자신이 처한 상황에 대한 그의 복잡한 인식을 잘 보여 준다. ─ "남몰래 스스로 생각해보니, 진한秦漢 이래 수천년 후에 요동만遼東灣 동쪽 수천리 밖에서 [공맹의] 수사洙泗의 예를 다시 얻었으니 역시 작은 일이 아니다."[120]

---

119) 위에서 보았듯이 그는 중국은 문명이 궁벽한 시골까지 널리 퍼져 있는 데 반해 조선에서는 서울 근처에만 문명 상태가 존재하고 조금만 벗어나면 "태고의 황량한 (鴻荒) 세계"가 펼쳐진다고 이야기했다. 앞의 주 11)을 참조할 것.

120) "竊自意, 秦漢以來數千年後, 遼灣以東數千里外, 還得洙泗舊禮. 亦非小事.": 「答二兒」: 전서 I.21.2a.

2장 주자학

정약용이 살았던 조선 후기, 특히 18세기 후반의 지적 풍토에 대해서는 그간 여러 학자들이 논의한 바 있다. 예를 들어 김태영은 실학의 전개 과정에서 제기된 특징적 문제들로 "실학의 '탈성리학'적 성격", "인간의 심心 중시 경향과 자아의 주체성에 대한 각성", "인간과 자연을 분리시켜 관찰하는 시각", "사회신분제와 직역제를 포함한 군君―신臣―민民 관계의 재조정" 등을 들었다.[1] 보다 실천적인 측면들에 주목한 이영훈은 "18~19세기 신학풍의 사회적 관계성 가운데 … 민족문화에 대한 주체적 인식, 평등지향의 신분제 개혁론, 실용주의적 상공업 진흥론" 등을 열거했다.[2] 이런 풍토 속에서 국내외의 다양한 학문적, 사상적 조류들이 정약용에게 영향을 주었다. 그 같은 조류들로는 우선 '서학西學'이라는 이름으로 불린 기독교와 서양 학문을 들 수 있으며 그 외에도 중국의 경학經學 및 고증학, 그리고 일본 고학파古學派를 비롯한 여러 학문적 조류들을 들 수 있고, 조선 학계의 주류를 이루었던 주자성리학, 그리고 북학론을 비롯한 여러 사조들도 당연히 그의 사상 형성에 영향을 미쳤다.

정약용의 학파적 배경으로는 우선 이익의 성호星湖학파, 특히 성호좌파와

---

1) 金泰永, 『실학의 국가 개혁론』(서울대학교출판부, 1998), 101쪽.
2) 李榮薰, 「18~19세기 小農社會와 實學―實學 再評價」, 『韓國實學研究』 4호(2002), 1~33쪽 중 3쪽.

연결지을 수 있는데, 가깝게는 그가 허목許穆(1595~1682), 그리고 이익의 학통을 이어받은 권철신權哲身(1736~1801)의 문하였음을 지적할 수 있고, 길게 봐서는 이황李滉(1501~1570) – 윤휴尹鑴(1617~1680) – 이익 – 권철신 – 정약용으로 이어지는 학맥을 상정해 볼 수 있다.3) 정약용은 특히 이익을 존경했다. 유배 중 정약전에게 보낸 편지에서 이익에 대해 이야기하면서 그는 "우리가 천지가 크고 일월日月이 밝음을 능히 알게 된 것이 모두 이 분의 힘이고 그 글을 산정刪定하여 책을 만들 책임이 이 몸에 있는데 이 몸이 돌아갈 날이 [기약]없다"고 한탄했다.4) 그러나 정약용에게서는 이 같은 학맥 바깥의 훨씬 더 다양한 사조들의 영향도 볼 수 있다. 예컨대 정일균은 정약용이 "노론학계의 낙학계洛學系 북학 사상에도 개방적 태도"를 취하는 한편 "노론학계에서 '인물성이론人物性異論'을 표방했던 호학계湖學系 주자학의 입장과 논리적, 내용적 궤를 같이하고" 있으며, 심지어 양명학과도 "'지행합일知行合一'의 문제의식을 공유하고" 있다고 보았다.5)

그러나 간과해서는 안 될 점은 이런 여러 사상적 조류들의 영향에도 불구하고 정약용의 주된 지적 관심이 유가 학문전통 안에 머물렀다는 것이다. 물론 당시 조선 사회의 수많은 문제들에 대한 정약용의 인식이 인간의 본성, 인간이 사는 세계, 그리고 그것을 지배하는 질서, 인간과 세계의 관계 등 기본적 철학적 문제들에 대한 그의 생각의 형성과 변화에 영향을 미쳤고, 그로 하여금 당시 조선 사회가 거의 전제처럼 받아들이던

---

3) 금장태, 『조선 후기 儒敎와 西學 – 교류와 갈등』(서울대학교출판부, 2003), 223쪽.
4) "星翁文字, 殆近百卷. 自念吾輩能識天地之大日月之明, 皆此翁之力. 其文字之刪定成書, 責在此身, 而此身旣無歸日.": 「上仲氏」: 전서 I.20.22b.
5) 정일균, 「조선후기 유교사상계의 동향: 주자학과 그 대항 담론」, 『다산과 현대』 2호(연세대학교 강진다산실학연구원, 2009), 289~338쪽 중 332~333쪽. 물론 당파로 나뉘어진 당시 조선의 학문 풍토 때문에 정약용이 당대 조선의 여러 학자들의 저술을 골고루 읽지 못했을 가능성은 있다. 예를 들어, 그가 비록 북학파와 비슷한 경향을 보였지만 홍대용의 저술은 읽지 않은 것으로 보인다.

주자학의 폐단을 비판하고 원시유학으로 돌아가려는 경향을 보이도록 했던 것은 사실이다. 그리고 그 과정에서 그가 주자학의 개념들이나 주장들로부터 벗어나는 경우들이 있었다. 이에 따라 그간 많은 연구자들이 정약용과 주희의 견해를 비교함으로써 정약용이 주자학에서 얼마나 벗어났는가─얼마나 '탈주자학적'인가─를 평가하는 일을 해 왔다. 그러나 정약용이 주자학에서 벗어난 정도와 그 의미에 대한 인식에는 연구자들에 따라 다양한 차이가 있다.6) 그리고 그 같은 다양한 평가들은 각각의 연구자들이 조선 사회, 사상의 흐름 전체를 보는 다양한 시각과도 관련되어 있을 것이다.

대부분의 연구자들은 정약용이 '탈주자학적' 특성을 보인다는 데에는 대체로 동의한다. 예를 들어 금장태는 정약용의 경학 형성 과정에 영향을 준 조건들로 주자학이 사회변화에 적응력을 상실하고 보수적 권위 체제로 굳어져 간 점, 주희의 경학 체계에 대한 조선 학계 내부의 재검토 움직임, 그리고 외부로부터 양명학과 서학의 도입에 따른 주자학 비판의 다원화 등을 제시한 후 이 같은 상황에서 정약용이 "주자학의 정통적 세계관을 극복"했다거나 "탈주자학적 세계관의 … 체계를 제시"했다고 주장했다.7) 정일균도 정약용이 "조선 후기 유교 사상계의 '탈주자학적 흐름'을 종합적으로 계승하는 가운데 이를 체계적이고 독창적으로 집대성하고 있다"고 보았다.8) 사실 정약용이 주희와 여러 면에서 다른 관점을 보여준 것은 분명하고 그런 면에서 '탈주자학적'이라고 하는 것이 불가능하지는 않을

---

6) 예컨대 『다산과 현대』(연세대학교 강진다산실학연구원) 1호(2008)와 2호(2009)에 실린 특집 "다산학 연구의 최근 동향"의 논문들, 특히 장동우, 「다산학 연구의 최근 동향. 철학」, 『다산과 현대』 2호(2009), 7~42쪽에서 그간의 여러 입장들을 검토하고 있다.

7) 금장태, 「다산 경학의 탈주자학적 세계관」, 『茶山學』 제1호(2000), 20~57쪽, 특히 23~25쪽.

8) 정일균, 「조선후기 유교사상계의 동향: 주자학과 그 대항 담론」, 『다산과 현대』 2호(연세대학교 강진다산실학연구원, 2009), 289~338쪽 중 232쪽.

것이다.

그러나 그렇다고 해서 정약용이 조선 시대 유학자들 대부분의 사상적 토대였던 주자학의 틀과 체계 그 자체를 배격한 것은 아니었다. 정약용의 사상과 주자학 체계의 관계에 관해 다양한 평가가 가능한 것 자체가 그가 주희와 많은 차이를 보이면서도 한편으로는 주자학의 근본 틀을 유지하고 있기 때문이라고 할 수 있다.[9] 나는 주희의 신유학 철학의 틀이 여전히 정약용의 사상 전반의 기초로 남아 있었다고 생각한다. 그가 한 일은 그 같은 주자학의 틀을 벗어나려고 한 것이라기보다는 그 틀을 변형, 개선, 보완하려는 시도였다. 그리고 폭넓고 신축성 있는 주희의 틀을 유지한 채 그 속에서 오랜 동안 수정, 보완 작업을 추진함으로써 정약용은 자신의 시기 변화된 지적 풍토 속에서 지탱할 수 있는, 보다 더 완벽한 틀을 세우려고 노력했던 것이다. 이런 점에서 정약용은 40년 정도 뒤에 태어나 비슷한 수명을 누리면서 주자학 체계를 완전히 벗어난 새로운 체계를 세우려고 시도했던 최한기崔漢綺(1803~1877) 같은 사람과는 크게 달랐다.

이 장에서는 이 같은 관점에 서서 정약용과 주자학의 관계에 대해서

---

9) Donald Baker는 이같은 양쪽 측면을 함께 지니고 있는 정약용을 "진보적이면서 보수적"이었다거나 "전통 속에서의 반항자"(rebel within tradition)였다고 표현한 바 있다. Donald Baker, "Thomas Aquinas and Chŏng Yagyong: Rebels within Tradition", 『茶山學』 제3호(2002), 32~69쪽 중 33~34쪽. 정순우는 정약용이 주자를 "선택적으로 극복했을 뿐이다"라는 표현을 사용했다.「좌담. 다산, 주자학, 그리고 서학」, 『茶山學』 제2호(2001), 210~271쪽 중 219쪽. 그리고 이 같은 상황의 복잡함은 백민정, 『정약용의 철학—주희와 마테오 리치를 넘어 새로운 체계로』(이학사, 2007)에서 볼 수 있는 다음과 같은 일견 서로 상충되는 평가들에 나타나 있다. "이렇게 정약용은 음양과 오행, 그리고 더 근본적으로는 태극개념을 비판적으로 문제삼음으로써, 주자학의 세계관 전체를 붕괴시키는 효과를 낳았다."(124쪽) "정약용은 서학과의 일정한 거리 속에서 자신이 강하게 거부해 왔던 주자학적 전통과의 일정한 화해, 즉 부분적 수용의 태도 역시 보이게 된다."(241쪽) "비록 주자 철학의 많은 부분들을 신랄하게 비판했지만, 사실 정약용만큼 주자 철학의 여러 가지 함축들을 심각하게 고민했던 사상가도 드물 것이다."(309쪽)

살펴볼 것이다. 그리고 이를 위해, 정약용과 주희의 생각을 비교해서 그가 얼마나 주희와 다른가—주희로부터 벗어났는가—를 보이는 것보다는, 이제는 이미 널리 알려져 있는 그 같은 '벗어남'을 우리가 어떻게 이해해야 할 것인가, 그리고 정약용 자신은 주희와 다른 자신의 견해들을 어떻게 이해했는가와 같은 문제들을 논의할 것이다. 또한 이를 위해서 실제로 정약용이 주희에 대해 어떤 이야기를 했는지 살펴볼 것이다.

1. 주희와의 차이

정약용은 몇 가지 중요한 철학적 논점들에 관해서 주희와는 다른 견해들을 보여주었으며 수많은 선행 연구자들이 이를 지적해 왔다.[10] 예를 들어 금장태는 정약용이 "주자학에서 제시하는 천·지·인의 유기체적 일체관을 깨뜨리고 … 하늘을 두려워하는 인간, 개체의 자율성을 지닌 인간, 물질적 자원을 이용하는 인간이라는 새로운 우주적 질서 속의 인간관을 중심으로 확립"했다고 보았다.[11] 한형조는 다음과 같이 이야기했다.

다산의 주자학 비판의 핵심은 '주자학의 포괄적 연속적 구상'을 향해 있다. 다산은 주자학이 자연과 인간, 정신과 육체, 자연과 자유를 우주의 보편적 패턴하에 뭉뚱그린 미분화적 사유라고 비판했다. 다산은 이 모두를 분리해서 바라본다. 그런 다음 인간의 도덕적 존엄을 차별없이 모두에게 가능성으로 인정해 주었다. 그의 향외적向外的 도덕론이 이 바탕 위에 세워져 있다.[12]

---

10) 예를 들어 한형조, 『주희에서 정약용으로—조선 유학의 철학적 패러다임 연구』(세계사, 1996) ; 정일균, 『다산 사서경학 연구』(일지사, 2000) ; 금장태, 「다산경학의 탈주자학적 세계관」 ; 「좌담: 다산, 주자학, 그리고 서학」 ; 백민정, 『정약용의 철학—주희와 마테오 리치를 넘어 새로운 체계로』(이학사, 2007), 1부 2장.
11) 금장태, 「다산 경학의 탈주자학적 세계관」, 56쪽.

나일수는 정약용이 인간과 사물의 본성이 동일하다는 관점을 거부하고, 덕德이 인간의 마음에 내재한다는 믿음을 거부했으며, 인격신적 주재자로서 상제를 인정한 것 등 세 가지 점을 지적했다.[13] 사실 정약용 자신도 당시 조선 유학자들의 주된 결함 세 가지를 들고 그에 대한 자신의 해결책을 다음과 같이 이야기함으로써 당시 조선 학계에 지배적이었던 주자성리학과 자신의 생각이 다른 점들을 제시한 바 있다.

　　오늘날 사람들이 성인이 되고자 해도 그럴 수 없는 데에는 세 가지 실마리가 있다. 하나는 '하늘(天)'을 리理로 여기는 것이고, 하나는 인仁을 '생물지리生物之理'로 여기는 것이고, 하나는 [『중용』의] '용庸'을 '평상平常'으로 여기는 것이다. 만약 '신독愼獨'으로 하늘을 섬기고 '서恕'에 힘써 인仁을 구하고, 또한 항상 지속하여 멈추지 않을 수 있으면, 이것이 성인이다.[14]

이제 위의 측면들을 포함해서 정약용의 사상 속에서 드러나는 주자학과 다른 몇 가지 두드러진 측면들을 다시 살펴보기로 한다.

먼저, 정약용은 '하늘(天)'을 리理로 보는 주희의 입장을 거부했다. "기는 스스로 존재하는 '물物'이고 리는 [무엇에] 의존하고 기대는 속성(品)"[15]이라는 그의 생각이 이에 영향을 미쳤다. 위의 인용문에 나오는 '하늘을 섬긴다(事天)'는 표현에서 드러나듯이, 정약용에게 하늘은 모든 것을 주재主宰하며 사람이 섬기는 대상인데, 리는 스스로 존재하는 실재가 아니라 다른 것에 의존하여 존재하는 속성으로 '영명靈明'을 지닐 수가 없으며, 따라서 자연세

---

12) 한형조, 「다산과 서학: 조선 주자학의 연속과 단절」, 『茶山學』 제2호(2001), 128~155 쪽 중 146쪽.
13) 나일수, 「다산 실학의 서학적 배경」, 『茶山學』 3호(2002), 390~421쪽 중 409~415쪽.
14) "今人欲成聖而不能者, 厥有三端. 一認天爲理. 一認仁爲生物之理. 一認庸爲平常. 若愼 獨而事天, 强恕而求仁, 又能恒久而不息, 斯聖人矣.":『心經密驗』: 전서 II.2.40a.
15) "蓋氣是自有之物, 理是依附之品, 而依附者必依於自有者.":『中庸講義補』: 전서 II.4.65a.

계의 현상들과 사람의 행위를 주재하는 하늘의 기능을 지닐 수 없었던 것이다.16)

리로서의 하늘 대신 정약용은 '상제上帝'의 개념을 받아들였다. 그는 '하늘(天)'이라는 말에 "푸르고 형이 있는 하늘(蒼蒼有形之天)"과 "영명하고 주재하는 하늘(靈明主宰之天)" 두 가지의 의미가 있음을 지적했는데,17) 상제는 바로 "영명하고 주재하는 하늘"이었던 것이다.

> 상제란 무엇인가? 그것은 하늘과 땅, 신神과 사람 밖에서 하늘과 땅, 신, 사람, 만물과 같은 것들을 조화造化하고, 그것들을 재제宰制, 안양安養하는 것이다. [하늘의] 주재자(帝)가 '하늘(天)'이라고 말하는 것은 임금(王)이 '나라(國)'라고 말하는 것과 같다. 저 푸르고 형形이 있는 하늘을 가리켜 '상제'라고 하는 것이 아니다.18)

정약용은 상제의 '영명'이 인간의 마음에 직접 통한다고 말했는데 이는 인간이 태어날 때 하늘로부터 영명을 부여받았기 때문이다.19) 이 같은 정약용의 '상제' 관념은 기독교의 인격적 신인 천주天主와 비슷했다.

한편 이렇게 '하늘'로부터 분리된 리는 더 이상 도덕의 근거가 될 수 없었다. 따라서 정약용은 '천리天理'에 근거하지 않고도 인간의 도덕성을

---

16) "凡天下無靈之物, 不能爲主宰. … 況以空蕩蕩之太虛一理爲天地萬物主宰根本, 天地間事, 其有濟乎.":『孟子要義』권2: 전서 II.6.38b.

17) "高明配天之天, 是蒼蒼有形之天. 維天於穆之天, 是靈明主宰之天.":「中庸策」: 전서 I.8.30a.

18) "上帝者何. 是於天地神人之外, 造化天地神人萬物之類而宰制安養之者也. 謂帝爲天, 猶謂王爲國. 非以彼蒼蒼有形之天指之爲上帝也.":『春秋考徵』권4: 전서 II.36.24a.

19) "天地靈明直通人心.":『中庸自箴』: 전서 II.3.5b ; "天下萬民各於胚胎之初, 賦此靈明. 超越萬類, 享用萬物, … 人之受天, 只此靈明. 可仁可義可禮可智, 則有之矣":『中庸講義補』권1: 전서 II.4.2b ; "人之受天, 只此靈明.":『中庸講義補』권1: 전서 II.4.2b. '靈明'의 의미와 유래에 대해서는 김선희,『마테오 리치와 주희, 그리고 정약용―『천주실의』와 동아시아 유학의 지평』(심산, 2012), 503~510쪽을 볼 것.

확보할 수 있는 방법을 모색했고, 그 같은 모색은 그로 하여금 인의예지仁義禮智와 같은 도덕적 덕목들이 선천적인 것이 아니라 구체적 행동을 통해 실천적으로 얻어지는 것이라고 생각하도록 했다.[20] 예를 들어 그는 '인仁'을 사람이 본성으로 타고난다는 생각을 거부하고 그것이 구체적 인간관계 속에서 실천되는 덕목으로 보았으며, 사람이 '천지생물지심天地生物之心'을 얻어 그것이 '인'으로 나타난다는 주희의 생각을 부정했다.[21] '경敬'에 대해서도 그는 같은 인식을 보여서 "'경'의 덕은 반드시 일과 사물에 응접應接한 후에 시행할 수 있다"고 이야기했다.[22]

나아가 정약용은 주희 도덕철학의 핵심인 '성즉리性卽理'의 관점을 거부하고 "주자가 성을 리로 보았기 때문에 '하늘의 명(天命)'을 리로 보게 된 것"이라고 비판했다.[23] 그 대신 정약용은 성이 '기호嗜好'임을 주장했다.[24] 성이 마음(心)의 본체로서 본래 선善하다는 주희의 입장을 거부하고 선을 선호하는 마음의 속성으로 해석한 것이다.[25] 한편, 성이 기호이지만 그렇다

---

20) "仁義禮智之名, 成於行事之後. 故愛人而後謂之仁, 愛人之先仁之名未立也. 善我而後謂之義. 善我之先義之名未立也. 賓主拜揖而後禮之名立焉. 事物辨明而後智之名立焉.": 『孟子要義』 권1: 전서 II.5.22a ; "仁義禮智, 知可以行事而成之, 則人莫不俛焉孳孳, 冀成其德.": 『孟子要義』 권1: 전서 II.5.22b ; "若其仁義禮智之名, 必成於行事之後.": 『孟子要義』 권2: 전서 II.6.23a ; "心本無德. 惟有直性, 能行吾之直心者. 斯謂之德. 行善而後德之名立焉. 不行之前, 身豈有明德乎.": 『大學公議』 권1: 전서 II.1.8a ; 백민정, 『정약용의 철학』, 124~135쪽.

21) "凡泥人之間盡其本分者, 斯謂之仁. 天地生物之心于我甚事.": 『中庸講義補』: 전서 II.4.36a.

22) "敬之爲德, 必應事接物而後乃得施行.": 『心經密驗』: 전서 II.2.31a.

23) "朱子以性爲理, 故遂以天命爲理也.": 『論語古今註』 권8: 전서 II.14.39a.

24) "性者, 人心之嗜好也. 如蔬菜之嗜糞, 如芙蕖之嗜水. 人性嗜善, 行善集義則茁壯, 行惡負心則沮餒.": 『大學講義』: 전서 II.2.4a ; "性也者, 以嗜好厭惡而立名.": 『論語古今註』 권9: 전서 II.15.10b.

25) 김선희는 정약용이 "심과 성, 이기론을 중심으로 진행되던 주자학의 인간 이해 방식을 다각도에서 검토하고 비판하면서 심을 영명한 마음으로, 성을 도덕적 선에 대한 기호로 나누는 새로운 전략을 구사"했다고 본다. 김선희, 「天, 上帝,

고 해서 물이 저절로 아래로 내려가듯이 사람이 저절로 선을 행할 수 있다면 사람이 선을 행하는 것이 '공능功能'이 될 수 없다고 생각한 정약용은 하늘이 사람에게 자신의 의지에 의해 선과 악을 선택하는 권능인 '자주지권自主之權', 즉 '권형權衡'을 부여했다고 주장했다.26) '선을 택하는(擇善)' 이 같은 능력은 덕을 좋아하는 감정과 함께 하늘이 인간에게 준 것이었다.27) 따라서 정약용의 생각으로는 "선을 택하기" 위해서는 먼저 "하늘을 알아야(知天)" 했다.28) 위에서 보았듯이 그가 당시 유가의 주된 문제들에 대한 해결책 중 한 가지로 "신독으로 하늘을 섬긴다"고 한 것은 바로 이 때문이었다.

정약용은 인간과 인간을 제외한 만물과의 사이에 엄격한 구분을 지었다. 그는 "성性과 도道를 이야기함에 있어 매번 인간과 사물을 함께 이야기했다" 고 하여 주희를 비판했으며,29) 인간과 사물의 성은 같고 다만 그 기氣의 품부받은 바가 다른 것이라는 주희의 견해를 여러 가지 측면에서 비판했다.30) 인간과 인간을 제외한 다른 사물간에 이 같은 엄격한 구분이 있다는 믿음은 정약용으로 하여금 "만물이 인간과 함께 하나의 체(萬物一體)"라는

理: 조선 유학과『天主實義』」,『한국실학연구』20호(2010), 213~262쪽 중 252쪽(주 84).

26) "言性者, 必主嗜好而言, 其義乃立. 若謂此虛靈無形之物, 其體渾然至善, 一毫無惡, 則赤子始生, 但知啼哭索乳求抱, 安得硬謂之純善乎. 若以其自主之權能而言之, 則其 勢可以爲善, 亦可以爲惡.":『孟子要義』권1: 전서 II.5.33a~33b ; "天之賦性旣如此, 則人之行善, 如水之就下火之就上, 不足爲功能. 故天之於人, 予之以自主之權. 使其欲 善則爲善, 欲惡則爲惡, 游移不定. 其權在己. 不似禽獸之有定心. 故爲善則實爲己功, 爲惡則實爲己罪. 此心之權也. 非所謂性也.":『孟子要義』권1: 전서 II.5.34b~35a ; "天旣予人以可善可惡之權衡.":『心經密驗』: 전서 II.2.28a ; "人心惟危者, 吾之所謂 權衡也. 心之權衡, 可善可惡.":『心經密驗』: 전서 II.2.29b ; 백민정,『정약용의 철학』, 106~112, 211~215, 326~333쪽 등을 볼 것.

27) "天賦我性, 授之以好德之情, 畀之以擇善之能. 此雖在我, 其本天命也.":『中庸自箴』: 전서 II.3.4a.

28) "知天以後可以擇善. 不知天者不可以擇善":『中庸講義補』: 전서 II.4.44a.

29) "朱子於性道之說每兼言人物. 故其窒礙難通, 多此類也.":『中庸講義補』: 전서 II.4.4a.

30)『中庸講義補』: 전서 II.4.46b~47a.

생각과 "만물이 내게 다 갖추어져" 있다는 유가의 전통적 관념들을 거부하도록 했다.[31] 정약용은 인간은 태어날 때부터 인간이 아닌 것들과는 다르다고 생각했다. 동물과 식물은 태초에 하늘로부터 "생생지리生生之理"를 부여받았기에 "씨에서 씨로 전해지는(以種傳種)" 과정을 통해 그 성명性命이 완전해지는 데 반해 인간은 처음 배태될 때 한사람 한사람이 각각 자신의 영명을 부여받는다는 점에서 만물을 초월한다는 것이다.[32] 따라서 세상 온갖 존재 중에서 인간만이 영명을 지니는 것인데, 정약용은 인간이 영명한 신神과 형形의 '묘합妙合'으로 이루어졌다고 되풀이 이야기했다.[33] 정약용이 인간과 만물을 이렇게 철저하게 분리한 것은 5장에 보게 될 상관적 사고에 대한 그의 거부, 그리고 그에 바탕해서 그가 보였던 술수와 미신에 대한 비판적 태도로 이어졌다.

정약용은 또한 귀신鬼神을 리와 기氣를 통해 해석하는 주희의 입장을 거부했으며 "귀신은 리와 기를 통해서 이야기할 수 없다"고 단언했다.[34] 그는 귀신을 '조화의 자취(造化之跡)'라고 한 정이程頤(1033~1107)의 언급이나 '두 기의 양능(二氣之良能)'이라고 한 장재張載(1020~1077)의 언급 두 가지를 모두 거부했는데,[35] 사실 귀신에 대한 주희의 견해는 이 두 언급들에

---

31) 예를 들어 그는 주희의 "天地萬物本吾一體"라는 말에 대해 논의하면서 "萬物一體, 其在古經絶無此語. … 草木禽獸, 安得與吾爲一體乎?"(『中庸講義補』: 전서 II.4.8b~9a)라고 했으며, 『孟子』의 "萬物皆備於我'라는 구절(7上4)에 대해 "天地萬物之理, 各在萬物身上. 安得皆備於我"(『孟子要義』 권2: 전서 II.6.39b)라고 반문했다.

32) "草木禽獸, 天於化生之初賦以生生之理, 以種傳種, 各全性命而已. 人則不然. 天下萬民, 各於胚胎之初, 賦此靈明, 超越萬類. …":『中庸講義補』: 전서 II.4.2b. 이어서 그는 인간이 하늘로부터 부여받는 것은 단지 영명일 뿐이고 仁義禮智 등의 덕성은 사람들의 행위에 의해 생겨난다("仁義禮智 各本起於吾人行事.")고 주장했다.

33) "神形妙合, 乃成爲人":『心經密驗』: 전서 II.2.25a ;『孟子要義』 권1: 전서 II.5.32a.

34) "鬼神不可以理氣言也":『中庸講義補』: 전서 II.4.23a. 귀신에 대한 정약용의 견해에 대해서는 김현,「조선 유학에서의 귀신 개념」, 한국사상사연구회 편,『조선 유학의 자연철학』(예문서원, 1998), 349~418쪽 중 403~413쪽을 볼 것. 귀신에 대한 주희의 견해에 대해서는 김영식,『주희의 자연철학』, 5장을 볼 것.

바탕한 것이었다. 정약용은 또한 '귀신'과 '신神'을 구분하면서 귀신을 천하의 '공용功用'이라고 한 정이의 관점도 거부했는데,36) 이런 식으로 그는 사실상 귀신에 대한 모든 신유학적 해석들을 거부했던 셈이다. 그 대신 그는 귀신이 무엇의 '자취'나 '공용'이 아니라 실체임을 강조했으며, 사람들이 하늘을 리로 보고 귀신을 '공용', '조화의 자취', '두 기의 양능'과 같이 아득하고 막막한 것으로 여겼기에 "종신토록 도를 공부해도 요순의 경지에 들어가지 못하는" 것이라고 말했다.37) 따라서 주희를 비롯한 신유학자들이 세상의 온갖 현상들을 '귀신' 개념을 통해서 논의한 데 반해, 정약용은 주로 사람들이 제사를 지내는 대상인 귀신에 대해 논의했으며, '귀신'이란 바로 제사의 대상이 되는 상제나 하늘을 가리키는 것으로 보았다.38) 그리고 그는 자신이 도덕적 수양의 핵심으로 여긴 신독도 귀신이 가능하게 해 준다고 생각해서 "신독의 공功은 귀신이 아니면 두려워함이 없어지며, 그런 즉 귀신의 덕이 바로 우리 도가 근본으로 삼는 것"이라고 말했다.39)

리와 기氣 및 사물(物), 그리고 그것들 사이의 관계에 대해서도 정약용의 생각은 주희와 달랐다. 위에서 보았듯이 그는 기가 실제로 존재하는 실재인 데 반해 리는 스스로 존재하는 것이 아니라 사물에 의존하여 존재하는

---

35) 『中庸講義補』: 전서 II.4.20b~22b 등.

36) 『中庸講義補』: 전서 II.4.58b.

37) "今以造化之跡謂之鬼神可乎. 天地者鬼神之功用, 造化者鬼神之留跡. 今直以跡與功用謂之乎神可乎. … 今人以天爲理, 以鬼神爲功用爲造化之跡爲二氣之良能. 心之知之杳杳冥冥. 一似無知覺者然. 暗室欺心, 肆無忌憚. 終身學道, 而不可與入堯舜之域. 皆於鬼神之說有所不明故也.": 『中庸講義補』: 전서 II.4.20b~21a.

38) 예컨대 정약용은 "鬼神之爲德, 其盛矣."라는 『中庸』의 구절(16장)에 대한 주석에서 "上帝之體, 無形無質, 與鬼神同德. 故曰鬼神也. 以其感格臨照而言之, 故謂之鬼神."(『中庸自箴』: 전서 II.3.16a)이라고 했으며, 역시 『中庸』의 "質諸鬼神, 知天也."라는 구절(26장)에 대한 주석에서는 "鬼神非天乎"(『中庸講義補』: 전서 II.4.21a)라고까지 했다.

39) "中庸之德. 非愼獨不能成. 愼獨之功. 非鬼神無所畏. 則鬼神之德. 卽吾道之所本也": 『中庸講義補』: 전서 II.4.23b.

것, 즉 사물의 속성으로 보았다. 정약용은 또한 리를 제대로 터득하기 위해 세상의 모든 사물을 격물해야 한다는, 흔히 주희의 생각이라고 이야기되는 입장을 비판했다.[40] 예를 들어, 그는 "사물의 성(物性)은 단지 그 대체만을 알아도 역시 그에 마땅하게 대처할 수 있으며, 반드시 사물마다 궁리하고 격물하여 그 호발毫髮의 차이까지 분명히 알아야 하는 것은 아닐 것"이라고 했으며,[41] "천하의 사물은 끝없이 많아서 온갖 것에 능통해도 그 수를 다할 수 없고 박물博物해도 그 리에 통할 수 없다"고 말했다.[42] 또한 그는 "리가 다하면 사물이 다한다(理盡則物盡)"는 주희의 이야기도 받아들이기를 거부했으며 리란 다하여 없어질 수 있는 것이 아니며 만물이 다 없어져도 리는 없어지지 않는다고 주장했다.[43]

정약용은 경전經典 해석에 있어서도 여러 가지 점에서 주희와 다른 견해를 보였다.[44] 사실 위에서 본 것처럼 주희와 다른 그의 견해들도 대부분 그의 경전 해석 과정에서 나왔다.

경전 해석에서 주희와 정약용 사이의 가장 두드러진 차이는 『대학』을 두고서 나타났다.[45] 우선 그는 증자曾子를 대학의 저자라고 보는 주희의

---

40) 주희의 격물 사상에 대한 정약용의 비판에 대해서는 김낙진, 「조선 유학자들의 격물치지론-자연 인식 방법과 관련하여」, 한국사상사연구회 편, 『조선 유학의 자연철학』(예문서원, 1998), 71~133쪽, 특히 98~100쪽을 볼 것.

41) "至於物性, 但知其大體亦可以處之得當. 恐不必物物窮格明知其毫髮之此": 『中庸講義補』: 전서 II.4.47a.

42) "天下之物浩穰汗滿, 巧歷不能窮其數, 博物不能通其理": 『大學公議』: 전서 II.1.20a.

43) "[朱子]又曰天下之物皆實理之所爲. 故必得是理然後有是物. 所得之理理旣盡, 則是物亦盡而無有矣. … 朱子所言者, 蓋以上天生物之理爲誠. 然上天生物之理, 無始無終, 互古互今. 安得曰理旣漸盡則物亦隨盡乎. 雖天荒地老, 生物都盡, 而天理仍未盡也. 烏得云理盡則物盡乎.": 『中庸講義補』: 전서 II.4.49b~50a. 한형조는 정약용의 기 개념에서도 주희로부터의 뚜렷한 벗어남이 있음을 보고, 기가 "정약용에 의해 [고대 유학에서의] 본래의 의미, 즉 〈생명〉이란 뜻으로 한정적으로 구체화되었다"고 이야기했다(한형조, 『주희에서 정약용으로』, 204쪽).

44) 정일균, 『다산 사서경학 연구』(일지사, 2000).

정약용의 문제들

견해에 대해서, 그것은 주희가 '도맥道脈'을 잇기 위해 그렇게 했던 것일 뿐 근거가 없다고 주장했다.[46] 정약용은 '대학'이라는 표현을 '대인지학大人之學'을 뜻하는 것으로 보아 '대학'을 모든 사람을 대상으로 하는 학문이라고 해석한 주희의 견해도 받아들이지 않고 그것이 '주자胄子', 즉 왕공, 귀족 자제로서 미래의 통치자를 위한 학문을 가리키는 것이라는 견해를 제시했다.[47] 또한 정약용은 주희가 제안한 수정의 결과로 자리잡아 신유학의 정통 입장이 된『대학장구大學章句』의 이른바 '경1장經一章 전10장傳十章' 체제를 수용하지 않고 『예기禮記』「대학」편의 '고본대학古本大學' 체제를 따랐다. 내용상으로도, 그는 '격물치지'를 중심으로 한 주희의 '3강령三綱領 8조목八條目' 설을 비판하고 '1강3목一綱三目' 설을 제시했다.[48] 구체적인 내용을 예로 들자면, 그는 '명덕明德'을 마음 속에 내재하는 리로 보는 주희의 해석 대신 실천적 덕목인 '효孝', '제弟', '자慈'로 보았으며,[49] 주희가 '친민親民'을 '신민新民'으로 고친 것도 받아들이지 않고 그것이 "백성을 친하게 대하는 것"이라고

---

45) 금장태, 「다산 경학의 탈주자학적 세계관」, 31~33쪽 ; 김문식, 「다산 정약용의 태학지도(太學之道)」, 『茶山學』 8호(2006), 129~160쪽 ; 최석기, 「星湖學派의 『대학』해석―星湖, 貞山, 茶山을 중심으로」, 『韓國實學硏究』 19호(2010), 123~159쪽 중 149~154쪽.

46) "朱子謂, 曾子作經一章, 曾子之門人作傳十章. 亦絶無所據. 朱子以意而言之也. 朱子以爲孔子之統傳于曾子, 以傳思孟, 而思孟有著書曾子無書. 故第取此以連道脈耳":『大學公議』序: 전서 II.1.1a~1b. 그러나 정약용은 곧이어 "亦安知其不然哉"라고 덧붙여 주희의 견해를 완전히 거부할 수는 없음을 지적했다.

47) "[朱子]訓之曰. 大人之學, 與童子之學大小相對. 以爲天下人之通學.":『大學公議』권1: 전서 II.1.2a ; "經云大學之道, 是爲敎胄子之道, 明非敎國人之道.":『大學公議』권1: 전서 II.1.3b ; "經云大學之道, 是敎胄子之道. 與士萬民不同也.":『大學公議』권1: 전서 II.1.5a.

48) "一綱三目, 認之爲天成地定. 原是大夢也. … 綱曰明德. 目曰孝弟慈而已.":『大學公議』권1: 전서 II.1.9a~9b. 주희의 '삼강령'이란 '明明德', '新民', '止於至善'을, '8조목'이란 '格物', '致知', '誠意', '正心', '修身', '齊家', '治國', '平天下'를 가리킨다. 백민정, 『정약용의 철학』, 270~273쪽.

49) "明德也, 孝弟慈."와 같은 표현이 『大學公議』권1: 전서 II.1.6a~10a에 되풀이 나온다.

주장했다.[50)

『중용』의 경우에도 정약용은 주희의『중용장구中庸章句』33장 체제를
받아들이지 않고 대신 '고본중용'의 경문經文을 59절로 나누었으며,[51) 구체
적으로 '미발未發'을 "희로애락의 미발일 뿐 '심지사려心知思慮'의 미발은 아니
다"라고 하여 주희와 의견을 달리 했다.[52) 정약용은 '중中'과 '용庸'의 의미에
대해서도 그것이 군자가 '존심양성存心養性'의 노력을 지극히 한 후 얻어지는
상태라고 하여 단지 치우치지 않은 평상의 상태를 가리킨다는 주희의
해석을 받아들이지 않았다.[53)『주역』의 경우에도 정약용은 그것이 복서卜筮
를 위한 책이라는 점에서는 주희와 의견을 같이 하면서도 괘卦와 괘효사卦爻詞
들이 만들어진 과정, 역리4법易理四法, 시초蓍草점법 등 여러 면에서 주희와
차이를 보였다.[54) 물론 이 밖의 다른 경전들의 해석에 있어서도 정약용은
주희와 많은 차이를 보였다.

2. 주희에 대한 존경

---

50) "明德旣爲孝弟慈, 則親民亦非新民也. … 明明德者, 明人倫也. 親民者, 親小民也.":
『大學公議』권1: 전서 II.1.10b. 금장태는 이런 면에서 정약용이 王陽明이나 尹鑴의
입장과 같아졌음을 지적한다. 금장태, 『다산 경학의 탈주자학적 세계관』, 32쪽.

51) 『中庸自箴』: 전서 II.3 ; 정일균, 「조선후기 유교사상계의 동향: 주자학과 그 대항
담론」, 『다산과 현대』 2호(연세대학교 강진다산실학연구원, 2009), 289~338쪽
중 324쪽.

52) "未發者, 喜怒哀樂之未發. 非心知思慮之未發.":『中庸自箴』: 전서 II.3.6b 및 그 외의
여러 곳. 정일균, 「조선후기 유교사상계의 동향」, 328~330쪽, 특히 주 82).

53) 예컨대『중용』의 "喜怒哀樂之未發謂之中" 절에 대해 정약용은 "此節, 卽愼獨君子存
心養性之極功. 非通論天下人之性情也."(『中庸自箴』: 전서 II.3.6a)라고 이야기한다.
백민정, 『정약용의 철학』, 247~252쪽.

54) 금장태, 「정약용의 '역(易)' 해석에서 복서(卜筮)의 방법과 활용」, 『茶山學』 8호
(2006), 341~383쪽 ; 김영우, 「다산의 卜筮易 연구」, 『한국실학연구』 4호(2002),
245~268쪽.

앞 절에서 정약용이 여러 가지 점에서 주희의 견해를 비판하거나 주희와 다른 견해를 지녔음을 보았다. 그러나 나는 그럼에도 불구하고 그가 주자학의 체계를 버리거나 주자학 체계로부터 벗어난 것은 아니었다고 생각한다.

우선 정약용이 주희에 대해 깊은 존경심을 보였다는 것이 이를 간접적으로 뒷받침한다. 물론 이것이 전략적인 태도였을 가능성도 있다. 주희의 사상을 자유롭게 비판할 수 없는 당시 조선의 상황에서 그가 실제로는 주희의 체계를 버렸으면서도 겉으로는 주희에 대한 존경을 계속 표했을 수도 있는 것이다. 그러나 그 같은 가능성을 받아들이기에는 정약용이 주희에 대해 보여준 존경심의 정도가 매우 깊었다. 주희에 대한 정약용의 깊은 존경심은 일생 동안 흔들리지 않았다. 그는 항상 주희에게 최대의 찬사를 보냈다. 예를 들어 그는 북송 학자들의 업적을 "주자가 집대성하여 천년간 전해지지 않았던 실마리를 처음으로 얻게 되고 '약정복성約情復性'으로 성학聖學의 토대를 이루고 '궁리격물'로 '치국평천하'의 본本을 이루었다." 고 말한 후 "그(주희의) 재능이 그같이 높고 그 마음이 이같이 공정하므로 그 말의 단서를 믿을 수 있음이 다른 사람이 미칠 바가 아니다."라고 했다.55) 육구연陸九淵(1139~1192)과 펼친 주희의 논쟁에 대해 언급하면서는 "그(주희의) 마음이 과연 순수하게 한결같이 천리天理의 공公에서 나왔으며 티끌만큼도 인욕人欲의 사사로움이 없었다"고 말했다.56)

특히 주희의 경전 해석에 대한 정약용의 존경심은 지극했다. 앞 절에서 본 것처럼 그는 많은 점에서 주희와 다른 견해를 지녔음에도 불구하고 되풀이해서 주희의 경전 해석에 최고의 찬사를 보냈다. 「오학론五學論」에서

---

55) "至濂洛諸賢先後繼作, 而朱夫子集其大成. 始得千載不傳之緖, 以約情復性爲聖學之基, 以窮理格物爲治平之本. … 其才如彼其高, 而其心如此其公, 所以其言之端的可信, 非餘人所及也.": 「與金德叟又書」: 전서 I.20.40b~41a.

56) "斯朱子不計自己利害, 不顧旁人是非, 不念朋舊之誼情好之篤, 而極口觝排, 務障狂瀾. 是其心未嘗不純然一出於天理之公. 而無一毫人欲之私也.": 「與金承旨翰東」: 전서 I.18.27a.

그는 주희가 "6경을 연마하여 진위를 변별하고 4서를 드러내어 밝혀서 심오한 뜻을 열어 보여주었"으며,[57] "한漢, 위魏 대의 훈고 이외에 별도로 바른 뜻을 구해 '집전集傳', '본의本義', '집주集註', '장구章句' 등을 저술하여 우리 [유가의] 도를 중흥시켰다"고 평가했다.[58] 「십삼경책十三經策」에서는 주희가 송대 제유의 도에 대한 새로운 논의를 "집대성하고 회통하여 크게 통일하고 거듭 창건"했음을 이야기한 후 주희가 "한대 책들을 구하던 초기에 [세상에] 나오지 않은 까닭에 공[안국孔安國], 정[현鄭玄], 유[향劉向], 동[중서董仲舒]의 무리들로 하여금 그의 학술을 받아들이도록 할 수 없었음"을 아쉬워하기까지 했다.[59] 주희가 경전 해석에서 고문古文을 받아들이지 않고 배척한 것에 대해서도 그는 "참으로 큰 안목으로 비추어 냈다"고 말했다.[60]

개별 경전들을 두고서도 정약용은 주희의 해석을 높이 평가했다. 앞 절에서 보았듯이 정약용은 『대학』과 『중용』의 저자에 대해서나 체제에 대해서 주희와 견해를 달리하면서도 『대학』과 『중용』을 별개의 경전으로 확립한 주희의 공을 인정했으며,[61] 한유漢儒들은 훈고에 파묻혀서 『상서尙書』 「요전堯典」, 「고요모皐陶謨」편이 『대학』과 『중용』의 본원本源이라는 것을 알지 못했는데 주희가 이를 처음 밝혔다고 말했다.[62] 또한 정약용은 주희의 『중용장구』 서序의 내용을 두고서 많은 부분에서 주희와 의견을 달리했으면

---

57) "研磨六經, 辨別眞僞, 表章四書, 開示蘊奧.":「五學論一」: 전서 I.11.20a.

58) "朱子爲是憂之. 於是就漢魏詁訓之外, 別求正義, 以爲集傳本義集注章句之等, 以中興 斯道.":「五學論二」: 전서 I.11.20b.

59) "逮夫有宋諸君子出, 又可以一變其道. 至朱夫子集大成而會通之, 大一統而重刱之, 將以駕軼千古, 範圍八紘. … 惜乎. 其不出於漢代求書之初, 而使孔鄭劉董之倫, 莫得 以容其術也.":「十三經策」: 전서 I.8.24b.

60) "朱子疑古文斥古文, 眞是大眼目照破.":「上仲氏」: 전서 I.20.18a.

61) "朱子章句之前, 中庸大學本不能別自爲書.":「中庸自箴」: 전서 II.3.2a.

62) "皐陶謨一篇, 大學中庸之本源. 漢儒溺於訓詁, 不省大義. 至朱子始發之也.":『尙書古 訓』 권2: 전서 II.23.31b.

정약용의 문제들

서도, 주희가 "우리 [유가의] 도를 중흥시키는 시조가 된 것"은 바로 『중용』
의 서序를 지어 이 리理를 밝혀낸 때문이라고 보았으며,63) 이 서문을 "마땅히
큰 비석에 새겨 태학太學에 세워두고 만세의 큰 교훈으로 해야 할 것"이라고
이야기하기까지 했다.64) 『중용』의 「귀신지위덕鬼神之爲德」 절에 대한 주희의
해석에 의문을 제기하는 정조에게 답하면서 그는 주희의 이야기들은 "체험
의 정미精微함"에 바탕한 것들이어서 의심할 수가 없다고 말했다.65)

『주역』을 두고서도, 정약용은 많은 점에서 주희와 의견을 달리하면서도
전체적으로 주희의 해석을 높이 평가했다. 예를 들어, 정약용은 "한대
이래 『주역』의 학은 주자에 이르러 크게 갖추어졌다. 뛰어난 말과 지극한
리가 『[주역]본의[周易]本義』에 많이 담겨 있는데 속유俗儒가 살피지 않는다"고
말했으며,66) 성인이 말하지 않고 남겨둔 신비로운 것들에 대해 그동안
제시된 해석들 중 주목할 만한 것들로 공자의 『주역』 십익十翼과 주희의
『주역참동계고이周易參同契考異』 두 가지만을 꼽았다.67) 정약용은 '추이推移',
'물상物象', '호체互體', '효변爻變'의 이른바 '역리사법易理四法'을 두고서도 실제
내용에 있어서는 주희와 크게 다른 견해를 보였으면서도 그것들 네 가지
각각을 언급하면서 그것이 "주자의 뜻이다(朱子之義也)"라고 이야기했다.68)

---

63) "朱子之爲吾道中興之祖者, 亦非他故, 其作中庸之序, 能發明此理故也.": 『論語古今註』
　　권6: 전서 II.12.2a.
64) "朱子序之一百三十五字, 仍當刻于大碑, 建之太學, 爲萬世立大訓. 不可忽也.": 『梅氏
　　書平』 권4: 전서 II.32.23b. 주희의 『中庸章句』 序에 대한 정약용의 비판에 대해서는
　　백민정, 『정약용의 철학』, 316~317쪽을 볼 것.
65) "朱子以布散發見處爲費而不見不聞處爲隱, 乃體驗之精微者. 豈有疑乎.": 『中庸講義
　　補』: 전서 II.4.23b.
66) "自漢以降, 易學大備於朱子. 名言至理, 多在本義, 而俗儒不察": 『易學緒言』: 전서
　　II.46.14a.
67) "聖人以糟粕示天下, 留其秘以自用. 故孔子作易翼, 朱子注參同契.": 「五學論五」: 전서
　　I.11.23b.
68) 『周易四箋』「四箋小引」: 전서 II.37.1a~1b. '역리사법'에 대한 정약용의 주희와
　　다른 견해에 대해서는 방인, 「정약용의 「주자본의발미」 연구」, 『茶山學』 19호

예를 들어 그는 '호체'의 설을 주희가 실제로 쓰지는 않았지만 그렇다고 폐지할 수는 없다고 하였다.[69] 그는 당송의 여러 학자들의 논의 중 "오직 주자의 '괘변卦變'의 도圖와 호체의 설 및 점변占變의 법만이 왕필王弼(226~249)의 수준 낮고 천함을 통쾌히 씻어주었다"고 평가했으며,[70] 『주역본의』의 물상物象 해석에서 보인 주희의 '궐의闕疑'의 태도에 대해 "대군자의 공정한 마음"이라고 칭찬했다.[71]

그 외에 『시경詩經』에 대해서도 정약용은 주희가 '큰 안목(大眼目)'을 지니고 당송唐宋대의 잘못을 한꺼번에 씻어주었다고 말했으며,[72] 주희의 『춘추』 해석을 두고서는 "선유先儒의 설을 두루 살피건대 오직 주자의 설만이 참되고 확실하고 평정平正하다. 『[주자]어류語類』에 실린 천만가지 말이 모두 요점을 맞추었으니 내가 또 무엇을 덧붙일 것인가"라고 이야기했다.[73] 특히 정약용은 주희가 경전 해석에 있어서 정현鄭玄(127~200)의 잘못을 고쳐잡아 준 것을 높이 평가했다.[74] 예컨대 『주례周禮』에 관해 이야기하면서 그는 "옛사람들 중 역시 믿지 않는 사람이 많았는데 모두 학문이 낮은 사람들이었다. … 오직 주자만이 그것을 알고 믿었다. 그러나 정현의 주注들은 10 중 6, 7이 잘못인데 선유들이 모두 정현을 믿으니 이것이

(2011), 5~53쪽을 볼 것.

69) "互體之說, 自漢以來師承不絶. 朱子於本義中雖無所用, 其平日所論如此, 尙有異義乎": 『易學緖言』 권2: 전서 II.46.22a.

70) "降及唐宋, 博考諸賢之論, 唯朱子卦變之圖及其互體之說占變之法, 痛滌王弼之陋.": 「與尹畏心」: 전서 I.19.20a.

71) "朱子之意, 特揭例以示人. 其或不以推移, 不以爻變, 而不合於說卦者, 姑闕之以存疑. 此大君子公正之心也.": 『易學緖言』 권2: 전서 II.46.21b.

72) "近讀詩小序. 信多紕繆. … 朱子用大眼目照破, 一洗唐宋之陋.": 「答仲氏」: 전서 I.20.19a.

73) "歷觀先儒之論, 惟朱子之說, 眞確平正. 語類所載千言萬語, 悉中肯綮. 余又何贅.": 『春秋考徵』 序: 전서 II.33.1b.

74) 彭林, 「試論茶山的考據學」, 『茶山學』 제6호(2005), 179~204쪽 ─ 국문번역: 같은 책, 205~238쪽, 특히 212~222쪽.

정약용의 문제들

한스럽다"고 이야기했다.75) 『중용』 24장에 나오는 "사체四體"라는 표현에 대해서는 정현의 "지극히 수준이 낮은(極陋)" 해석을 주희가 바로 잡아주었다고 이야기했다.76)

정약용에게 주희는 여러 가지 면에서 일종의 전범典範의 역할을 한 것으로 보인다. 사실 정약용은 자신이 한 일을 유가 전통으로부터의 일탈이 아니라 원시유학으로 복귀함으로써 옛 성현의 도를 부활하고 진정한 유가 전통을 수복한 것으로 보았는데, 주희 역시 그 자신이 한 일을 원시유학을 고치자는 것이 아니라 그 참 뜻을 되찾는 것으로 보았었고 그렇다면 정약용은 이런 태도에 있어서도 주희를 따른 것이었다. 어떻게 보면 기독교 신학에 자극받아 참된 주자학 체계를 재정립하려고 한 정약용의 작업 자체가 도가, 불가 사상에 자극받아 참된 유학 체계를 재정립한 주희의 작업을 본받았던 것이라고 할 수 있겠다. 정약용의 유가 경전 해석 작업도 주희의 평생에 걸친 작업을 토대로 했으며 항상 주희의 견해를 기준으로 하고 주희의 견해를 참고하면서 진행했다. 그리고 그 같은 작업을 통해 그는 6경과 4서에 대해 주희를 능가하는 업적을 내려고 했던 것이다.

정약용은 여러 가지 일들에 대해 생각하거나 이야기하면서 주희를 항상 염두에 두었다. 예를 들어, 그는 아들에게 보낸 편지에서 한 글자 한 글자를 철저히 이해해 가며 독서하도록 권한 후, 그것이 "어찌 주자의 격물의 공부를 크게 즐기는 것이 아니겠는가?"라고 말했고,77) 과거시험 공부의 폐단에 대해 논의한 후에는 "이 같은 노력을 학문에 옮길 수 있다면 [그것이 바로] 주자인 것이다."라고 했다.78) 당시 조선의 학문에서 볼 수 있는

---

75) "周禮古人亦多不信者 皆淺學也 王安石雖信之而非深知其裏面者 惟朱子知而信之 然鄭玄之注十誤六七而先儒兼信鄭玄 是可恨也": 「答仲氏」: 전서 I.20.15b.

76) "鄭說極陋, 朱子正之": 『中庸講義補』: 전서 II.4.49a.

77) "豈不大樂朱子格物之工也": 「寄游兒」: 전서 I.21.21b.

78) "至於科擧之學, 靜思其毒, 雖洪猛不足爲喩也. 詩賦至數千首, 疑義至五千首者有之. 苟能移此功於學問, 朱子而已.": 「爲盤山丁修七贈言」: 전서 I.17.39b.

여러 가지 폐단들을 이야기하면서 정약용은 되풀이해서 주희는 그 같은 폐단에 젖지 않았다고 하거나, 그 같은 폐단들을 주희가 고쳐주었다고 지적했다. 예를 들어 훈고의 폐단에 대해서 논의한 후에 정약용이 "주자가 이를 걱정하여, 한, 위대의 훈고 이외에 '집전', '본의', '집주', '장구' 등을 저술하여 우리 [유가의] 도를 중흥시켰다"고 평가했음을 위에서 보았다.[79] 또한 그는 실무를 등한시하는 당시의 학자들이 흔히 주희를 내세워 자신들을 합리화하지만 사실 주희는 그러지 않았다고 주장하고 실제로 주희가 실무를 게을리 하지 않고 열심히 일한 예들을 들었다.[80] 심지어 그는 늙어 쇠약해져 가는 자신의 상황을 두고서도 주희를 떠올렸다. 중형仲兄 정약전丁若銓(1758~1816)에게 보낸 편지에서 늙어 말하기가 힘들어지고 살 날이 얼마 남지 않았는데도 마음이 바깥으로 치닫는 자신의 상태에 대해 한탄하면서 그는 "이는 주자도 만년에 안타까워하던 바였는데 어찌 두렵지 않겠습니까"라고 말했다.[81] 그의 연보도 정약용이 말년에 "정신이 혼미해질 때에도 깨우쳐 일어나 우러르는 것은 주자의 유법遺法이었다."고 기록하고 있다.[82]

때로 정약용은 주희의 견해를 거부하면서도 정약용 자신으로서는 거부할 수밖에 없는 그 같은 생각을 통해 주희가 실제로 의미한 바가 무엇이었는지 설명하거나, 그처럼 받아들이기 힘든 견해를 주희가 제시했던 이유가 무엇이었는지 변호하려 들기도 했다. 예를 들어 그는 "인간과 사물의 성性이 모두 같다"는 주희의 견해를 거부한 후 주희가 그렇게 말한 것은 인간과 사물이 "그 받은 바가 하늘에 근본하고 있다는 점에서 모두 같다"는 것을

---

79) "朱子爲是憂之 於是就漢魏詁訓之外 別求正義 以爲集傳本義集注章句之等 以中興斯
    道": 「五學論二」: 전서 I.11.20b.

80) 「五學論一」: 전서 I.11.20a,

81) "近又舌彊語錯, 自知年壽不長, 一向外馳乎. 此朱子晚年所悔也. 豈不惕乎": 「答仲氏」:
    전서 I.20.24a.

82) "及昏迷時, 喚醒仰則朱子之遺法": 丁奎英, 『俟菴先生年譜』(正文社, 1984), 243쪽.

밝히기 위해서였던 것이라고 변호했다.[83] 괘변卦變설을 두고서도 그것이 실로 "『주역』을 지은 대의大義"라고 하면서 그럼에도 불구하고 주희가 그것을 단지 "『주역』의 한 가지 뜻"이라고 본 것은 "한 가지 씩 모두 조사하고 검증하는 데까지 이르지는 않았기 때문"이었다고 설명했다.[84]

사실, 주희에 대한 이 같은 절대적 존경은 당시 조선의 학자들에게는 거의 예외없이 찾아볼 수 있는 것이었다. 조선에서의 주자 절대화 경향은 "내 생각으로는 하늘이 공자를 이어 주자를 낳은 것은 실로 만세의 도통道統이다. 주자 이후에는 드러나지 않은 리理가 하나도 없으며 밝혀지지 않은 책이 하나도 없다"는 송시열宋時烈(1607~1689)의 이야기가 잘 보여주는데,[85] 17세기 말에 이르면 경전의 모든 해석이 주희에 바탕하게 되고, 주희와 조금이라도 어긋나면 '사문난적斯文亂賊'으로 매도되는 상황에 이르렀다. 물론 이 같은 주희 절대화의 상황에 대한 비판도 있어서 이익은 주희의 『장구章句』가 마치 일월과 사시四時처럼 절대적인 것으로 존숭받는 당시 조선의 상황을 비판했으며,[86] 홍대용은 그 같은 상황의 폐단을 지적하면서 중국처럼 주자학 이외의 학문도 인정하는 풍토에 대한 선망을 드러내기도 했다.[87] 그러나 그 같은 홍대용마저도 육구연을 비판하면서는 자신의 생각에 "오로지 주자학만이 중정무편中正無偏하여 공맹의 '정맥正脉'"이라고 이야기했으며,[88] 정약용이 보기에는 이익 또한 "일생 주자를 존신尊信하면

---

83) "朱子所謂人物之性皆同者, 謂其所受之本於天皆同也":『中庸講義補』: 전서 II.4.47b.

84) "… 無一不取象於卦變. 此實作易之大義. 朱子以爲一義, 蓋未及逐一査驗故也.":『易學緒言』권2: 전서 II.46.14b.

85) "大槩愚以爲, 天之繼孔子而生朱子, 實爲萬世之道統也. 自朱子以後, 無一理不顯, 無一書不明.":「答韓汝碩」:『宋子大全』, 78.39a.:『한국문집총간』110집, 550上.

86) "自章句之行於世. 人尊之如日月. 信之如四時. 愛之如骨肉. 畏之如鈇鉞.":「中庸疾書後說」:『星湖先生全集』54, 34b:『한국문집총간』199집, 501下.

87) 유봉학,『燕巖一派 北學思想 硏究』(一志社, 1995), 102~103쪽.

88) "惟朱子之學則窃以爲中正無偏, 眞是孔孟正脉.":「乾淨衕筆談」:『湛軒書』外集, 3.10b.

서 ⋯ 항상 주자의 전傳과 주註를 취해 그것을 발휘하고 천양闡揚했다.”[89]
정약용의 후원자이자 젊은 시절 학문적 스승격이었던 정조 또한 주자학을
'정학正學'으로 규정하고 주자의 모든 저술을 집대성하여 보급하고 연구하도
록 했으며, “나의 평생의 공부는 주자의 책 한 부部에 [담겨] 있다”고 이야기
했다.[90] 정약용은 이처럼 당시 조선 학계에 널리 퍼져 있던 주자에 대한
존중의 경향을 공유하고 있었던 것이다.

따라서 정약용이 당시 청의 학자들 사이에 유행하던 주희에 대한 비판적
태도에 불만을 표시한 것은 당연한 일이었다. 특히 그는 모기령毛奇齡
(1623~1716)을 “옛 사람들의 남은 이야기 찌꺼기들을 주워 모아 주자의
큰 공功을 가리웠다”고 비판했으며,[91] 모기령의 설이 일리가 있다고 하여
자신도 한때 읽고 검토한 적이 있으나 그 잘못됨을 제대로 인식하게 된
후에는 “더욱 주자가 천지天地와 사시四時[와 같이 변함없는 진리]임을 믿게
되었다”고까지 이야기했다.[92] 같은 면에서, 그는 일본의 오규 소라이荻生徂來

---

89) “蓋星翁之學, 一生尊信朱子. 故諸經疾書, 皆就朱子傳註, 發揮而闡揚之.”: 「答李文達」:
   전서 I.19.7a. 이익의 『가례질서(家禮疾書)』에 대해 이야기하면서는 “星翁의 문을
   통해 주자의 방으로 들어갈 수 있는 것”이니 다른 글들을 볼 필요가 없다고
   이야기하기도 했다(“禮家之宏網細目, 實折衷於朱子, 則吾友於此. 亦可以由星翁之門
   而入朱子之室矣, 奚待簡篇之聱閡哉.”: 「鳳谷寺述志詩序」: 전서 I.13.3a).

90) “予之平生功夫, 在於一部朱書 ⋯”: 『正祖實錄』 1798년 4월 19일조. 정조의 주자학
   존숭에 대해서는 김문식, 『정조의 경학과 주자학』(문헌과해석사, 2000)을 볼
   것.

91) “掇拾古人之零言 以掩朱子之大功”: 「題毛大可子母易卦圖說」: 전서 I.14.41a.

92) “世稱毛奇齡詆斥朱子之說, 語雖乖悖, 理或明的. 鏞亦嘗比觀而照勘矣. 蓋其學術專襲
   於漢儒纖緯之餘, 而雜引其贗書荒怪之談. ⋯ 知此而後, 益信朱子爲天地四時.”: 「答李
   羅州」: 전서 I.19.4a~4b. 사실 모기령의 주희 비판에 대한 비판은 조선 학자들에게
   널리 퍼진 경향이었다. 예컨대 『奎章總目』은 모기령에 대해: “平生著述, 唯以排擊朱
   子爲務, 其眞詖淫邪遁之尤. 聖門之所不容不誅絶者也.”라는 극단적 평가까지 내리
   고 있다: 『奎章總目』 권4, 「西河集」. 그 외에 여러 조선 학자들의 모기령에 대한
   비판에 대해서는 김문식, 『조선후기 지식인의 대외인식』(새문사, 2009), 101~102
   쪽을 볼 것.

정약용의 문제들

(1666~1728)에 대해서도 그가 "주자의 설을 반드시 한번쯤은 반대하려고 드는" 폐단을 지녔다고 비판했다.[93]

3. 주희 틀 속의 정약용

주희에 대한 정약용의 존경심이 이토록 컸다면 위에서 본 것처럼 몇몇 핵심적 주제들에 대해 그의 견해가 주희와 그토록 달랐던 것은 어째서일까 하는 의문이 자연히 생기게 된다. 이 질문에 대해 제시되는 한 가지 답이 위에서 지적한 것처럼 당시 주자지상주의적인 조선 학계의 분위기 속에서 그가 전략적으로 그 같은 입장을 택했을 가능성인데, 이는 물론 이론적으로는 가능하다. 그러나 중요한 것은, 정약용에게서 주희의 체계를 포기하고 대체할 의도를 볼 수가 없다는 사실이다. 그가 의도적으로 주희의 틀을 벗어나려고 했는가, 의도적으로 주희에게 반기를 들거나 비판했는가, 그리고 자신이 주희를 벗어났다는 의식을 지니고 있었는가 같은 질문에 대해 긍정적인 답을 하기 힘든 것이다. 그리고 무엇보다도 분명한 것은 정약용 자신이 주희를 벗어나려고 했다고 말하고 있지 않다는 점이다. 그럼에도 불구하고 그를 '탈주자학적'이었다고 한다면 이는 본인이 의식하지 않은 상태에서 '무의식적으로' 탈주자학적이었거나 오늘날의 관점에서 볼 때 탈주자학적이었다는 의미가 되고 만다.

나는 굳이 그렇게까지 해서 정약용을 '탈주자학적'이라고 부르지 않으면서도 주자학과 정약용의 관계를 더 수긍이 가는 방식으로 이해해 줄 수 있다고 생각한다. 물론 정약용이 주희 체계 속의 몇 가지 점들에 대해서

---

93) "必欲一反朱子之說": 『論語古今註』 권3, 전서 II.9.5a. 주희 비판자들에 대한 정약용의 이 같은 태도는 山內弘一, 「이조 후기 지식인의 반주자학 비판의 한 사례」, 『전통과 현대』(2000, 봄), 234~266쪽, 특히 246~252쪽에 논의되어 있다.

문제를 느끼고 그대로는 받아들일 수 없다고 생각했었음은 분명하다. 특히 피폐해 가는 민생과 타락해 가는 윤리 등 당시 그가 심각하게 느낀 문제들에 기존의 주자학 체계가 대응할 수 있는 능력에 대해 심각한 회의를 느꼈을 것은 짐작할 수 있다. 예컨대 천리天理에 바탕한 주자학적 도덕관이 실제 현실 사회에서 제대로 작동하지 않는 상황에서 그가 상제를 도입하여 인간들에게 도덕을 강제하려고 한 것이 이를 보여준다.

그러나 그렇다고 해서 정약용이 주자학의 틀 자체로부터 벗어나려고 원할 이유는 없었다. 사실 한 개인이 자신이 처한 사회의 지배적인 틀에 반발하고 저항하는 데에는 한도가 있으며, 반발과 저항의 과정에서도 무의식적으로 그 틀의 영향을 받을 수밖에 없을 것은 분명하다. 그리고 기존의 틀에 아무리 문제가 많더라도 그에 대한 여러 측면에서의 도전과 수정, 보완 등은 있겠지만 새로운 틀이 생겨나 자리잡기 전에는 기존 틀 자체를 완전히 버리는 일은 극히 드물다. 더구나, 한 개인이 자신이 속한 틀을 완전히 벗어나는 일은 아주 개혁적, 진보적인 사람에게서도 매우 드문 일인데 정약용은 근본적으로 보수적인 사람이었다. 1장에서도 보았듯이 그는 유가 전통에 바탕한 조선 양반사회에 대해서 기본적으로 보수적 태도를 보였고, 그 사회의 근간이 되는 주자학의 체계를 보완하여 참다운 유가 전통을 유지하려고 했던 것이다. 또한 당시의 지적 조류가 궁극적으로 어느 쪽을 향하여 가고 있는 것인지 정약용 자신이 알 길도 없었다. 그가 주자학 체계가 결국은 무너지고 대체될 것이라고 느꼈으리라고 볼 수는 없는 것이다. 물론 그렇게 느꼈을 더 진보적인 사람들이 있었지만 정약용의 경우는 오히려 주자학 체계에 남아서 그것을 수정 보완해서 지탱하려는 생각을 했던 것이다.

사실 정약용에게서 보는 정도의 주희에 대한 비판은 중국의 정통 정주程朱 학파 학자들에게서도 얼마든지 찾아볼 수 있었다. 어차피 모든 '주자학자'들의 생각이 주희와 모든 면에서 같을 수는 없고, 그들 각각이 아무런 차이가 없이 모두 같을 수도 없다. 철저한 주희 신봉자로서『주자전서朱子全書』를 편집하고『존주요지尊朱要旨』를 저술하기도 한 이광지李光地(1642~1718) 같은 청의 학자도 유가 경전, 특히『중용』과『대학』에 대한 주희의 해석에 많은 불만을 표시하고 있었지만,[94] 그렇다고 그가 주희의 틀에서 벗어났다고 볼 수는 전혀 없는 것이다. 정약용에게 학문적으로 깊은 영향을 준 정조 또한 주자학의 비판을 통해 진정한 주자학의 면모를 보이려고 했었다.[95]

또한 정약용이 내놓고 그렇게 말하지는 않았지만 그가 비판한 것은 주자학 자체가 아니라 자신의 시기에 이르기까지의 조선의 주자학이었다고 보는 것이 옳다.[96] 그런 면에서 그는 조선 주자학의 폐단을 주희와 분리해서 보았던 것이다. 이는 고염무顧炎武(1613~1682), 황종희黃宗羲(1610~1695), 왕부지王夫之(1619~1692) 등 17세기 중국의 학자들이 비판한 것이 주희나 송학 자체이기보다는 실제 문제로부터 벗어나 공허한 논의로만 흐르는 동시대 유학자들의 문제점들이었던 것과 비슷하다고 할 수 있다.[97] 사실 조선의 주자학은 주희 학문의 본래의 목적인 수기치인修己治人은 덮어두고 이기理氣, 심성心性 등의 문제에만 깊이 빠져들며, 실용적 문제들을 외면하면서 이론과 사변적 공론에 몰두하는 등 원래 주희의 사상과 학문에서 볼 수 있었던 폭넓은 범위를 좁혀버린 면이 있다. 정약용은 이를 비판한 것이었는데,[98] 어떤 면에서는 그의 비판은 지나치게 주희에만 집중하는 조선

---

94) Ng, On~cho, *Cheng-Zhu Confucianism in the Early Qing: Li Guangdi (1642-1718) and Qing Learning* (Albany: SUNY Press, 2001), chap. 5.

95) 金文植,『朝鮮後期經學思想硏究』(一潮閣, 1996), 54~56쪽. 정약용에 대한 正祖의 깊은 영향에 대해서는 같은 책, 177~179쪽을 볼 것.

96) 한형조도「좌담. 다산, 주자학, 그리고 서학」, 227쪽에서 같은 점을 지적하고 있다.

97) 何佑森,「淸代漢宋之爭平議」,『文史哲學報』27(1978), 97~113쪽.

유학의 경향을 향한 것이었을 수도 있다. 예컨대 그는 주희 자신은 경전 해석에 있어 역대의 주소註疏를 철저하게 참조했는데 "오늘날의 학자들은 단지 [주희의] 칠서대전七書大全이 있는 것만을 알고 13경주소十三經注疏가 있는 것은 알지 못한다"고 비판했다.99)

　이와 관련해서 주목할 것은 주희의 학문과 사고의 폭넓음과 유연함이다. 주희의 견해를 두고 수많은 논쟁이 있어왔다는 사실이, 그리고 수많은 서로 다른 견해들이 주희의 이름을 내세워 제시되어 왔다는 사실이 주희의 사상의 그 같은 폭넓음과 유연함을 뒷받침해 준다. 실제로 주희의 견해와 차이를 보이는 정약용의 견해들 중 어느 것도 주희의 넓은 틀을 완전히 벗어나 버리는 성격의 것들이 아니었다. 주희의 폭넓고 유연한 틀 속에 포함시키는 것이 이론적으로도 불가능할 만큼 정약용의 견해들이 주희의 견해들과 완전히 어긋나는 일은 거의 없었던 것이다.

　이는 우선 정약용이 주희로부터 벗어난 것으로 가장 자주 거론되는 예, 즉 그가 하늘(天)을 리理로 보는 주희의 생각을 거부하고 인격적인 주재자로서 항상 인간을 감시하는 '상제'를 도입한 점과 관련해서 잘 드러난다. 물론 젊은 시절 그의 천주교 신앙이 이 같은 정약용의 생각에 영향을 미쳤을 것은 분명하다. 그러나 3장에서 더 자세히 살펴보겠지만, 정약용의 '상제' 개념은 기독교의 신('천주')과는 다른 개념이었다. 정약용의 상제는 '창조', '계시', '강림降臨', '심판' 등을 하지 않으며, 신앙의 대상이 아니라

---

98) 정약용이 비판한 당시 조선 주자학의 바로 이 같은 경향이 정약용에게서 '탈주자학적' 경향을 보는 현대의 연구자들에게서도 나타난다는 것은 안타깝기는 하지만 흥미롭다. 여러 연구자들이 주희를 어떤 틀에 가둠으로써 주희 체계가 지닌 폭넓은 가능성에 눈을 감고 오히려 자신들에 의해 그렇게 좁혀진 주희의 체계와 그 같은 '폭넓은 가능성'을 펼쳐낸 정약용 사이에 드러나는 차이만을 주목함으로써 정약용이 주희로부터 벗어났다고 주장하는 것이다.

99) "其字義詁訓章句箋釋, 未嘗不純用注疏. 朱子之意, 非欲以一人一家之言武勝而易天下, 可知也. 嗟乎, 今之學者, 徒知有七書大全, 不知有十三經注疏.": 「十三經策」: 전서 I.8.16b.

공경, 경외敬畏의 대상이었던 것이다. 또한 상제에 대한 정약용의 믿음도 도덕적인 차원의 것으로 근본적으로 유가의 도덕관에서 벗어난 것이 아니었다. 따라서 정약용의 상제는 기독교의 천주보다는 원시 유가에서의 상제 개념에 훨씬 가까웠다.[100] 그렇다면 정약용의 상제 관념은 유가 전통 내부로부터 발전되어 형성될 수도 있는 성격의 것이었으며, 실제로 자신과 학맥상 연결이 되는 윤휴 같은 사람의 '천'에 대한 신앙에 가까운 외경으로부터 영향 받았을 수도 있는 것이었다.[101] 반면에 많은 학자들이 지적하듯이 유가의 리 개념은 종교적 성격을 지니고 있었으며,[102] 그런 점에서 상제 개념을 리 개념 속에 포함시키는 것도 불가능한 것이 아니었다. 사실, 인격신과 비슷한 관념이 고대 유가에 존재했고 이 같은 고대 유가의 관념이 기독교의 관념들과 부합됨을 정약용이 인식하고 양쪽을 종합했다고 볼 수 있다.[103] 그리고 고대 유가의 그 같은 종교적 측면이 주희에게까지 어느 정도 남아있었음 또한 부정할 수 없는 사실임을 감안하면, 정약용 사상의 종교적 측면 또한 주희로부터의 완전한 벗어남으로만 볼 수는 없는 것이다.[104]

---

100) 정순우, 「다산에 있어서의 천과 상제」, 『茶山學』 9호(2006), 5~39쪽.

101) 금장태, 『조선 후기 儒敎와 西學』, 233~237쪽 ; 이동환, 「다산 사상에서의 '상제' 도입의 경로와 성격」, 박홍식 편, 『다산 정약용』(예문서원, 2005), 371~392쪽.

102) 이광호, 「退溪 李滉의 心學的 理學이 茶山 丁若鏞의 道德論 形成에 미친 影響」, 『韓國實學研究』 12호(2006), 21~45쪽 ; 김형찬, 「조선유학의 理 개념에 나타난 종교적 성격 연구—退溪의 理發에서 茶山의 上帝까지」, 『철학연구』 39집(고려대학교 철학연구소, 2010), 67~101쪽.

103) 한형조, 「다산과 서학: 조선 주자학의 연속과 단절」, 『茶山學』 제2호(2001), 128~155쪽 중 142쪽 ; Don Baker, "A Different Thread: Orthodoxy, Heterodoxy, and Catholicism in a Confucian World," in Jahyun Kim Haboush and Martina Deuchler, eds., *Culture and the State in Late Chosŏn Korea* (Cambridge, Mass.: Harvard University Press, 1999), pp.199~230. 특히 같은 글 p.216에서 Baker는 정약용의 상제 관념을 잘 요약해 주고 있다.

104) 주희 사상의 종교적 측면에 대해서는 Julia Ching, *The Religious Thought of Chu Hsi* (Oxford: Oxford University Press, 2000)을 볼 것. Thomas A. Metzger가 *Escape*

또한 정약용의 '성기호性嗜好'설이 성이 리이고 본질적으로 '선善'하다고 보는 주희의 견해와 크게 달라진 것으로 해석되는 일이 많지만, 인간의 도덕성에 대한 정약용의 견해는 결국에는 주희의 인심도심설과 같은 내용이 되었음도 주목해야 한다.[105] 앞에서 보았듯이 성이 기호이고 사람이 하늘로부터 부여받은 '자주지권', 즉 '권형'에 의해 선이나 악을 택할 수 있다고 주장한 정약용은 "사람이 사람인 것"은 사람의 마음이 악보다 선을 좋아하는 경향을 갖기 때문이며 그것이 '천명天命'이자 사람의 본래의 성이라고 믿었다.[106] 그는 '기질지성氣質之性'과 '천명지성天命之性'을 구별하여 "기질지성은 단맛을 즐기고 쓴맛을 싫어하며 향내를 즐기고 나쁜 냄새를 싫어한다. 천명지성은 선을 즐기고 악을 싫어하며 의義를 즐기고 탐욕을 싫어한다. 즐기고 좋아한다는 말은 비록 같지만 그 즐기고 좋아하는 바가 다르다"라고 말했는데,[107] 이처럼 사람으로 하여금 선을 행하게 하는 '천명지성'은 사실상 주희의 '도심道心'과 같은 의미를 지니게 되었으며, 정약용은 실제로 "도심과 천명은 두 가지로 나누어 볼 수 없다"고 이야기하기까지 했다.[108] 이런 면에서 정약용은 주희의 인심도심설로부터 벗어난 것이

---

from Predicament: Neo-Confucianism and China's Evolving Political Culture (New York: Columbia University Press, 1977)의 p.58 등 여러 곳에서 논의하고 있는 주희의 "虛靈明覺" 개념은 그 같은 주희의 종교적 측면을 나타내 주는데, 특히 이 개념이 정약용의 '영명' 개념과 매우 유사해 보인다는 점을 주목할 만하다.

105) 백민정은 이 점을 『정약용의 철학』, 154, 155쪽 등에서 여러 차례 지적하고 있다.

106) "然人之所以爲人者, 以其好德而恥惡. 此天命也. 此本性也.":『論語古今註』 권9: 전서 II.15.17b. 또한 「中庸自箴」 권1: 전서 II.3.2b("蓋人之胚胎旣成, 天則賦之以靈明無形之體. 而其爲物也, 樂善而惡惡. 好德而恥汚. 斯之謂性也, 斯之謂性善也.")을 볼 것.

107) "氣質之性, 嗜甘而惡苦, 嗜香而惡臭. 天命之性, 嗜善而惡惡, 嗜義而惡貪. 嗜好之名雖同, 乃其所嗜好不同.":『梅氏書平』 권4,「南雷黃宗羲序」: 전서 II.32.24a.「自撰墓誌銘」에서는 이를 "形軀의 嗜"와 "靈知의 嗜"로 구분하고, 천명지성은 "靈知의 嗜"라고 했다. 전서 I.16.16a. 이에 대한 논의는 김선희,『마테오 리치와 주희, 그리고 정약용-『천주실의』와 동아시아 유학의 지평』(심산, 2012), 514~520쪽을 볼 것.

108) "道心與天命, 不可分作兩段看.":『中庸自箴』 권1: 전서 II.3.5a. 그 같은 생각은 정약용 자신의 다음과 같은 이야기에서도 분명히 드러난다. "송유(宋儒)가 성을

정약용의 문제들

아니라 오히려 '권형', '영명' 등의 개념을 도입함으로서 그것을 보완한 것이었다고 볼 수 있다.[109] 그리고 그 결과 정약용의 생각은 결국 주희의 '성선性善' 관념과 같아진 셈이 되었다.[110]

정약용이 주희로부터 벗어난 중요한 측면으로 자주 거론되는 하늘과 인간의 분리, 즉 자연세계와 인간세계의 분리도 그렇게 철저하지 않았다. 예를 들어 그는 하늘의 도道와 인간의 도가 "비록 각각 그 뜻을 지니지만 그 도는 둘이 아니다"라고 하여 이 두 가지 도가 완전히 분리된 것이 아님을 이야기했다.[111] 인간이 태어날 때 하늘로부터 영명을 부여받는다는 위에서 본 생각이나 심의 허령함을 하늘로부터 부여받는다는 생각[112]도

논함에 '본연지성(本然之性)'과 '기질지성(氣質之性)'이 있었던 것은 실로 인심과 도심의 길에 근본한 것이다. … 맹자가 '성은 선하다'고 말했다. … 이것이 지금 이야기하는 '본연지성'이다. 그러나 '본연'이라는 두 글자는 그 뜻이 바르지 않으며 그것을 일러 '천명지성(天命之性)'이라고 하는 것만 같지 못하다. 성에 두 가지 나타남이 있고 이와 같이 그것이 명백한 즉 인심과 도심은 마땅히 두 가지에 따라 살펴어야 한다"("宋儒論性, 有本然之性氣質之性. 實本於人心道心之經. … 孟子 曰性善. … 此今所謂本然之性. 而本然二字, 其義不端, 不如仍謂之天命之性也. 性有 二出, 若是其明白. 則人心道心, 固應兩察.": 『梅氏書平』 권4, 「南雷黃宗義序」: 전서 II.32.22b-23a.).

109) 이광호는 정약용이 인심도심설을 적극 수용하였으며, 이것이 그의 "경학사상에서 가장 중요한 도덕원리로 작동하게 된다"고 이야기했으며(이광호, 『退溪 李滉의 心學的 理學이 茶山 丁若鏞의 道德論 形成에 미친 影響』, 38쪽), 백민정은 정약용이 "주희의 인심도심설이 던져준 철학적 함의를 더욱 분명하게 밝힌 것"이라고 보았다(백민정, 『정약용의 철학』, 214쪽). 김우형도 최근의 논의에서 같은 점을 강조하고 있다. 김우형, 「다산 윤리학의 실천적 특성과 이론적 한계: 사단칠정과 인심도심, 그리고 덕(德)의 문제를 중심으로」, 『茶山學』 20호(2012), 223~253쪽 중 특히 238~245쪽.

110) 김선희는 이와 관련해서 정약용이 "천명과 연결되어 있으면서 도덕성을 지향하는 기호로서의 성을 내세움으로써 성리학을 넘어서되 천명지성, 도의지성 등 전통 이론의 영역을 확보하는 종합적 인간이해를 이루어냈던 것"낸 것이라고 표현했다. 『마테오 리치와 주희, 그리고 정약용』, 539쪽.

111) "雖各一義, 其道則無二也": 『中庸講義補』: 전서 II.4.17a.

112) "天下萬民各於胚胎之初, 賦此靈明.": 『中庸講義補』 권1: 전서 II.4.2b ; "心之虛靈,

천지로부터 '천지지심天地之心'을 얻어 자신의 '심'으로 한다는 주희의 생각과 통한다. 또한 5장에서 볼 것처럼, 비록 그가 『주역』점이 자신의 시기에 와서는 유효하지 않다고 생각하고 그 자신이 『주역』점을 치지는 않았지만, 고대의 성인이 『주역』점을 통해 하늘의 명을 들었다는 생각은 받아들였다. 한편, 정약용이 인간과 만물의 분리를 주장하면서 이 두 가지를 섞어 함께 논의했다고 하여 주희를 비판했음을 앞에서 보았지만, 그렇다고 해서 인간이 아닌 만물에 대한 정약용 자신의 생각이 유가 사상의 특징이었던 인간중심적 경향에서 완전히 벗어났던 것도 아니었다. 예를 들어 그는 하늘의 일월성신日月星辰과 땅의 초목조수草木鳥獸에 대해 다음과 같이 이야기했다.

> [이것들 중] 사람을 비추고 사람을 따뜻하게 해 주고 사람을 기르고 사람을 섬기지 않는 것이 없다. 이 세상의 주인이 되는 것이 인간이 아니고 누구이겠는가? 하늘이 세상을 집으로 삼아 인간에게 선善을 행하도록 했고 일월성신과 초목조수에게 이 집의 공봉供奉이 되도록 했다.[113]

심지어 그는 "우주간의 일은 자신 안의 일이고 자신 안의 일은 우주간의 일이다"라는 육구연의 언급을 인용하기도 하고, "대장부는 하루도 이를 헤아림이 없어서는 안 된다"고 덧붙이기까지 했다.[114] 또한 '귀신鬼神'과

受之於天.": 「自撰墓誌銘集中本」: 전서 I.16.17a.

[113] "仰觀乎天則日月星辰森然在彼, 俯察乎地則草木禽獸秩然在此. 無非所以照人煖人養人事人者. 主此世者, 非人而誰. 天以世爲家, 令人行善, 而日月星辰草木鳥獸, 爲是家之供奉.": 『論語古今註』: 전서 II.15.14b. 또한 『春秋考徵』 권1: 전서 II.33.37a("吾人者, 萬物之靈. 彼穹天厚地, 日月星辰, 山川草木, 無一而非吾人之物. 天吾屋也, 地吾食也, 日月星辰吾所明也, 山川草木吾所養也.")을 볼 것. 물론 이 같은 인간중심적 경향 역시 주희에게서도 두드러지게 나타나는 경향이었다. 김영식, 『주희의 자연철학』, 339~346쪽.

[114] "陸子靜曰. 宇宙間事是己分內事, 己分內事是宇宙間事. 大丈夫不可一日無此商量.": 「又示二子家誡」: 전서 I.18.9b.

정약용의 문제들

'하늘의 명신明神' 같은 개념들에 대해 논의하면서 그는 이런 것들이 "만물의 근본이 하나라는 데 대한 분명한 증거"라고 이야기했는데,[115] 이는 그가 "만물이 하나의 체體"라는 생각을 비판한 것과 상반되는 생각이다.

리理와 격물에 대한 정약용의 생각도 주희의 틀에서 벗어난 것은 아니었다. 예컨대 위에서 본 것처럼 리가 별도의 실체가 아니고 "의존하고 기대는 속성(依附之品)"이라는 정약용의 생각은 주희도 분명히 지니고 있었다. 이 같은 생각은 주희로부터 벗어난 것이 아니라 리를 별도로 존재하는 실재로 보는 주희 이후의 유학자들, 특히 조선의 유학자들의 경향으로부터 벗어난 것으로, 오히려 주희의 본지本旨로 되돌아 간 것이라 할 수 있다. 사실 주희는 어떤 물체나 현상의 리가 그 물체나 현상과 별도로 존재할 수 있는 실재라는 관념을 용납하지 않았고, 자주 그에 대한 거부의사를 밝혔다. 예를 들어 주희는 리가 별도의 실재가 아니라 기氣(세상의 모든 것을 구성하는) 속이나 심心(세상의 모든 것을 지각하는) 속에 존재하며 기나 심이 없으면 리가 존재할 곳이 없다는 점을 되풀이 이야기했다.[116] "추위와 더위, 낮과 밤, 열림과 닫힘, 왕래往來. 실제의 리는 이것들 가운데에서 흐르고 움직인다. 이것들이 없으면 실제의 리는 놓아둘 곳이 없다"는 주희의 이야기도 같은 점을 표현한 것이었다.[117] 격물에 대한 정약용의 생각도 주희의 틀에서 벗어나지 않았다. 그는 주희와 달리 하나의 보편적 리의 관념을 부정하고 개별 리만을 인정했지만 그럼에도 불구하고 위에서 본 것처럼 모든 사물을 다 격물해야 할 필요성을 거부했는데, 이 역시 주희에게서 찾아볼 수 있는 생각이었다. 예를 들어 주희는 "먼저 많이 쌓고 익힌

---

115) "天之明神, 司天司地, 昭布森列, 以奉天命, 以佑人事, 亦萬物一本之明驗.":『中庸講義補』: 전서 II.4.58b.

116) 김영식,『주희의 자연철학』, 62~64쪽.

117) "寒暑晝夜, 闔闢往來, 而實理於是流行其間. 非此, 則實理無所頓放":『朱子語類』(1270년 편찬, 1473년 재간행－臺北: 正中書局, 1962년 引行), 95.6b.

후에 문득 저절로 '관통貫通'하는 바가 있다"는 정이의 말을 받아들였었다.[118]

정약용이 상관적 사고(correlative thinking)를 비판한 것이 그가 주희로부터 벗어난 가장 두드러진 측면이라고 할 수 있겠는데, 이 같은 벗어남 역시 그 씨앗은 주희 자신의 사고 속에 들어있었다.[119] 주희도 상관적 사고에 바탕한 논의에서 흔히 나타나는 지나친 수비학數秘學적 특성에 대해서는 비판적이었던 것이다. 예를 들어 주희는 자연세계에서 찾아볼 수 있는 숫자의 특성들─눈송이가 육각형인 것이나 거북의 등에 나타나는 줄의 숫자 같은 것들─이 "자연히 그렇게 생겨난 것이고 [누군가에 의해] 안배安排된 것이 아님"을 명확히 지적했었다.[120] 또한, 5장에서 보겠지만, 정약용이 상관적 사고를 완전히 다 거부한 것도 아니었다. 사실, 정약용이 전반적으로 반미신적, 반신비주의적 지향을 보이면서도 철저하게 반미신적, 반신비주의적으로─과학적, 합리적으로─나가지 않은 것도 근본적으로는 주희의 태도와 통한다. 주희 자신이 미신적, 신비적, 초자연적 현상들을 받아들이는 전통적 사고의 테두리를 완전히 깨뜨리지는 않고 그것들을 어느 정도 받아들였는데, 주희가 완전히 깨뜨려 버리지 않은 테두리를 정약용도 깨뜨리지 않았던 것이다.[121]

---

118) "積習既多, 然後脫然自有貫通處.":『河南程氏遺書』권18:『二程集』(北京 中華書局, 1981), 188쪽. 주희는 程頤의 이 이야기를『朱子語類』권18에 수록된 대화들에서 자주 인용했다. 격물에 대한 주희의 견해에 대해서는 김영식,『주희의 자연철학』, 43~57쪽을 볼 것.

119) 물론 상관적 사고에 대한 정약용의 거부는 17~18세기 중국에서 진행된 상관적 사고에 대한 거부의 움직임─John Henderson이 "중국 우주론의 쇠퇴"(decline of Chinese Cosmology)라고 표현한─과 부합되며, 중국에서의 그 같은 움직임의 영향을 받았을 것으로 생각된다. John B. Henderson, *The Development and Decline of Chinese Cosmology* (New York: Columbia University Press, 1984)─번역본: 존 헨더슨 지음, 문중양 옮김,『중국의 우주론과 청대의 과학혁명』(소명출판: 2004), 특히 chapter 7~8을 볼 것.

120) "自然恁地生, 不待安排":『朱子語類』, 65.6a. 수비학적 사고에 관한 주희의 태도에 대해서는 김영식,『주희의 자연철학』, 135~141쪽을 볼 것.

정약용의 문제들

정약용이 경학의 체제를 그간의 4서5경 체제로부터 6경4서 체제로 바꾸었고 그것이 주희의 체제로부터 벗어난 것이라고 이야기하기도 하지만 주희가 5경을 배제했던 것은 아니었으며 정약용 또한 주희의 4서 해석과 그에 바탕한 주희 도덕철학의 틀은 유지했음을 주목해야 한다. 또한 "4서로써 내 몸을 거居하게 하고 6경으로 내 지식을 넓힌다"는 그의 이야기처럼 정약용에게서 4서를 6경보다 더 중요시하는 듯한 언급도 찾아볼 수 있으며,[122] 실제로 정약용의 도덕철학적 입장은 주로 4서에 대한 그의 주석에 담겨 있다. 6경의 원시유학으로 돌아가서 참다운 도道를 찾아 확립하겠다는 그의 생각 역시 옛 성현의 진정한 도를 부활하겠다는 주희의 생각과 벗어나지 않았다. 또한 정약용이 일방적으로 한학漢學을 받아들이고 송학宋學을 비판한 것만도 아니어서, 예를 들어 그는 "송[학]이 모두 옳지는 않지만, 반드시 마음과 몸에 체득하여 행하려고 한 것은 옳았다"고 이야기하기도 했다.[123]

그 외에도 정약용에게서 새롭게 나타난 것으로 해석되는 여러 특징들 중 많은 것들이 그에게서 처음으로 나타나는 것이 아니라 주희에게서도 찾아볼 수 있는 것들이었다. 예컨대 실용성에 대한 정약용의 강조 또한 주희의 전통으로부터의 이탈로 간주할 수 없다. 실용성은 원래부터 주희 철학의 기본적이고 지속적인 요소였기 때문이다.[124] 내성內省과 사색에

---

121) 미신과 술수에 대한 주희의 태도에 대해서는 김영식, 「과학적·초자연적 주제들에 대한 주희의 태도: 유가 학문의 경계 규정과 확장」, 『유가 전통과 과학』(예문서원, 2013), 128~158쪽을 볼 것.

122) "以四書居吾之身, 以六經廣吾之識": 「爲李仁榮贈言」: 전서 I.17.45b.

123) "宋未必盡是, 而其必欲體行於心與身則是矣.": 「五學論二」: 전서 I.11.20b ; 『梅氏書平』 권4, 「南雷黃宗羲序」: 전서 II.32.22b에도 같은 내용이 실려 있다. 위에서 본 것처럼 그가 청대 고증학자들이 크게 숭상한 정현을 비판한 것도 주희를 비롯한 송대 학자들의 정현에 대한 비판을 이어받은 것이기가 쉽다.

124) Chung-ying Cheng, "Practical Learning in Yen Yuan, Chu Hsi, and Wang Yang-ming," William Theodore de Bary and Irene Bloom, eds., *Principle and Practicality* (New

치우쳤던 명대를 거친 후 17세기 중국의 유학자들 중에는 - 정주학파를 포함해서 - 다시 경세, 실용 등을 강조하는 사람들이 늘어났던 것이다. 정약용이 한유韓愈(768~824), 유종원柳宗元(773~819), 소식蘇軾(1036~1101) 등의 문장학文章學에 대해 보인 강한 거부감125)도 주희에게서도 찾아볼 수 있었던 것이었다. 또한 정약용이 적극적으로 주장한 것은 아니지만 그가 즐겨 사용한 고증적 문헌 해석의 방법도 주희에게서 찾아볼 수 있는 것이었다.126)

그렇다면, 정약용이 한 일은 기존 주자학의 틀을 벗어나려고 하기보다는 그것을 변형, 개선, 보완하려는 시도였다고 보는 것이 타당하다. 정약용에게서 주희의 틀 속의 개별 요소들에 대한 비판과 부정을 찾아볼 수는 있지만 그는 주희의 틀 자체는 고수했던 것이다. 사실 누구도 새로운 틀을 완성하지 않은 상태에서 전통의 틀을 깨기만 할 수는 없는 일이며, 정약용 또한 전통의 틀을 깨지 않고 그 일부분만을 바꾸었고 주자학의 전체 체계와 전반적 지향을 유지하고 받아들였다. 더구나 주희의 틀이 지극히 폭넓었고 또한 신축성을 지녔기 때문에 그 틀을 유지한 채 그 속에서 수정, 보완을 추진하는 것이 얼마든지 가능했다. 그 같은 작업을 추진함으로써 정약용은

York: Columbia University Press, 1979), pp.37~67 중 pp.37~38 ; William Theodore de Bary and John W. Chaffee, eds., *Neo-Confucian Education: The Formative Stage* (Berkeley: University of California Press, 1989), "Introduction" 중 p.2.

125) 「五學論三」: 전서 I.11.21b.

126) 이와 관련해서 흔히 '淸學'이라고 불리는 청대의 새로운 학문적 움직임의 기원이 송대와 주희에 있었다는 여러 논의들을 참고할 만하다. 余英時, 「從宋明儒學的發展 論淸代思想史. 上篇. 宋明儒學中知識主義的傳統」, 『中國學人』 2(1970), 19~42쪽 ; Yü Ying-shih, "Some Preliminary Observations on the Rise of Ch'ing Confucian Intellectualism," *Tsing-hua Journal of Chinese Studies* 10(1975), pp.105~136 ; Tu Wei-ming, "Perceptions of Learning (*Hsüeh*) in Early Ch'ing Thought," in Tu Wei-ming, *Way, Learning, and Politics: Essays on the Confucian Intellectual* (Albany: SUNY press, 1993), pp.117~140 ; Ng, On-cho, *Cheng-Zhu Confucianism in the Early Qing: Li Guangdi (1642-1718) and Qing Learning* (Albany: SUNY Press, 2001).

변화된 지적 풍토 속에서 지탱할 수 있는, 보다 더 완전한 주자학 체계를 세우려고 노력했던 것이다.[127] 그리고 정약용 자신도 이 같은 그의 노력이 일정 정도 성취를 이루어냈다고 생각한 것으로 보인다. 그 같은 생각은 예를 들어『매씨상서평梅氏尙書平』을 읽고 자신에 대해 "한편으로는 [고문상서를 둘러싼] 공벽孔壁의 어지러움을 덜어낸 원훈이자 한편으로는 주문朱門을 업신여김으로부터 지켜준 경신勁臣이다"라고 평한 김매순金邁淳 (1776~1840)의 이야기를 그가「자찬묘지명」보유補遺의 끝에 인용하고 있는 데에서 엿볼 수 있다.[128]

---

127) 이봉규는 정약용의 이 같은 노력을 "유교의 보편적 가치를 실현하기 위한 동아시아 유학의 장구한 역사적 분투"의 지평 속에 위치시켰다. 이봉규,「사서(四書) 해석을 통해 본 정약용의 정치론」,『茶山學』제7호(2005), 167~202쪽 중 199쪽.

128) "金邁淳直閣見鏞尙書平, 評曰. … 一以爲孔壁撥亂之元勳. 一以爲朱門禦侮之勁臣. 儒林大業. 莫之與京.":「自撰墓誌銘集中本」: 전서 I.16.19b.

3장 서학: 기독교와 서양 과학

 앞 장들에서 조선 사회 내부의 여러 문제들에 대해, 그리고 조선의 사상과 학문을 지배하던 유가 전통, 특히 주자학에 대해 정약용이 어떤 태도를 취하고 어떻게 대처했는가를 살펴보았다. 그런데 정약용은 조선 사회와 유가 전통 내부에서의 이 같은 문제들만이 아니라 그 외부로부터의 문제들과도 접하고 있었다. 그 중 두드러진 것이 서양으로부터 들어와 '서학西學'이라는 이름으로 불리면서 당시 조선 사회에 널리 퍼지고 관심과 함께 문제를 일으켜 가고 있던 기독교와 서양 과학기술이었다.

 서학에 대한 조선 학자들의 태도는 크게 두 부류로 나눌 수 있다. 우선 조선 학자들 중 다수는 서양으로부터 함께 들어온 서양 과학기술과 기독교가 서로 연결된 것으로 느꼈고 심지어는 둘을 혼동하기도 했다. 이에 따라 그들이 이 두 가지 각각에 대해 지닌 태도도 연결되어 있었다. 이들 중 많은 사람들은 기독교를 탐탁지 않거나 위험한 것으로 생각했고 대체로 서양 과학기술과 기독교 두 가지를 다 거부했다. 다른 한편 조선 학자들 중에 차츰 서양 과학기술에 관심을 지니는 사람들이 생겨났는데 이들은 대부분 기독교와 과학기술을 서로 분리하여 기독교는 거부하고 서양 과학기술 지식은 받아들였다. 그러나 기독교와 서양 과학기술에 대한 정약용의 태도는 이들 양쪽 모두와 크게 달랐다. 정약용은 서양으로부터 함께 들어온 이 두 가지중 기독교에는 젊은 시절 깊은 관심을 가졌고 이는 그 후 그의 사상의 형성에 상당한 영향을 미쳤지만, 서양 과학기술에 대한 정약용의 관심은 크지 않았던 것이다. 이 장에서는 이 같은 독특한 모습을 보인 정약용의 기독교와 서양 과학기술에 대한 태도를 재검토해 보고자 한다.

그간 기독교가 정약용에게 미친 영향에 대해서는 많은 연구가 이루어져 왔다.[1] 그 중에는 정약용의 사상을 분석함으로서 그 속에서 보이는 기독교 교리의 영향을 찾거나 정약용과 주희 및 기독교 신학을 비교하는 연구가 많았다. 이 장에서는 그 같은 작업을 다시 시도하지 않고, 그 대신 정약용의 저술 속에서 그 자신이 기독교에 대해 직접 이야기한 내용들, 그리고 당시 그를 에워싼 주변 상황을 살펴봄으로써 그가 젊은 시절 깊은 관심을 가지고 받아들였고 그의 사상의 형성에 깊은 영향을 미쳤던 기독교에 대한 그의 태도를 규명해 보도록 할 것이다. 한편 서양 과학기술과 관련해서는 막연히 그가 관심을 가졌고 영향을 받았으리라고 생각하면서도 별다른 연구가 이루어지지 않았는데, 이 장에서 실제로 그 자신의 저술 속에 서양 과학기술에 대한 그의 관심이 그다지 크지 않았다는 점을 보일 것이다.

1. 천주교와의 만남

17세기 초부터 북경에 다녀온 사신들을 통해 리치利瑪竇(Matteo Ricci, 1552~1610)의『천주실의天主實義』,『교우론交友論』,『기인십편畸人十篇』, 알레니艾儒略(Giulio Aleni, 1582~1649)의『직방외기職方外記』,『만물진원萬物眞原』, 샬湯若望(Johann Adam Schall von Bell, 1592~1666)의『주제군징主制群徵』, 판토하龐迪我(Diego de Pantoja, 1571~1618)의『칠극七克』등 많은 기독교 서적이 조선에 소개되고 전래되어 있었다.[2] 예를 들어 안정복安鼎福(1712~1791)은

---

1) 백민정,「보론: 정약용에 대한 기존 연구경향과 그에 대한 반성」,『정약용의 철학－주희와 마테오 리치를 넘어 새로운 체계로』(이학사, 2007), 409~472쪽.

서학서가 유행하던 당시의 상황에 대해 "서양서들이 선조 말년부터 이미 동국에 들어와, 명경名卿과 석유碩儒중 읽지 않은 사람이 없으며, 그 책들을 제자백가나 도가, 불가의 것들처럼 여기고 서재의 완상품으로 갖추고 있다"고 이야기할 정도였다.[3] 그러나 한참 동안 대부분의 조선 학자들은 기독교에 대해 부정적인 태도를 지녔다. 그들 중에는 서학 서적에 담긴 서양 과학지식에 관심을 가진 사람들이 있었지만 그들도 대부분 기독교에 대해서는 부정적이었다.

18세기 말에 이르러서야 조선에 기독교 교리에 심취한 학자들이 나타나기 시작했다.[4] 이에 계기가 되었던 것은 1777년에서 1779년 사이에 천진암天眞菴 주어사走魚寺에서 권철신權哲身(1736~1801)의 주도로 몇 차례 열린 것으로 보이는 강학회였다.[5] 이 강학회에는 권철신 이외에 이벽李檗(1754~1789), 이승훈李承薰(1756~1801), 이가환李家煥(1742~1801), 권상학權相學, 이기양李基讓, 정약전丁若銓(1758~1816), 김원성金源星, 이총억李寵億 등 남인 신서파信西派 학자들이 참여해서 유교 경전을 탐구하면서 천주교 교리를 담은 서학서들의 내용에 대해서도 논의한 것으로 보인다.[6] 이들의 천주교 교리 학습은

---

2) 裵賢淑,「朝鮮에 傳來된 天主教 書籍」, 한국교회사연구소 편,『한국교회사논문집』(한국교회사연구소, 1984), 1~34쪽 ; 최재건,『조선후기 서학의 수용과 발전』(한들출판사, 2005), 105~120쪽.

3) "西洋書, 自宣廟末年已來于東. 名卿碩儒無人不見. 視之如諸子道佛之屬, 以備書室之玩.":『順菴集』「天學考」17.1a: 문집총간 230-138a.

4) 1758년 황해도, 강원도 등지에서 천주교 신자들이 제사를 폐하고 사당을 훼손하는 등의 일을 저질러 문제가 되었다는 기록이 있지만, 아직 학자들에게 천주교 신앙이 큰 영향을 미친 것은 아니었다. 李能和,『朝鮮基督教及外交史』(朝鮮基督教彰文社, 1928), 영인판(서울: 學文閣, 1968), 52쪽. 최재건은 학자로서 첫 천주교 신자로 이익의 문인 洪儒漢(1726~1785)을 들고 있다.『조선후기 서학의 수용과 발전』, 49쪽.

5) 샤를르 달레 저, 安應烈·崔奭祐 역,『韓國天主教會史』상권(한국교회사연구소, 1980~1987), 300쪽에는 이 모임이 1777년에 있었던 것으로 기록되어 있지만 정약용의「鹿菴權哲身墓誌銘」("昔在己亥冬, 講學于天眞菴走魚寺. 雪中李檗夜至張燭談經.":전서 I.15.35a)에는 1779년으로 되어 있다.

이후 이벽의 주도로 그 자신의 집에서 시작했다가 나중 중인中人 김범우金範禹의 집으로 옮겨가면서 계속 이어졌으며, 1783년 사행使行 길에 오른 부친을 수행해 북경에 간 이승훈이 다음해 영세를 받고 돌아오자, 이벽을 비롯해서 정약전, 정약용, 권일신權日身(1742~1791) 등이 이승훈으로부터 세례를 받기에 이르렀다.[7]

이들의 활동이 1785년 적발되자 사교邪教 금령이 내려지고 이듬해에는 서양서적 수입 금령까지 내려지기도 했지만,[8] 이들의 신앙활동은 그 후 몇 년간 지속되었고 이런 상황에서 천주교 교리는 이들을 중심으로 해서 급히 퍼져 나갔다. 1788년에는 서학이 서울에서부터 먼 시골까지 퍼지고 무지한 촌부가 한글로 이를 베껴 신봉할 지경에 이르렀다는 상소가 제출되는 등 천주교가 널리 퍼져가는 상황을 개탄하는 목소리가 커져 갔다.[9] 급기야 1791년에는 천주교 신자들이 신주神主를 불태우고 제사를 폐지하는 진산珍山사건이 발생하여[10] 다시 강경한 박해가 가해졌지만 천주교가 계속

---

6) 이동환은 이 강학회가 순수한 유학의 강학회였고 천주교 교리를 논의하지는 않았던 것으로 본다: 「다산 사상에서의 '상제' 도입경로에 대한 서설적 고찰」, 박홍식 편, 『다산 정약용』(예문서원, 2005), 347~392쪽 중 366~368쪽. 정약용의 「先仲氏墓誌銘」: 전서 I.15.39a에도 그 강학회에서 「敬齋箴」, 「西銘」 등 유가 저술들만 읽은 것으로 기록되어 있다.

7) 최재건, 『조선후기 서학의 수용과 발전』, 59쪽.

8) 최재건, 『조선후기 서학의 수용과 발전』, 58~62쪽. 이 과정에서 이승훈과 정약용의 형제들의 경우에는 부친으로부터 강력한 제재를 받아 교회를 잠시 떠난 것처럼 보이기도 했다. 같은 책, 62, 80쪽.

9) "今俗所謂西學, 誠後世一大變怪. 頃年聖教昭揭處分嚴正, 而第日月稍久其端漸熾. 自都下以至遐鄕, 轉相誑誘無所不至. 雖至愚田氓沒知村婦, 諺謄其書, 奉如神明. 至或廢事誦習雖死靡悔. 若此不已, 則妖學末流之禍, 將不知至於何境.": 『日省錄』정조 12년 8월 2일(李景溟의 상소문) ; 최재건, 『조선후기 서학의 수용과 발전』, 85쪽. 심지어 과거시험에 기독교에 관한 문제가 출제되고 이에 대한 항의가 나오기도 했다. 구만옥, 「利瑪竇」에 대한 조선후기 지식인들의 이해와 태도」, 『韓國思想史學』 36집(2010), 343~393쪽 중 373~374쪽.

10) 珍山사건의 자세한 전말에 대해서는 최재건, 『조선후기 서학의 수용과 발전』, 130~144쪽을 볼 것.

퍼져가는 것을 막지는 못했다. 1794년에는 중국인 신부 주문모周文謨 (1752~1801)가 조선에 잠입하여 활동하는 것이 발각되어 다시 물의를 빚었으며, 이가환, 이승훈, 정약용 등 천주교 신자들에 대한 탄핵상소가 이어졌고 정조는 이들을 지방으로 좌천시키거나 유배시킴으로써 상황을 무마했다.11) 정조가 살아있는 동안은 천주교에 대한 탄압은 이처럼 비교적 온건한 수준이었지만, 정조가 죽은 후 1801년에는 신유사옥辛酉邪獄이 발생했고, 뒤이어 청의 영향력과 서양의 무력을 빌어 조선에서의 천주교 포교를 꾀하는 황사영黃嗣永(1775~1801)의 백서帛書가 발각되자 천주교는 정치적으로도 체제전복적인 세력으로 인식되어 천주교 신자에 대한 더 심한 박해가 뒤따랐다.12)

정약용은 천주교에 심취한 이들 학자들과 가까웠다. 초기 조선 천주교를 주도했던 사람들 중에는 정약용과 인척관계인 사람들이 많았다. 이들 중 정약종丁若鍾(1760~1801)은 그의 형이었고 이승훈은 매형, 이벽은 큰 형의 처남이었으며, 특히 정약용에게 지적으로 큰 영향을 준 이가환과 정약전 두 사람이 그와 인척관계─이가환은 이승훈의 외숙─였다.13) 또한 이황李滉 (1501~1570)에서 윤휴尹鑴(1617~1680)로, 그리고 이익李瀷(1681~1763)으로 이어지는 학맥에 속했던 정약용의 학파적 배경이 그로 하여금 기독교 교리에 흥미를 느끼기 쉽게 해 준 측면도 있었다. 리理의 능동성과 자발성을 강조한 이황, 그리고 천天에 대한 외경畏敬을 강조한 윤휴의 사상적 경향이 그 학맥에 속했던 정약용 같은 사람으로 하여금 천주교를 어렵지 않게

---

11) 최재건, 『조선후기 서학의 수용과 발전』, 102~105쪽.
12) 최재건, 『조선후기 서학의 수용과 발전』, 144~191쪽.
13) 그 외에도 독실한 천주교 신자였던 尹持忠, 黃嗣永(조카사위), 丁夏祥(조카) 등이 그의 인척이었다. 정약용과 조선 천주교의 초기 신자들과의 관계에 대해서는 최재건, 『조선후기 서학의 수용과 발전』, 76~78쪽을 볼 것. 사실 최재건이 지적하듯이 초기 신자들이 이같이 "서로 얽히는 인척 관계를 맺고 있었기에" 천주교가 조선 양반들 사이에 쉽게 확산될 수 있었을 것이다. 같은 책, 83쪽.

받아들이도록 한 면이 있었던 것이다.14) 이런 분위기 속에서 정약용은
10대 후반부터 이벽, 이가환, 이승훈 등의 영향 아래 이익의 유저를 학습하기
시작했고 그 과정에서 서학─과학기술과 함께 기독교─에도 접하게 되었
다.15)

정약용 자신이 위에서 언급한 권철신의 강학회에 참여했음을 보여주는
증거는 없다.16) 그러나 그는 그 모임에 참석했던 정약전을 통해 강학회에
대해 전해 들었을 것으로 생각되며, 이 모임 이후 권철신과도 교류하게
된 것으로 보인다. 정약용이 천주교 교리에 관해 직접 들은 것은 알려진
대로 1784년 4월 큰형수의 제사를 지내고 오던 중 배 안에서 이벽으로부터였
다. 그는 이벽의 이야기에 큰 감동을 받고 곧 이벽의 집에 가서『천주실의』,
『칠극』 등을 빌려와 읽었으며,17) 얼마 후 이승훈으로부터 세례를 받은
그는 이벽을 중심으로 진행된 천주교 교리 모임에서 적극적인 역할을
한 것으로 보인다.18) 1787년에는 이승훈과 함께 성균관 근처 사가에서

---

14) 금장태,『조선 후기 儒教와 西學』, 229~239쪽 ; 이광호,「退溪 李滉의 心學的
   理學이 茶山 丁若鏞의 道德論 形成에 미친 影響」,『韓國實學研究』12호(2006),
   21~45쪽 ; 이동환,「다산 사상에서의 '상제' 도입의 경로와 성격」, 박홍식 편,
   『다산 정약용』(예문서원, 2005), 371~392쪽 ; 김형찬,「조선유학의 理 개념에
   나타난 종교적 성격 연구─退溪의 理發에서 茶山의 上帝까지」,『철학연구』39집(고
   려대학교 철학연구소, 2010), 67~101쪽. 그러나 김선희가 지적하듯이 이황, 윤휴
   등이 정약용에게 직접적으로 영향을 미친 증거는 확인되지 않고 있다. 김선희,
   「라이프니츠의 신, 정약용의 상제」,『다산 사상과 서학: 유네스코 세계기념인물
   선정 기념 학술 심포지엄(2012.8.13.) 발표 논문집』, 85~111쪽 중 100쪽.
15) 정약용,「自撰墓誌銘 壙中本」:『여유당전서』I.16.1b.
16) 하우봉은 정약용이 권철신의 강학회에 참석한 것으로 보고 있다. 河宇鳳,「丁茶山의
   西學 關係」,『教會史研究』1(1977), 75~112쪽 중 80쪽.
17) 정약용,「先仲氏墓誌銘」: 전서 I.15.42a.
18) 1784년부터 이벽과 김범우의 집에서 진행된 교리 학습 모임을 이벽이 정약용과
   함께 주도했다는 견해도 있으며, 특히 1785년의 사교금령으로 이벽, 이가환이
   활동할 수 없게 되자 權日身, 정약전, 정약용 등이 계속 모임을 이끌었다는 기록도
   있다. 河宇鳳,「丁茶山의 西學 關係」, 84~85쪽.

교리 학습 모임을 했다고 하여 동료에게 고발되는 이른바 '정미반사회丁未泮事會' 사건에 연루되기도 했지만, 나중 그 자신이 "정미년 이후 4~5년 상당히 마음을 기울였다"고 토로한 데서 볼 수 있듯이 정약용의 천주교 신앙은 그가 대과에 급제한 1789년 이후로도 얼마간 지속되었던 것으로 보인다.[19]

천주교 신학이 당시 새로운 것을 추구하던 정약용 같은 청년 학자에게 신선한 충격을 주었을 것은 능히 짐작할 수 있다. 1797년 자신이 천주교 신자라는 계속된 비판에 대해 소명하기 위해 동부승지同副承旨 직을 사직하면서 정약용이 정조에게 제출한 자명소自明疏에서 젊은 시절 천주교에 빠져든 것에 대해 변명하면서 자신이 단순히 천주교 서적을 읽기만 한 것이 아니라 "마음으로 흔연히 즐기고 흠모했고 일찍이 이를 치켜세워 사람들에게 자랑했으며, 그 근본 바탕의 마음에서 이미 기름이 물에 녹아 적시듯 뿌리가 내리고 가지가 얽히듯 했으면서도 스스로 깨닫지 못했다"고 실토했다.[20] 실제로 20대 청년기에 서학과 천주교에 접한 것이 정약용에게 큰 지적 깨달음을 불러일으키고 그의 사고의 범주를 크게 넓혔을 것임은 분명해 보인다. 앞 장에서 살펴본 것처럼 천주교의 '상제', '영명靈明' 등의 관념들이 정약용의 '하늘(天)'에 대한 생각에 깊은 영향을 미쳤고 그에 따라 상제, 리理, 귀신, 제사 같은 것들에 대한 그의 생각에도 영향을 미쳤던 것이다.[21] 특히 상제에 관한 정약용의 생각은 기독교의 인격적 신인 '천주天

---

19) "丁未以後四五年, 頗傾心焉": 「自撰墓誌銘 壙中本」: 전서 I.16.1b. 조성을은 1787년 정약용이 천주교에 경도되어 과거를 포기하고 낙향하려는 생각까지 했을 가능성을 지적한다. 『여유당집의 문헌학적 연구』(혜안, 2004), 61~62쪽.

20) "臣於所謂西洋邪說, 嘗觀其書矣. 然觀書豈遽罪哉. 辭不迫切, 謂之觀書, 苟唯觀書而止, 則豈遽罪哉. 蓋嘗心欣然悅慕矣. 蓋嘗舉而夸諸人矣. 其於本源心術之地, 蓋嘗如膏漬水染, 根據枝縈而不自覺矣.": 「辨謗辭同副承旨疏」: 전서 I.9.43b.

21) 천주교의 교리와 개념들이 정약용에게 영향을 미친 점에 대해서는 그간 많은 연구가 이루어져 왔다. 송영배, 「茶山철학과 『天主實義』의 패러다임 비교연구」, 『한국실학연구』 2호(2000), 173~220쪽 ; 백민정, 『정약용의 철학-주희와 마테오 리치를 넘어 새로운 체계로』(이학사, 2007) ; 김선희, 『마테오 리치와 주희, 그리고

主'와 비슷했다.

리치의『천주실의天主實義』가 특히 정약용에게 깊은 영향을 준 것으로 보인다. 정약용에 대한 리치의 영향은 이벽의 의견을 반영하여 1784년 작성해서 정조에게 제출했던『중용강의』를 1814년에 보완한『중용강의보』 등 많은 저작에서 뚜렷이 드러나는데, '천'이나 '상제' 만이 아니라 '자주지권 自主之權', '권형權衡', '영명', '귀신' 등의 개념과 관련된 정약용의 생각에도 리치의 영향이 나타나 있다.22) 사실 이 같은 종교적 개념 이외에도 정약용의 생각과 저술에서는 여러 면에서 리치의 영향을 찾아볼 수 있다. 예컨대, 2장에서 보았듯이, 그가 '리'와 '기氣'에 대해 이야기하면서 리를 "[무엇에] 의존하고 기대는 속성(依附之品)", 그리고 기를 "스스로 존재하는 것(自有)" 이라고 한 것은『천주실의』의 영향임이 분명하며,23) 그에 바탕해서 그가 음양이나 오행을 비판하는 방식도『천주실의』의 내용과 아주 비슷하다.24) 그리고 이 같은 리치의 영향은 17, 18세기 동아시아의 유학자들에게서 흔히 찾아 볼 수 있는 것이었다.25)

정약용－『천주실의』와 동아시아 유학의 지평』(심산, 2012), 476~544쪽 등을 볼 것.

22) 송영배,「정약용 철학과 성리학적 리기관의 해체－『천주실의』와의 영향관계를 중심으로」,『철학사상』13호(2001), 113~146쪽 ; 백민정,『정약용의 철학』, 81~ 112쪽.

23) "蓋氣是自有之物, 理是依附之品. 而依附者必依於自有者.":『中庸講義補』: 전서 II.4.65a.『천주실의』에서 리치는 '自立'과 '依賴'라는 표현을 사용해서 이들을 대비 하고 있다. 朱維靜 主編,『利瑪竇中文著譯集』(香港城市大學出版社, 2001), pp.21~22.

24) Donald Baker, "Tasan between Catholicism and Confucianism: A Decade under Suspicion," 『茶山學』5호(2004), 55~86쪽 중 61쪽. 그 외에 리치의 영향을 보여주는 예로 2장에서 인용한 "상제란 무엇인가"에 대한『春秋考徵』에서의 정약용의 논의("上帝 者何. 是於天地神人之外, 造化天地神人萬物之類, 而宰制安養之者也.")가 거의『천 주실의』1편의 제목("論天主始制天地萬物而宰制安養之")을 풀어쓰고 있다는 점을 들 수 있다. 김선희,『마테오 리치와 주희, 그리고 정약용』, 483~484쪽.

25) 이봉규는 "신유학과 古經, 선진유학을 분리시키는" 마테오 리치의 전략에 "동아시

2. 정약용의 천주교 신앙과 그 한계

그러나 이렇듯 분명히 천주교 교리에 흥미를 느끼고 그것을 받아들였던 정약용이 나중에 가서는 천주교 신앙을 버렸다. 그리고 정약용 자신의 언급들이 그가 천주교 신앙을 버렸음을 분명히 말해주고 있다.

가장 직접적인 언급은 1797년의 자명소에 담겨 있다.[26] 이 자명소에서 정약용은 위에서 본 것처럼 처음에 자신이 천주교에 심취했었음을 인정하면서도, 아주 강렬하고 단호한 어조로 천주교를 비판하고 자신이 천주교를 떠났음을 분명히 밝히고 있다. 예컨대 그는 자신의 인척들이 연루된 1791년의 진산사건 이래 "분하고 원통하여 [천주교도들을] 나의 원수같이 미워하고 흉악한 역적처럼 성토할 것을 마음으로 맹세했으며, 양심良心이 회복되고 리理를 보는 것이 저절로 밝아지자 전날 즐기고 흠모하던 [천주교 교리들을] 돌이켜 생각해 보니 한 가지도 허황되거나 괴이하고 망녕되지 않은 것이 없었다"고 이야기했다.[27] 또한 그는 자신이 "당초 [천주교에] 물든 것은 어린아이의 놀이와 같은 바가 있었는데, 지식이 얼마간 자라면서 곧 [천주교를] 적과 원수처럼 여기게 되었고, 그것에 대해 분명히 알게 되어서는 그것을 배척함이 더욱 엄해졌으며, 깨달음이 이미 늦었기에 [오히려] 미워함이 더욱 심해졌다"고 말하고, 이어서 "심장과 얼굴을 깎아도 진실로 더 가려진 것이 없고 창자 곳곳을 더듬어도 진실로 남은 찌끼가 없다"고 쓰기까지 했다.[28] 그는 1799년 또 한 차례의 자명소를 작성해서 자신이

아 지식인들이 휘말려들어가는 과정 속에 다산도 들어 있다"고 지적했다. 「좌담: 다산, 주자학, 그리고 서학」, 『茶山學』 2호(2001), 210~271쪽 중 259쪽.

26) 「辨謗辭同副承旨疏」: 전서 I.9.42b-46b.

27) "辛亥之變不幸近出. 臣自玆以來, 憤悲傷痛. 誓心盟志, 疾之如私仇, 討之如兇逆. 而良心既復, 見理自明. 前日之所嘗欣慕者, 反而思之, 無一非荒虛怪妄.": 『여유당전서』 I.9.44b.

28) "若臣者當初染跡, 有同兒戲. 而知識稍長, 便爲敵讎. 知之既明, 斥之愈嚴. 悟之既晚, 嫉之愈甚. 剔心七竅, 實無餘翳. 搜腸九曲, 實無遺藩.": 전서 I.9.46a.

정약용의 문제들

천주교 신앙을 버렸음을 재확인했으며,[29] 1801년 신유사옥 중 추국 과정에서도 비슷한 이야기를 되풀이했다.[30]

그 외에도 천주교 신앙을 버린 데 대한 정약용 자신의 기록은 많이 남아 있다. 예를 들어 1800년 정조가 죽은 후 귀향하여 고향집에 "여유당與猶堂"이라는 당호를 붙이고서 쓴 「여유당기與猶堂記」에서 그는 자신이 "어린 시절 천주교'(方外)'에 치달리면서도 의심하지 않았고 장성해서는 과거科擧 공부에 빠져서 [자신의 잘못을] 되돌아보지 않았는데, 30세가 되어서야 지난날의 잘못이 많이 드러나 보였지만 두려워하지 않았다"라고 후회의 마음을 표현했다.[31] 1801년 추국을 받던 중 형 정약종에게 보낸 편지에서는 "재난의 상황이 박두했는데도 이를(즉 천주교를) 종용하면 내가 손수 베어버리겠다"고까지 단호하게 이야기했다.[32] 1822년 회갑을 맞이하여 작성한 「자찬묘지명自撰墓誌銘」에서도 자신이 1784년부터 천주교에 관심을 갖기 시작했고 1787년부터 수년간은 천주교 신앙에 깊이 빠졌지만 1791년 진산 사건을 계기로 천주교에 대한 믿음을 버렸다고 밝히고 있다.[33] 이 같은 정약용 자신의 기록 이외에도, 정약종이 동료 신자들과의 서신 교환 등 자신의 천주교 활동을 동생 정약용에게는 감추려 했다는 사실이나,[34] 1787년 이기경李基慶이 '정미반사회' 사건에 대해 이야기하면서 정약용이 "처음 '신기한 것을 좋아하는(好奇)' 버릇에서 간혹 그 책을 펴 읽기는

---

29) 「辭刑曹參議疏」: 전서I.9.46~48a.
30) 『辛酉邪獄罪人李家煥等推案』, 2월 9일 「丁若鏞供案」-최기복, 「조선조 천주교회의 제사금령과 다산의 조상제사관」, 『韓國教會史論文集』 2(한국교회사연구소, 1984), 97~198쪽 중 156쪽.
31) "方幼眇時嘗馳騖方外而不疑也. 旣壯陷於科擧而不顧也. 旣立深陳旣往之悔而不懼也.": 전서 I.13.40a.
32) "禍色迫頭, 慫恩爲此, 吾將手刃": 丁奎英 편, 『俟菴先生年譜』(정문사, 1984), 128쪽.
33) 「自撰墓誌銘 壙中本」: 전서 I.16.1b.
34) 『純祖實錄』 元年 2月 25日條.

했으나 요즘에는 벗어났으므로 나의 교정交情은 전과 같이 한결같다"고 한 것 등35) 다른 사람들이 정약용이 천주교를 버린 것으로 믿고 있음을 보여주는 자료들도 있다.

정약용은 이렇듯 천주교 신앙을 버린 것을 밝히면서, 자신이 젊은 시절 왜 그 같은 잘못된 신앙에 빠졌었는지에 대해 변명하기도 했다. 그가 제시한 설명은 대체로 당시 서학이 크게 유행하던 상황에서 아직 나이어리고 미숙한 자신이 신기한 것을 좋아하고 폭넓은 지식을 얻고자 욕심내다가 그렇게 되었다는 것이었다. 예컨대 1797년의 자명소에서 그는 자신이 천주교 서적들을 볼 약관弱冠의 시기에는 "일종의 풍조가 있어 천문역상의 이론, 농정수리의 기구, 측량추험測量推驗의 법을 말할 수 있는 사람이 있으면 세상에서 서로 전하면서 그를 가리켜 해박하다고 했는데 제가 그때 어리고 모자라서 몰래 홀로 그것을 흠모했으며", 천주교의 "진기하고 능란하고 폭넓은 글들에 현혹되어 이를 '유가의 또다른 일파(儒門別派)'로 생각했습니다"라고 썼다.36) 「영보정연유기永保亭宴游記」에서도 정약용은 자신이 젊어서 기독교에 빠졌다가 처벌받은 일에 대해 '신기한 것을 좋아하다가' 그렇게 되었다고 이야기했다.37) 그렇다면 나이가 들어 지적으로 성숙해지고 유학의 도道에 대한 깨달음이 얻어진 후에 그가 그 같은 잘못된 상태에서 벗어나려한 것은 당연하고 자연스러운 일이었다고 할 수 있겠다. 실제로 그는 1797년의 자명소에서 자신이 과거를 준비하고 벼슬길에 나선 후에는 천주교 같은 '방외方外'의 일에 관심을 둘 겨를이 없었을 뿐 아니라 차츰 천주교에 '상륜패리傷倫悖理'의 설이 수없이 많음을 깨닫게 되었고, 제사를 폐하는

---

35) "始以好奇之習或披閱其書, 而近則脫濕. 故吾之交情與前如一": 李晚采, 『闢衛編』, 2.8a ; 金時俊 譯, 『新完譯 闢衛編 – 韓國天主敎迫害史』(明文堂, 1987), 460쪽.

36) "臣之得見是書, 蓋在弱冠之初. 而此時原有一種風氣. 有能說天文曆象之家, 農政水利之器, 測量推驗之法者, 流俗相傳, 指爲該洽. 臣方幼眇, 竊獨慕此. … 惶惑於離奇辯博之文, 認作儒門別派.":「辨謗辭同副承旨疏」: 전서 I.9.43b.

37) "余方以好奇遭貶":「永保亭宴游記」: 전서 I.14.6b.

정약용의 문제들

일에 접해서는 "마음이 무너지고 뼈가 떨렸다"고 이야기했다.[38]

또한, 정약용이 젊은 시절 천주교의 일부 교리에 심취하였던 것은 사실이지만 그 당시 그의 천주교 신앙이 확고하거나 깊이있는 것이었다고 할 수는 없다. 그것은 아주 초보적이고 피상적 수준이었으며, 이는 그가 기독교 신학에 직접 접한 것이 아니라 리치에 의해 유학화儒學化된 기독교 신학의 형태로 받아들인 점을 생각하면 당연한 일이었다. 실제로 정약용이 읽은 천주교 서적은 매우 제한되어 있어서 『천주실의』 등 기독교의 핵심 교리들을 원론적으로 밝힌 초보적인 책들 수준에 머물렀던 것이다. 따라서 천주교의 가르침에 대한 큰 의혹이나 난관에 접했을 때 그가 계속 신앙을 고수하기보다는 쉽게 포기하게 되었으리라는 것은 짐작할 수 있는 일이었다.

기독교 신앙에서 가장 핵심적인 '상제' 개념을 두고 보아도, 그것이 인격적이라는 점과 전능한 절대적 존재라는 점을 제외하고는 정약용의 '상제'는 기독교의 신인 '천주'와는 크게 달랐다.[39] 물론 정약용이 천주교 서적을 통해 정통 주자 성리학과는 다른 관념들에 접하고 그것들에 영향을 받아 주희와 다른 생각을 하게 된 것은 사실이지만, 그의 '천', '상제' 개념과 기독교의 신 개념은 분명히 다른 점이 많았던 것이다.[40] 예컨대 정약용의 상제는 우주와 만물을 창조하는 신이 아니었다.[41] 그의 상제는 '계시'하거나

---

38) "然臣自來志業, 只在榮達, 自登上庠, 所專精壹意者, 卽功令之學. 而其赴月課旬試, 有如鷟發, 此固非這般氣味. 況自釋褐以後, 尤何能游心方外哉. … 其書中傷倫悖理之說, 固不可更僕數之, 亦不敢汚穢天聽. 而至於廢祭之說, 臣之舊所是書亦所未見. 葛伯復生, 豺獺亦驚. 苟有一分人理之未及澌滅者, 豈不崩心顚骨.":「辨謗辭同副承旨疏」: 전서 I.9.44a.

39) 정약용의 상제 개념과 천주교의 신 개념과의 여러 가지 다른 측면들에 대한 그간의 논의가 백민정,『정약용의 철학』, 93쪽의 긴 각주 17)에 잘 요약되어 있다.

40) 사실 정약용 사상에 대한 논의에서 '상제' 개념이 자주 거론되지만 그것은 그의 사상 속에서 상제 개념이 지니는 중요성 자체보다는 기독교의 신과 상제 개념의 비교에 대한 관심 때문이었다는 지적도 있었다. 성태용,「좌담: 다산, 주자학, 그리고 서학」, 271쪽.

명령하는 신도 아니었으며, 예수로 태어나거나, '강림'해서 심판을 하지도 않았다. 따라서 정약용에게 상제는 기독교의 신처럼 신앙—사랑과 기도, 찬양—의 대상이 아니라 공경, 경외敬畏의 대상이었으며, 그는 상제에게 기도할 것을 주장한 것이 아니라 공경하는 마음을 가질 것을 주장했다. 당연히 그에게 상제에 대한 신앙보다는 개인적 수양과 반성이 중요했고 따라서 그의 신앙은 내세지향적이기보다는 현세 위주, 도덕주의적 성격을 띠었다. 또한 유권종이 지적하듯이 정약용은 예禮의 근거를 상제가 아니라 "공자라는 역사적 인물"을 통해서 찾고 있었다.[42]

정약용의 상제 개념이 기독교의 신(천주)과 달랐을 뿐 아니라, 그는 기독교 교리들 중 다른 여러 가지도 받아들이지 않았다. 우선 그는 사람이 죽은 후 천당이나 지옥에 간다는 믿음을 받아들이지 않았다. 심지어 그는 기독교의 '사생지설死生之說'이 원래 불교에서 사람들을 두렵게 하려고 만든 것이었다고 이야기함으로써 청 강희제康熙帝 시기 역옥曆獄을 일으켰던 양광

---

41) 성태용은 상제가 태극만을 창조할 뿐 실제 우주와 만물의 생성, 변화는 태극의 역할로 남겨두고 있다고 지적하고 더 나아가 상제가 영명을 통해 인간에게 善을 지향하도록 할 뿐 더 개입하지 않는 것도 같은 경향으로 보았다. 성태용, 「다산 철학에 있어 계시 없는 상제」, 『茶山學』5(2004), 103~126쪽 중 117쪽. "상제의 역할은 창조 행위라는 측면보다는 변화와 생성을 주재하고 주관한다는 측면"이 두드러진다는 백민정의 이야기도 같은 점을 지적하는 것이라고 할 수 있다. 백민정, 『정약용의 철학』, 181쪽. 또한 정약용이 『易學緒言』에서 「繫辭傳」의 "易有太極"이라는 구절(上11)에 대한 陸德明(550경~630경)의 釋文을 논의하면서 "造物生物"이나 "天地創造之初" 같은 표현들을 사용하지만, '極'이 北辰을 가리킨다는 馬融의 견해를 뒷받침하기 위해 천지가 시작하는 과정이 수박이 작은 씨에서 생겨나는 것과 같다는 내용을 이야기하면서 그가 사용한 이 같은 표현들이 기독교의 신의 창조와 같은 것을 의미하는지, 그리고 그렇다면 그것이 젊은 시절 그의 천주교 신앙의 영향을 보여주는 것인지는 분명하지 않다("造物生物之法, 雖若廣大, 其實皆用一例. 西瓜之始生也, 其小如粟. 而就其體中求其所以漸大之故, 則先自蒂始, 小舒爲圓形, 復收爲花臍, 乃實乃脹, 以成大瓜. 天地創造之初, 其法亦必如此.": 『易學緒言』 권4: 전서 II.48.7a).

42) 「좌담: 다산, 주자학, 그리고 서학」, 264쪽.

선양광先(1597~1669) 같은 극단적 기독교 반대자들이 천당지옥설을 비판할 때 내놓았던 주장을 제시하기도 했다.[43] 영혼의 사후 불멸성에 대해서도 그는 언급하지 않았다.[44] 사실 그가 영혼의 불멸성을 받아들였다면 주자 성리학에서의 '혼백魂魄' 관념이나 '귀신' 관념을 통해 얼마든지 이를 뒷받침할 수 있었을 것임에도 불구하고 그는 전혀 그렇게 하려 들지 않았다.[45] 예를 들어 그는 사람이 죽은 뒤 혼과 육신이 분리된다고 보면서도 그렇게 분리된 혼이 소멸하는지 영속하는지에 대해서는 언급하지 않았다. 영혼이 불멸하는지 여부가 그에게 문제가 되지 않았던 것이다.

미신이라고 하여 천주교가 명백히 금지한 상례喪禮, 제례祭禮에 관해 정약용이 매우 깊은 관심을 가지고 자세하게 논의했다는 사실도 그의 천주교 신앙이 깊거나 근본적이지 않음을 말해 준다. 그는 상례, 제례에 대해 자세히 논의하는『상례사전喪禮四箋』,『상례외편喪禮外篇』,『상의절요喪儀節要』,『제례고정祭禮考定』등 네 권의 책을 저술했는데, 이 네 권의 분량을 합치면『여유당전서』전체의 10%가 넘는다.[46]『경세유표經世遺表』에서 그가 제례를

---

43) "其所謂死生之說, 佛氏之設怖令也":『辨謗辭同副承旨疏』:『여유당전서』 I.9.44a. 천당지옥설에 대한 양광선의 비판은『不得已』上卷,「辟邪論上」:『天主教東傳文獻 續編』第3冊, 1111~1112쪽을 볼 것.

44) 유초하는 정약용이 영혼불멸에 대해 신념을 지니고 명시적으로 이야기했다고 말하고(유초하,「정약용 철학에서 본 영혼불멸과 우주창조의 문제」,『韓國實學研 究』 6호(2003), 117~161쪽 중 118, 119쪽), 이를 "有形者易壞, 無形者難滅"이라는 정약용의 언급(「示二子家誡」: 전서 I.18.9a)으로 뒷받침하고 있지만(같은 글, 136 쪽), 여기서 정약용이 無形이라고 이야기하는 것은 재물을 자신을 위해서가 아니라 남을 위해서 쓰는 것을 가리키는 것이었고 마음(心)이나 '영명'을 지칭하는 것은 아니었다.

45) 실제로 리치는『천주실의』에서 魂魄 관념을 통해 영혼불멸을 논의했다: "西士曰, 人有魂魄兩者全而生焉. 死則魄化散歸土, 而魂常在不滅.": 朱維靜,『利瑪竇中文著譯 集』, 33쪽. 천당, 지옥 등을 포함해서 사후세계에 대한 믿음 등에 대해서도 정약용은 그것들을 뒷받침해 줄 수도 있었을 경전 구절들을 구태여 이용하지 않았다. 주희의 魂魄, 鬼神 관념 등에 대해서는 김영식,『주희의 자연철학』, 5장을 볼 것.

열 번째로 제시한 『주례周禮』를 비판하고 제례를 첫 번째로 올린 데에서도 그가 제례를 중요시했음을 볼 수 있다.[47] 정순우가 지적하였듯이, '상제'에 관한 정약용의 논의도 그 많은 부분이 제사와 관련된 맥락에서 이루어졌다.[48] 또한 정약용은 1792년 부친이 죽자 유가의 의례에 따라 사직하고 상喪을 지냈다.[49] 실제로 그는 신주를 세우고 절하고 음식을 차리는 일 등 천주교가 금한 행위에 대해 비판하지 않고 조상들에 대한 제사를 계속해서 지냈으며, 죽기 전 자손들에게 유언을 남겨 자신에 대해서도 『상의절요』에 따라 제사를 지내도록 하면서 제사 절차를 자세히 적어 주었다.[50] 이와 관련해서 그의 후손에게서 전혀 기독교의 영향을 볼 수 없다는 점도 주목할 만하다.[51]

---

46) Donald Baker, "Shamans, Catholics, and Chŏng Yagyong: Tasan's Defence of the ritual Hegemony of the Confucian State,"『茶山學』15호(2009), 139~180쪽 중 166~167쪽.

47) 『經世遺表』권1: 전서 V.1.19a ; 김영우, 「다산의 卜筮易 연구」, 『한국실학연구』 4호(2002), 245~268쪽 중 255쪽.

48) 정순우, 「다산에 있어서의 천과 상제」, 『茶山學』 9호(2006), 5~39쪽 중 30쪽.

49) 「自撰墓地銘 壙中本」: 전서 I.16.4a.

50) 丁奎英, 『俟菴先生年譜』(正文社, 1984), 236~239쪽.

51) 이런 면에서 중국 초기 기독교 신자였던 徐光啓와 정약용을 비교해 볼 만하다. 서광계는 평생 기독교 신앙이 깊었다. 그는 직접 예수회 신부들과 접해서 긴밀한 관계를 유지했다. 직접 세례를 받고 기독교 교리를 전수받았으며, 의문이 생기거나 했을 때 묻고 토론할 수 있었다. 잦은 비판에도 불구하고 그는 기독교 신앙을 고수했을 뿐만 아니라 적극적으로 기독교와 예수회사들의 활동을 옹호하고 나섰다. 부친이 죽자 서광계는 기독교식 장례를 지낼 것을 고집했으며 이러한 그의 신앙은 자식들에게도 이어졌다. 이에 비해 정약용은 박해를 받게 되자 기독교 신앙을 버렸으며 당연히 그의 자식들에게서는 기독교 신앙이 이어지지 않았다. 정확히 200년 차이를 두고 태어난 이들 두 사람 사이의 차이는 물론 그들이 처했던 주위 상황의 차이를 반영한다. 새로운 것을 추구하는 분위기 속에서 학자들이 기독교에 흥미를 갖기 시작하고 있던 명말 중국의 상황에 비해 볼 때 제사금지령 이후 조선 양반사회에서 정약용이 처했던 상황은 지극히 절박했던 것이다. 서광계의 삶과 사상, 학문의 여러 측면들에 대해서는 Catherine Jami, Peter Engelfriet, and Gregory Blue, eds., *Statecraft and Intellectual Renewal in Late Ming China: The Cross~Cultural Synthesis of Xu Guangqi (1562-1633)* (Leiden:

정약용의 문제들

정약용이 젊은 시기에 천주교에 접하고 그에 빠져들었던 사실이 그 이후의 그의 학문이나 저술의 과정에 크게 영향을 미친 것으로 보기도 힘들다. 그의 공부와 저술의 내용은 유가의 표준 경전들과 주제들에 집중되어 있었고 그런 면에서 그가 당시의 다른 학자들과 특별히 다른 모습을 보이지 않았던 것이다. 실제로 심心, 성性, 수양修養 등에 대한 그의 논의에 있어 정약용은 천주교보다는 주로 전통 유학의 공부법에 관심을 보였다.[52] 젊은 시기 정약용의 천주교 신앙의 경험이 그의 지적 활동에 미친 영향을 굳이 찾으려 든다면, 그것은 오히려 천주교에 대한 환멸과 유가로의 복귀, 그리고 박해 등을 거치는 과정에서 20, 30대에는 넓었던 그의 관심이 실용적인 주제들로 좁혀져 버린 점을 들어야 할 것으로 보인다.[53]

또한, 앞 장에서도 본 것처럼, 천주교 교리와 비슷하거나 부합되는 것으로 보이는 정약용의 새로운 생각들이 모두 천주교의 영향이었다고 생각할 수만도 없다. 실제로 정약용에게서 볼 수 있는 천주교 교리와 비슷한 관념들은 고대 유가 전통은 물론, 신유학 전통, 그리고 조선 성리학 전통 자체에서도 얼마든지 찾아볼 수 있다. 무엇보다도, 인격적 주재자, 초월자로서의 '상제' 개념은 고대 유가 경전에 자주 나온다.[54] 장재張載(1020~1077)의 『서명西銘』도 '사천事天'을 중시하였으므로 상제의 개념이 거기서 나올 수도 있었을

Brill, 2001)에 실린 글들을 볼 것.

52) 백민정, 『정약용의 철학』, 241~242쪽.

53) 유배기간 중인 1810년 아들에게 보낸 글에서 그는 자신이 "20세 때에는 우주간의 일을 모두 이해하고 정리하려 했고 30, 40세에 이르러서도 그런 뜻이 쇠하지 않았으나 '風箱'을 겪은 이래" 경세, 경학 등의 주제들에 관심을 두게 되었다고 이야기하고 있다("余年二十時, 欲盡取宇宙間事一齊打發一齊整頓. 至三十四十, 此意不衰. 風霜以來, 凡繫民國之事. 若田制官制軍制財賦之等, 遂得省念. 唯經傳箋注之間, 猶有撥難返正之願.": 「贐學游家誡」: 전서 I.18.13b). 이에 뒤이어 그는 자신이 쇠약해졌지만 기운이 조금 날 때는 다시 젊은 시절의 욕심이 되살아난다고 덧붙였다: "今風痺頹廢, 此心漸落. 然神氣小勝, 諸閑商量, 又勃然復興."

54) 예를 들어 성태용, 「다산 철학에 있어 계시 없는 상제」; 정순우, 「다산에 있어서의 천과 상제」, 『茶山學』 9호(2006), 5~39쪽 등을 볼 것.

것이며, 위에서도 보았듯이, 조선에서도 이황, 윤휴 등의 하늘(天) 개념은 분명히 정약용과 비슷한 방향을 향하고 있었다. 또한 정약용의 상제 관념은 '천지의 생물生物'이나 '조화造化'와 같은 주자 성리학의 표현들에 담겨있는 의미들에서 크게 벗어나지 않았다고 할 수 있으며,55) 심지어는 성리학의 '리理' 개념과도 통한다고 할 수 있겠다. 따라서 정약전에게 보낸 편지에서 정약용이 "하늘이 다산茶山을 내가 묻힐 땅으로 마련해 주고 보암산寶巖山 밭 몇 이랑을 나의 식읍지로 마련해 주었다"56)고 이야기했을 때 그가 말한 '하늘'이란 천주교의 '천주'이기보다는 유가 전통 속의 '하늘(天)'이었다 고 볼 수 있는 것이다.

'천'과 '상제' 이외에도, 정약용에게서 찾아볼 수 있는 기독교 교리와 비슷한 여러 다른 개념들도 유가 전통 내부로부터 나올 수 있는 것들이 많았다. 예컨대 '영명靈明'은 『맹자孟子』의 여러 구절들에 대한 주석으로부터 나올 수 있는 개념이었으며,57) 정약용의 '성기호' 설도 『맹자』나 『중용』의 구절들로부터 나올 수 있었다.58) 그리고 백민정이 보여주듯이 '자주의지'로 서의 '권형權衡' 개념 또한 굳이 기독교만이 아니라 『맹자』나 주희의 논의로부

---

55) 정순우, 「다산에 있어서의 천과 상제」, 29~30쪽 ; 백민정, 『정약용의 철학』, 177~181쪽. 실제로 愼後聃(1701~1762)은 天主가 천지를 주재하고 만물을 安養한 다는 리치의 생각이 정이나 주희의 생각과 가깝다고 이야기했다. 김선희, 『마테오 리치와 주희, 그리고 정약용』, 484쪽. 천지의 '生物'에 대한 주희의 견해에 대해서는 김영식, 『주희의 자연철학』, 205~206, 321~322쪽, "造化"에 대해서는 같은 책, 178쪽을 참고할 것.

56) "天以茶山爲我平泉莊, 以寶巖數畝田爲我湯沐邑.": 「答仲氏」: 전서 I.20.29a.

57) 『맹자』 6上14장, "人之於身也, 兼所愛. 體有貴賤有大小."라는 구절의 주에서 정약용 은 "但心者五臟之一, 志者心之所之. 皆不足以外大體. 蓋此靈明之體. 雖寓於形氣之 中."이라고 이야기하고 다음 6上15장 "公都子問或從其大體, 或從其小體."라는 구절 에 대해서는 "大體者, 無形之靈明也. 小體者, 有形之軀殼也."라고 이야기한다. 『孟子 要義』 권2: 전서 II.4.6.29a, 29b.

58) '性嗜好'說은 예를 들어 『맹자』 6上7장의 "理義之悅我心, 猶芻豢之悅我口"라는 구절이나 『중용』의 "天命之謂性, 率性之謂道"라는 구절로부터 나올 수 있었다. 백민정, 『정약용의 철학』, 193~226쪽.

정약용의 문제들

터 나올 수 있는 것이었다.[59] 또한 리의 실체성을 부인하고 『중용』의 '미발未發' 개념에 대한 주희의 해석을 비판하는 정약용의 견해가 흔히 천주교의 영향 때문인 것이라고 해석되지만 이는, 이봉규가 지적하듯이, 천주교뿐만 아니라 양명학의 수용을 통해 유학 전통을 새롭게 해석한 성호좌파의 영향이었다고 볼 수도 있는 것이다.[60]

따라서 정약용이 일단 천주교 교리들에 회의를 느껴 천주교 신앙을 버린 후에도 그중 '상제', '영명' 등의 개념들을 유가 전통의 개념들과 연결시켜 유지하려 했던 것은 자연스러운 일이었다.[61] 그리고 정약용에게서 보이는 이 같은 측면을 두고서 전통적 유학과 서양 기독교 사상 사이의 조화라고 볼 수도 있는 일이지만,[62] 그보다는 그가 천주교의 일부 관념을 받아들여 전통 유학 체계 속으로 포함시키게 된 것이라고 보는 편이 더

---

59) 백민정, 「다산 심성론에서 도덕감정과 자유의지에 관한 문제」, 『한국실학연구』 14호(2007), 401~446쪽 중 419~428쪽.

60) 이봉규, 「다산학 연구의 최근 동향과 전망─근대론의 시각을 중심으로」, 『茶山學』 제6호(2005), 135~177쪽 중 148쪽. 한형조 또한 이런 점에서 정약용이 "리의 실질적 권능을 부각시킨 주자학의 주리적 계열," 그리고 "심의 주체성을 강조한 양명학"에 빚지고 있다고 이야기한다. 한형조, 「다산과 서학: 조선 주자학의 연속과 단절」, 『茶山學』 제2호(2001), 128~155쪽 중 150쪽. 그리고 이와 관련해서 사실 양명학이란 것이 주자학의 한 분파로 볼 수 있음도 상기할 필요가 있겠다. 한편, 송영배는 "정약용 철학의 핵심구도와 토미즘적 사유 패러다임 사이의 유사성"을 이야기하기까지 하지만(「정약용 철학과 성리학적 리기관의 해체」, 114쪽), 그런 정도의 유사성은 주희와 토미즘 사이에서도 찾을 수 있다.

61) 성태용은 그런 점에서 "원시유학의 상제 개념을 외적으로 넘어설 수 없다는, 다산 철학의 한 축이 중요한 구속력을 발휘하고 있는 셈"이라고 말하고 있다. 「다산 철학에 있어 계시 없는 상제」, 106쪽. 심지어는 정약용이 천주교에 접하기 전에 고대 경전으로부터 '상제' 개념을 받아들여 지니고 있었을 가능성을 제기하는 학자도 있다. 이동환, 「다산 사상에서의 '상제' 도입경로에 대한 서설적 고찰」, 박홍식 편, 『다산 정약용』(예문서원, 2005), 347~370쪽 중 370쪽.

62) 예컨대 금장태는 정약용의 『중용강의』가 그의 "사상체계 속에서 유학과 서학의 이념이 조화롭게 만나는 놀라운 창의적 융화"를 보여준다고 이야기한다. 『다산 정약용』(성균관대학교출판부, 1999), 190쪽.

정확할 것이다.[63] 기독교 신학에 자극받아 그가 주자학, 나아가 유가 전통 전체를 살피는 과정에서 그것들에 대한 이해가 깊어지고 그러한 깊어진 이해에 바탕해서 유가 전통을 더 확고한 토대 위에 구축하고자 했던 것이다.

3. 천주교를 버리고 유학으로

문제는 정약용이 천주교 신앙을 버린 것이 천주교에 대한 박해가 계기가 되었기에 그가 겉으로만 천주교를 떠나고 마음속으로는 천주교 신앙을 계속 지니고 있지 않았나 하는 의심을 낳게 되었다는 것이다. 사실 정조 말년, 그리고 사망 후, 천주교를 에워싼 정치적 상황이 변함에 따라 정약용이 천주교를 마음 속으로는 계속 받아들이고 있었으면서도 그것을 감추어야만 했을 가능성을 충분히 생각해 볼 수 있기 때문이다. 그리고 실제로, 그가 마음 속으로는 천주교 신앙을 버린 것이 아니었다는 의혹이 정약용 당대에는 물론 오늘날까지 계속 제기되고 있다.[64] 정조가 정약용의 자명소의

---

63) 그런 의미에서 "정약용의 경학 사상이 지닌 기본 특징은 유교 이념을 천주교 교리의 기본구조와 조화시켜 재해석한 것"이라는 금장태의 말(『조선 후기 儒敎와 西學』, 266쪽)은 오히려 정약용이 천주교 교리를 유교 이념을 재해석하는 데 사용했다고 바꿔 말하는 것이 더 적절할 것이다. 그리고 정약용이 "유교 경전이 내포하고 있는 신앙적 세계를 주자학의 형이상학적 이론의 그물에서 풀어"주었 다거나(『조선 후기 儒敎와 西學』, 267쪽) "천주교 교리를 통해 이해한 새로운 신관과 인간관을 유교 경전의 해석에 창의적으로 활용"했다는(『실천적 이론가 정약용』, 이끌리오, 2005, 326쪽) 금장태 자신의 평가는 그 같은 방향을 가리키는 것이라고 할 수 있겠다.

64) 河宇鳳, 「丁茶山의 西學 關係에 대한 一考察」 ; 최석우, 「정다산의 서학사상」, 정석종 외, 『정다산과 그 시대』(민음사, 1986), 105~137쪽 ; 금장태, 『다산 정약용』, 174~199쪽 ; 최기복, 「조선조 천주교회의 제사금령과 다산의 조상제사관」, 『韓國 敎會史論文集』 2(1984), 97~198쪽 ; 정두희, 「다산과 서학에 대한 여러 가지 관점 들」, 서강대학교 인문과학연구원 편, 『다산사상 속의 서학적 지평』(서강대출판부, 2004), 1~35쪽 등.

내용을 액면 그대로 믿지 않았다는 기록이 있으며,[65] 황사영의 백서에도 정약용, 이가환, 이승훈 등이 비록 겉으로는 천주교에 대해 욕하지만 마음 속에는 믿음이 남아있다는 내용이 실려 있다.[66] 심지어는 정약용이 말년까지 천주교 신앙을 지니고 있었다는 주장이 제기되기도 했으며,[67] 그와 관련해서 정약용의 저술에서 천주교 신앙을 보여주는 언급들이 나중에 고쳐지거나 삭제되었을 가능성, 그리고 천주교 신앙을 후회하는 내용이나 천주교를 비판하는 내용이 삽입되었을 가능성이 제기되기도 했다.[68]

그러나 정약용이 1790년대 이후로도 천주교 신앙을 버리지 않았다는 주장을 받아들이기 위해서는 그가 마음속으로는 천주교를 믿으면서도 겉으로는 자신의 신앙을 전혀 드러내지 않고 철저히 감추고 있었을 뿐 아니라 위에서 본 여러 차례에 걸친 그 자신의 이야기들이 모두 거짓이었다고 보아야 한다. 물론 이 같은 해석이 이론적으로 불가능한 것은 아니겠지만 나로서는 매우 받아들이기 힘들다. 그리고 그 같은 무리한 해석보다는 정약용이 천주교 신앙을 버린 상황을 훨씬 더 수긍이 가게 해 주는 설명이 있다고 나는 생각한다.[69] 당시의 상황을 깊이 검토해 보면, 조선 정부가

---

65) "檢閱吳泰魯曰, 以臣所見此人尙不棄其學矣. 上大笑曰, 爾言果是矣.": 李晩采, 『闢衛編』「同副承旨丁若鏞上疏」, 4.16a: 『新完譯 闢衛編』, 424쪽.

66) "李家煥丁若鏞李承薰洪樂民若干人, 皆從前信主, 非偸生背敎之人. 外雖毒害聖敎, 中心尙有死信.": 李晩采, 『闢衛編』「嗣永帛書」, 5.33a-33b: 『新完譯 闢衛編』, 406쪽.

67) 샤를르 달레 著, 安應烈·崔奭祐 역, 『韓國 天主敎會史』 중(한국교회사연구소, 1980), 185~186쪽 ; 최석우, 「정다산의 서학사상」, 122쪽 ; 金玉姬, 『茶山 丁若鏞의 西學思想硏究』(순교의 맥, 1991), 81~98쪽. 이에 대한 반론은 김상홍, 「다산의 천주교 신봉론에 대한 반론」, 『동양학』 20집(단국대학교 동양학연구소, 1990), 117~157쪽을 볼 것.

68) 金玉姬, 『茶山 丁若鏞의 西學思想硏究』, 53~60쪽. 정약용의 저술들이 『與猶堂全書』로 간행되기까지의 상황에 대해서는 김영호, 「『與猶堂全書』의 텍스트 검토」, 한우근 편, 『丁茶山硏究의 現況』(민음사, 1985), 23~41쪽을 볼 것.

69) 천주교 측의 연구자들로서도 그렇게 무리한 해석을 통해 정약용이 천주교 신앙을 계속 지녔다고 강변하는 것보다는 천주교 교리가 정약용과 같은 총명한 유학자들이 젊은 시절 믿고 심취할 정도로 흡인력이 있었다는 것을 보이는 편이 더 나을

서학의 불순함과 위험함을 인지하고 본격적으로 탄압을 시작하는 시점에
정약용도 그간 자신이 믿어온 천주교 교리에 그 같은 불순하고 위험스러운
점이 있음을 인식하고 환멸을 느껴 그것으로부터 스스로 벗어났다고 보는
편이 더 적절해 보이는 것이다.

사실 18세기 말까지 조선의 학자들은『천주실의』처럼 계시신학의 내용
이 거의 담겨있지 않은 보유론補儒論적 성향의 한역漢譯 서학서들을 읽음으로
써 천주교에 대한 지적 흥미를 지니게 되었으며, 이에 따라 그들에게 천주교
와 유교 사이의 양립불가능한 차이들이 명확하게 드러나지는 않았던 것으
로 보인다. 물론 초기부터 유학자들은 천주교 교리 중 몇 가지에 대해
의혹을 지니고 그것들을 받아들이지 않았다. 예를 들어 섭향고葉向高
(1559~1627)는 알레니와의 대화에서 창조주의 세계창조, 악(evil)의 존재,
천당과 지옥, 영혼의 불멸성, 예수의 탄생 등에 의문을 표했다.[70] 그 중에서
도 예수가 십자가에 못박혀 죽었다는 이야기와 그 후에 다시 살아났다는
이야기에 대해 중국 학자들의 거부감이 특히 심했다.[71] 고해告解와 고행苦行
같은 신앙행위 또한 유학자들로서는 이해하기 힘들었던 것으로 보인다.[72]

것이다.

70) 섭향고와 알레니의 대화는 알레니의「三山論學記」:『天主教東傳文獻續編』(臺北: 學生書局, 1966), pp.419~493에 기록되어 있으며, Willard J. Peterson, "Learning from Heaven: The Introduction of Christianity and Other Western Ideas into Late Ming China," in Denis Twitchett and Frederick W. Mote, eds., *The Cambridge History of China*, volume 8(Cambridge: Cambridge University Press, 1998), pp.789~839 중 pp.829~830에 짧게 다루어져 있다.

71) D. E. Mungello, *The Great Encounter of China and the West, 1500-1800*(New York: Rowman and Littlefield, 2005), pp.29~30. 십자가는 황제에 해를 가하는 상징물로 여겨지기도 했다: 같은 책, p.29.

72) John W. Witek, "Explaining the Sacrament of Penance in Seventeenth-Century China: An Essay of Ferdinand Verbiest (1623-1688)", in Noël Golvers, ed., *The Christian Mission in China in the Verbiest Era: Some Aspects of the Missionary Approach*(Leuven: Leuven University Press, 1999), pp.55~71 중 p.58. 특히 고해에 대해 Witek은 그 같은 비밀스러운 만남이 정부에 대한 위협으로 받아들여졌을 가능성까지 거론했

그리고 기독교 교리가 유학자들에게 그런 식으로 문제가 될 수 있음을 인식한 리치 등 초기 예수회사들은 문제의 소지가 있는 관념들을 강조하지 않고 감추려 들기도 했다. 심지어 리치의 『천주실의』에는 '예수耶蘇'라는 이름이 마지막 부분에 한번 등장할 따름이었다.[73] 또한 앞에서 본 것처럼 리치는 영혼불멸설을 중국의 혼백魂魄 개념을 통해 논의했지만,[74] 죽은 사람의 영혼의 존재 여부에 대해 이탈리아어로 로마에 보고할 때와 중국어로 중국인들에게 설명할 때 서로 다른 이중적 태도를 보이기도 했다.[75] 이에 따라 유학자들에게 기독교 교리가 유학과 상충되는 측면들이 두드러지게 드러나지 않았기가 쉽다.

이런 상황에서 조선의 유학자들이 천주교를 종교가 아니라 단지 새로운 학문의 조류인 것으로 생각하고 지적인 차원의 관심을 지녔던 것일 수 있다. 그런 예는 중국의 초기 기독교 신자들에게서 실제로 찾아볼 수 있었는데, 예를 들어 왕징王徵(1571~1644)은 기독교를 "새로운 학문新學"이라 칭했다.[76] 정약용도, 앞에서 보았듯이, 자신이 처음에는 기독교를 '유가의 또다른 일파儒門別派'로 인식했다고 이야기했으며,[77] 실제로 그가 천주교를 고대

다: 같은 글, p.58 (n9).

73) 『천주실의』 8편: 朱維諍, 『利瑪竇中文著譯集』, 130쪽. 王徵의 경우에는 그의 「畏天愛人極論」에서 예수의 이름을 전혀 언급하지 않았다. E. Zürcher, "Christian Social Action in Late Ming Times: Wang Zheng and His 'Humanitarian Society'," in Jan A. M. de Meyer and Peter M. Engelfriet, eds., *Linked Faiths: Essays on Chinese Religions and Traditional Culture in Honour of Kristofer Schipper*(Leiden: Brill, 2000), pp.269~286 중 p.274.

74) 앞의 주 45) 참조할 것.

75) 로마에는 중국인들은 죽은 사람의 영혼은 존재하지 않는다고 믿기 때문에 제사를 지낼 때 죽은 사람이 "있는 것처럼" 행동할 뿐 실제로 제사에 종교적인 의미는 없다고 보고했으며 중국인들에게는 죽은 사람의 영혼이 남아 있어야만 제사를 지내는 일이 뜻이 있다고 주장했다. 히라카와 스케히로(平川祐弘) 지음, 노영희 옮김, 『마테오 리치─동서문명교류의 인문학 서사시』(동아시아, 2002), 726쪽.

76) Nicolas Standaert, ed., *Handbook of Christianity in China. Volume One: 635-1800*(Leiden: Brill, 2001), p.407.

유학에 더 충실한 유학의 한 분파일 수 있다고 생각했을 가능성도 있다.[78] 천주교에 대한 박해도 주로 남인 계통이었던 천주교 신자들과 노론 벽파辟派였던 반대파들 사이의 정치적인 투쟁의 일환으로 나타난 측면이 있었다.[79] 그리고 조정에서도 처음에는 천주교를 육왕학陸王學과 비슷한 정도의 위험으로만 받아들여 크게 심각하게 여기지 않았고 정조의 경우에는 '정학正學'을 세우면 천주교는 저절로 소멸할 것이라고 생각하기까지 했다.[80]

따라서 천주교에 관심을 지니게 된 정약용 같은 조선의 유학자들이 처음에 처했던 상황은 유학과 기독교 둘 중에 하나를 택하고 하나를 버려야 하는 것이 아니었으며, 그들에게는 기독교도가 된다는 것이 유가 전통을 떠나는 것이 아니었다. 기독교도가 되었다고 해서 자신들이 양반, 관리, 유학자 노릇을 할 수 없는 것이 아니었고, 기독교 신앙을 위해 유학적 세계관 전체를 바꿔야 하는 것으로 생각지 않았던 것이다. 그런 면에서는 이들은 기독교로 개종한 것이라기보다 오히려 몇몇 기독교 교리들이 유교 성현의 가르침과도 통한다는 인식을 지니게 된 것이었다고 볼 수도 있겠다. 실제로 리치 자신도 유학의 가르침이 "몇몇 경우를 제외하고는 기독교의 교리와 전혀 상반되지 않고, 오히려 기독교로부터 큰 도움을 얻을 수 있을 것"이라고 이야기했었다.[81] 따라서, 서광계徐光啓(1562~1633), 이지조李之藻

---

77) 앞의 주 36) 참조할 것.

78) 김선희는 서광계나 정약용 같은 동아시아 유학자들의 기독교 신앙을 가리켜 "유교적 유신론"이나 "유신론적 유교"라는 표현을 사용하고 있다. 김선희, 『마테오 리치와 주희, 그리고 정약용』, 23~24, 470, 549~550쪽 등.

79) 김영우는 장기 유배 중에 쓴 글들이 실제로 정약용 자신이 자신들에 대한 박해를 남인과 노론 사이의 오랜 정치적 갈등의 결과로 생각했음을 보여준다고 지적했다. 김영우, 「다산의 사단칠정론 고찰」, 『茶山學』 6호(2005), 239~270쪽 중 255~256쪽.

80) 최재건, 『조선후기 서학의 수용과 발전』, 145~146쪽.

81) Louis Gallagher, tr., *China in the Sixteenth Century. the Journals of Matteo Ricci, 1583-1610* (New York: Random House, 1953), p.98.

정약용의 문제들

(1565~1630), 양정균楊廷筠(1557~1627) 같은 초기 중국인 개종자들이 그러했듯이, 이들 조선 유학자들도 유학의 기본을 유지한 채 기독교 사상 몇 가지를 받아들이고 있었던 것이고, 유학이 지닌 적응력과 탄력성이 그 같은 일을 얼마든지 가능하게 해 주었던 것이다. 사실 엄격한 교리와 의례 규율에 따르도록 하고 배타적인 유일신 신앙을 강제하는 제도적 종교 신앙의 경험이 없었던 정약용 같은 사람에게, 세례를 받아 천주교도가 되는 일이나 그렇게 해서 지니게 된 천주교 신앙을 나중에 버리는 일의 의미는 서양의 기독교도들이나 오늘날의 기독교 신자들이 생각하는 것과는 달랐을 것이다.[82]

그렇다면 당초 유가의 학문을 보완해 줄 것이라는 보유론적 믿음에서 받아들인 천주교 교리들이 유가의 핵심 가르침에 어긋난다는 실상에 접하면서 이들 조선 유학자들이 천주교 신앙을 버리게 되는 것은 자연스러운 일이었다고 할 수 있다. 특히 1790년 북경 구베아(Alexandre de Gouvea) 주교의 제사폐지령이 조선에 전달되자 그때까지 기독교를 믿던 많은 학자들이 유가의 핵심 의례를 부정하는 이 같은 방침에 큰 충격을 받게 되었다.[83] 북경에서 처음 제사폐지령에 접한 윤유일尹有一의 다음과 같은 반문이 그들이 느낀 당혹감을 보여준다. "제사란 곧 죽은 사람을 섬기기를 산 사람처럼

---

82) 기독교 신앙이 정약용의 경우보다 훨씬 확고했던 서광계의 경우에도 그 자신이 남긴 글에서는 자신이 세례를 받았다는 이야기나 기독교 교리에 귀의했다는 이야기가 나오지 않았다. 히라카와, 『마테오 리치』, 809쪽. 서광계가 그 같은 일들을 감췄던 것일 수도 있지만 어쩌면 그에게 그런 일들이 굳이 기록해야 할 만큼 중요한 일이 아니었을 수도 있겠다. 실제로 Longobardo(Niccolo, 龍華民, 1565~1655)는 이 같은 점 때문에 서광계 같은 사람들의 신앙에 의문을 품기도 했다. 히라카와, 같은 책, 809쪽. 조선의 신자들은 1790년 Gouvea 주교의 서한을 받기 전까지는 聖事 집행은 司祭만이 할 수 있다는 점도 인식하지 못했던 것으로 보인다. 최재건, 『조선후기 서학의 수용과 발전』, 92쪽.

83) 달레, 『韓國 天主敎會史』上권, 92~93쪽 ; 최재건, 『조선후기 서학의 수용과 발전』, 138~139쪽.

하는 것입니다. 만약 천주교(聖學)와 병행할 수 없다고 하면 행하기 어렵습니다. 혹 타개할 길이 있을 수 없겠습니까?"84) 결국 이 일을 계기로 정약용을 포함해서 초기 조선 유학자 신자들 중 많은 사람들이 천주교 신앙을 버렸다. 그리고 이들은 '배교背敎'했다기보다 그동안 자신들이 천주교에 대해 오해한 것을, 심지어는 속은 것을 깨닫고 그것을 떠난 것이었다.

조선 유학자 개종자들의 이 같은 반응은 1801년 신유사옥의 추국 과정 중 그들이 행한 발언들에 드러나 있다. 이가환은 천주교 서적에서 "신주에 절하지 않고 제사를 지내지 않는다는 구절"에 접하고서 그 부분을 칼로 도려내고 다시는 천주교 책을 읽지 않았으며 "아비도 임금도 없는 이적夷狄과 금수禽獸"로 배척했다고 이야기했다.85) 정약전 또한 "사학邪學(천주교)을 믿는 사람들이 제사를 지내지 않는다는 말을 들은 후 사학이 '멸륜패상滅倫敗常'임을 잘 알게 되었다"고 하여 제사 폐지에 대해 같은 반응을 보였다.86) 이승훈도 자신이 1791년 제사폐지령 이후 이미 천주교 신앙을 버렸음을 이야기하면서 천주교를 "아비도 임금도 없는 '멸륜난상蔑倫亂常'의 학學"87)이라고 불렀다. 제사폐지령에 대한 정약용 자신의 반응은 1797년의 자명소에

---

84) "祭祀卽所以事死如生. 而若與聖學不可竝行, 則爲難行. 或可有濶狹之道否.": 韓國教會史研究所, 『邪學懲義』(弗咸文化社, 1977), 232쪽.

85) "其中有不拜神主不行祀一句節. 故不勝驚駭, 拔刀擦去. 其後豈有更見厥書之理乎. … 及見怪駭之說, 刀割句語. 以後則斥之以無父無君夷狄禽獸.": 『辛酉邪獄罪人李家煥等推案』 2월 10일 「李家煥供案」: 최기복, 「조선조 천주교회의 제사금령과 다산의 조상제사관」, 142쪽(주 243, 245)에서 재인용. 사실 정약용에 따르면 이가환은 이미 1784년부터 천주교에서 벗어났고 이벽과 단절하고 있었다. 「貞軒墓誌銘」: 젼서 I.15.21b, 24a-24b.

86) "爲邪學之人不行祭祀. 聞此言之後, 尤知邪學之滅倫敗常矣.": 『辛酉邪獄罪人李家煥等推案』 2월 14일 「丁若銓供案」: 최기복, 「조선조 천주교회의 제사금령과 다산의 조상제사관」, 143쪽(주 254)에서 재인용.

87) 『辛酉邪獄罪人李家煥等推案』 2월 9일 「罪人李承薰年四十六白等」: 鄭奭鍾, 「正祖·純祖年間의 政局과 茶山의 立場」, 鄭奭鍾 외, 『丁茶山과 그 時代』(민음사, 1986), 11~40쪽 중 28~29쪽에서 재인용.

정약용의 문제들

담겨 있는데, 마찬가지로 단호했다.

제사를 폐한다는 설에 이르러서는 신이 과거 접했던 그 책들에서는 읽은 적이 없는 바입니다. … 조금이라도 사람의 리理가 아직 타서 없어져버리기까지에 이르지 않은 자라면 어찌 마음이 무너지고 뼈가 떨려 어지러운 싹을 잘라 내지 않아 홍수가 언덕을 넘고 열화가 벌판을 태우도록 하겠습니까?88)

제사폐지령 이후 정약용 등 조선 유학자들이 접한 상황은 중국의 초기 유학자 기독교 신자들의 상황과는 비교도 할 수 없을 만큼 절박한 것이었음을 알 수 있다. 중국에서 거의 한 세기에 걸친 논란을 통해 전개된 전례 논쟁이 이들 조선 학자들에게 하루아침에 닥친 셈이었던 것이다.

제사폐지령에 접한 조선 유학자들에게 문제는 천주에 대한 신앙을 버리는가 아닌가이기보다는 제사와 같은 유가의 핵심 의례를 유지할 것인가 포기할 것인가였다. 사실 이들에 대한 조선 정부의 박해 또한 천주교 신앙 자체보다는 이들이 조선 사회의 확립된 예禮인 제사를 거부했기 때문이었다고 할 수 있다.89) 이들로서는 제사를 지낸다는 것이 너무나 당연한 것이었기에 그것을 지내지 않는다는 것은 상상할 수도 없었을 것이며, 더구나 유가의 핵심 덕목인 '효孝'의 근본이 되는 제사를 미신으로 간주하여 금지하는 일은 그들로서는 도저히 받아들일 수 없는 일이었을 것이다.90) 결국 대다수

---

88) "至於廢祭之說, 臣之舊所是書亦所未見. … 苟有一分人理之未及漸滅者, 豈不崩心顛骨斥絶亂萌而洪流襄陵烈火燎原.":「辨謗辭同副承旨疏」: 전서 I.9.44a.「先仲氏墓誌銘」에서는 1784년 처음 기독교 교리에 접해 흥미를 느끼고 기독교 서적을 읽던 때에 대해 이야기하면서 "此時無廢祭之說"이라고 덧붙이고 있다: 전서 I.15.42a.

89) Baker, "Shamans, Catholics, and Chŏng Yagyong," p.146.

90) 최기복,「조선조 천주교회의 제사금령과 다산의 조상제사관」, 122~123쪽에는 제사폐지령에 대해 조선인들이 보인 거부 반응의 그 외의 다양한 측면─"교리 지식과 信心의 부족, 正祖의 寵愛와 感化政策, 벼슬에 대한 야심 및 생명의 위협

의 양반 학자 출신 신자들은 이때 천주교 신앙을 버렸다.[91] 최기복에 의하면, 양반층 중 실제로 제사를 폐한 20명 정도의 사람들 중 "관직을 가진 사람은 하나도 없고 모두 벼슬을 포기했거나 또는 벼슬길이 막힌 [향반鄕班]들이었으며 기존사상과 사회에 불만을 품고 이를 전면적으로 부정하면서 새로운 사상으로 이상향을 실현시키려는 혁명적 성향을 갖고 있었다."[92]

그렇다면 앞 장에서 보았듯이 조선 양반사회와 유학의 틀을 유지하고자 했던 정약용은 제사를 폐한 이들과는 전혀 다른 부류의 사람이었다. 그가 비록 초기에는 천주교 교리를 받아들이고 정통 주자 성리학과 벗어나는 생각들을 하기도 했었지만, 1790년의 제사폐지령, 그리고 다음 해의 진산사건을 겪은 후 천주교에 회의를 느끼게 되고 유학으로 돌아오는 것은 그로서는 자연스러운 일이었을 것이다. 1795년 이가환, 정약용 등에 대한 계속되는 공격을 무마하기 위해 정조가 정약용을 금정金井 찰방察訪으로 보내서 수개월 체재하도록 했는데, 이 시기에 이황의 저서를 통해 주자 성리학에 대한 이해가 깊어진 그가 천주교 교리에 단지 제사 폐지의 문제만이 아니라 그 외의 다른 문제들이 더 있음도 깨닫게 되고 더욱더 천주교로부터 벗어나서 유학을 깊이 신봉하게 되었으리라는 것도 수긍이 가는 일이다.[93] 사실

등"-에 대해 이야기하고 있다.

91) 1796년 주문모는 구베아 주교에게 보낸 편지에서 제사금지령 이후 "대부분의 신자들과 양반계층의 예비 신자들이 거부하고 떠나갔다"고 적고 있었으며, 신유박해 시기 쯤에 이르면 신도중 사대부 남자는 극히 적은 상태가 되었다. 최재건, 『조선후기 서학의 수용과 발전』, 142~144쪽.

92) 최기복, 「조선조 천주교회의 제사금령과 다산의 조상제사관」, 130쪽. 실제로 이들 중에는 정약종처럼 일찍이 도가사상이나 도가 신선술에 빠졌던 사람들이 많았다. 최재건, 『조선후기 서학의 수용과 발전』, 48쪽(주 81). 제사를 폐한 신자들의 이름들은 최재건, 『조선후기 서학의 수용과 발전』, 141~142쪽에 실려 있다.

93) 이광호, 「이퇴계의 철학사상이 정다산의 경학사상의 형성에 미친 영향에 관한 고찰」, 『퇴계학보』 90집(1996), 29~70쪽 ; 이광호, 「李滉의 心學的 理學이 丁若鏞의 道德論 形成에 미친 影響」. 사실 이 같은 정약용의 궤적과 비슷한 궤적이

정약용이 천주교에 처음 접한 20대 시절은 아직 주자 성리학에 대한 그의 이해가 충분히 자리 잡기 이전이었고 그런 미숙한 상황에서 그가 천주교를 쉽게 받아들인 면이 있었는데, 나이가 들어가고 주자 성리학에 대한 이해가 깊어지면서 정약용이 점점 더 주자학 쪽으로 기울게 되었다고 볼 수 있는 것이다.[94]

이런 식으로 천주교 신앙을 버리고 유학으로 돌아온 후 정약용이 자신의 과거 잘못된 생각으로부터 거리를 두려 했던 것도 당연한 일이었다. 그는 자신의 생각이 마테오 리치와 차이가 난다는 점을 애써 드러내려 했다. 예컨대 자신의 견해가 마테오 리치의 『천주실의』로부터 영향받은 것이라는 혐의를 피하기 위해 말년의 정약용은 심心, 성性 등에 관한 자신의 견해를 자주 주희와 맹자에 연결시켰다.[95] 그가 「자찬묘지명」에서 『중용강의』를 작성한 시점을 1784년 여름이 아니라 자신이 『천주실의』에 접하기 이전인 1783년으로 굳이 잡고 있는 것도 자신의 생각이 『천주실의』의 영향을

리치에게서도 보인다. 리치가 불가를 배척하고 유가를 변호한 것도 선교 책략이었기만 했던 것이 아니라, 사서오경 공부를 통해 유가를 더 이해하게 되고 가까워져서 그렇게 된 면이 있는 것이다. Pico della Mirandola(1463~1494)나 Marsilio Ficino(1433~1499) 같은 르네상스 시기 인문주의자들이 이교도인 고대 그리스 문화를 배운 후에 그에 심취했듯이, 역시 르네상스 인문주의 교육을 받았던 리치도 고대 중국의 문화를 배우고 그 위대함에 감복한 것일 수도 있는 것이다. 히라카와, 『마테오 리치』, 843쪽.

94) 이광호, 「李滉의 心學的 理學이 丁若鏞의 道德論 形成에 미친 影響」, 32, 40쪽 ; 백민정, 『정약용의 철학』, 83~84쪽(주 5)). 실제로 정약용은 금정 체재중 자신이 정주(程朱)를 독실히 믿지 않는다는 이인섭(李寅燮)의 비판에 답하는 편지에서 "어려서는 실제로 부족하고 얕은 생각에 때로 자구(字句) 사이에서 기이한 것을 찾아낸 명말 제유들의 글을 얻어 보고 경망스럽게 기뻐했지만, 지식과 뜻이 점점 자라고 섭렵한 바가 조금 넓어지면서는 그 같은 생각은 날로 사라지고 [정주가] 근본으로 거슬러 가서 근원을 탐구한 바에 대해 확연히 의심하지 않게 되었다"고 썼다("鏞何敢不篤信程朱耶 … 往在幼眇時, 果以諛淺之見, 或得明末諸儒抉摘字句之間者, 沾沾然自喜. 而及其識趣漸長, 涉獵稍廣, 則此個意思, 日以消落. 而始能確然無疑於溯本探源之際.": 「答李羅州寅燮」: 전서 I.19.4a).

95) 백민정, 『정약용의 철학』, 334쪽.

받은 것이 아니라는 점을 드러내고 싶어서였을 것이라는 지적도 있다.96)

정약용이 천주교 신앙을 버린 것과 관련해서 무엇보다도 중요한 것은, 이상에서 살펴본 1790년대 정약용의 상황을 돌이켜 보면 1790년 제사금지령과 1791년의 진산사건을 거치면서 천주교 신앙을 버리는 것이 그에게는 극히 자연스러운, 아주 당연한 선택으로 보인다는 사실이다. 정약용과 같은 유학자가 그런 상황에서도 계속 천주교 신앙을 고수하려 했다면 그것이야말로 지극히 특이한—설명이 필요한—일이 될 것이고, 정약용에 대해서 우리가 알고 있는 어떤 것도 그런 설명을 제공해 주지는 못하기 때문이다. 물론 그가 마음 속으로는 계속 천주교 신앙을 지니고 있으면서도 1797년의 자명소로부터 시작해서 「자찬묘지명」 등 그 이후 긴 시기 동안의 여러 글들에서 자신의 신앙을 감추려 했다는 것이 이론적으로는 불가능한 일은 아니다. 그러나 만약 그가 실제로 천주교 신앙을 가지고 있었다면 적어도 우리가 아는 정약용은 전혀 다른 모습을 보였을 것이다. 아마도 그는 제사 폐지 등의 천주교 교리나 방침이 유학의 참된 가르침과 통한다는 점을 주장하려 들었을 것이다. 실제로 그는 '상제', '영명', '사천事天' 등의 개념들에 대해서는 천주교 신앙을 버린 후에도 드러내 놓고 논의했으며 그 개념들을 유학의 참된 일부로서 유지했던 것이다. 이런 개념들과 달리 제사 폐지란 그로서 전혀 받아들일 수 없었을 뿐 아니라 그 같은 내용을 포함한 천주교의 참 모습에 대해 회의하도록 하기에 충분했던 것이다.

앞에서 본 것처럼 1795년 금정 찰방 시절 그는 천주교 금령을 열심히 시행하고 공들여 제사를 지냈는데,97) 이 같은 그의 행동은 제사 폐지를

---

96) 김영우, 「다산의 사단칠정론 고찰」, 『茶山學』 6호(2005), 239~270쪽 중 244쪽.

97) 정약용 자신은 이에 대해 다음과 같이 기록하고 있다. "金井在洪州地, 驛屬多習爲西教, 上意欲令鏞曉喩以禁之也. 鏞至金井, 招其豪申諭朝廷禁令, 勸其祭祀. 士林聞之, 謂有改觀之效.": 「自撰墓誌銘」: 전서 I.16.7a.

주장하는 천주교 교리가 잘못된 것임을 확신하고 있는 사람의 행동으로 볼 수밖에 없으며, 이것을 실제 마음속에 천주교 신앙을 가진 사람의 거짓 행동으로 본다는 것은 지극히 힘든 일이다. 또한, 김상홍이 지적하듯이, 유배가 풀린 후 자신을 포함해서 이가환, 정약전 등 여섯 사람에 대해 작성한 '비본祕本' 묘지명들에서 그가 이들이 기독교 신앙을 버렸는데도 기독교 신자로 몰려 처벌받은 것을 부당한 정치적 음모의 결과로 여기고 억울해 하면서, 만약 진정으로 기독교 신앙을 지녔었다면 처벌받는 것은 당연하다고 간주하는 것 같은 심경을 보이는 것으로부터도 그 자신은 기독교 신앙으로부터 분명히 벗어났다고 생각했음을 알 수 있다.[98] 사실 외딴 벽지에서 긴 유배 기간 중 그가 충분히 기독교 신앙에서 심적 위안을 찾으려 들 수도 있었을 것임에도 불구하고 실제로 그렇게 하지 않은 것도 그의 기독교 신앙으로부터의 떠남이 분명했음을 보여준다고 할 수 있다.

이와 관련해서, 주희까지를 포함해서 수많은 유학자들이 젊은 시절 불교에 심취했다가 나중에 그로부터 벗어나 유학을 신봉하게 되었고 심지어는 불교에 대한 강력한 비판자가 되었다는 사실을 상기할 필요가 있다. 천주교에 대한 정약용의 태도가 불교에 대한 이들 유학자들의 태도와 같은 성격이었던 것으로 보이기 때문이다. 따라서 젊은 시절 정약용이 천주교 신앙을 지녔던 사실이나 나중에 가서 그가 천주교를 부정한 사실 중 어느 한 쪽이 반드시 거짓일 필요가 없다. 양쪽 모두가 그의 진심일 수 있는 것이다. 한때 불교를 믿었던 사람이 유학으로 되돌아와서 불교에 대한 비판자가 되는 일이 있을 수 있다면, 마찬가지로 한때 천주교를 믿었던 사람이 나중에 가서 천주교를 믿지 않거나 비판하게 되는 일도 얼마든지 있을 수 있기 때문이다. 나중 정약용의 천주교 신앙을 탄핵한 이기경李基慶

---

98) 김상홍, 「茶山의〈秘本 墓誌銘 7편〉과 천주교」,『다산 탄신 250년 기념 학술대회 발표자료집: 茶山 연구의 새로운 모색』(한국한문학회 등, 2012년 6월 9일), 127~150쪽.

(1756~1819)도 처음에는 "서교에 대해 즐겨 듣고 손수 책 한권을 베끼"기도 했었다.99)

사실 젊은 시절 받아들였던 천주교의 관념들이 자신이 어려서부터 그 속에 젖어 자라고 교육받았던 유가 전통의 개념들과 정면으로 충돌함을 인식하게 되었을 때 그것들을 버리고 오히려 비판하게 되는 일은 정약용 같은 학자들에게는 얼마든지 있을 수 있는 자연스러운 일이었다. 실제로 이헌경李獻慶(1719~1791)은 "이단의 학學은 말이 매우 신기하고 공부하는 길이 쉽"기 때문에 많은 사람들이 쉽게 빠져들게 된다고 이야기하고 그렇지만 "주부자朱夫子가 초년에 이에서(불교에서) [도를] 구했으나 다행히 육경으로 되돌아왔고 그 후 우리 [유가의] 도가 세상에 그게 밝아졌다"는 것을 예로 들면서 초년에 빠졌던 이단을 버리고 유학으로 되돌아오면 제대로 도를 깨우칠 수 있음을 주장했다.100) 정약용 자신도 『여유당전서』 맨처음에 실린 「석지부惜志賦」라는 시에서 장재張載(1020~1077)가 원래 불교를 믿었지만 유학으로 돌아왔기에 주희가 그를 스승으로 모신 것을 읊기도 했고,101) 주희의 경우에는 오히려 그의 '본연지성本然之性'의 개념이 원래 불서에서 나온 것이라 하여 비판하기도 했다.102) 정약용이 처음에 일본 고학파古學派나 청의 고증학에 대해 관심을 지녔다가 나중 자신의 경학 연구를 통해 유학에

---

99) "基慶亦樂聞西敎, 手鈔書一卷.": 「自撰墓誌銘」: 전서 I.16.3b.

100) "聖人之學, 理旣平易, 而用工辛苦. 異端之學, 語甚新奇, 而用工徑捷. 心䚽也, 故每憚辛苦之工. 業惰也, 故喜趨徑捷之地. 老氏之無爲, 佛家之頓悟, 適中其好新喜捷之心. 故趨之者甚衆, 遂使學者眩於趣捨. 朱夫子, 初年亦不免求之於此, 而卒返之於六經, 然後吾道大明於世.": 『艮翁集』「天學問答」, 23.39b. 蔡濟恭도 책을 본 후에 그것이 잘못됨을 알아 배척하게 되는 것이고 그래서 자신도 『천주실의』를 읽은 것이라고 이야기한 후 주희도 老佛書를 읽었음을 지적했다. "見其書知其眞悖理處, 然後可以闢之. 故吾亦觀天主實義矣. … 朱子亦知老佛書矣.": 李晩采, 『闢衛編』「草土臣李基慶上疏」, 2.37a: 『新完譯 闢衛編』, 445쪽.

101) "載信釋而中遯兮. 晦師崇而息攻.": 전서 I.1.1a.

102) "曰本然之性, 原出佛書, 與吾儒天命之性, 相爲氷炭. 不可道也.": 「自撰墓誌銘」: 전서 I.16.16a.

정약용의 문제들

대한 자신감을 회복하고 이것들에 대해 비판적이 된 것도 비슷한 태도를 보여주는 것으로 볼 수 있다.[103] 또한 주희에 의한 신유학의 종합이 불교의 도전을 유학의 틀 속에 포용하려는 시도였다면, 정약용 또한 젊은 시절 자신을 매료시켰던 천주교의 관념들을 유학의 틀 속에 포함시키려고 노력할 수 있는 일이었던 것이다.

4. 서양 과학기술

앞 절에서 정약용이 젊은 시절 깊은 관심을 가졌고 그 후 그의 사상의 형성에 상당한 영향을 미친 기독교에 대한 그의 태도를 살펴보았다. 그렇다면 서양으로부터 기독교와 함께 들어온 서양 과학기술에 대한 정약용의 태도는 어떠했을까? 이 절에서는 이에 대해서 다룰 것이다.

17세기부터 기독교와 함께 서양의 과학기술 지식이 한역서들에 담겨 중국으로부터 조선에 들어와서 유통되고 관심을 끌었으며 많은 학자들이 그 같은 책들을 소장하고 읽고 있었다.[104] 특히 서양 천문학은 그것에 바탕한 역법인 시헌력時憲曆이 공식적으로 받아들여졌고 중국 전통 역법보다 더 정확하다고 인정받았기에 어느 정도 정통성까지 갖춘 채 퍼져 가고 있었다.[105] 이런 상황에서 조선의 학자들 중에도 서양 수학과 천문학의 지식을 갖춘 김만중金萬重(1637~1692), 김석문金錫文(1658~1735) 같은 사람들이 나오기 시작했으며, 18세기 후반에 들면 서명응徐命膺(1716~1787),

---

103) 蔡振豊,「丁若鏞 四書詮釋의 체계와 그 의의」,『韓國實學硏究』18호(2009), 219~259쪽.
104) 17, 18세기 조선의 한역 서양 과학 서적 도입과 유통에 관해서는 노대환,『동도서기론 형성과정 연구』(일지사, 2005), 46~56쪽을 볼 것.
105) 전용훈,「조선 후기 서양천문학과 전통 천문학의 갈등과 융화」(서울대학교 박사학위 논문, 2004), 1장.

서호수徐浩修(1736~1799), 이벽, 이가환, 홍대용, 황윤석, 홍양해洪量海
(?~1778), 문광도文光道, 정철조鄭喆祚(1730~1781) 등이 서양 수학, 천문학
등에 깊은 관심을 가지고 오랫동안 공부하여 높은 수준의 지식을 지니고
있었다.106) 그리고 이 시기에 이르러서는 이미 조선에도 『수리정온數理精蘊』
과 『역상고성曆象考成』 등 중국의 최신 천문역산서를 소장하고 공부한 학자들
이 많아지게 되었다.107) 또한 이런 상황에서 서양 과학지식은 국왕과 신하들
과의 대화와 토론의 대상이 되기도 했다.108) 한편 이렇듯 서양 수학에
전문적 지식을 갖춘 학자들 이외에, 이익 같은 학자도 전통 수학에 조예를
가지고 서양 수학에도 관심을 기울였으며 박지원朴趾源(1737~1805)도 『기
하원본幾何原本』에 나오는 구절을 자신의 글에 이용할 정도로 서양 수학에
관심을 지니고 있었다.109)

18세기 말쯤이 되면, 조선 학계에는 수학에 일정 수준의 실력을 지닌
학자들이 이미 집단을 형성하고 있었다고도 볼 수 있게 되었고, 그런 가운데
홍양해-문광도-서호수로 이어지는 "조선 후기 서양 수학의 전수관계"
같은 것을 상정해 볼 수도 있게 되었다.110) 19세기에 들어서서도 유희柳僖

---

106) 전용훈, 「조선 후기 서양천문학과 전통 천문학의 갈등과 융화」, 2장 ; 具萬玉,
　　『朝鮮 後期 科學思想史 硏究 I. 朱子學的 宇宙論의 變動』(혜안, 2004), 4장 ; 구만옥,
　　「마테오 리치(利瑪竇) 이후 서양 수학에 대한 조선 지식인의 반응」, 『한국실학연구』
　　20호(2010), 301~355쪽 중 328~346쪽 ; 문중양, 「18세기 후반 조선 과학의 역사
　　시간」, 김인걸 외, 『정조와 정조 시대』(서울대학교출판부, 2011), 17~56쪽 ; 안대
　　옥, 「18세기 正祖期 朝鮮 西學 受容의 系譜」, 『東洋哲學硏究』 71집(2012), 55~90쪽.
107) 전용훈, 「조선 후기 서양천문학과 전통 천문학의 갈등과 융화」, 77~90쪽.
108) 洪啓禧(1703~1771)는 1776년 영조와 우주에 대해 대화하면서 지구설을 받아들이
　　고 있었으며(구만옥, 「利瑪竇에 대한 조선후기 지식인들의 이해와 태도」, 『韓國思
　　想史學』 36집(2010), 343~393쪽 중 372~373쪽), 이가환은 1789년 정조의 天文策에
　　답하는 對策에서 '淸蒙氣'설을 사용했고 정약전은 1790년 5행에 대한 增廣試의
　　策問에 대해 서양 4원소설을 사용했다(같은 글, 374쪽).
109) 구만옥, 「마테오 리치 이후 서양 수학에 대한 조선 지식인의 반응」, 309~310,
　　329~330쪽.
110) 구만옥, 「마테오 리치 이후 서양 수학에 대한 조선 지식인의 반응」, 335~336쪽 ; 안

(1773~1837), 홍길주洪吉周(1786~1841) 등 서양 수학에 높은 수준의 지식을 지닌 학자들은 이어졌다.[111] 1810년경 홍석주洪奭周(1774~1842)가 동생 홍길주를 위해 작성한 독서목록은 『수리정온』, 『역상고성』 이외에 『역상고성후편曆象考成後編』, 『의상고성儀象考成』, 『역산전서曆算全書』 등 18세기에 중국에서 편찬된 여러 천문역산서를 포함하고 있었다.[112] 그리고 서호수 가문과 홍석주 가문 사이에서 보듯이 수학을 통한 가문간의 연결과 상호교류가 나타나기도 했다.[113]

정약용의 시기에는 이런 식으로 서양 과학기술의 지식이 조선 학자들 사이에 알려진 지 이미 150년이 넘고 있었다. 이 같은 상황에서 당시 조선 학자들 사이에 널리 유통되고 있던 서양 과학지식을 받아들이고 사용하는 것은 정약용에게 별로 문제되지 않았을 것이다. 앞에서 본 것처럼 그는 젊은 시절 천문, 역상, 농정, 수리 등의 지식에 관해 논의하는 것이 유행하던 상황에서 서학의 책으로부터 그런 지식을 접하고 관심을 지니게 되었다고 말하기도 했다.[114] 또한 그의 형 정약전이 "일찍이 이벽을 따라 교유하며 '역수曆數의 학'을 공부하고 『기하원본』을 탐구하여 그 깊은 정수를 밝혔"다는 정약용 자신의 기록[115]에서도 그의 수학修學 과정에 깊은 영향을 미친 형으로부터 그 같은 지식이 직간접으로 그에게 전달되었을 것을 짐작해 볼 수 있다.

대옥, 「18세기 正祖期 朝鮮 西學 受容의 系譜」, 82쪽.

111) 구만옥, 「方便子 柳僖(1773~1837)의 天文曆法論: 조선 후기 少論系 陽明學者 自然學의 一端」, 『韓國史研究』 113호(2001), 85~112쪽 ; 전용훈, 「19세기 조선 수학의 지적 풍토－홍길주(1786~1841)의 수학과 그 연원」, 『한국과학사학회지』 26(2004), 275~314쪽.

112) 전용훈, 「19세기 조선 수학의 지적 풍토」, 305~313쪽.

113) 구만옥, 「마테오 리치 이후 서양 수학에 대한 조선 지식인의 반응」, 337쪽 ; 노대환, 『동도서기론 형성과정 연구』, 58쪽.

114) 앞의 주 36) 참조.

115) "嘗從李蘗游, 聞曆數之學, 究幾何原本, 剖其精奧.": 「先仲氏墓誌銘」: 전서 I.15.39b.

실제로 정약용은 서양 과학기술 지식에 어느 정도 접하고 있었고 그 중 일부 내용을 받아들였다. 예를 들어 그는 '지구地球' 관념을 받아들였다. 지구 관념은 처음에는 김만중 같은 예외적인 경우를 제외하고는 대부분의 조선 학자들로부터 거부당했었지만,116) 이익에 의해 받아들여진 후 조선 학자들 사이에 퍼지기 시작했고, 나중에는 안정복처럼 천주교에 적대적인 사람까지 이를 받아들이게 되었으며 『동국문헌비고東國文獻備考』에 수록되기에 이르렀다.117) 여기에는 마테오 리치의 『곤여만국전도坤輿萬國全圖』등 지구설에 바탕한 서양 지도들도 영향을 미쳤는데, 이들 지도들은 당시 조선에 널리 유통되고 있었고 정약용 또한 이들 지도들에 접하고 있었다.118) 정약용은 「지구도설地毬圖說」에서 "땅의 형세가 둥글고 구형이라는 것이 분명하고 의심이 없다"고 단언하고 위도에 따라 북극고도의 차이가 나는 것과 모든 지역에서 오전과 오후 시간이 같은 것을 그에 대한 "명확한 증거(明驗)"로 들었다.119) 또한 그는 일본인이 배를 타고 계속해서 동쪽으로 가면 둥근 땅을 한바퀴 돌아 서양(大秦)의 서쪽 해안에 이르게 되고 서양인이 계속 서쪽으로 가면 한바퀴 돌아 일본의 동쪽 해안에 이르게 될 것이라고 이야기했다.120) 그는 지구 관념을 당연히 받아들여야 할 전제인 것처럼 이야기하기

---

116) 1708년 곤여만국전도 제작을 주도했던 崔錫鼎(1646~1715)이나, 李頤命(1658~1722) 등도 그 지도가 바탕으로 했던 지구설은 수용하지 않았다. 오상학, 『조선시대 세계지도와 세계인식』, 212~214쪽.

117) 具萬玉, 「朝鮮後期 '地球'說 受容의 思想史的 意義」, 『韓國史의 構造와 展開-河炫綱 敎授定年記念論叢』(혜안, 2000), 717~747쪽 ; 오상학, 『조선시대 세계지도와 세계 인식』, 211~228쪽.

118) 오상학, 「다산 정약용의 지리사상(地理思想)」, 『茶山學』 10호(2007), 105~131쪽. 마테오 리치의 지도를 비롯한 서구식 세계지도들도 조선에 유입되어 널리 유통되던 상황에 대해서는 오상학, 『조선시대 세계지도와 세계인식』, 5장을 볼 것.

119) "地勢之圓而毬者, 曒然無疑. … 北極出地, 南北絶殊. 自北徂南, 每二百五十里必差一度. … 豈非地圓之明驗哉. … 各國之人, 皆以日在頂上爲亭午, 而午前之晷與午後之晷, 其長短皆同. 豈非地圓之明驗哉.": 「地毬圖說」: 전서 I.10.9a~11a.

120) "地體正圓. 海路無關. 日本之人, 乘風掛席, 東而又東, 必泊於大秦之西岸. 大秦之人,

도 했다. 예컨대, 정약전에게 보낸 한 편지에서 그는 지도 만드는 법에 대해 자세히 논의하면서 "땅이 둥글다는 '바른 리(正理)'를 알고 나서야 그 지도가 만들어진다"고 이야기했다.121) 또한 강물이 계속해서 흘러들어 가는 데도 바다가 넘치지 않는 이유를 묻는 정조의 질문에 대해 그는 "먼저 땅이 둥글다는 설을 분명히 한 후에야 설명할 수 있다"고 이야기하고 이어서 둥근 땅 위에서 바다의 물은 역시 땅을 둥글게 둘러쌀 수밖에 없다는 설명을 제시했다.122) 그리고 그 같은 설명을 제시하는 과정에서 정약용은『주비산경周髀算經』,『이아爾雅』,『소문素問』등에서 지구 관념을 뒷받침하는 것으로 보이는 구절들을 언급한 후 "그런 즉 땅이 둥글다는 리理는 매우 확실하다"고 말했다.123)

정약용은 구체적인 서양 천문학과 수학 지식도 어느 정도 지니고 있었다.124) 위에서 본 것처럼 정약전이 1780년대에 이벽과의 교유를 통해 '역수曆數의 학'을 전수받고『기하원본』을 읽었는데 그렇게 얻은 지식을 정약용이 전해 받았을 것이며, 이승훈이 중국에서『기하원본』,『수리정온』등의 책을 가져오자 정약용은 이벽, 정약전, 이가환 등과 함께 이를 읽고 공부하기

乘風掛席, 西而又西, 必泊於日本之東岸.":「甲乙論」: 전서I.11.29a.
121) "覺得地圓之正理, 然後其圖乃成矣.":「上仲氏」: 전서 I.20.22a.
122) "先明地圓之說, 然後振海不洩之理可以言之. … 地既圓則水勢麗下, 不得不圜. 天下之 水歸海, 則亦歸於圓而已矣.":『中庸講義補』: 전서 II.4.51b〜52a.
123) "然則地圓之理甚確.":『中庸講義補』: 전서 II.4.52a.「地毬圖說」에서는 曾子와 朱熹 등을 언급하면서 "땅의 몸체가 둥글고 공[모양]이라는 것은 성현들이 모두 함께 이야기한 바"라고까지 말했다. "曾子曰, 若天圓而地方, 是四角之不掩也. 朱子於二儀 之說, 皆從沈括之義. 地體之圓而毬, 聖賢之所共言也.": 전서 I.10.9a. 이런 점에서는 그가 지구설의 중국기원론을 받아들이고 있었던 것을 알 수 있다. 중국기원론에 대해서는 김영식,「서학(西學) 중국기원론의 출현과 전개」,『동아시아 과학의 차이―서양 과학, 동양 과학, 그리고 한국 과학』(사이언스 북스, 2013), 113〜134쪽 을 볼 것.
124) 구만옥,「다산 정약용의 천문역법론」,『다산학』10호(2007), 55〜103쪽 중 특히 86〜91쪽.

도 했다.125) 특히 정약용은 천문학과 수학에 조예가 깊었던 이가환과 가까웠고 그로부터 많은 것을 배웠는데 거기에는 분명히 서양 천문학, 수학의 지식이 포함되었을 것이다. 이 같은 과정을 통해 정약용은 『서양신법역서西洋新法曆書』, 『오례통고五禮通考』 등에 접하게 되었고 그 책들에 담긴 일월식, 치윤법置閏法, 세실歲實, 세차歲差 등 역법의 구체적 문제들과 계산에 대한 서양의 천문학 지식을 받아들였다.126) 또한 별의 움직임을 살핌으로써 바람, 비, 가뭄, 홍수를 예측할 수 있다는 그의 생각에서는 서양 점성술의 영향도 볼 수 있는데 그는 관상감 관원들로 하여금 이 법을 익혀서 천재天災에 대비하도록 하자고 제안하기도 했다.127)

정약용이 생명체들 간에 일종의 위계位階 ─ 사람이 가장 위에, 다음은 동물, 그리고 식물이 가장 아래에 오는 ─ 가 있다고 생각한 것도 서학의 영향이었을 가능성이 크다.128) 예를 들어 그는 식물은 생명(生)은 있으나 지각(知)은 없고, 동물은 생명과 지각은 있으나 '영靈'이 없고 인간은 지각과 영이 모두 있다고 구분했다.129) 물론 이와 비슷한 방식으로 인간, 동물,

---

125) 「先仲氏墓誌銘」: 전서 I.15.39b ; 구만옥, 「마테오 리치 이후 서양 수학에 대한 조선 지식인의 반응」, 333쪽.

126) 이에 대한 더 자세한 논의는 구만옥, 「다산 정약용의 천문역법론」, 82~90쪽을 볼 것.

127) "臣嘗觀星曆之書, 以爲諸星之隱德, 竝有招攝. 故風雨旱澇, 俱可預度. 推某星之離于某躔, 卽知風雨之起于何方. … 今宜令雲觀諸生, 肄習精學, 察其躔離, 預備水旱. 臣所謂步星躔, 以備天災者此也.": 「農策」: 전서 I.9.16a. 여기서 그가 "星曆之書"라고 부르는 것은 서양의 천문서를 가리키는 것으로 보인다. 허윤섭, 「정조말~순조초의 農政개혁 논의를 통해 보는 曆象개혁에 대한 당시의 두세 가지 추구 방향」(한국과학사학회 발표문, 2010.11.5.), 6~7쪽.

128) 송영배, 「정약용 철학과 성리학적 리기관의 해체 ─ 『천주실의』와의 영향관계를 중심으로」, 『철학사상』 13호(2001), 113~146쪽 중 127쪽.

129) "凡天下有生有死之物, 止有三等. 草木有生而無知, 禽獸有知而無靈, 人之大體, 旣生旣知, 復有靈明神妙之用.": 『論語古今註』 권9: 전서 II.15.11a~11b. 한편 정약용은 『中庸講義補』: 전서 II.4.47a에서 초목은 생명은 있으나 지각(覺)은 없고, 동물은 생명과 지각은 있으나, 인간만 생명과 지각과 靈과 善이 모두 있다고 이야기했다

식물, 무생물의 네 등급을 나누는 생각이 『순자荀子』에 나오고 정약용이 이를 인용하기도 했지만,[130] 정약용이 쓰고 있는 내용이 『천주실의』의 구절들과 거의 같은 것으로 볼 때 리치의 '삼혼설三魂說'의 영향인 것으로 보는 것이 타당할 것이다.[131] 인간이 신神과 형形의 '묘한 결합妙合'으로 이루어졌다는 그의 생각도 인간을 영혼과 육체의 결합으로 보는 천주교 교리의 영향으로 볼 수 있다.[132]

정약용의 오행五行설 비판에서도 서양의 4원소설의 영향을 볼 수 있다. 물론 그가 4원소설을 완전히 받아들였다고 보기는 힘들다.[133] 그러나 그는 태극太極─양의兩儀─4상四象─8괘八卦로 이어지는 서열에서 4상을 '천지수화天地水火'로 보고 "천天, 지地, 수水, 화火란 것들은 [그것들만이] 스스로 상象을 형성하며, 다른 것들과 섞이지 않는 것들이다"라고 이야기하고 있는데 이는 분명히 서양의 4원소설과 비슷한 생각을 보여주고 있는 것이다.[134]

("性有三品. 草木之性, 有生而無覺. 禽獸之性, 旣生而又覺. 吾人之性, 旣生旣覺, 又靈又善. 上中下三級, 截然不同.").

130) "荀子曰水火有氣而無生. 草木有生而無知. 禽獸有知而無義. 人有氣有生有知有義. 蓋其受性之品. 凡有四等.": 『孟子要義』 권1: 전서 II.5.59a. 주희 또한 인간, 동물, 식물, 무생물간의 비슷한 구분들을 이야기했다. 김영식, 『주희의 자연철학』(예문서원, 2005), 293~294쪽.

131) 朱維錚, 『利瑪竇中文著譯集』, 33, 65~66쪽. 사실 이익과 愼後聃(1701~1762) 등도 이 같은 삼혼설을 받아들이고 있었으므로 정약용이 이들을 통해 이 같은 생각을 받아들였을 수도 있다: 姜秉樹, 「星湖 李瀷과 河濱 愼後聃의 서학담론─腦囊에 대한 인식을 중심으로」, 『한국실학연구』 6호(2003), 29~60쪽 중 47~48쪽.

132) 김선희, 『마테오 리치와 주희, 그리고 정약용』, 499~500쪽. "神形妙合乃成爲人"이라는 표현은 『心經密驗』: 전서 II.2.25a에 나온다.

133) 5장에서 더 자세히 보겠지만, 5행설에 대한 그의 비판에 4원소 이론이 미친 주된 영향은 오행의 '다섯'이라는 숫자는 임의적인 것이어서, 세상 모든 사물과 현상을 이루는 기본적인 '行'의 숫자가 반드시 다섯이어야만 할 필요는 없다는 점을 인식시켜 준 것이었고, 그렇다면 5행설에 대한 이 같은 그의 비판은 근본적으로 4원소 이론에도 똑같이 제기될 수 있는 것이었다.

134) "天地水火者, 特自成象, 不雜他物者也.": 「示兩兒」: 전서 I.21.19a.

이어지는 논의에서 그가 '천', '지', '수', '화'에 해당하는 '건곤감리乾坤坎離'의 '4정괘四正卦'와 이 4정괘로부터 파생된 '손진간태巽震艮兌'의 '4편괘四偏卦'로부터 만물이 생성된다고 이야기하는 것에서도 4원소설과의 연결을 찾아볼 수 있다.135) 전용훈이 지적하는 것처럼 정약용이 5행을 물질로 본 것도 4원소설의 영향이었을 수 있다.136) 한편 6기六氣 대신 '한서조습寒暑燥濕'의 '4정四情'의 부조화 때문에 병이 생긴다는 「육기론六氣論 1」에서의 그의 주장도 서양의 4체액설과 비슷하여 아마도 그 영향인 것으로 보인다.137)

당시에 꽤 널리 알려져 있었던 몇 가지 광학적 현상들에 대한 정약용의 논의도 서양 과학지식의 영향을 보여준다. 그는 아마 이벽 같은 사람으로부터 듣거나 방이지方以智(1611~1671) 등의 저술을 읽어 이들 현상들에 대해 알고 있었던 것으로 보인다. 예를 들어 정약용은 이벽으로부터 주발의 바닥에 푸른색 잔을 놓고 그것이 보이지 않는 곳까지 물러나 앉아서 주발에 물을 부으면 물이 푸른색 잔을 "떠오르게 해서" 보이게 하는 현상에 대해서 듣고 이 현상을 통해 월식은 해와 지구와 달이 일직선에 있을 때 생기는 현상임에도 불구하고 해가 아직 지지 않고 떠 있을 때 월식을 관측할 수 있는 경우가 있음을 설명했는데,138) 달이 지평선 아래에 있는데도 지평선 위에 있는 것처럼 보이는 것은 진짜 달이 아니라 '적기積氣'에 의해 비추어져

---

135) 「示兩兒」: 전서 I.21.19a. ; 금장태, 「다산 경학의 탈주자학적 세계관」, 『茶山學』 제1호(2000), 20~57쪽 중 51쪽 ; 구만옥, 「다산 정약용의 천문역법론」, 78~79쪽..

136) 전용훈, 「서양 사원소설에 대한 조선 후기 지식인들의 반응」, 『한국과학사학회지』 31(2009), 413~435쪽 중 430쪽.

137) 『醫零』「六氣論一」: 『한국문집총간』 286집, 524上 ; 김대원, 「丁若鏞의 『醫零』. 1」, 『한국과학사학회지』 15(1993), 225~246쪽 중 229쪽 ; 신동원, 「유의(儒醫)의 길: 정약용의 의학과 의술」, 『茶山學』 10호(2007), 171~224쪽 중 198쪽.

138) "此積氣之所映浮, 非眞月也. 月食於地平之下, 而其形上浮, 人見其影而爲眞也. 其驗安在.余友李德操之言曰, 磁碗之內有靑圈在底, 人坐碗邊, 不見其靑. 取水一鍾灌于碗, 靑乃宛然. 斯其驗也. 靑在碗底, 而浮之使高者水也. 月在地平之下, 而浮之使高者氣也.": 「碗浮靑說」: 전서 I.10.8a.

떠오른 것이라는 그의 설명은 서양의 '청몽기靑蒙氣' 설을 받아들인 것으로 보인다.[139] 근시近視와 원시遠視에 대해서도, 그는 사람의 눈동자가 렌즈와 같아서 그것이 볼록하면 시심視心이 가까운데 맺혀 근시가 되고 평평하면 시심이 먼 데 맺혀 원시가 되며, 소년은 혈기血氣가 날카로워 눈동자가 볼록해지므로 근시가 되고 노인은 혈기가 느슨해서 눈동자가 평평해지므로 원시가 된다고 설명했다.[140] 그는 또한 볼록렌즈(靉靆)가 햇빛을 모아 불(火)을 일으키고 물체를 태우는 현상을, 둥그런 렌즈표면에서 빛이 비스듬히 꺾여 광선(照之脚)을 한군데로 모으고 그에 따라 빛의 열이 한군데로 집중되어 불이 생기는 것으로 설명했다.[141] 그는 맑은 날 밀폐된 방을 칠흑같이 어둡게 하고 문에 구멍을 뚫어 볼록렌즈를 대고 몇 자(尺) 떨어진 곳에 흰 종이를 놓으면 바깥 풍경이 종이에 거꾸로 비친다는, 오늘날 '카메라 옵스큐라(camera obscura)'라고 알려진 현상에 대해서도 언급했다.[142]

의료 및 기술에 관한 정약용의 지식과 활동에서도 서양 과학기술의

---

139) 「貞軒墓誌銘」에서 정약용은 이가환이 정조의 책문에 답하면서 "감히 청몽기설 같은 不經의 설"을 언급했다고 썼고("公曾對天文策, 敢用淸蒙氣等不經之說.": 「貞軒墓誌銘」: 전서 I.15.20a. 이가환에게 보낸 편지에서는 청몽기설과 관련된 것으로 볼 수 있는 내용이 포함된 고대의 문헌들을 언급하면서 그것들을 근거로 삼으라고 권하기도 했다("蒙氣之說, 奚但束廣微而已. 漢書京房傳, 房上封事曰, 辛酉以來蒙氣衰去. 又曰辛巳蒙氣復秉非, 丁亥蒙氣去, 戊子蒙氣復起, 何不據此耶.": 「答少陵」: 전서 I.18.19b~20a).

140) "近視遠視, 唯係瞳丸之平突. 平則視心會於遠, 故遠視. 突則視心會於近, 故短視. … 少年血氣方銳, 瞳丸突然, 故利於近. 老人血氣消縮, 瞳丸平漫, 故反欲令物離目稍遠..":『醫零』「近視論」.『醫零』은 원래『여유당전서』의 제7집 6권『麻科會通』의 말미에 포함되었으나 영인본에는 포함되지 않았다:『한국문집총간』286집, 525 上 ; 김대원, 「丁若鏞의『醫零』1」, 239쪽을 참고할 것.

141) 「靉靆出火圖說」: 전서 I.10.5b~7b.

142) 「漆室觀畵說」: 전서 I.10.7b. 「茯菴李基讓墓地銘」: 전서 I.15.32b에서 정약용은 李基讓이 이 현상을 이용해 초상화를 그렸다고 이야기하고 있다. 이들 내용에 대해서는 이태호, 「조선 후기에 '카메라 옵스큐라'로 초상화를 그렸다－정조 시절 정약용의 증언과 이명기의 초상화법을 중심으로」, 『茶山學』 제6호(2005), 105~134쪽에서 자세히 논의하고 있다.

영향을 찾아볼 수 있다. 종두법種痘法에 관한 그의 지식과 활동이 그 같은 예이다. 인두人痘와 우두牛痘 두 가지의 종두법 각각에 대해 그가 얼마만큼 알고 있었고 그것이 조선에 도입되고 실시되는 데에 있어 그의 기여가 정확히 무엇이었는지에 대해서는 아직 확실히 밝혀지지 않고 있지만, 정약용은 이 두 가지 종두법 모두에 대해 잘 알고 있었고 실제 시술했을 가능성도 있는 것으로 보인다.[143] 의학의 잡다한 주제들에 대한 자신의 견해를 모아 엮은 『의령醫零』의 「육기론六氣論」, 「뇌론腦論」, 「근시론近視論」, 「약로기藥露記」 등 여러 편들의 내용에서도 서양 의학의 영향을 찾을 수 있다.[144] 또한 그는 정조의 명을 받아 『기기도설奇器圖說』을 참조하고 여러 개의 도르래를 사용하여 기중기起重機를 만들었는데, 이것이 화성華城 축성築城에 사용되어 4만 냥의 경비를 절약하도록 해 주었다고 「자찬묘지명」에 쓰고 있다.[145]

---

143) 인두법의 내용은 『麻科會通』에 부록으로 실린 「種痘心法要旨」: 전서 VII.6.12b~23a 에 담겨 있고 「種痘說」(전서 I.10.11b~13a)도 이에 대해 다루고 있으며, 우두법에 관한 내용인 Thomas Stanton의 漢譯 "新證種痘奇法詳悉" 또한 그의 『麻科會通』에 부록으로 실려 있다. 이들 내용은 신동원, 『한국근대보건의료사』(한울아카데미, 1997), 31~33쪽 ; 도날드 베이커 저, 김세윤 역, 「丁若鏞의 醫學論과 西洋醫學」, 『朝鮮後期 儒敎와 天主敎의 대립』(一潮閣, 1997), 288~331쪽 중 322~326쪽에서 논의되고 있다. 북한 학자 최익한은 1835년 정약용이 조선에서 최초로 인두법을 시술했다고 한 바 있다. 『실학파와 정다산』(1955)(청년사, 1986), 461~464쪽. 우리나라에서의 종두법 도입과 실시에 관한 논쟁 전반에 대해서는 신동원이 「종두법 논쟁」(2005년도 과학기술부 정책과제, "한국과학기술사의 쟁점", 연구보고서)에서 잘 정리해 주고 있다.

144) 신동원, 「유의(儒醫)의 길」, 197쪽. 예컨대 『醫零』「藥露記」의 말미에는 "安文思要紀"라는 표현이 붙어있는 것으로 보아 Gabriel de Magalhães(安文思, 1610~1677)가 Luigi Buglio(利類思, 1606~1682) 등과 공저한 『西方要紀』를 참고한 것으로 볼 수 있다. 김대원, 「丁若鏞의 『醫零』 2」, 『한국과학사학회지』 16(1994), 132~157쪽 중 156쪽.

145) 『여유당전서』, I.16.4a~4b. 이에 대해서는 朴星來, 「丁若鏞의 科學思想」, 尹絲淳 編, 『정약용』(고려대학교 출판부, 1990), 327~350쪽 중 347~348쪽 ; 송성수, 「정약용의 기술사상」, 『한국과학사학회지』 16(1994), 261~276쪽 중 266~267쪽을 볼 것. 이 기중기에 관한 내용은 「起重圖說」: 전서 I.10.21a~26a에 그림과 함께 자세히 실려 있다. 심경호는 정약용이 화성의 도시계획에는 깊이 간여하였으나

그는 서양의 수차水車에도 관심을 기울였는데 이는『태서수법泰西水法』을 전재轉載한 서광계의『농정전서農政全書』를 통해 알게 된 것으로 보인다.146)

정약용에게서 찾아볼 수 있는 서양 과학기술 지식은 이상에서 열거한 것들이 전부라고 할 수 있다. 기중기, 종두법 등 몇몇 널리 알려진 예들 때문에 막연히 그가 서양 과학기술에 상당한 관심과 지식을 가졌으리라는 생각이 퍼져 있지만, 실제로는 이 정도에 지나지 않았던 것이며, 이는 위에서 보았듯이 당시 학자들 사이에 서양 과학기술 지식이 널리 퍼져 있던 상황에 비추어 두드러진 것은 못되었다. 그의 서양 과학기술 지식은 서명응이나 서호수 같이 정부에서 활동했던 학자들은 물론 김석문, 이익, 홍대용 같은 재야 학자들에 비교해서도 훨씬 낮은 수준이었던 것이다.147) 더구나 그의 사상과 저술 속에서 서양 과학기술 지식은 별로 큰 의미를 지니지 못했다. 물론 천주교 탄압이 지속되는 분위기 속에서 정약용이 자신의 저술로부터 서학과 관련된 내용을 나중에 거의 모두 삭제했다고 보는 견해가 있기는 하지만,148) 그가 서양 과학기술에 별로 큰 관심과 지식을 지니지 않았다는 것은 부인할 수 없는 일이다.

또한 서양 과학기술에 대한 정약용의 이해의 수준도 높지 않았다. 예를 들어「지구도설」에서 그는 땅이 구형球形이라는 것을 증명하기 위해 위도에

화성 城役에는 직접 참여하지 않았을 것이라고 추측한다. 심경호,「다산 정약용 산문의 저술 시기 고찰」,『茶山學』23호(2013), 41~84쪽 중 53~54쪽.

146) 구만옥,「朝鮮後期 '近畿南人系 星湖學派'의 水利論」,『성호학보』 1호(2005), 185~231쪽 중 219쪽.

147) 이익, 서명응, 홍대용을 포함한 조선 후기 학자들의 과학 지식 수준에 관해서는 전용훈,「조선 후기 서양천문학과 전통 천문학의 갈등과 융화」, 2장 ; 구만옥, 「마테오 리치(利瑪竇) 이후 서양 수학에 대한 조선 지식인의 반응」,『한국실학연구』 20호(2010), 301~355쪽 등을 참조할 것.

148) 河宇鳳,「丁茶山의 西學 關係에 대한 一考察」, 89쪽. 실제로 샬(Adam Schall 1591~1666)『주제군징』의 내용에 바탕한『醫零』「腦論」에는 "마땅히 삭제할 것"(當刪)이라는 표시가 되어 있다.「丁若鏞의『醫零』1」, 244쪽.

따른 '북극고도北極高度'의 변화─북극성의 지평면으로부터의 각도가 위도에
따라 변해서 북쪽에서는 높아지고 남쪽에서는 낮아진다는 사실─를 사용했
지만, 그의 논의는 북극이 지표면 위의 일정한 거리, 그것도 지구의 직경과
같은 차원의 거리에 고정된 한 점이라는 생각에 바탕하고 있었으며, '도度'라
는 개념을 각도가 아닌 거리의 척도로 사용하고 있었다.149) 그의 논의는
북극고도의 변화를 땅이 평평하다는 관념에 입각해서 설명했던 전통적
논의와 근본적으로 같은 유형의 것이었다. 사실 지구 관념을 이야기하는
정약용의 여러 다른 논의들에도 그 때까지 지구설을 주장하는 근거로,
또는 그것을 부정하는 논의에 대한 반론으로, 중국과 조선의 많은 학자들에
의해 제시되었던 여러 논거들이 반영되어 있지 않았다.150)

맨 바깥의 하늘인 종동천宗動天이 하루 한바퀴 좌선左旋할 가능성을 부정하
는 「종동천변宗動天辨」에서의 정약용의 논의도151) 역시 관련된 내용에 대한
그의 이해가 깊지 못했음을 보여준다. 일월오성이 종동천에 대해서 우행右行
하는 것으로 보이지만 실제로는 좌선하는 것이라는 주장을 뒷받침하기
위해 그는 돌아가는 맷돌 위에서 맷돌과 반대 방향으로 도는 개미의 흔한
유비類比를 사용하지만, 다음과 같이 시작하는 그의 실제 논의는 그가 이
유비의 내용과 목적을 충분히 이해했는지 의심스럽게 만든다.

내가 보기에는, 개미가 동東으로 갈 수 있는데도 또한 서西로 가는 것은
그것이 앞발과 뒷발을 지니고 있기 때문이다. 앞발이 막 [맷돌에서] 떨어지

---

149) 「地毬圖說」: 전서 I.10.9a~11a.
150) 이 같은 논거들은 전용훈, 「조선 후기 서양천문학과 전통 천문학의 갈등과 융화」,
    6장 ; 임종태, 『17, 18세기 중국과 조선의 서구 지리학 이해─지구와 다섯 대륙의
    우화』(창비, 2012), 4장 ; Pingyi Chu, "Trust, Instruments, and Cross-Cultural Scientific
    Exchanges: Chinese Debate over the Shape of the Earth, 1600-1800," *Science in Context*
    12(1999), pp.385~411을 볼 것.
151) 「宗動天辨」: 전서 I.12.15a~16a.

려 할 때 뒷발이 또 붙고 뒷발이 막 떨어지려 할 때 앞발이 또 붙는다. 떨어지게 되면 능히 자동自動하여 동[으로의 움직임]이 되고 붙게 되면 능히 대동帶動하여 서가 된다. 그것들이 능히 자동하고 능히 대동하기 때문에 그것들이 떨어졌다가 붙게 되는 것이다. … 그러나 칠요七曜의 하늘이 개미처럼 또한 모두 앞발과 뒷발을 지녀서 … 능히 떨어졌다가 능히 붙는다는 것인지 나는 알지 못하겠다.152)

바로 이어지는 논의에서는 그는 "어찌하여 자동하면서 좌선이 될 수 있고 또한 대동하면서 우선이 될 수 있는 것인가?"라고 말하여 좌선과 우선을 바꾸어 말하고 있기조차 한다.153) 종동천을 거부하면서 그가 제시하는 또다른 논거는 태양이 지구를 도는 속도만 해도 그렇게 빠른 총알의 수만 배가 되는데 종동천은 태양보다 훨씬 멀리 있으니 훨씬 더 빨리 돌아야 할 터인 즉 "그 운행의 빠르기는 가히 생각할 수가 없을 것이고, 이것 [즉 종동천] 역시 형形이 있는 것일진대, 어찌 이같은 리가 있겠는가" 하는 것이었다.154) 그러나 이어서 그 같은 회전의 "축이 있다면, 그 축은 반드시 북극에서 지구 중심을 관통하여 남극에 이를 것인데, 그대는 북극 아래 하늘의 축이 있어 밑으로 관통한다는 것을 들은 적이 있느냐"고 묻는 것을 보면 그가 지구 회전축이 물리적으로 실재하는 것으로 간주하고

---

152) "余觀. 蟻之能方東而且西者, 以其有前足後足也. 前足方離, 後足且粘, 後足方離, 前足 且粘. 方其離也, 能自動而爲東. 方其粘也, 能帶東而爲西. 其能自動而帶東, 以其方離 而方粘. … 吾不知七曜之天亦皆有前後足如蟻 … 能方離而方粘乎.": 「宗動天辨」: 전서 I.12.15a~15b. 개미와 맷돌의 유비를 포함에서 일월오성의 좌선설과 우행설 에 대한 논의는 전용훈, 「조선 후기 서양천문학과 전통 천문학의 갈등과 융화」, 150~157쪽을 참조할 것.

153) "惡能自動而爲左旋, 又能帶動而爲右旋乎.": 「宗動天辨」: 전서 I.12.15b. 그 외에도 「海潮對」: 전서 I.22.21a에서 정약용은 "月行在赤道左右"라고 하고 말하고 있으나 이는 잘못이고 사실은 "黃道左右"라고 했어야 했다.

154) "其運行之疾將不可思議也. 是亦有形之物. 安有此理.": 「宗動天辨」: 전서 I.12.15b. 이는 『五緯曆旨』, 『測天約說』 등 한역 서학서들을 통해 널리 알려져 있던 논의였다.

있었음을 알 수 있다.155)

결국 그는 "종동천은 존재하지 않은 것이고, 칠요七曜의 하늘은 원래 모두 우선右旋하는 것"이라고 결론지었다.156) 그러나 이렇게 종동천을 부정하게 되면 항성恒星들이 하루 한 바퀴 좌선하는 관측현상을 어떻게 설명해야 할 것인가 하는 문제가 남는다는 것을 그가 인식한 것으로 보이지는 않는다. 물론 지구가 그 축을 주위로 하루 한 바퀴 우선한다고 하면 그 같은 관측현상을 설명해 줄 수 있었을 것이지만, 그 같은 가능성에 대해 그는 분명한 입장을 보이지 않았다. 또한 혜성의 관측 위치의 변화가 "땅의 움직임의 확실한 증거(地運之確證)"라는 정약전의 생각에 정약용이 반대한 것은 사실이지만,157) 정약전이 이야기 했던−그리고 정약용이 반대했던−것은 '지구의 회전(地轉)'이 아니라 '지구의 움직임(地運)'이었다. 사실 정약용은 지구가 회전하는 것을 가리키는 것으로 해석될 수도 있는 말을 하기도 했었다−"나는 땅이 만물의 큰 수레라고 생각한다. … 남북으로 원래 정해진 극極이 있고 그 회전은 바퀴와 같다."158)

위에서 언급한 볼록렌즈 및 눈동자의 작용, 그리고 '카메라 옵스큐라' 같은 광학적 현상들에 대한 그의 이해도 정확한 것은 아니었다. 예를 들어 볼록렌즈의 작용에 대해 이야기하면서 그는 빛이 렌즈 표면에서 비스듬히 꺾여서 여러 광선이 한군데로 모이고 이는 렌즈의 표면이 둥글기 때문이라고 설명했지만, 그 과정에서 빛의 굴절이 렌즈 윗 표면에서만 이루어지는

---

155) "苟其有軸. 是軸也, 必自北極貫于地心以至南極. 子嘗聞北極之下有天軸下貫也乎.": 「宗動天辨」: 전서 I.12.15b.

156) "宗動天者, 無有者也. 七曜之天, 本皆右旋者也": 「宗動天辨」: 전서 I.12.15b~16a. 또한 이어지는 "然則其交食躔次皆不合, 將奈何."라는 질문도 뜻이 통하는 내용이 아니다.

157) 「上仲氏」: 전서 I.20.24b. 이와 관련한 정약전과 정약용의 서신교환의 내용에 대해서는 전용훈, 「조선 후기 서양천문학과 전통 천문학의 갈등과 융화」, 255~260 쪽에 논의되어 있다.

158) "竊以爲地者萬物之大輿. … 南北原有定極, 其轉似輪也.": 「地理策」: 전서 I.8.2a.

것으로 설명했다.159) 원시와 근시를 눈동자의 모양으로 설명하면서는 그는 시심視心이 맺는 위치의 멀고 가까움과 보는 물체의 멀고 가까움을 혼동했다.160) 밀폐된 방에 구멍을 뚫었을 때 나타나는 '카메라 옵스큐라'에 대한 그의 이야기도 그런 일이 일어나는 원리에 대한 설명이 없이 그렇게 해서 얻어지는 "천하의 기관奇觀"을 감탄하거나 그 방법을 통해 초상화를 그릴 수 있음을 이야기하는 데 그쳤다.161)

사실, 4장에서 볼 것처럼, 과학기술 자체에 대한 정약용의 관심이 주로 실용적인 면에 국한되어 있었으며 다른 학자들에 비교할 때 크지 않았고 그의 과학기술 지식의 수준도 높지 않았는데 서양으로부터의 과학기술이라고 해서 그의 태도가 다르지 않았던 것이다. 또한 위에서 언급한 기중기, 수차 등 기술에 대한 그의 논의는 청으로부터 우수한 실용적 기술을 적극 도입하자는 그의 주장의 일환으로 이루어진 것으로 그것들이 서양으로부터 온 것인지 원래부터 중국의 것인지가 그에게 크게 중요하지 않았을 수도 있다.

5. 기독교, 서양 과학기술, 중국 과학전통

앞 절들에서 살펴본 기독교와 서양 과학기술에 대한 정약용의 태도에서는 다른 학자들과 비교했을 때 독특한 면을 볼 수 있다.

서양으로부터 동아시아에 함께 들어온 서양 과학기술과 기독교가 처음 대부분의 유학자들에게는 하나로 느껴졌을 것이다. 예컨대 중국의 초기

---

159) 「饔飥出火圖說」: 전서 I.10.6a~7a. 또한 그는 검은 물체가 빨리 타고 흰 물체가 느리게 타는 것에 대해, 검은 것은 빛을 머금어 통과시키지 않고 흰 것은 빛을 통과시켜 열의 효과가 감소되어 그렇다는 설명을 제시했다. 같은 글, 1.10.7b.
160) 『醫零』, 「近視論」.
161) 「漆室觀畵說」: 전서 I.10.7b.

기독교 개종자들에게 서로 구분되지 않은 채 '서학西學'이라는 이름으로 함께 불린 이 두 가지는 본질적으로 서로 연결된 것으로 느껴진 듯하다. 심지어는 서양 과학지식과 기독교 교리 사이에 혼동도 찾아 볼 수 있고 그 같은 혼동은 특히 서광계나 이지조처럼 서양과학과 기독교를 함께 받아들인 초기 학자들에게서 두드러졌다. 예를 들어 서광계는 주로 수리水利 방법과 기계 등에 관한 내용을 담은 『태서수법泰西水法』의 서문(1612)에서 기독교에 대해 이야기하는 것을 당연하게 생각했다.162) 이지조도 『성수기언聖水紀言』의 서序에서 기독교 교리에 대해 언급한 후 "그 서언緖言이 수법水法, 산법算法, 역법曆法에 미치는 바 … 크게 도움이 된다"고 썼다.163) 그리고 기독교와 서양 과학기술 사이의 이 같은 긴밀한 연결 때문에 유학자들이 이 두 가지 각각에 대해 지닌 태도도 연결되어 있었다. 사실 유학자들 중에는 기독교를 탐탁지 않거나 위험스러운 것으로 생각하는 경우가 대부분이었고 그런 사람들 중에는 서양 과학기술과 기독교 두 가지를 모두 거부하는 경우가 많았는데, 이 같은 경향은 조선에서 더욱 두드러져서 19세기에도 지속되었다.164)

그러나 시간이 흐르면서 차츰 서양 과학기술에 관심을 지니는 사람들이 생겨나게 되었고 이들은 대부분 기독교와 과학기술을 서로 분리하여 기독교는 거부하면서 서양 과학기술 지식은 받아들였다. 예를 들어 방이지 등 이른바 '방씨학파'의 학자들이나 황종희黃宗羲(1610~1695) 같은 학자들이 그같이 서양 과학을 기독교로부터 분리하는 경향을 보였다.165) 매문정梅文鼎

---

162) 『天學初函』(臺北 學生書局 영인본, 1965), 1505~1506쪽. 실제로 서광계는 이 서문에서 "補儒抑佛"이라는 표현을 사용했다.

163) "其緖言所及水法算法歷法 … 相與受大利益.": 徐宗澤 編, 『明清間耶蘇會士譯著提要』(北京: 中華書局, 1944 影印本), 172쪽.

164) 노대환, 『동도서기론 형성과정 연구』, 120~134쪽.

165) 張永堂, 『明末方氏學派硏究初編－明末理學與科學關係試論』(臺北: 文鏡文化事業有限公司, 1987), 132~136쪽.

(1633~1721)도 서양 역법은 받아들이면서도 서교는 배척했으며 "예수를 섬기지 않으면서도 능히 그들 [서양인들]의 전문지식(術)을 탐구할 수 있었다"고 하여 설봉조薛鳳祚(1600~1680)를 높이 평가했다.166) 『사고전서총목四庫全書總目』의 편찬자들도 『천학초함天學初函』에 대한 개요에서 "서학의 우수한 점은 측산에 있으며 그것의 부족한 점은 천주를 숭봉崇奉하여 인심을 현혹하는 데 있다"고 썼다.167) 사실 예수회사들과 중국인 기독교 개종자들도 남경박해南京迫害(1616~1617)와 역옥曆獄(1664~1669) 등을 겪은 후 자신들의 과학기술 지식과 활동을 기독교 교리로부터 분리하여 중국인들의 의심과 저항감을 회피해 보려는 태도를 보이기도 했다.168)

서양 과학기술을 받아들인 조선 유학자들도 대체로 비슷한 경향을 보여서 자신들이 받아들이는 과학기술 지식을 기독교와 분리시키고 있었다. 예컨대 이들 조선 학자들 중 거의 처음으로 서양인의 천문, 지리 지식을 높게 평가한 유몽인柳夢寅(1559~1623)은 서양인들의 천당지옥설이나 신부들의 불혼不婚 풍습에 대해서는 "괴이하고 거짓스럽다(怪誕)"고 비판했다.169) 조선 학계에서 리치의 『천주실의』에 대한 본격적인 논의를 시작했다고 할 수 있는 이익의 「발천주실의跋天主實義」도 천주의 존재, 천당지옥설 등을 비판하는 등 천주교 교리에 대해 전반적으로 부정적이었으며, 이익의 이같은 비판적 태도는 그의 제자인 신후담愼後聃(1701~1762), 안정복 등으로 이어졌

---

166) "曾不事耶穌, 而能彼術窮.": 『續學堂詩鈔』, 2.17a(續修四庫全書, 第1413冊, 469쪽).
167) "西學所長在於測算, 其短則在於崇奉天主以炫惑人心.": 『四庫全書總目』 권134, 1136쪽.
168) '南京迫害'에 대해서는 Ad Dudink, "Opposition to the Introduction of Western Science and the Nanjing Persecution(1616~1617)", Catherine Jami, Peter Engelfriet, and Gregory Blue, eds., Statecraft and Intellectual Renewal in Late Ming China: The Cross~Cultural Synthesis of Xu Guangqi (1562-1633) (Leiden: Brill, 2001), pp.191~224 ; '曆獄'에 대해서는 Benjamin A. Elman, On Their Own Terms: Science in China, 1550-1900 (Harvard University Press, 2005), pp.133~144를 볼 것.
169) 『於于野談』(藏書閣本) 卷2, "宗教".

다.170) 박지원 같은 북학론자도 천주교에 대해 "입지立志가 지나치게 높고 그 설說이 교묘함에 치우쳐서 오히려 하늘을 빙자하여 사람을 속이는 일로 들어가 의리와 윤리를 망치는 구렁텅이에 빠지는 것을 모른다"171)고 비판했고 "서양인들이 비록 역법에 정통하기는 하지만 모두 사람을 어지럽히는 것"이라고까지 이야기했다.172) 정약용의 후원자였던 정조도 이들 유학자들과 비슷한 태도를 보여서, 한편으로는 천문 역산 분야를 비롯한 서양 서적들을 도입하고 관련제도들을 정비하는 등 서양 과학기술은 수용하는 태도를 보이면서도 천주교에 대해서는 금령을 내렸다.173)

그러나 정약용은 서양 과학은 받아들이면서 기독교는 배격한 이들과는 다른, 어떤 의미에서는 정반대라고도 할 수 있는 태도를 보였다. 천주교 교리에 대해서는 그가 젊은 시절 깊은 관심을 보였고 그것이 그의 사상에 깊은 영향을 미친 데 반해, 앞 절에서 보았듯이 서양 과학기술에 대해서는 그는 별 관심을 보이지 않았던 것이다. 그는 1797년 자명소에서 처음 천주교에 관심을 지니게 되었던 것이 서양 과학기술 지식 때문이었다고 변명했지만 곧이어 자신의 성질이 "조급하고 거칠어서(躁率)" 과학기술의 어려운 지식에 대해서는 깊이 탐구하지 못하고 오히려 천주교 교리에 빠져 버렸다고 실토했다.174) 그리고 정약용의 이 같은 태도는 이승훈,

---

170) 금장태, 『조선 후기 儒敎와 西學−교류와 갈등』(서울대학교출판부, 2003), 2~4장. 「天學考」, 「天學問答」 등 천주교를 비판하는 글을 쓴 안정복은 위의 주 3)에서 인용한 언급에 이어 "그러나 [서양서들에서] 취할 만한 것은 단지 '象緯'와 '句股'의 術뿐"(而所取者, 只象緯句股之術而已)이라고 이야기했다. 『順菴集』「天學考」, 17.1a.

171) "立志過高, 爲說偏巧, 不知返歸於矯天誣人之科, 而自陷于悖義傷倫之曰也.": 『熱河日記』: 『燕巖集』卷15, 10b: 『한국문집총간』 252집, 310下.

172) "西洋人雖精於曆法, 皆幻人也.": 「答巡使書」: 『燕巖集』 권2, 40a: 『한국문집총간』 252집, 49下.

173) 문중양, 「18세기 후반 조선 과학기술의 추이와 성격−정조대 정부 부문의 천문역산 활동을 중심으로」, 『역사와 현실』 39(2001), 199~231쪽.

174) "然其性力躁率, 凡屬艱深巧密之文, 本不能細心究索. 故其糟粕影響, 卒無所得. 而乃反

정약용의 문제들

권철신 등 천주교 신자가 된 일부 조선 학자들에게서도 나타났다.[175] 심지어는, 그가 천주교 교리에 매료되었으면서도 천주교와 함께 들어온 서양 과학에는 별 관심을 지니지 않았기에 나중에 가서 천주교 신앙으로부터 벗어나는 것이 쉬웠을 가능성도 생각해 볼 수 있겠다.

한편, 시간이 지나면서 서양 과학기술을 받아들인 학자들 중에 서양 과학지식에만 빠져 들지 않고 중국 과학 전통의 우수성을 인식하는 경우가 생겨났다. 처음 서광계, 이지조 단계에서는 중국 학자들이 아직 중국 전통에 무지한 채 서양 과학기술의 우수성만을 본 면이 있었지만 차츰 중국 과학 전통에 대해 인식이 깊어지면서 그 우수성을 주장하게 된 것이었다. 예컨대 '방씨학파'의 학자들은 게훤揭暄(1625~1705)의 『선기유술璇璣遺述』(1675)에서 중국 과학의 우수성이 서양을 능가하게 된 것으로 보았다.[176] 『명사』 「역지曆志」 최종본의 편찬자들은 원래 초고에 있던 서양 역법을 칭찬하는 부분을 삭제하기까지 했다.[177]

서양 역법이 리理를 갖추지 못했다고 생각하는 경향도 나타났다. 서양의 격물이 "기와 수의 말단(器數之末)"에만 치중했다는 『사고전서총목』의 평가에서 볼 수 있듯이,[178] 서양의 과학이 실제 데이터와 정밀한 수학에 근거했다는 장점은 인정하면서도 제대로 된 리를 밝히지는 못했다고 생각하는 인식이 나타났던 것인데, 이는 당초 서광계 단계에서 서양 역법이 리를

繳繞於死生之說, 傾嚮於克伐之誠, 惶惑於離奇僻博之文.": 「辨謗辭同副承旨疏」, 『여유당전서』 I.9.43b.

175) 중국의 초기 기독교 개종자들 중에서도 양정균이 비슷한 태도를 보였다. Peterson, "Learning from Heaven," p.818.

176) 『璇璣遺述』 「原序」에 실린 방이지와 방중통의 언급들을 참고할 것: 『璇璣遺述』 「原序」, 1a-1b, 10b: 薄樹人 主編, 『中國科學技術典籍通彙 天文卷六』(鄭州: 河南教育出版社, 1995), 283, 287쪽.

177) 韓琦, "從明史曆志的纂修看西學在中國的傳播," 劉鈍, 韓琦 等 編, 『科史薪傳』(遼寧教育出版社, 1997), 61~70쪽 중 66쪽.

178) 『四庫全書總目』 「西學凡條」 권125, 1080쪽.

갖추었다고 생각했던 것과 완전히 반대되는 생각이었다. 나아가 서양 과학기술의 지식을 유가 전통 속에서 이해하고 그 틀 안에 포함시키려는 웅명우熊明遇(1579~1649), 방이지 등의 시도도 있었다.179) 조선의 학자들 중에서도 서양 과학지식을 자신들의 상수학적 우주론 체계 속에 포함시키려는 김석문, 서명응 등의 시도는 같은 경향을 보여 주었다.180)

그러나 애초에 서양 과학기술에 깊은 관심을 지니지 않았던 정약용은 서양 과학과 중국의 과학 전통 사이의 관계 같은 문제에도 관심이 없었다. 또한 서양 과학지식이 정약용에게 더 깊은 인식론적, 방법론적 자각을 일으킨 것으로도 보이지 않는다. 예컨대 『기하원본』에 관한 정약용의 관심은 단순히 유용한 수학적, 기하학적 지식에 대한 것이었을 뿐, 서광계에게서 볼 수 있듯이 그것이 확실한 지식의 전형으로서 모든 지식의 기초의 역할을 한다는 식의 인식은 그에게는 보이지 않는다.181) 직접 예수회사들과 접해서 기독교 교리와 함께 서양 과학지식을 습득했던 중국의 초기 개종자들과는 달리 장소나 시기적으로 멀리 떨어진 상태에서 서적을 통해 서양 과학에 접한 정약용으로서는 과학 지식에 지적인 호기심을 지녔거나 그것이 효용성이 있는 지식이라고 생각했던 것일 뿐 그로부터 깊이 있는 이론적, 철학적 함의를 전수받기는 힘들었을 것이다. 그에게서는 김석문, 정제두, 서명응 같은 학자들처럼 서양 과학지식을 포함시켜 자신의 철학 체계를 완성시키려는 원대한 포부 같은 것도 보이지 않았다.

---

179) 張永堂,『明末方氏學派研究初編－明末理學與科學關係試論』(臺北: 文鏡文化事業有限公司, 1987) ;『明末與淸初理學與科學關係再論』(臺北: 學生書局, 1994).

180) 박권수, 「徐命膺의 易學的 天文觀」,『한국과학사학회지』20(1998), 57~101쪽 ; 문중양, 「18세기 조선 실학자의 자연지식의 성격－象數學的 宇宙論을 중심으로」,『한국과학사학회지』21(1999), 27~57쪽 ; 김영식, 「서양 과학, 우주론적 관념, 그리고 17-18세기 조선의 역학(易學)」,『동아시아 과학의 차이－서양 과학, 동양 과학, 그리고 한국 과학』(사이언스 북스, 2013), 135~156쪽.

181) 예컨대 서광계는 「基下原本雜議」에서 "能精此書者, 無一事不可精. 好學此書者, 無一事不可學."이라고 말한다:『徐光啓集』(上海: 中華書局, 1963), 76쪽.

정약용의 문제들

끝으로 기독교와 서양 과학기술 양쪽 모두에 대한 정약용의 태도에서 그의 사상과 활동 전체를 일관하는 '실용주의적' 경향이 드러난다. 그는 기독교 신학 체계 전체를 받아들이지는 않으면서 기독교 교리 중 '상제', '신독愼獨', '권형權衡' 개념 등 도덕적 실천을 확보하는 데 실제 효용이 있는 부분은 관심을 지니고 도입했다. 또한 천주교 신앙이 정부와 주위로부터 빚어내는 어려움 속에서 유학자로서 도저히 받아들이기 힘든 제사폐지령에 접해서 그가 천주교 신앙을 쉽게, 그리고 단호하게 버릴 수 있었던 것도 그의 '실용주의적' 특성을 보여준다고 할 수 있다. 그리고 마찬가지로, 그는 서양 과학기술 지식 중에서도 직접 실용성이 있는 것들은 받아들였지만 구체적 실용과 연결되지 않은 과학기술 지식이나 그 철학적 함의 같은 것에는 깊은 관심을 보이지 않았다. 이에 대해서는 6장에서 더 자세히 살펴볼 것이다.

4장 과학기술

앞 장에서 정약용이 '서학'의 일환으로 기독교와 함께 들어온 서양의 과학기술에 큰 관심을 지니지 않았고 그에 대한 지식의 수준도 높지 않았음을 보았다. 그런데 이같은 점은 서양으로부터 온 과학기술에 대해서만이 아니라 과학기술 일반에 대한 그의 관심과 지식에서도 나타났다. 그의 학문과 사상 전반에서 과학기술이 그다지 중요한 의미를 지니지 않았으며 이것이 서양 과학기술에 대한 그의 관심과 지식에도 반영되었던 것이다. 이 장에서는 과학기술이 정약용에게 지녔던 의미, 그리고 그가 과학기술에 대해 지녔던 관심과 지식에 대해 자세히 살펴볼 것이다. 그리고 이를 그가 처했던 더 넓은 맥락 속에서 제대로 이해하기 위해 유가 전통 속에서의 과학기술의 위치, 그리고 유학자들에게 과학기술이 지녔던 의미에 대해서도 살펴 볼 것이다.

오늘날 우리가 정약용에 대해서 이야기하면서 '과학' 또는 '기술'이라고 부를 수 있는 내용은 다음과 같은 여러 가지 주제들로 이루어져 있다.

1) 리理, 기氣, 음양陰陽, 오행五行 등의 개념들을 포함하여 기본적인 자연철학적 관념들
2) 천지天地, 만물萬物, 사람(人)으로 이루어진 자연세계에 대한 일반적인 지식

3) 역법曆法, 율려律呂, 의약醫藥, 지리 등의 분야들에서의 전문 지식 (이 부류에는 '과학기술'과의 관련을 보기 힘든 관제官制, 형정刑政, 재정, 군사 등 다른 여러 분야들이 포함된다)
4) 각종 기술
5) 귀신鬼神, 술수術數 등 '경계 영역'에 속하면서 자연현상과 관련되어 있는 주제들

그리고 이 같은 주제들은 방대한 분량의 그의 저술 속에 하나로 모아져 있는 것이 아니라 여러 곳에 흩어져 있다. 정약용의 생각 속에 '과학기술'이라고 부르는 별도의 영역이 있었던 것은 아닌 것이다. 따라서 '과학기술'과 관련된다고 하여 이 장에서 다루게 되는 내용들은 그의 개혁 정책, 주자학, 술수와 미신, 그리고 서학을 다루는 앞의 장들에 나누어 포함시켜서 다룰 수 있을 내용들이다.

1. 정약용의 과학기술 지식

정약용이 자연세계와 과학기술의 여러 주제들에 관심을 지녔고 그에 대한 어느 정도의 지식을 지니고 있었음은 그간의 연구들에 의해 알려져 있다.[1] 이 절은 우선 이에 대해 요약해서 살펴보면서 시작한다.

---

1) 예를 들어 朴星來, 「丁若鏞의 科學思想」, 尹絲淳 編, 『정약용』(고려대학교 출판부, 1990), 327~350쪽 ; 金泳鎬, 「丁茶山의 科學技術思想」, 『東洋學』 19(1989), 277~300쪽 ; 송성수, 「정약용의 기술사상」, 『한국과학사학회지』 16(1994), 261~276쪽 ; 김대원, 「丁若鏞의 『醫零』 1」, 『한국과학사학회지』 15(1993), 225~246쪽 ; 「丁若鏞의 『醫零』 2」, 『한국과학사학회지』 16(1994), 132~157쪽 ; 구만옥, 「다산 정약용의 천문역법론」 ; 오상학, 「다산 정약용의 지리사상(地理思想)」, 『茶山學』 10(2007), 105~131쪽 ; 노영구, 「조선 후기 성제(城制)의 변화와 다산 정약용의 축성(築城) 기술론」, 『茶山學』 10호(2007), 133~169쪽 ; 신동원,

정약용의 과학기술 지식과 관련해서 가장 잘 알려져 있는 것이 그가 정조正祖의 명으로『기기도설奇器圖說』을 참조해 여러 개의 도르레를 사용하여 만들었다는 기중기起重機인데, 3장에서 보았듯이 그는 자신이 이것을 화성華城 축성築城에 사용하여 4만 냥의 경비를 절약했다고「자찬묘지명自撰墓誌銘」에서 회고했다. 사실 정약용은 성곽제도와 축성 기술 전반에 대해서 깊은 관심을 가지고 저술을 남겼다.[2] 화성 축조를 앞둔 1792년 정조가 그보다 3년 전 한강에 부교浮橋 놓는 일에 공을 세운 정약용에게 '성제城制'에 대해 의견을 제출하도록 하자 그는 여러 문헌들에서 내용을 추리고 정리하여 올렸다.[3] 정약용 자신의「성설城說」에 담겨있는 그 내용은 성곽의 규격(分數), 재료材料, 해자(壕塹), 기초쌓기(築基), 석재(伐石), 길닦기(治道), 수레(造車), 성곽제도(城制)의 여덟 항목으로 이루어져 있으며, 특히 수레에 대해서는 자세한 그림들을 첨부해 설명했다.[4] 이후에 그는 1812년『민보의民堡議』, 1818년『상두지桑土誌』등 관련된 글을 썼으며『목민심서』,『경세유표』에도 성제와 관련된 내용들을 포함시켰다.[5] 정약용은 농사 기법, 농기구, 토지제

「유의(儒醫)의 길: 정약용의 의학과 의술」,『茶山學』10호(2007), 171~224쪽 ; 구만옥,「다산학 연구의 최근 동향-자연학」,『다산과 현대』1호(연세대학교 강진다산실학연구원, 2008), 69~111쪽 등을 볼 것.

2) 본서 3장 주 145) 참조할 것. 축성 기술에 대한 정약용의 지식과 저술에 대해서는 노영구,「조선 후기 성제(城制)의 변화와 다산 정약용의 축성(築城) 기술론」,『茶山學』10호(2007), 133~169쪽을 볼 것.

3) "上曰, 己酉冬舟橋之役, 鏞陳其規制, 事功以成. 其召之, 使于私第條陳城制. 鏞乃就尹畊堡約及柳文忠成龍城說, 採其良制, 凡譙樓敵臺懸眼五星池諸法, 疏理以進之.":「自撰墓誌銘集中本」: 전서 I.16.4a~4b. 여기서 그는 尹畊의『堡約』과 柳成龍의「城說」만을 언급하고 있지만 戚繼光(1528~1588)의『紀效新書』와 茅元儀(1594~1640)의『武備志』같은 중국의 자료들에 많이 의존했다. 노영구,「조선 후기 성제의 변화와 정약용의 축성 기술론」, 156쪽.

4)「城說」: 전서 I.10.13b~18b. 이에 대한 논의는 노영구,「조선 후기 성제의 변화와 정약용의 축성 기술론」, 148~156쪽을 볼 것.

5) 노영구,「조선 후기 성제의 변화와 정약용의 축성 기술론」, 157~166쪽. 노영구에 따르면 이같은 저술들에는 화포 등 무기의 발전과 서양 함정의 위협 등 달라진

도 등 농업과 관련된 여러 주제들에 대해서도 관심을 지녔고, 정조의 책문에 답해 제출한 대책對策인 「농책農策」과 윤음綸音에 응해 제출한 「응지논농정소應旨論農政疏」의 내용이 이를 잘 보여준다.[6] 특히 「농책」에서 그는 한대의 농서인 『범승지서氾勝之書』, 북위北魏 가사협賈思勰의 『제민요술齊民要術』, 서광계의 『농정전서農政全書』와 같은 잘 알려진 농서들 이외에도 수많은 전문 서적들, 그리고 『경직도耕織圖』나 왕정王禎의 『수시도授時圖』등을 인용했다.

정약용은 여러 가지 기술 진흥과 그것을 위한 기술 도입 방안들도 제시했다. 「기예론技藝論」에서 그는 농업과 직조織造, 군사, 의료, 궁실의 기용器用, 성곽, 배, 수레의 제도 등의 기술을 진흥할 것을 주장했다.[7] 그는 특히 중국으로부터 이용후생의 물건들과 기술을 도입해 와야 할 필요성을 강조했다.[8] 예컨대 그는 동전을 주조하는 법은 몇 달이면 중국에서 배워올 수 있는데도 한참 동안 그렇게 해 오지 않았음을 지적하기도 했고,[9] 중국에서 목화씨를 들여오고 실 뽑는 기구에 대해 배워 온 문익점文益漸(1329~1398)의 예를 거론하기도 했다.[10] 정약용은 이렇게 도입한 중국의 최신 기술을 국내에 보급하여 국내 산업을 발전시키고 민간에도 보급하자고 주장했다. 그는 그 같은 일을 주업무로 하는 이용감利用監을 설치하고, 나아가 이용감에서 채택한 기술은 전환서典圜署, 전도사典堵司, 전궤사典軌司, 전함사典艦司, 견와서甄瓦署, 직염국織染局, 조지서造紙署, 사광서司鑛署 등 각종 부서에 전해서 널리

상황에 따라 달라진 정약용의 생각이 나타나 있다.

6) 「農策」은 전서 I.9.10a~16b, 「應旨論農政疏」는 전서 I.9.48a~54b에 실려 있다.

7) 「技藝論二」: 전서 I.11.11a~11b.

8) 기술 도입과 관련된 정약용의 주장에 대해서는 金泳鎬, 「丁茶山의 科學技術思想」, 『東洋學』 19(1989), 277~300쪽 중 292~299쪽에서 자세히 다루고 있다.

9) "鑄銅之法, 令一象轃北學於中國, 斯數月之事也. 而且不爲, 他尙何說.": 「錢幣議」: 전서 I.9.29a.

10) "昔文益漸得棉之種, 而歸而種之. 竝得其攪車軋車之制而傳之民間.": 「送李參判基讓使燕京序」: 전서 I.13.13a.

보급하자고 제안했다.[11] 또한 그는 관상감觀象監이나 사역원司譯院 등에서 전문 관원들을 선발하여 중국에 파견하고 각종 기술, 기기 및 새로운 지식을 들여와 시험할 것을 주장하기도 했다.[12]

물론 정약용이 과학기술 관련 분야 전반에서 중국의 것을 도입하자고 한 것은 아니었다. 예컨대 그는 역법과 기술의 여러 분야에서 새로운 부서를 만들고 관원을 북경에 보내 앞선 기법과 기술을 배워오자고 제안하면서도, 율律이나 산算은 '구례舊例'에 따라 하면 될 것이므로 별도로 새로운 부서를 만들 필요가 없다고 말했다.[13] 한편 기계와 기구의 경우에는 중국이 매우 앞서 있었다는 것이 그의 생각이었다. 그는 『기기도설』, 『북학의北學議』, 『열하일기熱河日記』 등에 실린 "중국의 기용器用의 제도는 많은 경우 사람의 생각으로 능히 헤아릴 수 있는 것이 아니다"라고 평가했으며,[14] 『기기도설』, 『농정전서』, 『의상지儀象志』, 『무비지武備志』에 수록된 기기를 제작, 보급하자고 주장했다.[15] 이에 비해 조선의 기계와 기술의 수준은 크게 뒤떨어져 있다고 그는 생각했다. 예컨대 그는 기중기에 대해 논의하면서 구리나 철로 나사도 만들지 못하는 조선 공인들의 낮은 기술 수준을 지적했다.[16] 그는 이같이 기술이 뒤떨어진 조선의 상황에서 중국만이 아니라 일본으로 부터도 발달한 기술을 도입하자고 주장하기도 했다. 일본이 중국 서적과 문물을 도입하여 이적夷狄의 풍속을 변화시켜 중화中華 국가로 성장했고

---

11) 『經世遺表』 권2: 전서 V.2.30b~40a. 이 내용에 대해서는 송성수, 「정약용의 기술사상」, 270~274쪽에 다루어져 있다.

12) 이 같은 신기술 도입의 필요성은 「技藝論一」: 전서 I.10b~11 ; 「技藝論三」: 전서 I.11b~12a이나 신무기 도입의 필요성을 제기하는 「軍器論二」: 전서 I.11.10a 등에서 이미 제기되었으나 利用監의 설치를 주장하는 『經世遺表』 권2: 전서 V.2.28a~29b 에서 본격적으로 주장되었다.

13) 『經世遺表』 권3: 전서 V.3.19a.

14) "其載中國器用之制, 多非人意之所能測": 『經世遺表』 권2: 전서 V.2.28b.

15) 『牧民心書』 권7: 전서V.22.8b ; 『經世遺表』 권2: 전서 V.2.22b.

16) 「起重圖說」: 전서 I.10.22a.

정약용의 문제들

그 기술과 문물이 우수해졌으므로 그것을 받아들여야 한다고 생각했던 것이다.[17] 그는 일본으로부터 특히 화포, 선박 및 건축 기술 등을 도입할 것을 주장했는데, 일본의 배 만드는 기술이나 창窓 만드는 기술에 자주 접하면서도 배우려 하지 않는 것을 개탄했고,[18] 쉽게 배울 수 없는 전선戰船의 제법은 표류선을 이용해 배우자고 제안하기도 했다.[19]

정약용은 의약에 대해서도 관심을 보였고 그에 대한 상당한 수준의 지식을 지녔다.[20] 그는 1797년 곡산谷山 부사로 있으면서 홍역 전문서인 『마과회통麻科會通』을 저술했는데, 자신을 고쳐주었던 이헌길李獻吉의 『마진기방麻疹奇方』을 편집, 출간하면서 그 내용과 관련하여 중국 책들에서 원류를 따지고 사례를 찾아 보완하여 집필한 것으로 보인다.[21] 또 3장에서 보았듯이, 그는 종두법에 대해서도 잘 알고 있었고 「종두심법요지種痘心法要旨」와 「종두설種痘說」 등의 저술을 남겼다.[22] 1801년 장기長鬐 유배 중에는 그

---

17) 「寄二兒」: 전서 I. 21.10a ; 「日本論一」, 「日本論二」: 전서 I. 12.3b~5a. 이에 대한 논의는 김문식, 『조선후기 지식인의 대외인식』(새문사, 2009), 360~363쪽을 참조할 것. 또한 정약용은 일본과 함께 오키나와(琉球)도 중국과의 교류를 활발히 하여 수준높은 문물을 지니게 되었다고 평가했다. 「技藝論三」: 전서 I.11.11b.

18) "我人漂至彼者, 彼皆造新船送回, 其船制絶妙, 而到此皆槌碎之, 不欲移其法. 館倭房櫳之制, 亦精潔明燠, 然莫之或移, 卽記其法, 何爲哉.": 「跋海槎聞見錄」: 전서 I.14.25a.

19) 김문식, 『조선후기 지식인의 대외인식』, 27, 362~363쪽. 사실 남해안 유배지에서 그가 서양과 일본의 상황에 대해 더 현실적으로 다급하게 인식한 면도 있을 수 있다. 노영구, 「조선 후기 성제의 변화와 다산 정약용의 축성 기술론」, 157~163쪽.

20) 신동원, 「유의의 길」 참조.

21) 카와하라 히데키(川原秀城), 「정약용의 과학저작」, 『茶山學』 13호(2008), 43~75쪽 중 53~56쪽 및 이에 대한 신동원의 논평, 『茶山學』 13호(2008), 108~120쪽 중 119쪽 ; 신동원, 「유의의 길」, 179~185쪽. 이 책은 상당히 널리 알려져서 나중 洪奭周가 제목을 바꿔 간행할 정도였다. 박철상, 「간찰을 통해 본 다산－文集 未收錄 簡札을 중심으로」, 『세계유산: 다산프로젝트－다산 탄신 250주년 기념 다산학 국제학술회의 자료집』(2012년 7월 5일) 1일차, 117~128쪽 중 121쪽. 이헌길의 의술에 대해서는 정약용이 「蒙叟傳」(전서 I.17.34a~35a)에서 다루었다.

22) 「種痘心法要旨」는 『마과회통』의 부록으로 전서 VII.6~12b~23a에 실려 있으며

지역에서 구하기 쉬운 처방들을 모아『촌병혹치村病或治』라는 책자를 짓기도 했다.23) 그는 의약의 이론적 지식만이 아니라 실제 치료에도 상당 수준의 능력을 지닌 것으로 알려져 있다. 그의 의료 수준은 이미 1800년부터 어느 정도 평판을 받고 있어서, 유배기간 중에도 여러 사람들로부터 처방을 요청받아 제공해 주었다는 사실이 이를 보여주며,24) 말년에 이르러 그가 궁중 진료와 국왕의 임종의臨終醫로 뽑힐 정도로 조선 최고의 의료 수준에 이르렀다는 평가까지 있다.25) 정약용 자신도 자신의 의학 지식 수준에 대해 자부심을 지녀서, 이미 30대의 저작인『마과회통』에서 "내가 비록 의술의 리에 어둡지만 오랫 동안 [마痲]진서疹書들을 보았더니 차츰 마음에 들어왔다."고 이야기했다.26)

정약용은 인체의 구성과 기능 등에 대해 자신의 견해를 표명하기도 했다. 그는 사람이 '생양동각生養動覺'하는 소이所以는 '혈血'과 '기氣' 두 가지이며 '심心'이 '발發'하여 '지志'가 되고 '지'가 '기'를 부리며 '기'는 '혈'을 부린다는 전통적인 견해를 제시하였고,27) 사람의 몸身은 '신神'과 '형形'이 '묘합妙合'하여 생긴 것이며 이때 '심'이 무형無形인 '신'과 '형'을 묘합하는 '추뉴樞紐'라고 이야기했다.28) 그는 또한 사람의 출생에 관해 몇가지 생각을 펼치기도

「種痘說」은 전서 I.10.11b~13a에 실려 있다.

23) 이 책은 남아있지 않고 다만 정약용 자신이 쓴 서문만 전서 I.13..10b~11a에 실려있다.

24) 신동원,「다산 정약용의 의약 생활과 건강관리」,『세계유산: 다산프로젝트-다산 탄신 250주년 기념 다산학 국제학술회의 자료집』(2012년 7월 5일). 1일차, 81~95쪽 중 86~88쪽 ; 박철상,「간찰을 통해 본 다산」, 121쪽.

25) 신동원,「유의의 길」, 177~178, 206쪽 ; 박철상,「간찰을 통해 본 다산」, 123쪽 ; 카 와하라,「정약용의 과학저작」과 그에 대한 신동원의 논평, 그리고 이어진 두 사람의 답변과 재논평 속에 정약용의 의술 수준에 대한 평가가 담겨 있다.

26) "余雖昧於醫理, 久閱疹書, 漸於心上.":『麻科會通』「吾見篇」: 전서 VII.3.39b.

27) "吾人之所以生養動覺, 惟有血氣二物. 論其形質, 血粗而氣精, 血鈍而氣銳. 凡喜怒哀懼 之發, 皆心發爲志, 志乃驅氣, 氣乃驅血.":『孟子要義』권1: 전서 II.5.17a.

28) "神形妙合, 乃成爲人. 神則無形, 亦尙無名, 以其無形, 故借名曰神. 心爲血府, 爲妙合之

정약용의 문제들

했다. 우선 그는 세상 모든 사람은 배태胚胎될 때 각각 '영명靈明'을 부여받는다고 생각했다.29) 그는 "[사람이 태어나는 것을] 식물에 비유하자면, 아버지는 그 씨앗(種子)이고 어머니는 그 토양土壤"이라는 한 노파의 이야기를 인용했다.30) 일반적으로 생명체의 재생再生에 대해서 그는 오직 씨앗이 있는 것들만 계속해서 태어날 수 있다고 생각했으며, 강물 같은 것은 "씨앗을 전하지 않는 것(不傳種之物)"이어서 태어날 수가 없다고 말했다.31)

정약용은 좌선左旋 이론에 바탕한 하늘과 일월오성의 운동, 일월식, 치윤법置閏法, 세차歲差 등 천문역법의 주요 주제들에 대해서도 상당한 지식을 지니고 있었다.32) 예를 들어 그는 역가曆家의 우행설右行說을 거부하고 하늘과 일월오성이 모두 좌선한다는 주희 등 신유학자들의 주장을 견지했다.33) 일월식을 두고서는, 그는 그것들이 미리 예측을 할 수 있어 재이가 아니라고 주장했으며, 초하루가 아니라 초이틀이나 그믐날 일식이 나타나는 것은 재이가 아니라 역법의 잘못 탓으로 돌렸다.34) 또한 그는 개력改曆이 필요해 지는 까닭과 중국 역대 왕조의 개력의 예들, 그리고 그에 따른 역법의 발전에 관한 지식을 지니고 있었으며 조선 역법의 변천에 대해서 논의하기도 했다.35) 그는 자신의 제자인 이청李晴(1792~1861)이 주관한 『사대고례事大考

---

29) "天下萬民各於胚胎之初 賦此靈明":『中庸講義補』: 전서 II.4.2b.

30) "比之草木, 父其種子也, 母其土壤也":「上仲氏」: 전서 I.20.19a. 그러나 그는 외손자가 외할아버지로부터도 氣를 물려받는다고 이야기하기도 했다.「上仲氏」: 전서 I.20.22b.

31) "凡天下不傳種之物, 無生生不窮之理. 江河之水, 果從何而生乎.":『中庸講義補』: 전서 II.4.52a.

32) 구만옥,「다산 정약용의 천문역법론」, 특히 80~90쪽.

33) "宗動天無有者也. 日月五星之天, 竝其本行, 自東而西者也.":『詩經講義』권2: 전서 II.18.43b ; 구만옥,「다산 정약용의 천문역법론」, 80~81쪽.

34) "日月交食, 本有躔度, 預知時刻, 本非災變.":『牧民心書』권7,「禮典六條 祭祀」: 전서 V.22.26b ; "二日食晦日食, 皆由曆法疏舛也.":『春秋考徵』四,「雜禮. 災異」: 전서 II.36.34b ; 구만옥,「다산 정약용의 천문역법론」, 84~85쪽.

例』의 편찬을 자문했고 우리나라 역법의 변천에 관한 논의가 포함된 이 책의 범례, 제서題紋, 안설案說 등은 직접 자신이 작성했다고 토로하기도 했다.36)

정약용은 음악과 율려律呂에도 관심을 가지고 공부하고 저술했다. 정약전에게 보낸 편지들에서, 그는 "요즘 악학樂學에 뜻을 두어 12율이 원래 척도이지 '관의 소리(管聲)'가 아님을 점차로 알게 되었다"고 이야기하기도 하고,37) 자신이 악서樂書 12권을 쓴 데 대해 이야기하면서는 "이는 제가 능히 마음으로 터득할 수 있는 바가 아니지만 수년 이래 밤낮으로 사색하고 산算가지를 잡아 늘어놓고 심혈을 기울이니 하루 아침 문득 마음에 빛이 생겨나서 '삼기三紀,' '육평六平', '차삼差三', '구오具五'의 법들이 밝게 눈 앞에 열지었습니다"라고 말하기도 했다.38)

정약용은 지리와 지도에 관해서도 얼마간의 지식을 지니고 있었다. 그는 세계지도, 조선전도, 군현도郡縣圖 등 다양한 지도를 보았을 뿐 아니라 지도제작에도 관심을 보였고 『대동수경大東水經』같은 지리 저술을 남기기도 했다.39) 예를 들어 그는 정상기鄭尙驥(1678~1752)의 『동국지도東國地圖』를 구해서 보고 그 지도에 경위도선이 없음을 아쉬워했으며 그 속에 그려진 내용을 실제와 맞춰보기도 했다.40) 그는 정약전에게 보낸 편지에서는 지도제작의 구체적 방법에 대해 논의했으며, 각 고을의 지도나 지적도地籍圖

---

35) 구만옥, 「다산 정약용의 천문역법론」, 93~95쪽.

36) "斯役也, 李晴實主編摩. 其弟次刪補, 咸決於余. 凡例題紋及比表案說, 余所爲也.": 「事大考例題紋」: 전서 I.15.1b ; 구만옥, 「다산 정약용의 천문역법론」, 94쪽.

37) "日留意樂學 漸知十二律本是尺度不是管聲": 「上仲氏」: 전서 I.20.23a.

38) "律呂之學 … 此非鏞所能心得. 數年以來蚤夜思索握算列籌積費, 一朝忽覺靈台有光. 三紀六平差三具五之法, 晃晃然列於眼前": 「答仲氏」: 전서 I.20.28b.

39) 오상학, 「다산 정약용의 지리사상」, 120~126쪽.

40) "余於京畿三南海西. 游歷殆遍. 所至携此圖按驗之. 皆不爽. 以故知其爲善本也. 若加經緯線尤善.": 「跋朝鮮地圖帖」: 전서 I.14.21b ; 오상학, 「다산 정약용의 지리사상」, 121쪽.

제작법에 대해 자세히 설명하는 글들도 남겼다.[41] 그 외에도 그는 고도 및 위도에 따라 밤낮의 길이가 차이가 나는 것에 대해 이야기하기도 하고,[42] 하천의 유수와 퇴적 작용에 대한 관찰을 바탕으로 홍수에 대한 대비책을 제시하기도 했다.[43]

정약용은 전통 시대에 지리에 속하는 현상으로 간주되었던 조석潮汐에 대해서도 자세히 논의했다.[44] 그는 조석 현상이 달의 움직임 때문에 생기는 것으로 설명했는데, 달은 수水의 '원정元精'이어서 그것이 바다의 물에 비치면 바닷물이 그것에 감응하여 솟아올라 생긴다는 것이었다.[45] 그는 「해조대海潮對」라는 글에서 조석 현상이 '천지의 호흡天地之呼吸'이라는 견해를 거부하면서 시작한 후 조류潮流의 세勢가 적도로부터 가까운 곳에서 크고 멀어지면 약해진다고 이야기했으며, 그 외에 조류가 그믐과 보름에 성하고 상현上弦과 하현下弦에 약한 것, 그믐과 보름의 조류가 일 년 중 변화해서 어느 때는 지극히 성하고 어느 때는 조금 약한 것, 그리고 조선의 동해에는 조석 현상이 없는 것 등 조류의 세와 관련한 세 가지 현상에 대한 설명을 제시했다.[46] 『여유당전서』에는 그가 김정희金正喜(1786~1856)에게 보낸 편지가 한 편 실려 있는데, 이 짧은 편지의 내용이 조석에 대해 논의하는 것이었다.[47]

---

41) 「上仲氏」: 전서 I.20.22a ; 오상학, 「다산 정약용의 지리사상」, 125~126쪽.

42) "耽津北距漢陽八百餘里, 北極出地差三度有餘. 以故冬日比漢陽稍長. 榱長數尺, 臕日在腰. 夏日比漢陽稍短.": 「耽津對」: 전서 I.22.19b ; 오상학, 「다산 정약용의 지리사상」, 114~115쪽.

43) 「西巖講學記」: 전서 I.21.32b~33a ; 오상학, 「다산 정약용의 지리사상」, 113쪽.

44) 「海潮論 1~5」: 전서 I.11.24b~27a ;「海潮對」: 전서 I.22.20b~21b. 조석 현상에 대한 정약용의 견해는 구만옥, 「朝鮮後期 潮汐說과 東海無潮汐論」,『동방학지』별책111집(2001), 1~83쪽 중 44~47, 70~71쪽 참조.

45) "月者水之元精也. 其元精之所照映水, 則感之渤然上興.": 「海潮論一」: 전서 I.11.25a.

46) 「海潮對」: 전서 I.22.21a~21b.

47) 「答金元春正喜」: 전서 I.19.25a~25b.

2. 실용성과 경전 해석

앞 절의 내용은 정약용이 과학기술과 자연세계에 상당 수준의 관심과
지식을 지니고 있었음을 보여준다.[48] 사실 정약용 자신이 자연세계와
과학기술에 관심을 보이거나 그에 대한 지식의 필요성을 이야기하기도
했다. 예를 들어 나중 아들에게 보낸 글에서 그가 "내 나이 스물 때는
우주간의 일을 모두 취해 한꺼번에 펴고 한꺼번에 정돈하고자 했다. 30,
40에 이르러서도 이 뜻은 쇠하지 않았다"라고 회고하는 것을 보면 그는
젊은 시절 우주 전체에 대한 이해에 도달해 보려는 생각이 있었던 것으로
보인다.[49] 역시 아들들에게 보낸 편지에서 그는 자신이 만약 유배가 풀려
고향으로 돌아가게 되면 아들과 조카들을 가르치되 "효제孝悌에 근본을
두고 경사經史, 예악禮樂, 병兵, 농農, 의약醫藥의 리를 꿰뚫어 이해하"도록
하고 싶다는 희망을 이야기하기도 했다.[50] 그는 조선에서 역법, 지리와
같은 주제들이 소홀히 되는 상황을 비판하기도 했다. 예컨대 그는 고대
중국의 성인들은 역법에 능한 데 비해 "우리나라의 귀족들은 비천한 일이라
여겨 [중인] 관료의 족속만이 이 기예를 익히는데, 이 또한 나쁜 습속"이라고
지적했으며,[51] 지리의 경우에도 중국에서는 공부가 지속되었는데 조선에
서는 그렇지 못했음을 비판했다.[52] 그는 또한 자연의 물체와 현상 및

---

48) 이외에도 『與猶堂全書補遺』 권4(景仁文化社, 1975)에는 "句股源流"라는 제목을
   지닌 방대한 분량의 원고가 수록되어 있으나 이것이 실제로 정약용 자신의 저술인
   지는 확인되지 않았다. 김언종, 「『여유당전서보유(與猶堂全書補遺)』의 저작별
   진위문제에 대하여(下)」, 『茶山學』 11호(2007), 321~353쪽 중 323~328쪽.

49) "余年二十時, 欲盡取宇宙間事, 一齊打發, 一齊整頓. 至三十四十, 此意不衰.": 「贐學游
   家誡」: 전서 I.18.13b.

50) "吾若得荷天恩, 生還故土, 則唯五六人是敎是訓. 皆使之本之孝弟, 而又能貫穿經史禮
   樂兵農醫藥之理.": 「寄兩兒」: 전서 I.21.12a~12b.

51) "治曆明時, 聖之所務也. 古者顓嚳堯舜皆明此術. 我邦貴族視爲鄙事. 唯官師諸族乃習
   此藝. 亦弊俗也.": 『經世遺表』 권1: 전서 V.1.6a~6b.

기술의 '리'를 가리켜 '물리物理'라는 표현을 자주 사용하면서 이를 격물의 대상으로 포함시켜 이야기했다.[53] 예를 들어 그는 "'물리'를 궁구하고 헤아리는 것은 곧 일월성신日月星辰의 운행과 천지수화天地水火의 변화, 멀리 만리萬里의 바깥, 아득히 천고千古의 앞에 이 마음을 놓아 보내 거기에 두루 이르게 할 수 있는 것"이라고 말했으며,[54] 『경세유표經世遺表』에서 과거시험의 한 과목으로 '물리론物理論'을 제시하면서 "천문, 역법, 농식農殖, 기용器用 등 무릇 리를 밝히는 학문은 모두 논할 수 있다"고 이야기했다.[55]

이 같은 그의 언급들이나 앞 절에서 살펴본 그의 '과학기술' 지식을 근거로 해서 여러 현대의 학자들이 과학기술에 대한 정약용의 태도나 과학기술 분야에서의 그의 성취에 대해 높이 평가해 왔다. 과학기술과 관련해서 정약용을 가장 적극적으로 높게 평가한 김영호는 정약용의 사상적 과제가 "과학기술이 뿌리를 내리고 그 발전의 길을 터주는 새로운 사상적 토양을 마련하는 데 있었다"고 보고, 그가 "과학기술에 대한 인식론적 기반을 확립"하였고 "자연의 이치를 … 사변적 논리나 선험적 규범으로부터 해방시킴으로써 자연의 이치가 객관적이고 합리적인 과학연구의 대상"으로 만들었으며, 과학과 기술을 "사士의 학문적 연구의 기본대상의 하나"로 여겼다고 이야기했다.[56] 금장태도 정약용이 "농업, 기기機器, 의학을 비롯한 과학기술의 영역에 새로운 지식을 계발했으며, 전선戰船, 축성築城 등 군사학 분야를 한 차원 끌어올렸"다고 평가했다.[57] 과학기술에 대한 정약용의

---

52) 「地理策」: 전서 I.8.15a~15b.

53) 구만옥, 「다산 정약용의 천문역법론」, 『다산학』 10호(2007), 55~103쪽 중 63~64쪽.

54) "窮推物理, 卽日月星辰之運, 天地水火之變, 遠而萬里之外, 邃而千古之上, 可以放遣此心, 任其窮至.": 『心經密驗』: 전서 II.2.37b.

55) "天文曆法農殖器用, 凡明理之學皆可論": 『經世遺表』 권15, 「春官修制. 選科擧之規二」: 전서 V.15.17a.

56) 金泳鎬, 「丁茶山의 科學技術思想」, 277, 279, 282, 284쪽 등.

57) 금장태, 『다산 정약용』, 97~98쪽.

지식과 태도를 두고 제시되어 온 이 같은 평가들은 흔히 개혁적 '실학자'로서 유가 전통을 극복하고 새로운 학문적 틀을 제시한 것으로 간주되는 정약용의 이미지와도 부합되어 제법 널리 퍼져 있다. 그러나 과연 이것이 정약용의 참 모습과 부합되는 것인가? 이 절에서는 이 같은 질문을 염두에 두면서 정약용의 학문과 사상 속에서 과학기술이 지녔던 위치와 의미에 대해서 다시 살펴볼 것이다.

과학기술과 자연세계에 대한 정약용의 관심과 지식에서는 주로 다음 두 가지 측면이 두드러진다.

1) 실용적 지식

첫째, 정약용이 과학기술의 여러 주제들에 대해 관심과 지식을 지녔던 것은 대부분 실용적인 이유에서였다. 예를 들어 그가 비교적 많은 관심을 보였던 의약 분야는 그 성격 자체가 실용적인 분야였다. "의약의 기예는 … 요사天死를 구제하고 질병을 치료하여 백성을 오래 살게 하고 삶을 보호하니 이는 바로 우리의 긴요한 임무이자 국가의 큰 정사"라는 「인재책人材策」에서의 그의 이야기가 이를 단적으로 보여준다.58) 실제로 종두법의 도입, 『마과회통』과 같은 마진痲疹 의서 및 간편 의서의 편찬, 콜레라 등 역병에 대한 처방, 의료기구 및 의료정책 개혁 등 의약 분야에서의 그의 관심과 활동이 모두 실용적인 것들이었다. 또한 그가 구하기 힘들고 비싼 여러 가지 약재들로 이루어진 처방보다 쉽게 구할 수 있는 단품 약을 중시한 것이나, 의학이 본초를 기반으로 해야 한다고 생각한 것도 의약에 관한 그의 실용적 관심을 보여준다.59) 예컨대 벽지僻地인 장기長鬐 지역에

---

58) "醫藥之技, 固嘗列之於周官. 濟夭療疾, 壽民保生, 是固吾人之切務, 國家之大政.":
「人材策」: 전서 I.8.41b.

59) 신동원, 「유의의 길」, 208~209쪽 ; 신동원, 「다산 정약용의 의약 생활과 건강관리」.

맞는 간편 의서로 만든 『촌병혹치』의 경우 그는 의서들 중에서 "간편한 여러 처방들을 골라 기록하고 겸하여 『본초本草』의 주된 치료 약재들을 추려 각 병의 항목 끝에 붙이되, 보조약재(佐使)로 4~5가지를 열거한 것들은 기록하지 않았으며, 먼 곳의 것들이나 희귀한 약재들로 시골에서 그 이름을 모르는 것들은 기록하지 않았다."[60] 또한 『마과회통』의 내용과 관련해서 그는 병의 진행속도가 매우 빠른 마진에 빠르게 대비할 수 있게 하기 위해 "잘게 나누고 유별로 모아 눈썹처럼 [가지런히] 나열하고 손바닥처럼 보[기 쉽]게 하여 병자의 가족이 책을 열면 [바로] 처방을 얻고 번거롭게 찾지 않도록 했다"고 이야기했다.[61]

역법을 두고서도 정약용은 다양한 차원에서 실용적인 측면을 중요시했다. 우선 유교 국가에서 정확한 역법이나 일월식 등 천문현상의 관측과 계산이 지니는 정치적, 의례적 중요성을 생각하면, 그가 천문역법의 중요성을 인식하지 않을 수 없었을 것은 당연하다. 이는 "역曆을 다스리고 시간을 밝히는 것은 신성神聖[즉 제왕]의 임무"라는 『경세유표』 관상감觀象監 조에서의 그의 말에서 잘 드러나는데[62] 이것이 정약용에게 있어 역법이 지니는 '실용성'의 가장 근본적인 차원이었다고 할 수 있다. 그러나 그 외에도 역법에 관한 그의 견해는 더 직접적으로 '실용적'인 특성을 보였다. 예컨대, 그는 역서曆書에 흔히 수록되는 제사, 혼인, 출행出行, 침자針刺 등에 대한 길흉吉凶의 기록은 삭제하고 그 대신 실제 생활에 도움이 되는 것들을 실어야 한다고 주장했다.

---

60) " … 選其中簡易諸方錄之, 兼採本草主治之品而附之各病之末. 佐使列四五者不錄也. 遠物稀品樵蘇之不知名者不錄也.": 「村病或治序」: 전서 I.13.10b.
61) "痳爲病, 酷迅暴烈, 爭時急以判性命, 非如他病可歲月謀也. 於是, 支分類萃, 眉列掌示, 使病家, 開卷得方, 不煩搜索.": 『痳科會通』序: 전서 VII.1.1a~1b.
62) "治曆明時, 神聖之所務也": 『經世遺表』 권1: 전서 V.1.6a.

『하소정夏小正』과 『월령月令』을 취해 왕정王政의 훌륭한 것을 골라 절기에 따라 엮어 넣고, 또 고금의 농서와 본초를 취해서 구곡九穀, 백과百果 및 여러 약[용식물]을 씨뿌리기 적당하고 모종내기 적당하고 채집하기에 적당한 때에 대한 설說들을 그 절기를 살펴보고 그 남북[의 위치]를 구별해서 해당 날짜 아래에 자세하게 적는다.[63]

1일을 100각刻으로 나누던 전통적 방법에 비해서 96각으로 하는 시헌력의 방법을 그가 선호한 것도 그렇게 하면 1일이 12시時, 1시가 8각으로 나누어떨어져 계산에 편리하다는 생각에 바탕하고 있었다.[64] 정약용은 천체 관측도 그것을 통해 바람, 비, 가뭄, 장마 등을 예측하고 천재天災에 대비하기 위한 것이라고 주장했다.[65] 그리고 시헌력이 바탕으로 삼았던 우주론의 주된 요소 중 하나인 종동천을 받아들이지 않으면서도 역법 계산의 정확도를 위해 시헌력을 받아들이는 그의 태도에서도 실용적 성격을 볼 수 있다.

음악과 율려에 대한 정약용의 관심을 두고서는 또다른 종류의 실용적 특성을 찾아볼 수 있다. 그가 음악을 중요시한 것은 무엇보다도 유가 전통에서 음악이 예禮와 밀접히 연결되어 있었기 때문이었다. 그는 사람을 교화敎化함에 있어서 음악이 효과가 있음을 이야기하고 "사람을 가르치는 데 있어

---

63) "取夏小正月令, 選其王政之善者, 按節編入. 又取古今農書本草, 凡九穀百果諸藥宜種宜蒔宜採之說, 考其節氣別其南北詳注本日之下": 『經世遺表』 권1: 전서 V.1.6b. 물론 이는 정약용에게서만 볼 수 있는 주장이 아니었고 이가환(1742~1801)도 같은 주장을 편 바 있으며 매문정(1633~1721)에게서도 같은 주장이 발견된다. 구만옥, 「조선 후기 천문역산학의 개혁 방안: 정조의 천문책에 대한 대책을 중심으로」, 『한국과학사학회지』 28(2006), 189~225쪽 중 207쪽 ; 張永堂, 『明末與淸初理學與科學關係再論』(臺北: 學生書局, 1994), 273~276쪽.

64) "舊法破分析釐, 蒙學難通. 今法一日十二時, 一時八刻, 一刻十五分, 一分之暫又析爲百秒. 則所謂四分日之一, 其有缺欠之數, 簡明易知也.": 『尙書古訓』 권1, 「堯典」: 전서 II.22.14b~15a.

65) 「農策」: 전서 I.9.16a ; 구만옥, 「다산 정약용의 천문역법론」, 『다산학』 10호(2007), 55~103쪽 중 97쪽.

정약용의 문제들

반드시 음악으로 함이 마땅하지 않겠는가?"라고 말하기도 했고,[66] "음악이 망한 즉 형벌이 무거워졌고, 음악이 망한 즉 전쟁이 잦아졌고, 음악이 망한 즉 원성怨聲이 일어났고, 음악이 망한 즉 사기詐欺가 성하게 되었다"고 이야기한 후 "사람에게 벌을 주어 한때의 기氣를 상쾌하게 하면 녹아서 리理가 순해지겠지만, 실(絲), 대(竹), 금속, 돌[의 악기] 소리를 듣고 마음이 얼마간 평안하고 풀리게 되는 것만 같지 못하다"고 말하기도 했다.[67]

정약용이 지리의 지식에 관심을 가진 것도 실제적 효용 때문이었다. 예를 들어 그는 지리학이 "유학자가 반드시 힘써 [공부해]야 하는 것이고 왕자王者가 반드시 갖추어야 하는 것"이라거나,[68] 옛 사람들도 지리학에 열심이었는데 "나라의 수장으로 사물의 리를 탐구하는 분이 이를 이어받는 데 힘쓰지 않을 수 있겠습니까"라고 말하는 등,[69] 정조正祖에게 지리를 공부하고 지리서들을 편찬하라고 권했는데, 이는 나라를 다스리는 데 있어 지리의 지식이 지니는 실제적 효용 때문이었다. 지리의 지식에 대해 논하면서 그가 중국의 것만이 아니라 조선의 실상이나 조선의 전통을 살필 것을 강조한 것도, 물론 1장에서 본 것처럼 조선의 것을 중요시하는 그의 자주적 태도를 보여주는 것이기도 하지만, 멀고 신기한 것에 대한 관심보다는 가깝고 현실적, 구체적인 것에 대한 관심이 중요함을 지적하는 것이었다.[70]

---

66) "教人之必以樂, 不其宜乎": 「樂論一」: 전서 I.11.8b.
67) "樂亡而刑罰重, 樂亡而兵革頻, 樂亡而怨懟興, 樂亡而欺詐盛. … 刑罰人以快一時之氣, 雖其融然理順, 不如聽絲竹金石之聲而其心粗得以平且釋矣.": 「樂論二」: 전서 I.11.9a.
68) "地理之學儒者之所必務, 王者之所必需": 「地理策」: 전서 I.8.15a.
69) "古人之於地理之學, 其致力如此矣. 長國家而格物理者, 可不紹述之爲務乎": 「地理策」: 전서 I.8.2a.
70) 「地理策」: 전서 I.8.1b. 임종태는 이런 식으로 먼곳과 가까운 곳을 '虛學'과 '實學'의 대립구도를 통해 본 정약용과 같은 유가 지식인에게 세계지리에 대한 관심이 작았음을 지적했다. 『17, 18세기 중국과 조선의 서구 지리학 이해—지구와 다섯 대륙의 우화』(창비, 2012), 266쪽.

그는 또한 북방의 지도와 지지地誌 등을 읽고 수정하여 국방 정책에 활용하자고 주장하기도 했고,[71] 위에서 본 것처럼 하천의 유수와 퇴적작용에 대한 관찰을 바탕으로 홍수에 대한 대비책을 제시하기도 했다. 지리서의 내용을 두고서도 그는 산의 맥락이나 물의 기원, 그리고 전쟁과 정벌의 공수攻守 전적지 등은 널리 기록하되 효자, 열녀 등의 인물에 관한 기록이나 제영시題詠詩 등은 극히 가려서 할 것을 주장했다.[72] 위에서 본 조석潮汐 현상에 대한 그의 논의들도 어로漁撈, 염전鹽田, 선박운송, 축언築堰 등 주로 민생과 관련된 실용적 문제에 대한 관심에서 비롯된 것이었다.[73]

　기술과 관련한 그의 논의와 주장들 역시 대부분 그 실용적 측면을 주로 한 것이었다. 우선 앞에서 본 그의 기술 진흥 방안들이 실용성을 추구한 것들이었다. 예컨대 각종 기술 진흥을 주장한 「기예론技藝論」에서 그는 농업과 직조織造의 기술이 정교해지면 "그 편리함에 도움이 되고 수고로움을 덜어주는 바가 있고", 군사兵의 기술이 정교해지면 "그 용맹함을 더하게 하고 위험으로부터 보호할 수 있는 바가 있고," 의료의 기술이 정교해지면 "옛사람의 어리석음을 발견하고 옛사람의 잘못을 고칠 수 있는 바가 있을 것"이라는 등 여러 가지 기술이 정교해지면 생겨나는 효과들을 열거하면서 다음과 같이 결론지었다.

　　백공百工의 기술이 정교해지면 무릇 궁실의 기용器用의 제조로부터 성곽, 배, 수레의 제도에 이르기까지 모두 튼튼하고 편리하게 해 주는 바가 있을 것이다. 그 방법들을 모두 얻어서 힘써 행하면 나라는 가히 부유해지고

---

71) 「送富寧都護李鍾英赴任序」: 전서 I.12.46b ; 「上仲氏」: 전서 I.20.21b~22a ; 오상학, 「다산 정약용의 지리사상」, 『茶山學』 10(2007), 105~131쪽 중 116쪽.

72) 「地理策」: 전서 I.8.15b.

73) 「海潮論五」: 전서 I.11.27a. 조석 현상에 대한 실용적 측면의 관심에 대해서는 구만옥, 「朝鮮後期 潮汐說과 東海無潮汐論」, 『동방학지』 별책111집(2001), 1~83쪽 중 5~13쪽을 볼 것.

군사는 가히 강해지고 백성은 가히 넉넉해지고 오래 살 수 있게 될 것이다.[74]

그 외에도, 여러 가지 기술에 관한 정약용의 관심과 지식이 실용적 필요에 기인한 것이었다. 예컨대 위에서 본 축성 기술이나 농법 등에 관한 그의 논의는 대부분 뚜렷하고 당면한 실용적 필요에서 나온 것들이었다. "백공百工의 재주가 모두 수리數理에 근본을 두고 있다"는 그의 이야기에서 볼 수 있듯이 정약용에게는 수학도 그것이 기술의 근본이었기에 중요했다.[75]

2) 경전 해석

정약용이 자연현상이나 과학기술에 대해 관심을 지닌 것으로 보이는 많은 경우 그의 실제 관심은 경전 구절에 대한 것이었다. 예를 들어 앞절에서 보았듯이 천문역법에 관한 그의 언급이 대부분 『서경書經』과 『시경詩經』같은 경전들의 주석 과정에서 나왔다. 사실 그의 천문역법 지식의 많은 부분은, 1절에서 본 것처럼 유가의 경전 주석 전통에서 자주 다루어지던 "기삼백朞三百", "선기옥형璿璣玉衡" 같은 구절들에 대해 논의하는 내용들로 이루어져 있었다.[76] 그는 이 같은 내용들을 서건학徐乾學(1631~1694)의 『독례통고讀禮通考』나 진혜전秦蕙田(1702~1764)의 『오례통고五禮通考』같은 청 학자들의 주석서를 통해 공부한 것으로 보이는데, 때로 이들 구절들에 대해 주희를 비롯한 그간의 학자들의 해석과 다른 견해를 제시하기도

---

74) "農之技精, 則 … 皆有以助其利而省其勞者矣. 織之技精, 則 … 皆有以助其利而省其勞者矣. 兵之技精, 則 … 皆有以益其猛而護其危者矣. 醫之技精, 則 … 皆有以發前人之蒙而駁前人之謬者矣. 百工之技精, 則凡所以製造宮室器用, 以至城郭舟船車輿之制, 而皆有以堅固便利矣. 苟盡得其法而力行之, 則國可富也, 兵可强也, 民可裕而壽也.": 「技藝論二」: 전서 I.11.11a~11b.

75) "百工之巧 皆本於數理": 『經世遺表』 권2: 전서 V.2.28b.

76) 구만옥, 「다산 정약용의 천문역법론」, 특히 80~91쪽.

했다.[77] 정약용이 음악(樂)과 율려에 대해서 보인 많은 관심도 주로 그의 경학 연구의 일환이었다. 실제로 그는 고대에 6경의 하나로 존재했다고 전해지는 『악경樂經』을 부활시키려 했고 진秦나라 이래 상실된 악률樂律을 회복하기 위해 『악서고존樂書孤存』이라는 책을 쓰기도 했다. 그 외의 자연 물체나 현상들에 대한 그의 관심과 지식도 경전 구절들에 대한 논의 과정에서 나온 경우가 많았다. 예컨대 정조와의 대화에서 그는 '포로蒲盧'라는 벌레에 대해 자세히 논의했지만 이 같은 논의는 특정 벌레 자체에 대한 관심에서였다기보다는 이 이름이 나오는 『중용』 구절(20장)에 대해 주해하는 과정에서 이루어졌다.[78] 「지리책地理策」에서 그는 동물의 번식과 소멸, 식물의 번성과 쇠락이 모두 지리에 따름을 지적한 후 『주례』 「직방씨職方氏」의 기록이 특히 자세하고 『관자管子』 「지원地員」편의 논의도 분명하다고 이야기하고 있다.[79]

실용적인 목적에서 그가 제시한 많은 기술 개혁 방안들도 경전 구절들에 대한 주해 과정에서 나왔다. 좋은 예가 기술자, 장인匠人들을 우대하여 기술을 발전시킬 것을 이야기하는 그의 이른바 '내백공來百工'의 주장인데, 이는 "백공이 오면 재용이 풍부해진다(來百工則財用足)"는 『중용』의 구절(14장)을 주해하면서 나왔다. 그는 기술자, 장인에 대한 대우가 좋지 않을 뿐만 아니라 그들을 박해하기까지 하는 조선의 실정이 『중용』의 뜻을 명확히 이해하지 못한 데서 연유했다고까지 이야기했다.[80] 그는 또한 의사들에게 그들이 수행한 일에 따라 보수를 지급하는 것을 논의하면서

---

77) 그러나 그의 관심의 초점은 천문역법 지식의 내용보다는 "璇璣玉衡", "七政"과 같은 용어들의 의미에 관해서인 경우가 많았다. 예를 들어 구만옥, 「다산 정약용의 천문역법론」, 89~91쪽을 볼 것.

78) 『中庸講義補』: 전서 II.4.34b~35b.

79) "動物之孳孼以殊也. 植物之榮瘁以別也. 周禮職方之掌, 記之唯詳. 管子地員之篇, 辨之亦明.": 「地理策」: 전서 I.8.2a.

80) 『中庸講義補』: 전서 II.4.40a~40b.

"한 일에 따라 녹錄을 제정하면 백성이 공功을 흥하게 한다(以庸制錄則民興功)"는『주례』「대사도大司徒」의 구절을 인용했다.[81] 농업 기술과 제도들에 대한 그의 논의도 많은 부분『시경』,『서경』,『춘추春秋』,『주례』,『주역』 등의 유가 경전을 비롯해서,『한서漢書』「식화지食貨志」,「예문지藝文志」같은 사서들, 그리고『관자管子』,『음부경陰符經』,『염철론鹽鐵論』,『포박자抱朴子』 같은 문헌들에 나오는 구절들에 의존하고 있었다.[82]

3. 과학기술에 대한 관심과 지식의 한계

앞 절에서 정약용이 과학기술의 여러 주제들에 대해 어느 정도의 관심과 지식을 지니고 있었음을 보았지만, 그 같은 그의 관심과 지식에는 뚜렷한 한계가 있었다. 그 같은 관심과 지식을 지녔다고 해서 그가 자연세계와 과학기술에 관한 주제들에 대해 전반적으로 깊은 관심을 가지고 중요시했거나 적극적으로 공부한 것은 아니었던 것이다.

이는 정약용이 비교적 많은 관심을 지니고 높은 수준에 이르렀다고 평가되기도 하는 의약 분야에 대한 그의 태도에서도 드러난다. 물론 그가, 위에서 본 것처럼, 유배가 풀려 고향으로 돌아가게 되면 아들과 조카들을 가르치고 싶은 희망을 이야기하면서 의약을 "경사經史, 예악禮樂, 병兵, 농農"과 함께 이야기하거나[83] 인체의 은밀한 리를 살피고 의약의 묘용妙用을 분간하는 것은 "비록 밝게 통달하고 박식하고 정밀하게 생각하고 살피는 학자라도 오히려 완전히 궁구해 낼 수 없을 것"이라고 말하는 등[84] 의약의 지식을

---

81)『中庸講義補』: 전서 II.4.41b.

82)「農策」: 전서 I.9.10a~16b.

83) 앞의 주 50)을 볼 것.

84) "察臟腑脈絡之隱理, 分溫涼補瀉之妙用, 雖明達博識精思密察之士, 猶不能以畢窮.":「人材策」: 전서 I.8.41b.

중요하게 여기는 것으로 보이는 언급을 한 것은 사실이지만, 그렇다고 해서 그가 그것이 지니는 실용적 가치에 더해 의약 분야의 지적 중요성을 인정한 것으로 보이지는 않는다. 사실 그가 의서들을 읽고 『촌병혹치』를 쓴 것도 의약에 대한 적극적인 관심에서 나온 것이라기보다는 그 자신이 서序에서 말하고 있듯이 "아들이 의서 수십 권과 약초 한 상자를 보내 왔는데 유배지에 전혀 책이 없어서 어쩔 수 없이 그 책들을 보게 되었"기 때문이었다.85) 그리고 마진痲疹 전문서인 『마과회통』 서序의 마지막 부분에서 자신이 "원래 의醫의 뜻에 어두워서 취할 것과 버릴 것을 가려낼 수 없었다"고 이야기한 것도,86) 물론 겸양의 수사이기는 하지만, 유학자로서 의약과 같은 분야에 대해서는 어두울 수도 있다는 인식을 보여준다.

정약용이 의약 분야 전문가들의 지위를 높게 생각한 것도 아니었다. 특히 직업으로 의술에 종사하는 의관이나 의원들에 대해서, 그는 그들이 무지하고 무책임하면서도 거만하고 영리만을 추구한다고 하여 노골적으로 경멸의 태도를 보였다.87) 예컨대 인체의 리와 의약의 묘용의 어려움에 대한 위의 인용의 바로 앞뒤에서 그는 "부끄러움을 모르는 천한 무리가 처방을 날조하고 병의 근원을 모른 채 약의 성분도 분별하지 못하면서 함부로 치료를 행하다가 열 명중 칠팔 명을 죽이고 … '어魚'자와 '노魯'자도 구별 못하고 … 글은 편지도 읽을 수 없다"고 하면서 당시 의자醫者들의 한심한 수준을 지적했다.88) 따라서 그는 아들이 의원이 되겠다는 이야기를

---

85) "家兒寄醫書數十卷及藥草一籠. 謫中絶無書籍. 不免以是書寓目":「村病或治序」: 전서 I.13.10b.

86) "余素暗醫旨. 不能揀擇去取. 未免溲勃具收.":『麻科會通』序: 전서 VII.1.1b.

87) 『馬科會通』 吾見篇 "俗醫": 전서 VII.4.1a~1b. 정약용의 이런 태도에 대해서는 김호,「18세기 후반 居京 士族의 위생과 의료」,『서울학연구』11(1998), 113~144쪽 중 113~114쪽 ; 신동원,「조선 후기 의원의 존재 양태」,『한국과학사학회지』 26(2004), 197~246쪽 중 236, 240~241쪽 등에 짧게 논의되어 있다.

88) "近世此法, 絶無師承. 無恥賤徒, 捏造方文, 不識病源, 不辨藥性, 妄行療治, 十殺七八. … 今之醫者, 率皆魚魯莫分, 椎鹵無識, 文不足以通書牘, 識不足以數一二. 遽以生殺

정약용의 문제들

듣고 "네가 갑자기 의원이 된다니 무슨 뜻이냐? 무슨 이로움이 있느냐?
네가 의술을 빙자해서 벼슬아치들과 사귀어 늙은이의 석방을 도모하려고
하느냐?"라고 하면서 강한 어조로 꾸짖고 이어서 선비로서 의술에 대해
취해야 할 태도를 다음과 같이 이야기했다.

> 무릇 사람들 중에 높은 관직과 깨끗한 자리에 있거나 덕이 높고 학문이
> 깊은 사람은 의술의 리理에 곁으로 통하면서도 그 자신은 크게 천한 지경에
> 이르게 하지 않는다. 또한 병자의 집안도 감히 바로 묻지 않고 세 차례
> 네 차례 단계를 거친 후에야 겨우 처방 하나를 얻어 마치 귀중한 보물을
> 얻은 것처럼 여기니, 그래야만 가하다.[89]

이런 점이 아마도 그가 의약 분야를 농사, 직조(織), 군사(兵), 기술(百工)
분야와 함께 '기技'라고 부른 이유일 것이다.[90]

사실, 학문과 공부에 대한 정약용의 기본적인 생각을 살펴보면 그가
이 같은 태도를 보이는 것은 당연한 일이었다. 우선 그는 공부의 근본이
효제孝弟라고 되풀이 이야기했는데 두 아들에게 보낸 한 편지에서 "먼저
'효제孝弟'에 힘써 근본을 세운 후에야 학문이 자연히 널리 미치고 넉넉하게
된다"고 썼으며[91] 위에서 두 차례 인용한 또다른 편지에서는 유배가 풀리면
아들들과 조카들을 가르치고 싶다는 희망을 이야기하면서 "효제孝悌에

人之大權付之此輩可乎.": 「人材策」: 전서 I.8.41b. 「醫說」에서 그가 당시의 의사들이
기본이 되는 본초의 지식은 없이 전해 내려오는 약방문만을 익혀 쓰는 것을
비판한 것도 같은 태도를 보여준다. 전서 I.10.11b.

89) "汝忽成醫人, 何意哉. 有何益哉. 汝欲藉此術交結時宰, 圖有乃翁耶. 不但不可, 抑且不
能. … 凡人有高官清銜盛德邃學者, 旁道醫理, 其身不至太賤. 然且病家不敢直問,
須設三梯四階, 僅得一方, 如獲重寶. 猶之可也.": 「示學淵家誡」: 전서 I.18.15a.

90) 「技藝論二」: 전서 I.11.11a~11b.

91) "志學必須先立根基. 根基謂何, 曰惟孝弟是已. 先須力行孝弟, 以立根基, 則學問自然浹
洽. 學問旣浹洽, 則讀書不須別講層節耳.": 「寄二兒」: 전서 I.21.4a.

근본을 두고 경사經史, 예악禮樂, 병兵, 농農, 의약醫藥의 리를 꿰뚫어 이해하"도록 하겠다고 썼다.92) 그가 『마과회통』 서序를 "내가 독서하고 도道를 배우는 것은 천하의 명命을 살리려는 것이다. 그렇지 못하면 『황제黃帝[내경]』을 읽고 의학의 깊은 뜻을 궁구할 것이다. 이 또한 사람을 살릴 수 있는 것이다."라는 범중엄范仲淹(989~1052)의 말을 인용하면서 시작하는 것으로부터도 그가 의학의 유용성을 인정하면서도 그것이 학문의 근본이 되는 '도 배우기(學道)'에 비해 부차적이라고 생각했음을 알 수 있다.93)

일단 학문을 하기 위한 근본이 세워진 후에는 가장 중요한 것은 경학經學이었다. 경학 체계의 확립이 그의 모든 저술의 핵심이었으며, 실제로 정약용의 경학 연구는 주희 이래 모든 유학자들 중 가장 광범위하고 의욕적인 목표를 지니고 추구되었다.94) 유배 기간중 그의 학문적 관심도 주로 경학에 주어져 있었음은 「자찬묘지명」에서 자신의 일대기를 기술한 후 바로 다음과 같은 이야기를 쓰고 있는 것으로부터 확인할 수 있다.

나는 일단 바닷가로 유배되자, 어려서 학문에 뜻을 두었지만 20년을 벼슬길에 빠져 선왕들의 큰 도를 다시 알지 못했는데 이제 한가함을 얻었다고 생각하고 마침내 흔연히 스스로 기뻐했다. 6경과 4서를 가져다 깊이 잠겨 탐구하고 살폈고 한漢, 위魏 이래 아래로 명, 청에 이르기까지 유가의 학설들 중 경전을 보완하는 것들을 널리 모으고 자세히 고찰하여 잘못됨을 확정하고 그 취사선택을 밝혀 [내 나름의] 일가견을 마련했다.95)

---

92) 앞의 주 50)을 볼 것.

93) "范文正曰. 吾讀書學道, 要以活天下之命. 不然, 讀黃帝書, 深究醫奧. 是亦可以活人.": 『麻科會通』 序: 전서 Ⅶ.1.1a.

94) 정약용의 경학의 넓은 범위에 대해서는 金文植, 『朝鮮後期經學思想研究』, 182~193쪽을 볼 것. 한형조는 "고전의 해석에 있어 정약용은 동아시아 경학사에서 누구도 견줄 수 없는 치밀성과 정확성을 보인다"고 평가했다. 한형조, 『주희에서 정약용으로』, 245쪽.

95) "鏞旣謫海上. 念幼年志學, 二十年沈淪世路, 不復知先王大道, 今得暇矣. 遂欣然自慶.

정약용의 문제들

'실학자'로서의 정약용의 면모를 보여주는 그의 경세학經世學도 그의 학문 체계 안에서 경학에 비해 부차적인 위치를 지녔다. 그가 「자찬묘지명」에서 "일표이서一表二書"─『경세유표』,『목민심서』,『흠흠신서欽欽新書』─에 대해 이야기하면서 '6경4서'가 '본本'이고 경세학이 '말末'이라고 한 것이 이를 분명히 보여준다.96) 둘째 아들에게 보낸 편지에서는 "경전의 책들이 근본이 고 그 다음은 백성을 이롭게 하는 경세의 학문이다"라고 하고 국경을 수비하는 무기의 유용함도 소홀히 할 수 없음을 언급한 후, 그 외의 "자질구레 한 나머지에 대한 논의들"은 종이와 먹을 낭비하는 것으로 과일이나 채소를 심는 것만도 같지 못하다고 이야기했다.97)

이 같은 경학 위주의 학문관學問觀을 지닌 정약용이 과학기술 분야들의 중요성에 대해 경세학과 같거나 오히려 더 낮게 생각했으리라는 것은 짐작할 수 있는 일이다. 그가 청의 학자 염약거閻若璩(1636~1704)를 비판하면 서 든 한 가지 근거는 염약거의 저술이 예악禮樂, 형정刑政, 지리, 역법 등의 분야를 경학의 내용과 섞어 놓아 "초학初學으로 근원과 말단을 모르는 자들이 리를 탐구하기 힘들다"는 것이었다.98) 학문의 여러 분야들에 대한

取六經四書, 沈潛究索. 凡漢魏以來, 下逮明淸, 其儒說之有補經典者, 廣蒐博考, 以定訛 謬, 著其取舍, 用備一家之言.": 「自撰墓地銘」: 전서 I.16.12b. 실제로 「자찬묘지명」에 서 이 이야기에 뒤이어 나오는 부분은 대부분 자신의 경학 저술들을 나열하고 여러 경전들에서 자신이 찾아낸 중요한 오류들을 열거하는 데 할애되고 있다.

96) "六經四書, 以之修己. 一表二書, 以之爲天下國家. 所以備本末也.": 「自撰墓地銘」: 전서 I.16.18a.

97) "經籍爲宗, 其次經世澤民之學. 若關防器用之制, 有可以禦外侮者亦不可少也. 若夫瑣 細零星之說 … 徒費紙墨. 不如手植珍果佳蔬以博生前之生理也.": 「示二子家誡」: 전 서 I.18.6b. 두 아들에게 보낸 또다른 편지에서는 經學-史-'實用之學'의 순서를 이야기하기도 했다. "必先以經學立著基址. 然後涉獵前史, 知其得失理亂之源. 又須 留心實用之學, 樂觀古人經濟文字. 此心常存澤萬民育萬物底意思, 然後方做得讀書 君子.": 「寄二兒壬戊十二月卄二日」: 전서 I.21.4b.

98) "閻書 … 其隨得隨錄, 全無義例, 眞贋相雜, 上下相錯. 禮樂刑政地理曆法, 又與之湞洞 相汩. 初學不知源委者, 恐難探理.": 「與海居」,『與猶堂全書補遺』권2(景仁文化社, 1974), 197쪽.

그의 태도는 해양동물에 관한 책을 쓰고 있던 정약전에게 보낸 편지에도 잘 나타나 있다.

> 학문의 주된 뜻에 대해 말하자면, 먼저 근본(大綱)을 정한 후에야 책을 쓰는 것이 쓸모가 있습니다. 대저 [우리의] 이 도道는 효제孝弟로 근본을 삼고(本之), 예악禮樂으로 정돈하고(文之), 감형鑑衡, 재부財賦, 군려軍旅, 형옥刑獄으로 어우르고(兼之), 농사, 원예(圃), 의약, 역상曆象, 산수算數, 공작工作의 기예技로 보완합니다(緯之). [그렇게 하면] 가히 덕을 완전하게 할 수 있을 것입니다.99)

그렇다면 정약용에게 농사, 원예, 역법, 산학, 기예와 같은 과학기술의 주제들은 도의 근본을 '보완하는(緯之)' 것으로, 근본과 '어우르는(兼之)' 경세학의 주제들보다도 더 낮은 지위에 있었을 수도 있으며, 위에서 인용한 편지 구절에서의 종이와 먹을 낭비하는 "자질구레한 나머지"100)라고 생각했었을 수도 있는 것으로 보인다.

따라서 과학기술의 실용적 지식에 대한 그의 관심이 더 나아가 과학기술의 전문적 지식에 대해 학자들이 본격적으로 공부하고 그에 대해 깊은 지식을 지니고 있어야 한다는 생각으로까지 이어지지는 않았다. 물론 그가 당시의 양반 관리들이 천문역법을 비천한 일로 여기고 관련 업무를 중인中人

---

99) "學問宗旨, 先定大綱然後著書爲有用耳. 大抵此道, 本之以孝弟. 文之以禮樂, 兼之以鑑衡財賦軍旅刑獄, 緯之以農圃醫藥曆象算數工作之技. 庶乎其全德.": 「上仲氏」: 전서 I.20.19b~20a. 거의 같은 내용이 두 아들에게 보낸 편지에도 나타나는데 과학기술의 주제들에 대해서는 언급하고 있지 않다. "학문의 종지는 효제로 근본을 삼고, 예악으로 정돈하고, 정치와 형벌로 돕고 병농으로 보좌한다(學問宗旨, 本之以孝弟, 文之以禮樂, 輔之以政刑, 翼之以兵農.)": 「答二兒」: 전서 I.21.2b. 그는 이 구절에 대한 註에서 '賦役' '貨財'를 '兵農'과 같은 부문에 속한다("賦役貨財皆此門此門.")고 이야기한다.

100) 앞의 주 97)을 볼 것.

계층의 전문직 관리들에게만 맡기는 상황을 비판한 것은 사실이다.101) 나아가 그는 문관文官 관료가 전문적 지식에 대해 알고 있어야 할 필요성을 주장하기도 했다. 예를 들어 그는 천문역법에 능한 문신文臣들을 우대하자고 주장했다.

> 문신 중 나이어린 자들에게 명하여 역법을 다루는 여러 책들을 공부하도 록 하고, 능히 칠정七政의 교식交食과 능범凌犯의 수를 계산할 수 있는 자를 관상감觀象監 도정都正이 되도록 하고 일단 그 자리를 준 후 모든 청요직淸要職 에 [진출하는 데] 장애를 두지 않으면, 십년이 지나지 않아 '진신대부縉紳大夫' [즉 고관대작]들 중에서도 역법을 다룰 수 있는 사람들이 반드시 있게 될 것이다.102)

또한 그는 이용감利用監의 제조提調 및 첨정僉正은 수리에 정통한 사람으로 할 것을 제안하기도 했다.103) 그러나 이런 제안들에서 정약용이 염두에 두었던 것은 정부의 중요한 업무였던 천문역법이나 기술 분야를 관장할 문신들이 하급 전문직 관리들에게만 모든 것을 맡기지 말고 스스로 그들

---

101) "治曆明時, 神聖之所務也. 古者顓顼堯舜皆明此術. 我邦貴族視爲鄙事, 唯官師諸族乃 習此藝. 亦弊俗也.":『經世遺表』권1: 전서 V.1.6a~6b. 正祖도「天文策」에서 당시의 학자들이 천문역법에 대해 무지한 상황을 개탄했다.『弘齋全書』권50, 26a ; 문중 양,「18세기 후반 조선 과학기술의 추이와 성격-정조대 정부 부문의 천문역산 활동을 중심으로」,『역사와 현실』39(2001), 199~231쪽 중 212~213쪽을 볼 것.
102) "文臣年少者, 令習治曆諸書. 能算七政[원문에는 '改'로 되어있음]交食凌犯之數者, 許爲觀象監都正. 一授此職, 凡淸要無礙, 則不出十年縉紳大夫必有能治曆者矣.":『經 世遺表』권1: 전서 V.1.6b.
103) 『經世遺表』권2: 전서 V.2.28b~29a. 양반 관리가 법을 공부하지 않아 행형의 일을 '간사한 서리'(奸胥)에게 맡기고 제대로 처리하지 못한 현실을 개탄한 것도 같은 생각이었다고 할 수 있다. "顧士大夫, 童習白紛, 唯在詩賦雜藝. 一朝司牧, 芒然不知所以措手. 寧任之奸胥, 而弗敢知焉. 彼崇貨賤義, 惡能咸中.":『欽欽新書』 「序」: 전서 V.30.1b ; 정긍식,「참작감률(參酌減律)을 통해 본 다산의 법인식」, 『茶山學』제4호(2003), 96~128쪽 중 107~108쪽.

분야의 전문지식을 어느 정도 갖추도록 하게 하려는 실용적 방안이었을 뿐, 이 같은 그의 주장이나 제안이 이들 분야들의 전문지식의 지적 지위에 대한 그의 높은 평가를 나타내 준다고 보기는 힘들다.104)

다른 한편 정약용은 기술직의 전문 관리들이 단지 실제 계산이나 구체적 기능에만 능할 것이 아니라 그것들의 기초가 되는 수리數理의 지식을 가지도록 해야 한다고 주장하기도 했다.

> 백공百工의 교묘한 솜씨는 모두 수리에 근본이 있다. 반드시 구고句股의 현弦과 예각銳角, 둔각鈍角이 서로 맞아들고 서로 어긋나는 근본 리理에 밝아야 하고, 그런 후에야 그 법法을 터득할 수 있다. 선생으로부터 전습傳習받아 오랜 세월을 쌓지 않으면 결코 하루아침에 [관리로] 취재取才할 수 없을 것이다.105)

그가 관상감의 역관들을 비롯한 전문직 관리들을 북경에 보내 새로운 역법 지식을 익혀 오도록 해야 한다고 주장했던 것106)이나 당시의 의사들이 기본이 되는 본초의 지식은 없이 전해 내려오는 약방문만을 익혀 쓰는 것을 비판한 것107)도 같은 맥락에서였다. 그러나 이러한 그의 생각 또한 전문종사자들의 기술이나 지식에 대한 존중이 아니라 중인 관리들의 기초 지식이나 소양이 없음에 대한 그의 불신을 더 많이 보여주고 있다. 실용성에 대한 그의 강조가 실용적 지식의 지적 지위나 그 종사자들에 대한 높은 평가로 이어지지는 않았던 것이다.

---

104) 예를 들어 김영호가 주장하듯이 정약용의 생각 속에서 기술이 "사(士)의 학문적 연구의 기본대상의 하나"였다고 할 수는 없는 것이다. 金泳鎬, 「丁茶山의 科學技術思想」, 284쪽.

105) "百工之巧, 皆本之於數理. 必明於句股弦銳鈍角相入相差之本理. 然後乃可以得其法. 苟非師傳曹習, 積有歲月. 終不可襲而取之也.": 『經世遺表』 권2: 전서 V.2.28b.

106) 『經世遺表』 권3: 전서 V.3.19a.

107) 「醫說」: 전서 I.10.11b.

정약용의 문제들

이런 상황에서 자연세계나 과학기술에 대한 정약용의 지식의 수준도 높지 않았다. 사실 앞 장에서 보았듯이 서양 과학지식에 대한 정약용의 관심과 이해 수준도 과학기술 일반에 대한 정약용의 관심과 지식의 수준을 드러내 주는 것이라 할 수 있다.

그의 천문역법 지식이 그의 과학 지식의 수준을 잘 보여준다. 예컨대 「종동천변宗動天辨」과 『시경강의詩經講義』에서의 '천좌선天左旋 일월우행日月右行'에 대한 그의 논의는 대체로 주희의 논의를 받아들이는 정도였으며 높은 수준이 아니었다.[108] 그럼에도 그는 천문역법의 지식이 오랜 기간 수많은 사람들의 논의에 의해 이미 충분히 밝혀져 있고 쉽게 알 수 있다고 생각한 것으로 보인다. 예컨대 그는 지리의 어려움과 비교하면서 천문역법의 경우에는 "[『서경』의] '선기璇璣'와 『주비산경周髀算經』이래 무려 수백여 학자들이 일월오성과 여러 별들의 운행 도수를 논한 바가 매우 상세하고 그 중 비록 서로 어긋나고 틀린 논의가 없지는 않지만 그 회전과 운동의 묘함과 일월식이 숨고 나타나는 순서에 대해서는 대체로 또한 문란할 수 없는 바가 있다"고 이야기했다.[109] 또한 그는 역법 계산의 구체적 세부 문제들에 대해서는 별로 관심을 보이지 않고 흔히 무시해 버렸다. 예를 들어 그는 2년 반에 한번 윤월閏月, 4년에 한번 윤일閏日을 배정하는 큰 원칙만 이야기하면서 치윤법置閏法의 세부적인 내용에 대해서는 '몽학지사蒙學之士'라도 정확한 '세실歲實' 값만 알면 전혀 혼동됨이 없을 것이니 굳이 어려운 문제에 노력을 기울일 필요가 없다고 하면서 간단히 넘겼다.[110]

---

108) 구만옥, 「다산 정약용의 천문역법론」, 80~82쪽.

109) "臣嘗觀天文曆法, 自璿璣周髀而下, 無慮數百餘家, 其論日月五緯諸星之躔次度數甚詳. 其間雖不無抵捂差錯之論, 若其樞幹運動之妙, 交食伏見之序, 槩亦有不可紊者.": 「地理策」: 전서 I.8.1a.

110) "蒙學之士, 但知歲實之爲幾日幾刻幾分幾秒, 則以之算積. 或於二朞有半計置閏月, 或於四朞之春計置閏日, 俱無煩惑. 不必從艱險處費力也.": 『尙書古訓』권1「堯典」: 전서 II.22.15b ; 구만옥, 「다산 정약용의 천문역법론」, 87~88쪽.

일월식에 대한 그의 논의도 구체적 설명이나 정확한 관측과 예측보다는 그것이 재이가 아니라는 점에 집중하고 있었다.[111] 『정관편#觀篇』이라는 천문역산서를 저술한 정약용의 제자 이청이 자신은 "천문역상의 학설에서 사수師授의 의義가 없었다"고 이야기하는 것으로부터도 천문역법에 대한 정약용의 지식 수준을 짐작할 수 있다.[112]

앞에서 본 것처럼 상당 수준에 달했던 정약용의 의약 지식과 의술도 의료 분야가 지닌 실제적 효용 때문이었다 할 수 있는데, 그나마 마진痲疹, 종두법 등에 대한 그의 지식 이외에 구체적인 내용은 제대로 규명되어 있지 않으며, 알려져 있는 그의 처방들도 『지봉유설芝峰類說』이나 『성호사설 星湖僿說』 등의 수준을 넘지 못하는 것으로 평가된다.[113] "요즘 악학樂學에 뜻을 두어 12율이 원래 척도이지 관성管聲이 아님을 점차로 알게 되었다"는 위에서 본 그의 이야기에서도 이것을 그때에야 비로소 알게 되었고 그때까지는 그의 이해가 낮은 수준이었음을 보여준다고 할 수 있다.[114] 화성 축조시 그가 기중기를 사용하여 효과를 보았다는 사실이 자주 언급되기도 하지만 이 또한 그가 실용성과 효율을 중시했음을 보여주는 것일 뿐 그에 기초가 되는 수학적 원리에 관심을 가졌다거나 통달했음을 보여준다고 할 수는 없다.[115] 또한, 그가 지녔던 구체적 과학기술 지식이 많은 경우

---

111) 구만옥, 「다산 정약용의 천문역법론」, 82~86쪽.
112) 『井觀篇』 1.1b ; 문중양, 「19세기의 호남 실학자 이청의 『井觀篇』저술과 서양 천문학 이해」, 『韓國文化』 37 별책(2006), 125~156쪽 중 134쪽(주 21)에서 재인용.
113) 신동원, 「유의의 길」, 218쪽.
114) 위의 주 37)을 볼 것.
115) 사실 기초가 되는 수학적 원리에 통하지 않고서도 그 원리에 따라 작동하는 실제 도구와 기계를 사용할 수 있는 경우는 얼마든지 있다. 정약용의 기중기 사용에 대해서는 朴星來, 「丁若鏞의 科學思想」, 尹絲淳 編, 『정약용』(고려대학교 출판부, 1990), 327~350쪽 중 347~348쪽 ; 송성수, 「정약용의 기술사상」, 266~267쪽을 볼 것. 화성 축조시 정약용의 역할에 대해서는 3장 주 145)를 참조할 것.

경험주의적이거나 '과학적'인 사고의 소산이기보다는 관련 문헌들의 섭렵을 통한 '문헌학적' 탐구의 결과인 경우가 많았다.[116]

4. 유학자들과 과학기술 지식

앞 절에서 본 것과 같은 정약용의 과학기술에 대한 관심과 지식의 수준은 그보다 앞선 시기의 여러 학자들의 수준에 이르지 못했다. 서명응이나 서호수 같이 정부에서 활동했던 학자들만이 아니라 이익, 홍대용, 황윤석 같은 재야 학자들이 과학기술에 대해 정약용보다 훨씬 높은 수준의 관심과 지식을 지니고 있었다.[117] 그렇다면 정약용과는 달리 과학기술에 높은 관심을 지닌 이들 유학자들에게 과학기술이 지니는 의미는 무엇이었던가? 이 절에서는 일반적으로 유가 전통 속에서 과학기술이 지녔던 위치, 그리고 과학기술에 대해 유학자들이 지녔던 태도에 대해서 살펴보기로 한다.

과학기술과 자연세계에 대한 유학자들의 지식과 태도에 대해 살펴보는 데 있어 정약용의 연보年譜에 기록된 내용 한 가지가 주목할 만하다. 그가 7세때 지은 "작은 산이 큰 산을 가리니 멀고 가까운 땅이 같지 않다(小山蔽大山, 遠近地不同)"라는 시詩 구절을 본 그의 아버지가 정약용이 "분수分數에 밝아서 조금 자라면 반드시 역법과 산수算數에 정통할 것"이라고 이야기한 구절이 그것이다.[118] 물론 정약용은 장성한 후에 자신의 아버지의 언급에서

---

116) 도날드 베이커는 『마과회통』에 실린 의학지식을 예로 들어 정약용의 그 같은 측면을 지적하고 있다. 「丁若鏞의 醫學論과 西洋醫學」, 320쪽.

117) 이익, 홍대용, 황윤석을 포함한 조선 후기 학자들의 과학 지식 수준에 관해서는 전용훈, 「조선 후기 서양천문학과 전통 천문학의 갈등과 융화」, 2장 ; 구만옥, 「조선 후기 천문역산학의 주요 쟁점: 황윤석(黃胤錫, 1729~1791)의 『이재난고(頤齋亂藁)』를 중심으로」, 『한국과학사학회지』 31(2009), 65~102쪽 ; 구만옥, 「마테오 리치(利瑪竇) 이후 서양 수학에 대한 조선 지식인의 반응」, 『한국실학연구』 20호(2010), 301~355쪽 등을 참조할 것.

본 것처럼 어려서 소질을 보였던 역법이나 수학 같은 주제들에 큰 관심을 보이거나 깊은 지식을 지니지 않았다. 그러나 그의 아버지가 정약용에 대해 그런 식으로 이야기했다는 사실은 당시의 학자들이 그 같은 주제들을 공부하고 높은 수준의 지식을 갖추는 일이 얼마든지 있을 수 있는 일이었으며 그 같은 일이 자랑스러운 일로 여겨지기도 했음을 보여준다고 할 수 있다. 사실 유학자들이 과학과 기술의 지식에 관심을 지닌다는 것은 유가 전통에서 새로운 일이 아니었고 이는 주희 이래 주자학의 전통 속에도 지속적으로 존재했던 경향이었다.[119]

실제로 유가 전통의 기본 관념과 가정들 중 몇 가지가 유학자들로 하여금 과학기술 지식에 관심을 지니도록 했다. 우선 과학기술과 관련된 여러 전문분야들이 유가 전통의 중요한 철학적 용어들과 개념들에 연관되어 있었다. 예를 들어 유가 사상에서 '하늘(天)' 개념의 중요성으로 인해 물리적인 하늘을 다루는 주제인 역법이 유학자들에게 중요했다. 지리와 풍수風水는 '천지天地'라는 용어의 다른 한쪽 반인 '지地'와 연결되었기에 중요했다. '예악禮樂'이라는 표현이 있을 정도로 음악이 유가의 예禮의 중요한 일부분이었기 때문에 음악을 이루는 음音들간의 수적 관계를 다루는 율려 분야 또한 중요했다. 유학자들은 이 같은 주제들을 깊이 탐구하면 이것들과 연관된 생각들과 개념들의 리理를 이해하는 데 도움이 될 것으로 생각했고 이에 따라 이들 분야들에 유학자들이 관심을 지니게 되었다.

유가 전통에서 인간의 학문적, 도덕적 자기수양의 근본이었던 '격물格物' 개념도 유학자들이 자연현상과 과학지식에 관심을 갖도록 하는 데 기여했다. 『대학大學』의 서두에 나오는 '격물'이라는 말은 유학자들에 의해 "사물의 리를 탐구한다"는 의미를 지닌 것으로 받아들여졌으며, 그들로 하여금

---

118) "明於分數. 稍長當通曆法算數": 丁奎英, 『俟菴先生年譜』(正文社, 1984), 2~3쪽.
119) 김영식, 「전통시대 중국 사회의 학자들과 전문 과학기술 지식」, 『유가 전통과 과학』(예문서원, 2013), 239~272쪽.

정약용의 문제들

인간사의 모든 영역에서 모든 구체적인 사물들을 탐구하여 그 리를 이해하는 노력을 중요시 하도록 했다.[120] 예를 들어 주희는 세상의 모든 사물들은 리를 지니고 있으므로 그것들을 연구하고 이해해야 한다고 반복해서 이야기했다.[121] 물론 왕양명王陽明(1472~1528)처럼 격물에 대한 주희의 해석에 반기를 든 사람들이 있었던 것은 사실이지만 구체적 사물의 탐구를 강조하는 이 같은 격물 이론은 주희 이후 전통 시기 유학자들 사이에 지속적인 영향을 미쳤다.

몇몇 분야들의 과학 지식은 학자들이 널리 공부하던 표준적 문헌들에 담겨있었다. 특히 유가 경전經典의 구절들이 자연현상 또는 과학 지식을 언급하는 경우 유학자들은 그 구절들의 주해에서 그에 대해 자세히 논의했고 그 같은 논의 과정에서 전문적인 과학 지식을 사용하는 경우도 많았다. 대표적인 예가 『서경書經』「순전舜典」의 "재선기옥형이제칠정在璇璣玉衡以濟七政"("선기옥형으로 살펴 칠정, 즉 일, 월, 오행성을 가지런히 한다")이라는 구절과 「요전堯典」의 "기삼백유육순유육일朞三百有六旬有六日"("한 해 366일")이라는 구절들인데,[122] 많은 유학자들이 이 두 구절들을 주석하면서 천문의 기의器 및 치윤법置閏法 등에 관해 자세히 논의했다. 유학자들은 또한 여러 경전들, 특히 『시경詩經』에 이름이 나오는 수많은 동식물들에 대해서도 자세히 논의했으며, 실제로 『시경』에 이름이 나오는 종種들을 확인하고 설명하는 것이 학자들이 관심 가져야 할 하나의 확립된 주제가 되기도 했다.[123] 역대 왕조에서 공식적으로 편찬한 사서史書인 정사正史들도 거의

---

120) "古之欲明明德於天下者, 先治其國. 欲治其國者, 先齊其家. 欲齊其家者, 先脩其身. 欲脩其身者, 先正其心. 欲正其心者, 先誠其意. 欲誠其意者, 先致其知. 致知在格物." '格物' 개념에 대해서는 김영식, 『주희의 자연철학』(예문서원, 2005), 제1장을 볼 것.

121) 『朱文公文集』(四部備要本), 69.21b 등.

122) 『尙書正義』(臺北: 新文豊, 1977 影印本), 2.10b~19a ; 3.4b~9a.

123) Joseph Needham 등. *Science and Civilisation in China* (Cambridge: Cambridge University

예외 없이 '예禮'와 '악樂'뿐만 아니라 천문, 역법, 율려, 지리 분야의 '지志'들을 포함했는데, 이들 '지'들은 해당 분야의 전문 과학 지식을 많이 담고 있었고 유학자들에게 그 같은 지식의 표준 출전의 역할을 했다. 또한 학자들이 직접 쓴 저술들도 전문 과학기술 지식에 대한 논의를 포함하는 경우가 있었다. 가장 유명한 예는 두우杜佑(735~812)의 『통전通典』과 심괄沈括 (1031~1095)의 『몽계필담夢溪筆談』으로 온갖 종류의 주제들을 다루고 있는 이 책들을 수많은 후대 유학자들이 공부했고 자신들의 논의에서 자주 인용했다. 많은 학자들이 이 같은 여러 가지 문헌들에 담긴 전문 과학 지식을 공부했으며 이에 대한 그들의 이해는 상당한 수준에 도달하기도 했다.

또한 위의 몇몇 분야들의 지식은 유학자들이 관직을 맡아 공무를 수행하게 되었을 때 실제로 필요한 것들이었다. 따라서 잠재적인 관료들이었던 유학자들은 당연히 이들 분야에 일정 정도의 지식을 갖출 실제적 필요가 있었으며, 그 같은 필요성 때문에 관료들이 이들 전문 분야의 지식이 포함된 실무 지침서들을 쓰기도 했으며 이 같은 주제들은 '시무時務'라는 범주로 과거 시험에도 포함되었다. 농업 또한 중요했다. 유학자들이 지방관직에 있을 때 직접 '권농勸農'의 업무가 그들에게 주어졌으며, 대부분 지주地主였던 유학자들은 관직을 떠나 향리에 기거하게 되면 농업 경영에 관심을 지니기도 했다.

이런 여러 가지 이유 때문에 유학자들은 과학기술을 포함한 여러 전문분야에 관심을 가지고 공부했다. 예를 들어 주희는 "율려, 역법, 행형, 법률, 천문, 지리, 군사, 관직과 같은 것들도 모두 이해해야만 한다"[124]거나, "의례儀禮, 음악, 제도制度, 천문, 지리, 병법兵法, 행형行刑, 법률에 속하는 것들도

Press, 1954~), vol. 6: part I, p.463 이후.
124) "又如律曆刑法天文地理軍旅官職之類, 都要理會.": 『朱子語類』, 117.22b.

정약용의 문제들

역시 모두 세상을 위해 필요하며 빠뜨려서는 안 되며, 모두 익히지 않으면 안 된다"[125]고 이야기하는 등, 이들 전문분야도 모두 공부해야 하며 소홀히 하지 말아야 한다고 주장했다. 그리고 과학기술의 전문 지식을 전체 학문 체계의 일부로 포함해야 한다는 주희의 이 같은 입장은 그 후 유학자들 사이에 지속되었다. 물론 과학기술 분야의 전문 기능인들이 따로 있었던 것이 사실이지만 그렇다고 해서 일반 학자들이 자연현상을 공부나 탐구의 대상에서 제외시키지는 않았다. 특히 유학자들은 자연현상이나 과학기술에 대한 추구가 자신들의 궁극적 목표인 천리天理를 향한 추구의 빼놓을 수 없는 일부라는 믿음을 견지했다. 그리고 이렇듯 자연현상과 과학기술을 자신들의 탐구의 일부분에 포함시킬 수 있다고 생각했기에, 유학자들은 자연현상에 대해 탐구하고 전문 과학기술 지식을 갖는 것이 당연한 일이며 무슨 대단히 특이한 일이라고 생각하지 않았던 것이다. 그리고 그런 점에서 과학기술은 본질적으로 유가 전통의 일부가 될 수 없었던 서학이나 술수, 미신 등과는 달랐다.

그러나 유가 전통 속에는 위에서 본 것처럼 학자들이 과학기술에 대해 관심을 가지게 하는 요소들 이외에 반대로 학자들의 과학기술에 대한 관심을 제약하는 요소들도 있었음을 주목할 필요가 있다.[126]

먼저, 유가 전통 사상 속에 뚜렷했던 '형이상形而上'과 '형이하形而下'의 양분법을 들 수 있다.[127] 이 양분법에 따르면 '도', '리', '인仁', '심心', '성性' 등 형체가 없는 추상적이고 고상한 개념들이 '형이상'에 속했고 지각될

---

125) "如禮樂制度天文地理兵謀刑法之屬, 亦皆當世所須而不可闕. 皆不可以之習也.": 『朱文公文集』, 69.21b.
126) 이하의 내용에 대한 더 자세한 논의는 김영식, 「전통시대 중국 사회의 학자들과 전문 과학기술 지식」, 242~252쪽을 참조할 것.
127) 이 양분법은『주역』「繫辭傳」의 유명한 구절, "'형이상'의 것을 일러 도라 하고 '형이하'의 것을 일러 '기'라 한다"(形而上者謂之道, 形而下者謂之器, 上12)로까지 거슬러 올라간다.

수 있는 형체를 가지고 눈에 보이는 구체적인 사물들은 '형이하'에 속했는데, 형이 있고 눈에 보이는 것들은 이해하기 쉽고 명백한 반면에 형이 없는 것들은 이해하기 어려운 것이라고 여겨지게 되었다. 이로부터 나아가 이해하기 힘든 것은 중요하고 따라서 더 고찰하거나 깊이 탐구할 가치가 있는 것으로 여겨지고 이해하기 쉬운 것은 명백하거나 심지어는 하찮게까지 여겨지게 되었던 것은 자연스러운 일이었다. 그리고 이 같은 태도를 지닌 유학자들이 대부분의 자연현상은 지각될 수 있는 성질과 물리적 효과를 수반하고 따라서 '형이하'에 속하기 때문에 명백한 것으로 간주하고 그에 관한 과학 지식을 등한시 여기게 되었다. 이렇듯 무형의 것을 귀하게 여기고 유형의 것을 천하게 여기는 경향은 '도심道心'으로 예의를 다스려야 할 필요성에 대해 이야기하는 정약용의 다음 언급에서 실제로 찾아볼 수 있다.

> 무릇 천하의 사물은 허虛한 것은 귀하고 실實한 것은 천하며, 형形이 없는 것은 귀하고 형이 있는 것은 천하다. 도덕, 인의, 예법 및 정교政敎는 모두 '허'로써 '실'을 다스리고 형이 없는 것으로써 형이 있는 것을 제어하는 것이다.[128)]

『논어』에 나오는 "군자불기君子不器"["군자는 '도구(器)'가 아니다": 2.12]라는 말도 '도'와 '기'의 양분법과 연결지어져 유학자들이 과학기술 전문지식과 그 전문가들에 대해 지니는 태도에 깊은 영향을 미쳤다. 공자가 했다고 전해지는 이 말은 '군자君子'가 되기를 추구하는 학자들은 '도', '리', '심', '성' 등 고상하고 추상적인 관념과 이상을 추구해야 하며 단순한 '도구(器)'에

---

128) "禮義雖存, 我苟不以道心從之則何以行禮義哉. 且凡天下之物, 虛者貴, 實者賤, 無形者 貴, 有形者賤. 道德仁義禮法政敎, 皆以虛治實, 以無形御有形.": 『論語古今註』 권8: 전서 II.14.38b.

지나지 않는 구체적, 실용적 사물이나 문제들에 관심을 가져서는 안 된다는 식으로 흔히 해석되었는데, 이 같은 생각을 지닌 학자들은 자연히 전문적 과학기술 분야의 활동을 하거나 그 지식을 공부하는 것이 군자로서 적절치 않은 것으로 느꼈을 것이다. 결국 "군자불기"라는 공자의 널리 알려진 이 말은 유학자들이 단순한 '도구'에 지나지 않는다고 생각한 것들을 소홀히 하도록 했으며, 그 같은 '단순한 도구들' 중에는 과학기술 전문분야들이 포함되었다.

물론 상황이 그렇게 단순하지만은 않았다. 예컨대 '도'와 '기'의 이 같은 양분법과 도를 높이 여기고 기를 등한시하는 경향의 다른 한편에, 이 두 가지가 서로 분리불가능하고 따라서 양쪽 모두 중요하다고 생각하는 경향, 즉 '도기불리道器不離'를 주장하는 경향이 지속적으로 존재했다. 이중 후자의 경향을 강조하는 사람들은 '도'가 '기' 속에 존재하며 '기'가 없이는 '도'가 있을 수 없다고 말하기도 했다. 따라서 그들에게는 '형이상'인 '도'만이 아니라 '형이하'인 '기'도 탐구해야 할 대상이었고, 자연히 전문 과학기술 지식의 탐구도 중요해졌다. 또한 "군자불기"라는 말이 유학자들의 과학기술 에 대한 태도에 미친 영향도 일방적이고 단순하지만은 않았다. "군자는 도구가 아니다"라는 말의 참 뜻은 도구적 효용만 있는 좁은 범주에 갇히는 것을 경계하고 폭넓은 교양과 학문의 가치를 강조하는 데 있었는데, 그 같은 폭넓은 교양과 학문 속에는 우주와 자연현상에 대한 탐구도 당연히 포함되었고, 기술의 지식—직접 기술활동에 종사하는 것까지는 아니라 하더라도—까지가 포함되어 있었던 것이다. 천지天地, 만물萬物, 그리고 사람(人)으로 이루어진 자연세계에 대한 사색과 지식은 단순한 '도구(器)'로서 배척해야 할 것이 아니라 군자의 폭넓은 탐구와 수양의 일부였다.[129]

---

129) 따라서 "군자불기"라는 슬로건이 전통 시대 동양 지식인들의 관심에서 과학과 기술을 제외시킨 것은 아니었다. 그것은 단지 어느 한 분야에만 빠져 폭좁은 전문가가 되는 데 대한 비판이었으며 거기에는 과학이나 기술 분야만 해당되는

이렇듯 유가 전통에는 유학자들이 과학기술에 관심을 갖도록 하는 요소들과 그 같은 관심에 제약을 가하는 서로 상충되는 요소들이 함께 존재했다. 그리고 이 같은 상충되는 요인들의 영향으로 유학자들이 과학기술에 대해 보이는 태도에는 양면성이 나타났다. 유학자들은 한편으로는 과학기술에 관심을 가지고 공부했으며 상당 수준의 지식을 지니기도 했지만, 다른 한편으로는 과학기술을 중요시 하지 않고 소홀히 했으며 그에 대해 큰 관심이나 깊은 지식을 지니지도 않았다. 실제로 조선 후기의 유학자들에게서 그런 양면적인 태도를 찾아볼 수 있다.

조선 후기의 여러 학자들이 자연세계에 관심을 지니고 역법과 수학을 비롯한 과학 지식을 갖추고 있었다. 앞 장에서 서양 과학기술, 특히 역법 및 수학에 상당 수준의 지식을 지닌 조선 후기의 여러 학자들을 언급한 바 있는데, 이들 중 특히 이가환은 정약용의 지적 성장에 큰 영향을 미친 사람이었기에 주목할 만하다. 역법과 수학 분야에서 당시 조선에서 가장 높은 수준의 지식을 지녔던 이가환은 "내가 죽으면 동국에 기하幾何의 종자種子가 끊어질 것"이라고 말할 정도로 자신의 수학 지식에 대해 자신하고 있었다.130) 그는 역법과 수학의 진흥에도 힘을 기울여서, 천문역산의 전문가들을 양성할 것을 주장했을 뿐 아니라 정부의 실제 천문역법 업무에 학자관료들이 종사하도록 할 것을 제안하고 학자들이 수학, 역법 등을 공부하여야 한다고 주장했다.131) 또한 그는 수시력授時曆이 그 이전의 역법보다 우수한 것은 그것이 천문의기에 입각해서 만들어졌기 때문임을 지적하면서 망원경을 포함해서 여러 천문의기들을 제작하여 사용하도록 할 것을 주장하기도

것이 아니라 분야를 막론하고 어느 한 분야만의 전문 기능인이 되는 것을 배격하고 폭넓은 광범위한 교양을 가질 것을 요구한 것이었다.

130) "李家煥自在幼少才智超群. … 又精天文幾何之學. 嘗歎曰. 老夫死則東國幾何種子絶矣.": 黃嗣永, 「帛書」: 呂珍千 엮음, 『黃嗣永 帛書와 異本』(국학자료원, 2003), 51쪽.
131) 崔相天, 「李家煥과 西學」, 『韓國敎會史論文集』 2(1984), 41~67쪽 중 56~63쪽.

178   정약용의 문제들

했다.132) 정약용의 후원자였던 정조正祖(재위 1776~1800)도 과학기술의 주제들에 많은 관심을 보였고 학자들로 하여금 천문역법을 공부하도록 하는 정책을 적극적으로 추진했다. 유능한 젊은 관료들을 상대로 그가 제시한 책문策問들에는 역법의 전문적 주제들이 많이 포함되었고, 관료들이 제출한 구체적 답안들을 왕 자신과 고위 관리들이 직접 평가하기도 했다.133)

조선 후기의 여러 유학자들은 자연세계와 과학기술에 대한 지식을 자신들의 유가 학문의 틀 속에 포함시키려고 시도하기도 했다. 예컨대 홍대용은 "율력律曆, 산수算數, 전곡錢穀, 갑병甲兵이 어찌 '개물성무開物成務'의 큰 실마리(大端)가 아니겠는가"라고 하면서, 이들 주제들이 '소도小道'라고 하여 그것들을 공부하거나 가르치지 않는 것을 비판했다.134) 그의 생각에 이들 주제들은 "용도에 맞춰 세상에 쓰이는" 것으로 "비록 널리 [공부]했지만 요점이 적어 하나도 깨달은 것은 없으나, 그 또한 지극한 리가 담겨 있고 인사人事에서 빠트릴 수 없는 것"이었다.135) 율력에 깊은 관심을 가지고 공부했던 황윤석黃胤錫(1729~1791)도 일월오성日月五星의 운행의 리와 도수가 "유가 격치格致의 한 실마리이고 명유明儒 또한 이에 대해 논의했다"고 이야기했다.136) 그는 율력 분야의 책들을 구해 보려고 많은 노력을 기울였는데,『율력연원律曆淵源』을 구입하고자 하는 이유로 "율력의 학이 유자儒者의 몸과 마음의 실제

---

132) 구만옥,「조선 후기 천문역산학의 개혁 방안: 정조의 천문책에 대한 대책을 중심으로」,『한국과학사학회지』28(2006), 189~225쪽 중 208~209쪽.

133) 구만옥,「조선 후기 천문역산학의 개혁 방안」; 구만옥,「朝鮮 後期 天文曆算學의 주요 爭點: 正祖의 天文策과 그에 대한 對策을 중심으로」,『韓國思想史學』27(2006), 217~257쪽.

134) "律曆算數錢穀甲兵, 豈非開物成務之大端乎. 今高明以律曆算數錢穀甲兵爲小道則似矣. 獨無奈其自任.":『湛軒書』內集 권3.22b:『한국문집총간』258집, 70下.

135) "律曆籌數錢穀甲兵之可以適用而需世. … 雖博而寡要, 莫有一得. 亦至理所寓. 而人事之不可闕者.":『湛軒書』內集 권3, 19a~b:『한국문집총간』258집, 69上.

136) "惟日月五星盈縮遲疾之理順逆離合之度, 此係儒家格致之一端, 明儒亦於奏議言之. 則相與講究此事, 恐不妨矣.":『頤齋亂藁』권11: 1768년 8월 21일.

공부에 비록 다소 불긴不緊하기는 하지만, 역시 천지간의 '대문자大文字'여서 없어서는 안된다"고 했으며,137) 이를 구해 본 후 그 중 『수리정온數理精蘊』 부분의 사본寫本을 만들고 "이는 바로 유자의 '대전大全의 학'이어서 알지 않으면 안된다"고 이야기했다.138)

여기에는 리理가 수數에 들어있으므로 리와 수를 분리할 수 없다는, 소옹邵 雍(1011~1077)과 주희 이래 신유가 철학의 일부였던 믿음도 영향을 미쳤다. 역법에서의 수에 대한 탐구를 통해 리에 도달할 수 있을 것이기 때문에 역법이 격물의 중요한 주제가 되었던 것이다. 서양의 수학과 천문학을 『주역』의 체계 속으로 포함시키려는 시도도 있었다. 두드러진 예가 서명응徐 命膺(1716~1787)이었는데, 그는 전통 역법과 서양 천문학 양쪽 모두에 상당 한 수준의 지식을 지니고 있었고 그 같은 지식을 『주역』에 바탕한 그의 우주론 체계 내에 포괄했다.139) 이 같은 일들에 따라 유학자들의 생각

---

137) "蓋律曆之學, 在儒者身心實工雖稍不緊, 亦天地間大文字. 不可無者.":『頤齋亂藁』 권14: 1770년 4월 19일.

138) "乃若理數之微, 無過律曆, 而初未或過其門而窺其堂第, 大言曰非急務而已. 此自獨善 自好者論之. 不爲無當. 將以經國理天下, 此書詎在可略, 夫體明用適, 方是儒者大全之 學, 是不可不知也.":「題數理精蘊寫本」:『頤齋遺藁』권12:『한국문집총간』246집, 264上.

139) 박권수,「徐命膺의 易學的 天文觀」,『한국과학사학회지』20(1998), 57~101쪽. 서명응에 앞서 정제두(鄭齊斗, 1649~1736) 또한 서양의 과학 지식을 포함한 과학 지식을 그의 경학 체계에 포함시키려고 시도했었으며, 장현광(張顯光, 1554~1637), 김석문(金錫文, 1658~1735) 등도 같은 일을 했다고 볼 수 있다. 문중양,「18세기 조선 실학자의 자연지식의 성격—象數學的 宇宙論을 중심으로」, 『한국과학사학회지』21(1999), 27~57쪽 ; 구만옥,「朝鮮後期 天體運行論의 변화」, 『實學思想硏究』17/18(2000), 339~368쪽 중 361~363쪽 ; 전용훈,「조선중기 유학 자의 천체와 우주에 대한 이해—여헌 장현광의「역학도설」과「우주설」—」,『한국 과학사학회지』18(1996), 125~154쪽 ; 具萬玉,『朝鮮 後期 科學思想史 硏究 I. 朱子學的 宇宙論의 變動』(혜안, 2004), 224~253쪽 ; 박권수,「조선 후기 서양과학 의 수용과 상수학의 발전: 17세기 말 천문학지식에 대한 상수학적 해석의 시작」, 『한국과학사학회지』28(2006), 29~53쪽 ; 김영식,「서양 과학, 우주론적 관념, 그리고 17~18세기 조선의 역학(易學)」, 144~153쪽.

정약용의 문제들

속에 수학, 역법 등 과학기술 지식의 지위가 높아지게 되었다. 앞 장에서 보았듯이, 1810년경 홍석주洪奭周(1774~1842)가 유학자들이 읽어야 할 책들을 열거한 「홍씨독서록洪氏讀書錄」에는 『기하원본幾何原本』, 『수리정온』, 『역상고성曆象考成』 등 많은 역법 및 수학 책들이 포함되어 있었다.140)

그러나 위의 학자들이 보인 정도의 과학기술에 대한 관심이 조선의 모든 유학자들에게 퍼져 있었던 것은 아니다. 오히려 조선 유학자들 중에는 과학기술에 별로 관심을 보이지 않은 사람들이 더 많았으며, 학자들이 과학기술에 관심을 갖고 공부하거나 논의하는 일에 대해 탐탁지 않게 생각하는 경향이 퍼져 있었다. 예를 들어, 서명응이 『성학집요聖學輯要』를 논의하는 경연經筵 자리에서 역법의 구체적 문제에 대해 논한 데 대해 이를 기록한 사관은 "이것이 과연 국가 경영의 긴요한 일과 성학聖學의 중요한 도道에 보탬이 되는 것이 있는가?" 하고 비판했다.141) 서형수徐瀅修 (1749~1824)는 서호수가 기하학을 즐겨 공부하는 것을 걱정하여 "'도'는 형이상이고 '예藝'는 형이하이다. 군자는 [형이]상에 대해 이야기하고 [형이]하에 대해서는 이야기하지 않는데, 공이 좋아하는 바는 '술術'을 가리지 않는 것이 아닌가" 하고 걱정했다.142) 과학기술 분야의 전문 종사자들을 천시하는 풍조도 널리 퍼져 있었다.143)

이런 상황에서 과학기술에 상당 수준의 지식과 관심을 가졌던 학자들마

---

140) 전용훈, 「19세기 조선 수학의 지적 풍토: 홍길주(1786~1841)의 수학과 그 연원」, 『한국과학사학회지』 26(2004), 275~314쪽 중 305~313쪽.

141) "此果有補於國計之緊務聖學之要道者乎.": 『英祖實錄』 36년(1760) 12월 7일.

142) "余嘗請於公曰. 道者形而上者也, 藝者形而下者也. 君子語上而不語下. 公之所好, 無乃不擇於術乎.": 『明皐全集』 권8, 「幾何室記」: 『한국문집총간』 261집, 156上.

143) 숙종대를 예로 들어 구만옥이 보여주었듯이 사대부들을 천문학교수 같은 과학기술 관련 전문직에 임명하려 해도 그것을 賤藝로 생각해서 꺼리는 경우가 많았으며, 심지어 그 같은 전문직에 종사한 사실이 그 이후의 경력에 장애가 되는 일까지도 있었다. 구만옥, 「肅宗代(1674~1720) 天文曆算學의 정비」, 『한국실학연구』 24호 (2012), 279~327쪽 중 315~318쪽.

저도 과학기술에 대한 태도에 있어 뚜렷한 한계를 보였다. 홍양호洪良浩 (1724~1802) 같은 사람이 구고법句股法을 사용하는 역법의 추보推步의 술術이 유가의 전통에 포함되는 것임을 주장하면서도 그것을 "우리 유학의 '나머지 일(緖餘)'"이라고 말한 것이 널리 퍼진 이 같은 생각을 보여준다.[144] 서유구徐有榘(1764~1845)마저도 마테오 리치의 기하학에 심취해 있던 유금柳琴(1741~1788)에게 "'예藝'는 '도道'의 '말末'이고 '수數'는 '예' 중에서 또 '말'이다. 이와 같이 작은 것이 당신의 학문이다"라고 비판했다.[145] "율력律曆, 산수算數, 전곡錢穀, 갑병甲兵은 비록 널리 [공부]했지만 요점이 적어 하나도 깨달은 것은 없으나, 그 또한 지극한 리가 담겨 있고 인사人事에서 빠트릴 수 없는 것"이라 위에서 인용한 홍대용의 이야기도 과학기술의 전문 주제들에 대한 학자들의 양면적 태도를 보여준다.[146]

물론 과학기술의 지식을 소홀히 하는 이 같은 상황에 대한 비판도 있었다. 정조는 당시 조선의 학자들이 천문역법과 수학에 대해 지닌 지식이 낮은 것에 대해 "문인, 학사들이 9경九經을 연마하고 삼재三才에 통했다고 스스로 말하면서도 일단 역상曆象에 접하면 망연히 월越나라 사람의 장보章甫처럼 [쓸모없는 것으로] 여긴다. 이는 부끄러워 할 바임을 알 수 있다"고 이야기했다.[147] 그의 신하들 중에도 같은 생각을 지닌 사람들이 있었는데, 예컨대 자신이 죽은 후에 조선에 기하의 종자가 끊길 것이라는 위에서 인용한 이가환의 이야기가 당시 조선 학자들의 수학 지식의 수준이 보잘 것 없었음을 보여주며, 이서구李書九(1754~1825) 또한 천문역법을 오랑캐들에게서

---

144) "推步之術, 全用黃帝之句股. 乃是吾儒之緖餘也.": 『耳溪集』 권15: 『한국문집총간』 241집, 267下.

145) "藝道之末也, 而數於藝又末也. 若是其小哉, 子之學也.": 『楓石鼓篋集』 권2, 「幾何室記」: 『한국문집총간』 288집, 228下.

146) 앞의 주 135) 참조.

147) "近世之文人學士, 自謂硏九經通三才, 而一涉曆象, 茫然以爲越人之章甫者. 斯可以知所愧矣.": 『弘齋全書』 권50, 「天文策」: 『한국문집총간』 263집, 272下.

유래한 "방기方技, 잡술雜術"이라고 간주하여 경시한 당시의 학자들을 비판했다.[148] 그러나 이 같은 비판이 자주 제기되었다는 사실 자체가 과학기술의 지식을 등한시하는 경향이 당시 학자들 사이에 널리 퍼져 있었음을 보여주는 것이라고 할 수 있다.

과학기술의 중요성을 별로 높이 보지 않는 정약용의 태도는 이 같은 조선 유학자들의 분위기 속에서 나온 것이었다.[149] 그리고 그 같은 분위기 속에서 오히려 자연세계와 과학기술에 많은 관심을 보인 학자들이 예외적인 경우였던 셈인데, 이는 유학자들의 과학기술에 대한 관심에 영향을 미친 유가 전통 속의 서로 상충되는 요소들 중 과학기술에 대한 관심을 제약하는 요소들이 이들에게 더 깊은 영향을 미쳤음을 말해 준다.

---

148) 구만옥, 「조선 후기 천문역산학의 개혁 방안」, 217쪽.
149) 조선 후기 학자들에게 퍼진 이 같은 상황에 대해서는 구만옥, 「마테오 리치 이후 서양 수학에 대한 조선 지식인의 반응」, 321~323쪽을 볼 것.

5장 술수와 미신

　앞의 두 장에서 서학 및 과학기술에 대한 정약용의 태도를 살펴보았는데, 이 두 가지는 당시 조선 사회에서 관심을 끌고 문제를 빚고 있던 요소들이었고 정약용 역시 이것들에 관심을 지녔던 것은 사실이지만, 이들 요소들이 근본적으로 유가 전통을 고수했던 그의 지적, 학문적 추구의 본령이 될 수는 없었음을 볼 수 있었다. 이 장에서는 이들 요소들과 마찬가지로 유가 전통의 핵심에서 벗어나서 그 주변부에 위치하면서 당시 조선 사회에 만연하고 문제를 빚고 있던 또다른 요소들인 술수와 미신에 대한 정약용의 태도를 살펴볼 것이다.

　그동안 술수와 미신에 대한 정약용의 비판적 태도가 그의 개혁적 사고와 함께 평가받아 왔다. 그러나 자세히 살펴보면 그가 미신과 술수에 대해 철저하게 비판적이기만 한 것은 아니어서 그는 때로 미신이나 술수의 믿음과 현상들 중 어떤 것들은 받아들이거나 인정하는 듯한 태도를 보이기도 했음이 드러난다. 따라서 각종 술수 및 미신과 관련해서 정약용이 받아들일 수 있는 것은 어떤 부분들이었는가, 그리고 그가 받아들일 수 있었던 것들과 그가 받아들일 수 없었던 것들을 구분해주는 경계선의 성격은 무엇인가 하는 것이 이 장의 논의에서 중요해질 것이다.

　또한 미신과 술수에 대한 정약용의 이 같은 태도가 전적으로 독특하고 새로운 것은 아니었다. 크게 보아 대체로 그와 유사한 입장이 주희에 의해

　　　　　　　　　　　　　　　　　　정약용의 문제들

정립된 이래 유학자들에게 이어져 내려왔던 것이다. 사실 주희가 조선 유학자들의 사상 전반에 커다란 테두리를 치면서 큰 영향을 미쳤기에 유가 전통의 주변부적 요소들에 대해 조선 후기 유학자들이 보이는 태도도 주희가 그어놓은 테두리의 영향을 받았을 것임을 생각하면 이는 당연하다고 하겠다. 그러나 술수와 미신에 대한 유학자들의 태도에서 볼 수 있는 이 같은 측면은 그동안 별로 주목받지 못해 왔다. 따라서 이 장에서 정약용에 대한 논의에 앞서 별도의 절을 할애하여 먼저 술수와 미신에 대한 유학자들의 태도를 살펴볼 것인데, 당연히 주희로부터 시작할 것이다.

1. 술수와 미신에 대한 유학자들의 태도

주희는 미신적인 믿음과 행위들을 강하게 비판하고 거부했다. 특히 그는 이 세상의 모든 사물과 현상의 밑바탕을 이루고 있다고 믿었던 기氣의 속성들과 작용들을 넘어서는 '초자연적' 존재와 힘을 인정하는 것을 단호하게 배격했다. 그러나 주희는 많은 '초자연적' 사물들이나 현상들 자체는 부정하지 않았고 오히려 그것들을 초자연적인 원인이 아닌 기의 속성들과 작용들을 통해 설명함으로써 그것들이 존재하고 발생함을 받아들이고 '합리화'시켜서 자신의 폭넓은 체계 속에 포함시켰다. 바꿔 말하면 그는 이상한 사물과 '초자연적' 현상들에 대한 '미신적' 믿음들을 거부했지만 사물이나 현상들 자체를 거부하는 일은 거의 없었던 것이다. 사실 폭넓은 범위와 적용 가능성을 지닌 기 개념을 사용해서 그는 아무리 이상하게 보이는 현상이라도 설명해낼 수 있었다.[1]

따라서 '초자연적'이거나 신비스러워 보이는 이상한 사물이나 현상들에

---

[1] 김영식, 「과학적·초자연적 주제들에 대한 주희의 태도: 유가 학문의 경계 규정과 확장」, 『유가 전통과 과학』(예문서원, 2013), 128~158쪽 중 특히 146~149쪽.

대한 기록들을 주희가 내놓고 거부하는 일은 거의 없었다. 그는 그 같은 사물이나 현상들을 실제로 본 사람들의 이야기는 대체로 쉽게 받아들였다. 사실 그로서는 어떤 사물이나 현상도 거부할 이유가 없었다. 그것이 관찰되었다면 그것은 받아들일 수 있었던 것이다. 예를 들어 주희는 여러 이상한 일들에 대해 이야기하는 긴 대화에서 큰 괴물 발자국, 깊은 산과 큰 못에 사는 괴물, 몸뚱이의 반은 사람이고 반은 말인 괴물, 도마뱀이 우박을 만드는 일, 전생前生과 후생後生, 죽은 후 다시 살아난 사람들 같은 것들이 실제로 존재하고 일어나는지에 대해 분명한 입장을 밝히지 않았는데,[2] 그의 전형적 태도는 이런 것들에 대해서도 철저히 이해해야 한다는 것이었다. 그는 그러한 것들의 존재를 완강하게 부정하는 사람들은 그것들의 리理를 이해하지 못하는 사람들이며 만약 그것들의 리를 이해한다면 그것들이 지닌 이상함은 없어질 것이라고 주장했다.[3] 점복占卜에 대한 주희의 태도도 기본적으로 같은 성격을 지녔다. 그는 『주역周易』점占을 받아들였다. 또한 그는 전지前知를 얻는 데 사용될 수 있는 여러 종류의 신호들이나 조짐들도 전적으로 거부하지는 않았다.[4] 내단內丹에 대한 주희의 태도 또한 근본적으로 같았다. 내단의 개념이나 이론들이 기이하고 신비스러웠으며 그 자신이 그 구체적 세부 내용에 대해 완전히 이해하거나 설명할 수는 없었지만, 그는 내단의 과정들—인체내에서의 단丹의 형성이나 그것의 신비한 효과—을 어쨌든 기의 작용, 또는 기와 마음心의 상호작용에 의한 것으로 생각했다.[5] 이렇듯 주희는 오늘날의 관점에서 신비스럽거나 미신으

---

2) 『朱子語類』(1270년 편찬, 1473년 재간행—臺北: 正中書局, 1962년 引行), 3.2b~3b.

3) 『朱子語類』, 138.10a. 주희는 심지어 "내가 그것들이 있기를 바라면 있고 그것들이 없기를 바라면 없다(我要有便有, 我要無便無.)"는 謝良佐(1050~1103)의 말에 동의했다.

4) 김영식, 『주희의 자연철학』, 470~474쪽.

5) 신동원, 「朱熹와 연단술: 周易參同契考異의 내용과 성격」, 『한국의사학회지』 14권 2호(2001), 45~57쪽 ; Yung Sik Kim, "The *Ts'an~t'ung-ch'i k'ao-i* and the Place

정약용의 문제들

로 보이는 것들 모두를 배격하지는 않았으며 그런 것들 중 어떤 것들은 받아들이기도 했고 어떤 것들에 대해서는 모호한 태도를 취하기도 했다.

이 같은 주희의 태도는 그의 사상 체계 속에서는 당연한 것이었다. 우선 오늘날로서는 초자연적이거나 미신적으로 보이는 각종 술수術數들이 『주역』을 기반으로 하거나 『주역』과 어떤 형태로인가 연결되어 있다는 점이 그의 이 같은 태도의 근거가 되었다. 예를 들어 주희는 『주역』이 원래 점복에 사용하기 위해 저술된 것으로 생각했으며,6) 『주역』에 숨겨진 '의리義理'에만 집중하고 점복의 측면을 무시하는 당시의 학자들을 비판했다.7) 주희의 생각으로는 『주역』점을 치는 것은 유학자로서 얼마든지 할 수 있는 일이었다. 『주역』괘들은 이 세상의 온갖 현상과 물체들을 상징하는 것으로, 『주역』점을 통해 『주역』괘들을 조작하고 그것들에 대해 명상함으로써 이 세상의 여러 과정들을 재현하고 우주적 유형들을 파악할 수 있는 것이었다.8) 『주역참동계周易參同契』의 내단에 대한 주희의 논의 또한 우주 전체와 인체의 작용을 연결짓는 주된 틀로 『주역』괘들을 사용했다. 주희에게 『주역』괘들은 점복만이 아니라 내단의 이론적 기초이기도 했던 것이다.

주희의 폭넓은 기氣 개념, 특히 기와 마음의 상호작용에 대한 믿음 또한 미신과 술수에 대한 주희의 태도에 영향을 미쳤다.9) 주희는 기가 세상의

---

of Internal Alchemy (*Nei-tan*) in Chu Hsi's Thought," *Monumenta Serica* 55(2007), pp.99~131.

6) 『朱子語類』 권66의 여러 곳, 67.5b, 14a ; 『晦庵先生朱文公文集』(四部備要版), 31.15a ; 33.32a~32b ; 38.21a 등. 『주역』과 『주역』점에 관한 주희의 생각에 대한 좋은 논의로는 Kidder Smith, Jr., Peter K. Bol, Joseph A. Adler, and Don J. Wyatt, *Sung Dynasty Uses of I Ching* (Princeton: Princeton University Press, 1990), chap. 6(Joseph A. Adler가 씀)을 볼 것.

7) 『朱子語類』, 66.19b ; 『朱文公文集』, 33.32a-32b ; 38.21a 등.

8) 예를 들어 三浦國雄은 "점치는 사람은 천지생성의 순서를 筮竹을 빌려서 모의적으로 재연하는 것이다"라고 이야기했다. 『朱子と氣と身體』(東京: 平凡社, 1997), 172쪽: 미우라 구니오 지음, 이승연 옮김, 『주자와 기 그리고 몸』(예문서원, 2003), 184쪽.

9) 氣 개념의 폭넓은 범위와 기와 마음(心)의 상호작용에 대해서는 김영식, 『주희의

모든-물질적 또는 물리적인 것만이 아니라-사물과 현상을 구성하고
나타내 준다고 믿었다. 예를 들어 기는 생명과 관련된 생리적 현상의 원인으
로서 생명을 형성하고 생명체에 영양분을 준다고 그는 생각했다.10) 기는
또한 사람의 마음을 구성했다. 주희에게 '마음'이란 단지 기-더 구체적으로
말하면 기의 '정상精爽'한 부분, 또는 '영스러운(靈)' 부분-에 지나지 않았
다.11) 따라서 기는 정신적 속성들도 지니고 있으며 마음과 상호작용을
할 수 있었다. 그리고 마음과 기의 상호작용은 사람의 마음과 그 사람
자신의 기 사이에서만이 아니라 사람의 마음과 외부세계의 기, 나아가
한 사람의 기와 다른 사람의 마음 사이에서도 일어날 수 있었다. 이것이
가능한 것은 모든 사람의 기와 마음은 천지로부터 부여받은 것이고 따라서
다같이 '천지의 기(天地之氣)'와 '천지의 마음(天地之心)'으로 이루어졌기
때문이었다.12) 기와 마음의 상호작용은 점복과 내단에 대한 주희의 논의에
서도 중요했다. 그는 사람이 점치기를 통해 '천지의 기'의 다양한 작용들로
이루어진 우주적 유형을 감지할 수 있다고 믿었는데, 이는 사람의 마음과
'천지의 기'가 서로 상호작용을 하기 때문이었다.-"사람의 마음이 일단
움직이면 반드시 [천지의] 기에 도달한다. 그리고 굴신하고 왕래[하는
기와] 서로 감통한다. 점占과 같은 것들은 모두 그러하다."13) 마음은 내단을
두고서도 비슷한 역할을 했다. 주희에 따르면 단丹이 형성되는 것은 어떤
초자연적인 힘이나 작인에 의해서가 아니라 음과 양의 '교합交合'에 의해서였

자연철학』(예문서원, 2005), 제2장을 볼 것.

10) 김영식, 『주희의 자연철학』, 71~73쪽.

11) 『朱子語類』, 5.3b, 4b, 60.8a 등.

12) 김영식, 『주희의 자연철학』, 2.2절, 10.4절을 볼 것.

13) "人心才動, 必達於氣. 便與這屈伸往來者, 相感通. 如卜筮之類皆是": 『朱子語類』, 3.2a. 제사를 후손의 마음과 조상의 기 사이의 상호작용을 통해 설명한 것처럼 점치기도 점치는 사람의 마음과 천지의 기 사이의 상호작용을 통해 설명할 수 있었던 것이다.

정약용의 문제들

는데, 그는 이 같은 '교합'의 상호작용을 마음이 주관한다고 생각했던 것이다.[14] 주희는 여러 가지 초자연적 현상들과 연관되는 '귀신鬼神' 개념도 기를 통해 논의했다. 그에게 '귀신'은 여러 층위의 의미를 지녀서 아주 넓은 의미로는 자연세계의 모든 현상을 '귀신'이라고 부를 수도 있었고, 더 좁게는 그 중 신비스러워서 예측할 수 없고 이해나 설명이 힘든 것들만을 가리켜 '귀신'이라고 부를 수도 있었다. 그 외에도 주희는 제사지내는 대상인 죽은 사람의 영혼이나 그 외의 존재들을 가리키는 '귀신'의 개념도 지니고 있었는데 그는 이 같은 여러 의미로서의 귀신을 모두 기를 통해 – 기의 속성과 작용으로 – 설명했다.[15]

이 같은 주희의 태도는 그의 반미신적인 입장을 완화시키는 효과를 지녔다. 그리고 이런 면에서 그는 '초자연적'이고 '미신적'인 믿음과 행위들에 대해 어느 정도 수용적인 자세를 보였다고 할 수 있는데, 이는 구양수歐陽修(1007~1072), 사마광司馬光(1019~1086), 장재張載(1020~1077), 정이程頤(1033~1107) 같은 북송 학자들의 더 '합리적'이고 반미신적인 태도로부터는 한걸음 물러선 자세였다.[16] 그리고 이런 점에서 주희는 "귀신을 공경하되 멀리하라 (敬鬼神而遠之)"는 『논어』의 유명한 구절(6.20)에 기반한 유가의 전통적 입장으로부터 벗어나고 있었다.[17]

---

14) 朱熹, 『周易參同契考異』(四部備要本), 3b.

15) 김영식, 『주희의 자연철학』, 제5장.

16) Patricia Ebrey, "Sung Neo-Confucian Views on Geomancy," in Bloom, Irene, and Joshua A. Fogel, eds. *Meeting of Minds: Intellectual and Religious Interaction in East Asian Traditions of Thought* (New York: Columbia University Press, 1997), pp.75~107. 사실 주희는 불교에 대해서도 이들 북송 학자들보다는 온건한 태도를 보였다. 주희의 불교에 대한 태도에 관해서는 Julia Ching, *The Religious Thought of Chu Hsi* (Oxford: Oxford University Press, 2000), chap. 9를 볼 것.

17) 초자연적이고 신비스러운 주제들을 자신의 체계 속에 포함시킴으로써 주희가 그것들의 이단적 성격을 완화시키고 그것들이 야기할 수도 있을 불온한 문제들을 막으려 했던 것이었을 수도 있다. 어쨌든, 미신적으로 보이는 주제들이 주희의 체계 속에 포함됨으로써 그 주제들 및 그것들과 연관된 행위나 현상들이 정당화되

초자연적이고 미신적인 현상과 행위들에 대한 미신적인 믿음은 배격하지만 그 현상들 자체는 거부하지 않고 설명을 제시하는 주희류의 '용인容認'은 그 이후의 유학자들에게 이어졌다. 일단 주희가 그 같은 믿음과 행위들을 수용한 후에는 그 후의 유학자들이 그것들에 대한 믿음을 완전히 부정하기는 힘들었던 것이다. 그들은 점복, 풍수 등과 같은 초자연적 술수들이나 각종 재이災異 및 초자연적 현상들에 대한 믿음을 완전히 배격하지 않았다. 사실 그들에게 그 같은 행위들과 현상들 중에서 '미신적', '초자연적'인 것들과 그렇지 않은 것들을 구분해 내서 거부할 기준은 없었던 것이다.

서양 과학을 더 적극적으로 받아들였던 유학자들의 경우에도 '미신적', '초자연적' 현상들이나 믿음을 완전히 거부하는 일은 없었다. 그들은 대체로 역법의 재이災異 점성술적 기능에 이의를 제기했고, 점복을 통해 재이의 점성술적 의미를 알아내어 대응할 수 있는 가능성은 부정했지만, 그렇다고 점후占候를 완전히 폐지하자고 주장하지는 않았다. 예컨대 서광계는 1629년 황제에게 올린 소疏에서 수학과 역법의 유용성과 관련해 그가 열거한 이른바 '도수방통십사度數旁通十事' 중에 천체 운동의 관측을 사용하여 기후를 예측하고 질병을 치료하는 일을 포함시켰으며,[18] 이 같은 서광계의 생각은 '점후'를 역학曆學의 중요한 분과로 인식하고 서양 점성술 공부에 많은 노력을 기울인 설봉조薛鳳祚(1600~1680) 같은 사람에게로 이어졌다.[19] 서양 천문학 및 수학 지식을 수용해서 중국 역법과 수학을 재정립한 것으로 평가되는

는 효과가 있었다. 여기에는 주희가 살던 시기와 지역이 영향을 미쳤을 수가 있는데, 南宋 시대에는 미신적 믿음과 행위들이 일반 민중들만이 아니라 상류 지식계층에까지 널리 퍼져 있었고 주희가 살았던 福建 지방에서는 그 정도가 더욱 심했던 것이다. Edward L. Davis, *Society and the Supernatural in Song China* (Honolulu: University of Hawaii Press, 2001), 특히 chap. 3.

18) 『徐光啓集』(上海: 中華書局, 1963), 337~338쪽.

19) Shi Yunli, "Nicolaus Smogulecki and Xue Fengzuo's *True Principles of the Pacing of the Heavens*: Its Production, Publication, and Reception," *East Asian Science, Technology, and Medicine* 27(2007), pp.63~126, 특히 pp.68~69, 82~86을 볼 것.

정약용의 문제들

매문정梅文鼎(1633~1721) 또한 근본적으로 비슷한 태도를 보였다.[20] 물론 그는 역법이 발달하지 않아서 점성, 점복 등이 끼어들었다고 생각해서 역법 연구를 장려하는 것이 점술을 막는 유용한 방법이라고 주장했지만[21] 그렇다고 해서 점술을 폐하자고 주장하지는 않았으며, 역법의 개량을 통해 점성술을 개량할 수 있을 것으로 생각하기도 했다.[22] 매문정은 또한 풍수술 도 배격하지 않았으며 부친이 죽은 후 장지를 찾기 위해 자신이 '장술葬術'을 연구하기도 했다.[23] 또한 서양 과학을 받아들인 이들 유학자들은 일월식과 같은 것들을 계산하여 미리 예측하는 것이 가능하다고 생각했지만, 그럼에 도 불구하고 그 같은 이상 현상들에 접해 조심하고 수성修省해야 한다는 유가의 전통적 입장은 견지했다. 예컨대 서광계는 일월식에 대해 이야기하 면서 이것들이 예측가능하다고 해도 '변變'이 아니라고 할 수는 없고 따라서 이를 견고譴告로 보고 수성해야 한다고 주장했으며,[24] 매문정 또한 일식, 월식 등과 관련해서 그 시각을 정확히 예측하는 것보다 수성하는 것이 중요하다고 주장했다.[25]

조선 유학자들도 재이, 점술, 풍수 등에 대해 이들 중국 학자들과 비슷한

---

20) 張永堂, 「梅文鼎對術數的態度」, 『明末淸初理學與科學關係再論』(臺北: 學生書局, 1994), 265~284쪽.

21) "曆學大著, 則機祥小數無所依託, 而自不得行.": 梅文鼎, 『績學堂詩鈔』 권2, 「學曆說」: 『續修四庫全書』 第1413冊, 357쪽 ; "若曆學旣明, 則人人曉然于其故. 雖有異說而自無 所容.": 같은 책, 358쪽.

22) 張永堂, 「梅文鼎對術數的態度」, 272~273쪽.

23) 張永堂, 「梅文鼎對術數的態度」, 276~277쪽.

24) "交食雖躔度有常, 推步可致, … 是則常中之變. 不可謂非變也. 旣屬災變, 卽宜視爲譴 告, 側身脩省 …": 「交食曆旨」 권1: 『新法算書』(文淵閣四庫全書本) 권64, 1a~b.

25) "日蝕之類所重, 在於修省. 至於時刻小差, 原非所重.": 「曆學疑問補」(梅氏叢書輯要 本), 2.18b. 매문정은 풍수술의 경우에도 '덕을 닦는'(修德) 것을 중요하게 여겨서 만약 그렇지 않으면 길한 땅도 복을 누리지 못한다고 주장하기까지 했다. "雖有吉地, 而無德以承之, 則亦不能享.": 梅文鼎, 『績學堂詩鈔』 권5, 「書地理集解後」: 『續修四庫 全書』 第1413冊, 424쪽 ; 張永堂, 「梅文鼎對術數的態度」, 277~279쪽.

'용인'의 태도를 보였다. 예컨대 이이李珥(1536~1584)는 "사람의 마음이 바르면 천지의 마음도 바르고 사람의 기가 순順하면 천지의 기도 순하다"고 주장하면서 「천도책天道策」의 상당 부분을 재이에 대한 내용으로 채웠으며,26) 송시열宋時烈(1607~1689)은 주희의 「산릉의장山陵議狀」을 인용하면서 풍수의 리가 없는 것이 아니라고 주장했다.27) 이 같은 경향은 정약용에게 많은 영향을 미친 이익李瀷(1681~1763)에게서 잘 드러났다.28) 그는 다스리는 자의 행동이 바르고 바르지 못한 데 따라 자연현상이 고르기도 하고 그렇지 않게 되기도 한다는 전통적 재이론의 믿음을 완전히 거부하지 않았으며,29) 일식이 일어나는 것을 설명하고 예측할 수 있다고 믿고 사람의 잘못된 행동이 일식을 부르는 것이 아니라고 주장하면서도 그럼에도 불구하고 일식이 태양의 액운厄運인 이상 사람에게 영향을 줄 수밖에 없다는 생각을 버리지 않았다.30) 그는 또한 술가術家들이 길흉을 따지는 일을 완전히 배척하지는 않았고 사람이 타고난 '기수氣數'의 길고 짧고 맑고 탁하고 두껍고 얇음에 따라 그의 상황이 정해진다는 '천명天命'의 관념도 거부하지 않았다.31) 그는 택일擇日의 이론에 대해서도 『주역』, 『좌전左傳』, 『서경書經』과

---

26) "人者, 天地之心也. 人之心正, 則天地之心亦正. 人之氣順, 則天地之氣亦順矣.": 「天道策」, 『栗谷先生全書』 권14: 『한국문집총간』 44집, 310上. 예컨대 그는 "愚聞, 人君正其心以正朝廷, 正朝廷以正四方, 四方正則天地之氣亦正矣. 又聞, 心和則形和, 形和則氣和, 氣和則天地之和應矣. 天地之氣旣正, 則日月安有薄蝕, 星辰安有失躔者哉. 天地之氣旣和, 則雷電霹靂, 豈洩其威, 風雲霜雪, 豈失其時, 陰霾戾氣, 豈有作孽者哉."라고 이야기하기도 했다: 같은 글: 『한국문집총간』 44집, 312下.

27) "夫堪輿之說, 自不知者言, 則似爲茫昧, 然理無不在, 則豈以對天之地而獨無之哉. 朱夫子窮深極微, 洞見無礙. 故其論山陵議狀, 有曰. 祖塋之側, 數起土功, 以致驚動, 亦能挺災. 夫起土功於傍近, 以動先靈, 猶且挺災. 況遷移塋域之際, 其爲驚動何可言哉. …": 「熙政堂奏箚三」, 『宋子大全』 권18: 『한국문집총간』 108집, 430下~431上.

28) 술수와 재이에 관한 이익의 생각에 대해서는 박권수, 「術數와 災異에 대한 李瀷의 견해」, 『성호학보』 3호(2006), 99~134를 볼 것.

29) 『星湖僿說』 권3, 「雲漢」.

30) 『星湖僿說』 권2, 「日食」.

192   정약용의 문제들

같은 경전에 기재되어 있다고 하여 그것을 거부하지 않았으며,32) 점치기나
'성명星命'과 같은 술수들도 경전과 그 해석에 근본한 것이므로 탐구해야
한다고 주장했다.33) 때로 이익은 택일, 상지相地 같은 술수들에 대해 이야기
하면서 주희가 이사移徙나 매장埋葬과 같은 일을 두고 금기禁忌의 날을 피한
것을 자주 예로 들었고34) 그 같은 금기에 "구애받지 말아야 하지만 만약
피할 수 있을 경우에는 그러는 것이 좋다"고 이야기했다.35) 그 외에 홍대용洪
大容(1731~1783)도 대체적으로는 재이론을 비판했지만, 사람과 땅의 기가
그 조화를 이루지 못하고 상도常道를 잃으면 혜성과 같은 현상이 일어나며
우레가 정직한 사람은 두려워하고 사악한 사람을 좋아한다고 이야기하기까
지 했다.36)

2. 술수와 미신에 대한 정약용의 양면적 태도

앞 절에서 주희 이래 유학자들이 미신과 술수, 기이한 현상들에 대해
지녔던 태도를 살펴보았는데, 정약용도 근본적으로 이들이 보였던 양면적
태도로부터 벗어나지 않았다. 다만 정약용의 경우에는 이들 유학자들에
비해서 미신과 술수를 비판하고 거부하는 정도가 더 강했다. 정약용의
비판의 정도는 주희의 경우보다 더 강했고 따라서 주희 이래 있어 온

---

31) 『星湖僿說』 권3, 「造命」.
32) 『星湖僿說』 권1, 「先後甲庚」.
33) 『星湖僿說』 권26, 「郭璞李淳風」.
34) 『星湖僿說』 권3, 「合葬」; 권7, 「陰陽家」 등.
35) "須不拘拘, 苟可以忌避, 亦可爲也.": 『星湖僿說』 권7, 「陰陽家」.
36) "惟人地之氣. 極其和而成者. 慶星之類也. 人地之氣. 失其常而成者. 彗孛之類也.":
    『湛軒書』 內集 補遺, 「毉山問答」, 4.27a: 『한국문집총간』 248집, 95上 ; "夫雷者,
    其性剛烈, 其氣奮猛, 違避正直, 必就邪沴. 蓋正直者, 雷之所畏. 邪沴者. 雷之所嗜.":
    같은 책, 4.28b: 『한국문집총간』 248집, 95下.

미신과 술수에 대한 '용인'의 태도가 정약용에게서는 반전되었음을 알 수 있다.

1) 술수와 미신에 대한 비판

정약용은 복서卜筮, 관상觀相, 점성占星 등에 대해 이것들이 술수術數를 행해서 사람들을 '혹惑'하는 것이지 '학學'이 아니라고 하여 배격했다.[37] 특히 그는 각종 점치는 일을 비판했는데, "우리 [유가의] 도道의 시비是非를 어찌 서죽筮竹이나 거북[껍질]에 물을 수 있겠는가"라고 반문했다.[38] 그는 또한 사람의 관상(相)이 그의 습관(習)을 미리 정해 준다는 생각을 거부하고 "그의 습관이 오래 됨에 따라 그 성性이 날로 바뀌게 되고 참으로 그 안에 있는 것이 밖으로 나타나서 관상이 그에 의해 변하는 것"이라고 설명했다.[39]

정약용은 재이災異에 대한 믿음도 받아들이지 않았다. 특히 그는 하늘에서 일어나는 현상들이 군주에 대해 상서로운 조짐이거나 흉한 조짐을 나타내 주는 것이라는 생각을 배격했다. 예를 들어 그의 생각으로는 일식이나 월식은 재앙의 조짐이 아니었다.[40] 그는 만약 일식과 월식이 정말로 하늘이 군주에게 내리는 경고라고 한다면, "[사람들이 그것들이 일어나는] 시각을 조금의 차이도 없이 정확하게 미리 알 수 있는데, [과연] 이런 리가 있을 수 있는가?" 하고 반문했으며,[41] 초하루에서 벗어나 초이틀이나 그믐날 일식이 일어나는 것을 군주의 폭급暴急하거나 나약한 행위 때문으로 보는

---

37) "卜筮看相星耀斗數之等, 凡以術數衍者, 皆惑也. 非學也.":「五學論五」: 전서 I.11.23b.
38) "吾道是非豈可質問於蓍龜乎.":『中庸講義補』: 전서 II.4.258b.
39) "蓋以其習日遠而其性日遷. 誠於其中, 達於其外, 而相以之變. 人見其相之變也而方且曰, 其相如是也, 故其習如彼也. 噫其舛矣.":「相論」: 전서 I.11.13b.
40) "日月交食有躔次. 此非災也.":「上仲氏」: 전서 I.20.24b.
41) "或以日月之食勉戒於君上, 夫名曰災異, 而豫知時刻不此毫髮, 有是理乎.":『中庸講義補』: 전서 II.4.23a.

정약용의 문제들

믿음을 비판하고 역법 계산의 오류 때문에 그런 경우가 생기는 것이라고
설명했다.42) 그는 또한 특정한 별들이 국왕, 후비后妃, 태자 등의 명운命運에
영향을 준다는 믿음을 거부했고43) 하늘의 별자리들이 지상의 일정한 지역
에 영향을 준다는 분야설分野說도 비판했다.44) "별들의 움직임은 모두 정해진
도수度數를 지니고 있고 이를 어지럽힐 수가 없다"는 것이었다.45) 따라서
그는 역대 정사正史의 천문지天文志와 오행지五行志들이 "견강부회하고 근거가
없는" 내용들을 담고 있다고 말했다. 역서曆書에도 둘째 쪽의 '연신방위지도年
神方位之圖'와 마지막 쪽의 '천은천사天恩天赦'는 '사설邪說'이므로 제거하고 그
대신 절기, 일월식, 일출일몰 등의 시각을 기재해야 한다고 주장했다.46)

정약용은 풍수술도 강력히 비판했으며「풍수론風水論」이라는 글 5편 이외
에, 고금의 풍수에 관한 논의들을 모아 그것들에 대한 자신의 비판적 견해들
을 담은『풍수집의風水集議』라는 책을 지었다.47) 물론 그는 "산과 물이 둘러싸
고 풍기風氣가 온축蘊蓄하면 거하는 자가 안온安穩하여 사람들이 자연스럽게
[그 같은 땅을] 취한다. … [좋은] 땅을 골라 장사지내는 것은 인정이다"라고
해서 풍수의 밑바탕이 되는 정서를 받아들였지만, "이는 땅이 좋아 사람들이
이를 취하는 것이지, 사람이 [그 같은 땅을] 취함에 따라 땅이 베푸는
것은 아니다. … 어찌 지력地力이 음덕蔭을 베푸는 것이겠는가"라고 말했다.48)

---

42) "二日食晦日食, 皆由曆法疏舛也. 先儒以爲君行暴急則日行疾, 故二日食. 君行儒弱則
    日行遲, 故晦日食. 何休云何其誣矣.":『春秋考徵』권4,「災異」: 전서 II.36.34b.
43)『春秋考徵』권4: 전서 II.36.18a.
44)「地理策」: 전서 I.8.3a. 분야설에 대해서는 이문규,『고대 중국인이 바라본 하늘의
    세계』(문학과지성사, 2000), 제1장을 볼 것.
45) "天文五行志, 歷世傳會無一驗者. 星行咸有定度, 不可相亂. 又何惑焉":「五學論五」:
    전서 I.11.23a~23b.
46) "今曆書第二張, 有所謂年神方位之圖. 篇末有天恩天赦一張. 皆邪說也. 臣謂去此二張,
    代補二張. 開列八道布政司, 節氣時刻, 日月交食時刻, 日出入時刻.":『經世遺表』권1,
    「天官吏曹第一 觀象監」: 전서 V.1.7a.
47)「風水論 1~5」: 전서 I.11.30b~32b ;『風水集議』: 전서 III.24.1a~39a.

또한 그는 때로 풍수가 실제로 효과를 나타내는 것으로 보이는 경우들이 있을 수 있음을 인정하고 그런 경우들—어린아이가 병이 걸려 그 조상의 무덤을 파 보면 과연 시체에 훼손이 되어있음을 보게 되는 경우 등—을 예로 들었지만, "이 때문에 세상 사람들이 끝내 미혹되어 깨닫지 못하는 것"이라고 한탄했다.49)

풍수에 대한 정약용의 거부는 매우 단호했으며 그는 여러 가지 측면에서 풍수의 믿음과 실천들을 비판했다. 예컨대 그는 높은 지위나 능력을 지닌 사람이 살아서 명당明堂에 거하면서도 자손을 비호하지 못하는데 "무덤 속의 마른 뼈"가 좋은 위치에 있다고 해서 자손에게 복을 내릴 수는 없다고 주장했으며,50) 방위의 상충相衝, 상합相合 여부에 따라 길흉을 판단하는 것은 "꿈속에서 또 꿈을 꾸고 속이는 중 또 속이는 것"이라고 이야기했다.51) 또한 그는 "[풍수에] 비록 리理가 있다고 해도 군자는 하지 않[아야 하]는 것인데 하물며 그러한 리가 전혀 없는데 [어찌 할 수] 있겠는가"라고 반문하기도 했다.52) "풍수의 리理가 있다고 하는 것도 불가하고 없다고 하는 것도 불가하다"는 식으로 풍수에 대해 모호한 입장을 취하는 사람들에 대해, 그는 "논쟁을 이와 같이 결말짓는 사람은 선비라고 하기도 어렵다"고 말했다.53)

---

48) "山水環合風氣蘊蓄, 則居者安穩, 故人自就之. 此地美而人就之也. 非人就而地發之也. … 豈地力之發蔭哉. 大抵擇地而葬, 人情也.": 『風水集議』「朱晦菴葬說」: 전서 III.24.6b.

49) "嗚呼. 此世之所以終迷而莫之悟也": 「風水論四」: 전서 I.11.31b.

50) "英豪桀特之人, 聰明威能足以馭一世而役萬民者, 生而坐乎明堂之上, 猶不能庇其子孫, 或殤焉或廢疾焉. 塚中槁骨, 雖復據山河形勢之地, 顧何以澤其遺胤哉.": 「風水論一」: 전서 I.11.30b.

51) "所謂入首剝換之勢, 龍虎砂角之形, 與所謂得水破者, 無不以其方位之所相衝相合而辨其災祥. 故地師見人家譜牒, 有繪其先祖之墓地者, 皆一見縣斷其吉凶. 嗟乎. 此夢之中又夢, 罔之中又罔也.": 「風水論三」: 전서 I.11.31a~31b.

52) "雖有理, 君子不爲. 況萬萬無此理哉": 「風水論一」: 전서 I.11.30b.

정약용의 문제들

정약용은 특히 당시 풍수술의 만연으로 빚어진 폐해들을 자주 지적했다. 예를 들어 그는 풍수술 때문에 잦은 산송山訟이 빚어지고 농지 훼손이 심화되는 등의 문제를 지적하면서 이를 금해야 할 것이라고 주장하고,54) 해안의 성을 쌓는 데 있어 "용병用兵의 세勢"보다는 '용세수법龍勢水法' 등 풍수에만 의존하는 폐해를 지적했으며,55) 이 같은 폐단을 빚는 풍수와 점복을 주업무로 하는 관상감의 지리학, 명과학을 폐지할 것을 주장하기까지 했다.56)

풍수를 비판하는 것을 주 내용으로 하는 「풍수론風水論」에서 정약용은 사람들의 눈을 속이는 여러 가지 '환술幻術'들에 대해서도 함께 이야기했다. 그는 박지원이 『열하일기熱河日記』에서 환술을 보여 돈을 버는 20여 가지 사례를 기록한 것을 언급하고 "이것들[이 사람을 속이는 환술에 지나지 않는다는] 리理를 알면 이것[즉 풍수]도 망녕된 것임을 깨달을 것"이라고 하여 풍수술을 그런 환술과 같은 종류인 것으로 생각했다.57) 그 같은 술수들이 효과를 지니는 것으로 보이는 경우들이 있는 데 대해 정약용은 다음과 같이 설명했다.

귀물鬼物이 사람을 희롱하는 것 중 어떤 경우는 우연히 그렇게 된 것을

---

53) "有爲曠達之論者曰. 風水之理, 曰有則不可, 曰無亦不可. 嗚呼折訟如此, 其亦難乎其爲士矣": 「風水論五」: 전서 I.11.32a.

54) "今人惑於風水. 山無空穴, 乃於平地別格裁穴. 良田沃土, 廢爲封域, 王土日蹙, 實非細故. 每當改量之日, 士大夫墓域, 皆以陳免. 非賢牧之所宜許也.": 『牧民心書』 권4「戶典 六條. 田政」: 전서 V.19.43b ; 오상학, 「다산 정약용의 지리사상(地理思想)」, 『茶山學』 10(2007), 105~131쪽 중 126~127쪽.

55) "沿邊諸城, 皆朝夕待變之地. 其占地, 宜唯用兵之勢, 是度是觀. 而風水之說, 久已惑亂. 凡相邑基者, 皆唯龍勢水法. 是拘是逐.": 『經世遺表』 권2, 「冬官工曹 修城司」: 전서 V.2.30a.

56) "臣謂地理學命課學, 自今停罷. 不復選取.": 『經世遺表』 권1, 「天官吏曹 觀象監」: 전서 V.1.6b.

57) "知此理則悟此妄矣": 「風水論四」: 전서 I.11.31b.

재앙이나 복 [때문에 그렇게 된 것]이라고 말하는 것이고, 어떤 경우는 실제로 [그렇게 될 이유가 있어서] 그렇게 된 것을 기이하게 들어맞은 것으로 속이는 것이고, 어떤 경우는 원래 그런 재앙이 없는데 거짓으로 꾸며 만들어서 사람을 현혹시키는 것이다. 눈이 보는 바는 참으로 확실하고 틀림이 없지만 그 [실제] 사물은 허망한 것이다.58)

그는 이어서 자신도 여러 가지 기이한 능력을 지닌 '귀신들린 자(負魔者)'들을 보았다고 이야기하면서도, 그렇지만 그것들이 사실은 "모두 어지러운 귀물의 괴이함으로 일시적으로 눈을 현혹한 것인데, 어찌 이에 미혹될 수 있는가" 하고 반문했다.59)

2) 술수와 미신에 대한 '용인'

그러나 정약용이 오늘날 우리에게 미신으로 보이는 것을 모두 배격한 것은 아니었다. 우선 그는 미래의 일을 미리 알 수 있는 '전지前知'의 가능성 자체를 부정하지는 않았다. 예를 들어 그는 "귀신은 능히 [미래의 일을] 미리 알 수 있다"고 말했다.60) 그의 생각으로는 사람도 '전지'의 능력을 가질 수 있었다. 그는 사람이 "지극히 정성스러우면 하늘을 알 수 있고 하늘을 알면 [미래의 일을] 미리 알 수 있다"고 이야기하면서, 주공周公과 같은 성인의 '전지'와 사악한 술법과 '귀물鬼物'을 써서 꾀하는 '전지'를 구분했다.61) 특히 그는 모든 것을 '전지'에만 의존하여 무슨 일을 두고서나 '전지'의

---

58) "鬼物戲人, 或因其偶然而奏之爲災祟, 或因其實然而誘之爲奇中, 或本無此崇而幻造以眩人. 目之所眡眞確無錯, 而其物乃虛妄耳.":「風水論四」: 전서 I.11.31b~32a.
59) "是皆鬼幻之怪 以眩一時之目者. 奚惑焉":「風水論四」: 전서 I.11.32a.
60) "鬼神能前知":『中庸講義補』: 전서 II.4.58b.
61) "至誠則可以知天, 知天則可以前知. 故聖人能先天而天不違, 後天而奉天時. 周公知天. 故知周之必代商, 而不爲殷頑所動. … 所謂前知, 本指此類. 至於蜀山人董五經之徒, 皆挾邪術憑鬼物, 前知數日之事, 以誑愚俗, 豈所謂至誠之前知乎.":『中庸講義補』: 전

능력이 있는 자를 찾으려 드는 당시의 풍조를 비판했다.[62]

또한 정약용은 하늘의 현상들로부터 지상에서 일어날 일들을 예측할
수 있는 가능성을 완전히 배격하지 않았다. 그는 별들의 관측을 통해 바람,
비, 가뭄, 홍수 등을 예측할 수 있다고 생각했다. 예를 들어 「농책農策」에서
그는 "신이 일찍이 '성력星曆의 책'을 보니 여러 별의 '숨겨진 덕隱德'이 함께
끌고 당김이 있는 까닭에 바람, 비, 가뭄, 홍수를 두루 미리 예측할 수
있어서 어느 별이 어느 자리에 떨어져 있음으로부터 미루어 바람과 비가
어느 방향에서 일어날 것을 안다고 했습니다"라고 쓰고, 그 같은 '바른(正)'
방법들을 『무비지武備志』「점도재占度載」편에서 말하는 '점운占雲', '점기占氣'
같은 사술邪術들과 구분했으며, 이 같은 바른 방법들을 서운관書雲觀의 생도들
에게 가르치자고 주장했다.[63]

정약용이 재이 이론 전체를 거부하거나 재이의 현상이 앞으로 닥칠
일에 대한 조짐일 가능성을 전적으로 부인한 것도 아니었다. 실제로 그는
몇 가지 특이한 현상들이 불길한 조짐인 것으로 믿는 것처럼 보이기도
했다. 예를 들어 그는 혜성彗星은 어느 정도 불길한 조짐인 것처럼 이야기했다.
위에서 본 것처럼 일월식이 재이가 아니라고 단언하면서도 혜성의 경우에
는 "상례常例를 벗어난 것 중에서도 아주 특별히 어긋나는 것 같다. 그것이
길흉에 대한 응험應驗인지에 대해서는 비록 꼬집어 말할 수 없지만, 요컨대
무심히 넘겨버릴 일은 아니다"라고 하는 그의 이야기가 그 같은 그의
생각을 보여준다.[64] 또한 그는 하늘에 칼의 형상이 나타난 후 큰 기근이

서 II.4.49b.

62) "今也病不能前知, 必得一前知者以爲歸. 豈不惑歟.": 「五學論五」: 전서 I.11.23b.
63) "書曰, 星有好風, 星有好雨. 詩云, 月離于畢, 俾滂沱矣. 臣嘗觀星曆之書, 以爲諸星之隱
德竝有招攝, 故風雨旱澇俱可預度. 推某星之離于某躔, 卽知風雨之起于何方. 此與占
度載所稱占雲占氣之法. 邪正判異. 今宜令雲觀諸生, 肄習精學, 察其躔離, 預備水旱.
臣所謂步星躔以備天災者, 此也.": 「農策」: 전서 I.9.16a.
64) "日月交食, 明有躔次. 此非災也. 至於此物, 恐於常例之外特特乖象者. 其休咎應驗雖不

들었다는 외사外史의 기록도 혜성과 같은 것을 가리킨 것으로 생각했고, 실제로 1808년 혜성이 나타난 후 다음 두해 동안 큰 기근이 든 것을 언급하기도 했다.65) 그 외에도 그는 근래에 하늘에서 곡식이 내린 일, 뿔 달린 말이 나타난 것과 같은 괴이한 일들을 이야기하고 이런 "상서롭지 못한 것들(不祥之物)"이 나타난 것이 자신의 유배생활이 빨리 끝나지 않을 조짐일 수 있다고 걱정하기조차 했다.66)

정약용은 여러 가지 술수 기법들의 효과를 전적으로 배격하지도 않았다. 그는 자신의 건강을 염려하여 중형 정약전이 권한 도인법導引法에 대해 그것이 "분명히 이로움이 있지만 게으르고 산만해서 이를 행할 수 없는 것일 뿐"이라고 하여 그것이 효과가 있음은 인정했다.67) 또한 앞에서 언급했 듯이 그가 주희의 『참동계고이』를 공자의 『주역』 십익十翼과 함께 높이 평가한 것을 보면 거기에 담긴 내단의 양생법들을 받아들였음을 짐작할 수 있다. 그리고 비록 그가 풍수술은 배격했지만, 가옥의 여러 부분의 상대적 위치에 대한 일반적인 믿음－창문은 남으로, 벽은 북으로, 손님을 위한 계단은 서쪽에, 주인을 위한 계단은 동쪽에, 내당內堂은 북쪽에 외당外堂 은 남쪽에 있어야 한다는－을 받아들였고, 그것을 "음양의 자연스러운 세(陰陽自然之勢)"라거나 "건곤의 바뀌지 않는 리(乾坤不易之理)"라고 불렀 다.68) 또한 풍수설을 비판하면서 그는 "세상에는 썩은 뼈를 묻고 [저주하여]

可質言, 要之非無心之物.": 「上仲氏」: 전서 I.20.24b.

65) "嘗觀外史, 昔有人仰見碧落有刀劍之象, 知其地有大饑, 民果盡劉. 意者其人所見亦此 類. … 戊辰亦有此物, 己庚果有民劉之慘.": 「上仲氏」: 전서 I.20.24b~25a.

66) "今年三月十八日雨粟之異, 亦可怪也. … 此理比之彗星, 尤益難曉. … 曾於甲子四月, 於康津城中, 見有生角之馬. … 此身未歸, 見此二物, 可知其久矣. 始知古語皆有所 本.": 「上仲氏」: 전서 I.20.25a.

67) "道引法分明有益. 懶散不能爲此耳.": 「上仲氏」: 전서 I.20.24a. 정약전에게 보낸 또다른 편지에서 그는 "導引法必知其有益, 而十二年晨興夜寢, 惶惶於六經之事, 無暇爲此."라고 이야기하고 있다. 「答仲氏」: 전서 I.20.28a.

68) 「問東西南北」: 전서 I.9.3a.

정약용의 문제들

사람에게 화禍를 불러오는 자들이 있다. [그러나 그렇다고 하더라도] 어찌 썩은 뼈를 묻어 사람에게 복을 가져올 수 있겠는가?"라고 이야기했는데,69) 이는 썩은 뼈가 복을 가져오지는 못하더라도 화를 불러일으킬 수는 있다는 것을 그가 완전히 부정하지 않았음을 보여준다고 할 수 있다.

정약용은 오늘날로서는 '초자연적'으로 보이는 기이한 현상들 모두를 완전히 부정하지도 않았다. 예컨대 1806년 봄 경상도에서 한 어린아이가 옆구리로 태어났다는 이야기에 관한 글 「부협산자변剖脇産子辨」에서 그는 노자老子가 왼쪽 겨드랑이로 태어났고 석가釋迦가 오른쪽 옆구리로 태어났다는 이야기나 그 외의 비슷한 다른 이야기들에 관해 "이것들은 모두 부회傅會하여 꾸며낸 이야기들이어서 믿을 수 없다"고 말했지만, 그 중에는 실제 있을 수 있는 경우도 있으며 "[그와 같은] 리理가 없는 것은 아니다"라고 덧붙였고 정사正史에 기록된 그 같은 경우들을 언급하기도 했다.70) 물론 그는 설사 그런 일이 있었다고 해도 그렇게 태어난 사람들이 반드시 노자처럼 득도得道하거나 석가처럼 성불成佛한 것은 아님을 지적하고 "이는 사람이 요사하고 사물이 기이하여 종종 있는 것들인데, 어찌 어리석은 세상 사람들이 [그렇게] 쉽게 놀라는가"라고 말했지만,71) 사람이 그렇게 태어날 수 있을 가능성을 그가 전적으로 배제하지는 않은 것으로 보인다. 특히 그가 이런 식으로 정사에 기록된 사실 자체는 거부하지 않고 받아들였다는 점은 주목할 만하다. 월출산月出山의 흔들바위나 황산대첩비가 붉은 피의 색을 띠는 것에 대해서도 그것들에 대한 설명을 제시함으로써 그것들을 에워싼 미신적 믿음들을 배격했지만 그 같은 현상들 자체는 부정하지 않았다.72) 그는 심지어 성황신城隍神이 한 여인을 병들게 했다는 무당의

---

69) "世有薶骴以禍人者. 其有薶骴以福人者乎": 「風水論一」: 전서 I.11.30b.

70) "此皆傅會崇飾之說, 不足信. 然其中容有一眞, 非無理也.": 「剖脇産子辨」: 전서 I.12.19a.

71) "此不過人妖物異往往而有之者, 何愚俗之易驚也": 같은 곳.

이야기를 듣고 그 성황신의 토우土偶를 매질하여 강물에 버림으로써 병을 낫게 했다는 황우黃瑀라는 지방관의 이야기를 기록하기도 했다.[73]

미신과 술수, 기이한 현상들에 대해 정약용이 보여준 이 같은 태도는 혼란스럽다. 과연 정약용이 받아들일 수 있었던 것과 받아들일 수 없었던 것들을 구분지어 주는 경계선은 어떤 것이었을까? 물론 그 자신에게 위에서 본 여러 가지 현상이나 믿음들 중에서 어떤 것은 가능하고 어떤 것은 불가능하다고 판별해 줄 수 있는 근거가 존재하지 않았기 때문에 분명한 기준들을 통해 그 같은 경계선을 분명히 획정해 주기란 불가능한 일이다. 그러나 그럼에도 불구하고 몇 가지 측면을 이야기할 수가 있겠다.

우선 지적할 수 있는 것은 정약용이 받아들인 것과 받아들이지 않은 것들 사이의 경계선이 주희의 정통 신유학의 입장과 그다지 다르지 않다는 점이다. 물론 하늘(天), 귀신, 음양, 오행 등의 개념들이나 그 개념들 사이의 관계, 그리고 이들 개념들과 이 세상의 물체나 현상들 사이의 관계에 대한 정약용의 견해는 주희의 견해와 달랐다. 정약용에 이르러 위에서 든 개념들이 포괄하는 범위는 좁아졌고 그에 따라 그 개념들로 포괄하는 물체와 현상들의 내용도 달라졌다. 특히 그는 하늘 및 귀신 개념의 범주를 좁히는 과정에서 그간 이 개념들이 지녔던 자연현상과의 연관을 제거했다. 예를 들어, 주희에게 귀신은 '조화의 자취(造化之跡)'였고 많은 자연현상들을 포괄했는데 비해, 정약용에 이르러서는 주희의 '귀신' 개념이 포괄했던 이 같은 넓은 범위가 좁아져서 더 이상 '귀신'을 '조화의 자취'라고 해석할 수 없게 되고 그에 따라 자연현상들을 이야기하면서 '귀신'이라는 개념을 사용할

---

72) 「靈石辨」: 전서 I.12.16a~16b ; 「跋荒山大捷碑」: 전서 I.14.21b ; 오상학, 「다산 정약용의 지리사상」, 113쪽.

73) "黃瑀知永春, 丞有女病, 若有物憑之者. 巫曰, 故邏卒某也, 死而役於城隍之神, 實爲祟. 瑀怒曰, 是安敢然. 杖其土偶, 而投之溪流. 女病卽愈.": 『牧民心書』권7, 「禮典六條 祭祀」: 전서 V.22.22a.

수 없게 되었다.74) 그러나 물체와 현상들 자체에 대한 그의 생각은 주희의 생각으로부터 별로 달라지지 않았다. 예를 들어 정약용에게 비, 이슬, 서리, 눈, 바람과 같은 현상들은 더 이상 '귀신' 개념으로 포괄되는 현상이 아니었지만, 그럼에도 불구하고 그가 그 현상들을 '조화의 자취'라고 하는 것을 부정하거나 이들 현상들 자체에 대한 주희의 설명을 부정한 것은 아니었던 것이다.75)

한편 정약용의 생각 속에서 그동안 하늘, 귀신 등에 연관지어졌던 우주론적 의미들이 제거됨에 따라 이것들에 대한 그의 태도가 종교적인 믿음과 비슷하게 되었음을 보게 된다. 하늘이나 귀신과 같은 것들에 대해서 주희와 같은 식의 '합리적'인 설명을 가하거나 논의를 행하려고 한 것이 아니라 그것들을 그냥 믿고 섬기게 되었던 것이다. 예컨대 정약용에 의해 자연현상들과의 연결이 단절된 귀신은 이제 주로 제사의 대상으로만 남게 되었다.76)

또한 정약용이 받아들인 것과 받아들이지 않은 것 사이의 구분이 이론적이기보다는 현실적, 실용적 차원에서 이루어졌다는 점도 지적할 만하다. 우선 그는 믿을만한 출처에 기록된 사실들은 받아들였다. 특히 경전經典에 기록된 사실들을 그는 받아들였다. 아래에서 보게 될 것처럼 『주역』점을 그가 받아들일 수밖에 없었던 이유도 근본적으로는 그것이 『주역』이라는, 유학자로서는 받아들일 수밖에 없는 경전에 바탕했기 때문이었다. 또한 앞에서 보았듯이 정사正史에 기록된 사실들을 그는 받아들였다. 그는 사람들

---

74) 주희의 귀신 개념에 대해서는 김영식, 『주희의 자연철학』, 5장을 볼 것.

75) 『中庸講義補』: 전서 II.4.61b~62a.

76) 김현, 「조선 유학에서의 귀신 개념」, 한국사상사연구회 편, 『조선 유학의 자연철학』 (예문서원, 1998), 349~418쪽 중 403~408쪽. 물론 그는 有形의 인물이나 물체에 대한 제사는 배격하고 無形의 靈明에 대한 제사만을 인정했다. 日月星辰이나 山林川澤에 대한 제사도 유형의 해와 달, 별, 산림, 강 등이 아니라 그것들을 관장하는 '明神'을 대상으로 한 것이었다. "周禮祭日月星辰. 祭山林川澤. 皆所以祭明神之司是物者. 非以彼有形之物. 指之爲神也.": 『春秋考徵』 1, 「吉禮 郊三」: 전서 II.33.13b.

사이에 실제로 행해지고 효과가 있어 보이는 것들도 거부하지 않았다. 그러나 그는 황당하고 신비스러워 보이는 것들을 거부했으며 실체는 없이 사람을 속이는 것으로 생각되는 것들은 받아들이기를 거부했다.[77]

3. 『주역』과 『주역』점

미신과 술수, 기이한 현상들에 대한 정약용의 태도에서 나타나는 양면성은 『주역』점을 두고서 특히 두드러진다. 위에서 본 것처럼 한편으로는 전지前知의 가능성을 받아들이면서도 다른 한편으로 복서卜筮를 배격했던 그는 『주역』점을 두고서도 그 가능성은 받아들이면서 자신은 『주역』점을 치지 않았다. 이 절에서는 『주역』점에 대한 그의 태도를 자세히 살펴보기로 한다.

1) 『주역』점

정약용은 『주역』점 자체를 부정하지는 않았다. 그는 잘못된 점치기를 비판하면서도 『주역』점을 통해 길흉을 알아볼 수 있는 가능성 자체를 부정하지는 않았던 것이다.

정약용은 『주역』이 원래 복서를 위한 책이었음을 분명히 했다. 『주역』은 성인이 "하늘의 명命을 청하여 그 뜻에 따르기 위해서 [쓴] 것"이었다.[78] 그리고 『주역』의 괘들은 그 같은 청에 하늘이 대답할 수 있도록 하기 위해 성인이 만든 것이었다. 그는 『주역』의 내용들도 복서와 관련지어

---

77) 그의 태도에서 볼 수 있는 이 같은 측면 때문에 오늘날의 시각에서 그가 미신적이고 초자연적인 것을 받아들이기를 거부한 것으로 보이게 한다. 그러나 그가 오늘날의 과학적 기준을 가지고 그런 판단을 내리고 있었던 것이 아님은 분명하다.

78) "聖人所以請天之命而順其旨者也.": 「易論二」: 전서 I.11.2a.

정약용의 문제들

해석했다. 예컨대 "하늘에 앞서도 하늘을 어기지 않으며, 하늘에 뒤져도 하늘의 때를 받든다(聖人先天而天弗違, 後天而奉天時)"라는 『주역』 구절(乾卦 文言)에 나오는 '선천先天', '후천後天', '천시天時'라는 표현들에 대해 그는 다음과 같이 해석했다. ―"하늘에 앞선다는 것은 점을 치지 않고 행하는 것이고, 하늘에 뒤진다는 것은 날짜를 점치고서 행하는 것이다. 성인이 하늘의 때를 받드는 것은 이같이 함에 지나지 않는다."[79] 물론 그는 『주역』의 내용에 '의리적義理的' 측면이 당연히 포함됨을 부정하지 않았다. 예를 들어 건乾 괘 '구삼九三'의 효사爻辭에 대해 설명하면서 그는 "이 효사는 덕을 향상시키고 학문을 닦는 데 쓰이는 것이고 점치기를 위한 것이 아니다"라는 것을 지적하고 『주역』은 처음부터 복서와 의리 양면을 지녔다고 말했다.

주공周公이 효사를 짓던 처음에 『주역』을 공부하는 사람들이 오로지 복서만을 주로 할까 걱정해서 특별히 '건' 괘 안에 이 한마디를 끼워넣어 학자들로 하여금 『주역』의 쓰임이 복서에만 멈추는 것이 아님을 알도록 했다. 따라서 공자가 『주역』을 주해할 때 많은 경우 의리義理를 주로 했지만 「단전彖傳」과 「대상전大象傳」은 그 근원이 문왕文王과 주공으로부터 나왔고 공자로부터 시작한 것이 아니다.[80]

그가 『주역』은 "성인이 '개과천선改過遷善'하는 책"이라고 말한 것도 이 같은 의리적 측면을 보여준다.[81] 그러나 정약용은 『주역』의 이 같은 의리적

---

79) "易曰, 聖人先天而天不違, 後天而奉天時. 先天者, 不卜不筮而行之也. 後天者, 卜日筮日而行之也. 聖人之奉天時, 不過如此. 卜筮之法, 假如行軍則先以人謀定某月某日, 乃詢卜筮, 占其吉凶, 吉則曰得天時, 整旅行師, 凶則已之.": 『孟子要義』 권1: 전서 II.5.26b ; 금장태, 「정약용의 역 해석에서 복서의 방법과 활용」, 370~371쪽 참조할 것.

80) "此詞爲進德修業之用, 非爲筮也. … 周公撰詞之初, 蓋恐學易者專主卜筮. 特於乾卦之內, 挿此一繇, 使學者知易之爲用不止於卜筮也. 故孔子解易, 多主義理. 彖傳大象傳其源出於文王周公, 非自孔子始也.": 『周易四箋』 권1: 전서 II.37.39b~40b.

측면도 복서적 측면과 당연히 서로 연결되어야 한다고 생각했다. 따라서 그는 『주역』을 의리적 관점으로만 일방적으로 해석하면 "어긋나고 서로 맞아들지도 않을" 것이며, 결국 "백성들의 쓰임에 미리 대비하게 할 수도 없게" 될 것이라고 주장했다.

> 이제 [『주역』 상하] 2편과 64괘, 386효의 사詞를 한가지로 하늘과 사람의 성명性命의 리理에 귀착시키고 거기에 그 진퇴존망의 뜻이 저절로 깃들게 하려고 원한다면, 그 어긋나고 서로 맞아들지 않음을 자주 보게 될 것이다.[82]

> 『주역』의 도道는 크게는 하늘과 땅을 모두 망라하고 작게는 무巫와 의醫를 공부할 수 있는 것이다. 450개의 [단사 효사의] 말辭들을 모두 큰 의리에 귀착시키려고 원하면 백성의 쓰임에 앞장서게 할 수 없게 된다.[83]

정약용은 성인이 괘들을 만들어낸 과정에 대해 「역론易論」에서 자세히 기술했다.

> 비록 성인이 절절하게 청한다 해도 하늘이 곡진하게 명할 수가 없다. 그런 즉 비록 하늘이 성공할 것임을 알려주어 권하여 행하게 하고자 해도 할 방법이 없고 또한 비록 실패할 것임을 알려주어 말려서 하지 못하게 하고자 해도 역시 방법이 없다. 성인이 이를 안타까이 여겨 밤낮으로

---

81) "周易一部, 是聖人改過遷善之書也. 故謂其占之善變者曰悔. 悔者改過勿憚之名也. 謂其占之不變者曰吝. 吝者改過不肯之名也.": 『周易四箋』 권1: 전서 II.44.3b ; "易者, 聖人所以改過而遷義也.": 『周易四箋』 권1: 전서 II.37.28a ; 금장태, 「정약용의 역 해석에서 복서의 방법과 활용」, 373~375쪽 참조할 것.

82) "今欲以二篇六十四卦三百八十六爻之詞, 一以歸之於天人性命之理, 而欲以自寓其進 退存亡之義, 則多見其鉏鋙枘鑿而不相投合也.": 『易學緖言』 권4: 전서 II.48.26a.

83) "易之爲道, 大可以彌綸天地, 小可以學爲巫醫. 必欲以四百五十之繇, 悉歸之於大義理, 則不可以前民用也.": 『周易四箋』 권6: 전서II.42.42a.

정약용의 문제들

생각했다. 우러러 하늘을 보고 굽어 땅을 살피면서 하늘의 밝음을 이어받아 그 명命을 청할 방법이 있을 것을 생각했다. 하루 아침 기쁘게 책상을 치고 일어나서 "내가 방법이 있다"고 말했다.

그리고 나서 손으로 땅에 그려 홀수, 짝수, 강함과 부드러움의 형태가 되게 하고, "이것은 하늘, 땅, 물, 불이 변화하여 만물을 생기게 하는 상象이다"라고 말했다(이는 8괘이다). 이어서 그것들로 진퇴進退, 소장消長의 형세를 삼고서 "이는 4시四時의 상이다"라고 말했다(이는 12벽괘辟卦이다). 또 이것들을 취해 승강升降, 왕래往來의 모양을 삼고서 "이것은 만물의 상이다"라고 말했다(이는 50연괘衍卦이다).

이어 땅에 그린 것 중 홀수와 짝수, 강함과 부드러움의 형세가 되는 것을 취하고, 그 상을 음미하고 그 비슷한 바를 생각하여, 만약 비슷한 것을 얻으면 이름을 붙여 "이것은 말이고 저것은 소이다. 이것은 수레이고 저것은 궁실宮室이다. 이것은 창과 병기兵器이고 저것은 활과 화살이다"라고 말했다. 이를 기록하여 법식法式으로 삼고 하늘이 그 이름에 따라 사용하기를 바랐다.[84]

성인이 하늘의 명을 청할 방법을 구하는 과정에서 세상의 온갖 사물과 현상들의 상象으로 괘를 만들었다는 것이다. 그리고 정약용은 하늘이 인간에게 그 명을 고告할 때 이 괘들을 사용할 것이라고 믿었다.

---

84) "雖然聖人能切切然請之, 天不能諄諄然命之. 則天雖欲告之成而勸之使行, 末由也. 又雖欲告之敗而沮之使勿行, 亦末由也. 聖人是憫, 蚤夜以思. 仰而觀乎天, 頫而察乎地, 思有以紹天之明而請其命者. 一朝欣然拍案而起曰, 予有術矣. 於是以手書地, 爲奇偶剛柔之形曰, 此天地水火變化生物之象也(此八卦). 因以爲之進退消長之勢曰. 此四時之象也(此十二辟卦). 又取之爲升降往來之狀曰, 此萬物之象也(此五十衍卦). 於是取其所畫地爲奇偶剛柔之勢者, 玩其象憶其似. 若得其髣髴者, 而命之名曰, 此馬也彼牛也, 此車也彼宮室也, 此戈兵也彼弓矢也. 著之爲法式. 冀天之因其名而用之.": 「易論二」: 전서 I.11.2a~2b. (인용문에서 괄호 안은 原註임) 같은 내용이 『周易四箋』에도 실려 있다: 전서 II.40.15a. 금장태는 이를 "성인이 하늘의 뜻을 알아내는 방법을 찾기 위해 고심하는 과정"이라고 묘사했다. 금장태, 「정약용의 역 해석에서 복서의 방법과 활용」, 343쪽.

비록 사람이 세운 이름이고 하늘이 실제로 삼은 것은 아니지만, 만약 하늘이 나의 정성을 살피어 일을 알려주려고 원한다면 역시 대체로 내가 이름붙인 바에 따라 결국 이것들을 가져다 쓸 것이다.[85]

따라서 사람들은 괘를 통해 하늘의 명을 해석할 수 있는 것이다.

그렇다면『주역』점은 하늘과 인간의 소통에 근거하고 있다고 할 수 있다.[86] 그리고 정약용의 생각으로는, 이 같은 소통이 일어나는 것은 하늘이 점치는 사람의 정성에 감응하기 때문이었다. 위에서 인용한 "만약 하늘이 나의 정성을 살피어 일을 알려주려고 원한다면 역시 대체로 내가 이름붙인 바에 따라 결국 이것들을 가져다 쓸 것"이라는 그의 말이 이를 보여준다. 정약용은『주역』점에서 보게 되는 인간과 하늘의 소통은 하늘에 제사를 지낼 때도 일어난다고 생각했으며, 제사 과정에서 '진실됨(誠)'과 '정결함(潔)'을 통해 그 같은 소통이 이루어지면 "복이 하늘로부터 내린다"고 이야기 했다.[87] 이 같은 생각은 위에서 본 것처럼 기氣와 마음心의 상호작용을 받아들이는 유가 전통에서 얼마든지 가능한 것이었다.[88]

---

85) "雖人立之名, 非天之所以爲實. 然天苟欲鑑吾誠而告之故, 則亦庶幾因吾之所爲名而 遂以是用之也.":「易論二」: 전서 I.11.2b.

86) 김영우는 이것을 일종의 '天人感應'으로 보았다:「다산의 卜筮易 연구」, 254쪽(주26).

87) "祭祀之義, 唯誠唯潔, 故离以孚格.":『周易四箋』권4,「易例比釋下 祭祀例」: 전서 II.40.22b ; "离爲祉福也. 福自天降.":『周易四箋』권4,「易例比釋下 福例」: 전서 II.40.23b ; 금장태,「정약용의 역 해석에서 복서의 방법과 활용」, 369~370쪽.

88)『주역』점에 대한 이 같은 정약용의 태도는 그의 '上帝' 개념과도 부합된다. 김영우가 이야기하듯이 그것은 "인간 행위의 결과를 미리 예측하고 행위의 방향을 지시해 주는 상제에 대한 믿음을 전제로 성립하는 것"이었다(김영우,「다산의 卜筮易 연구」, 256쪽). 이런 면에서 금장태는 정약용이 "'복서'로서의 '역' 인식을 통해 『주역』의 신앙적 세계를 선명하게 드러내"준다고 지적했다(금장태,「정약용의 역 해석에서 복서의 방법과 활용」, 342쪽). 물론 이 같은 신앙적 측면은 기독교적 신앙과는 거리가 있었다. 그것은 오히려 "하늘이 어찌 말을 하겠는가? 四時가 운행하고 온갖 사물이 생겨나지만, 하늘이 어찌 말을 하겠는가?"(天何言哉. 四時行 焉. 百物生焉. 天何言哉.)라는『論語』의 구절(17.19)에서 볼 수 있듯이 직접 말을

정약용의 문제들

이 같은 『주역』점은 아무 때나 아무 일이나 두고 치는 것은 아니었다. 정약용은 성인이 어떤 경우에는 하늘의 명을 청하고 어떤 경우에는 청하지 않는지에 대해서도 자세히 기술했다.

무릇 일이 '공정公正의 선善'에서 나오고 하늘이 반드시 이를 도와 이루게 하고 복을 줄 것이라고 여길 수 있는 경우에는 성인은 더 [하늘의 명을] 청하지 않는다. 일이 공정의 선에서 나왔지만 때時와 세勢가 불리不利함이 있어 그 일이 어쩔 수 없이 어긋나고 하늘의 복을 받을 수 없게 될 경우에는 성인은 더 청하지 않는다. 일이 공정의 선에서 나오지 않았고 천리天理를 거스르고 사람들의 기강을 해칠 경우에는 비록 그 일이 반드시 이루어져 눈앞의 복을 바랄 수 있을 경우에도 성인은 더 청하지 않는다. 오직 일이 공정의 선에서 나오고 그 성패와 화복禍福을 미리 보고 헤아릴 수 없을 경우에만 비로소 [성인은 하늘의 명을] 청한다.[89]

실제로 정약용은 그 같은 정당한 경우의 점치기의 예로 『좌전左傳』, 『주례』, 『예기禮記』 등의 기록에서 임금을 세우거나 도읍을 옮기거나 전쟁을 하는 일을 두고 점을 친 경우들을 찾아 열거하는 「복서총의卜筮總義」라는 글을

통해서가 아니라 자연의 운행을 통해 자신의 뜻을 드러내는 하늘이라는 유가의 관념과 부합되는 것이었다(금장태, 「정약용의 역 해석에서 복서의 방법과 활용」, 343쪽).

89) "夫事之出於公正之善, 足以必天之助之成而予之福者, 聖人不復請也. 事之出於公正之善, 而時與勢有不利, 可以必其事之敗而不能受天之福者, 聖人不復請也. 事之不出於公正之善, 而逆天理傷人紀者, 雖必其事之成而徼目前之福, 聖人不復請也. 唯事之出於公正之善, 而其成敗禍福有不能逆睹而縣度之者, 於是乎請之也.": 「易論二」: 전서 I.11.2a. 금장태는 이 중 점을 칠 수 있는 경우에 해당되는 조건을 "동기의 정당성"과 "상황의 불확실성"이라는 말로 정리했다. 금장태, 「정약용의 역 해석에서 복서의 방법과 활용」, 350쪽. 주희도 정당한 점치기에 대한 비슷한 생각을 표현한 바 있다. "與人卜筮以決疑惑, 若道理當爲, 固是便爲之. 若道理不當爲, 自是不可做, 何用更占? 卻是有一樣事, 或吉或凶, 成兩岐道理, 處置不得, 所以用占. 若是放火殺人, 此等事終不可爲, 不成也去占. 又如做官贓汚邪僻, 由徑求進, 不成也去占.": 『朱子語類』, 73.1a.

짓기도 했다.90)

정약용은 이러한 조건을 만족하지 않는 부적절한 경우의 점치기에 대해서 비판했다. 특히 그는 일을 행하기 전에 점을 쳐서 하늘의 뜻을 따르겠다는 경건한 자세가 필요하다고 생각했고 따라서 이미 일을 시작한 후에 점치는 것은 "하늘의 기밀天機를 염탐하고 하늘의 뜻을 시험하는 것으로 큰 죄"라고 비판했다.91) 그는 또한 점치는 것이 '명을 받으려는 것(稟命)'인가 '명을 염탐하려는 것(探命)'인가를 가려 만약 염탐하는 것이면 그만두어야 한다고 하기도 했다.92) 한편, 일단 점을 쳐서 점사占辭를 얻은 후에는, 하늘의 명령을 따르는 태도가 중요했다. 점을 치는 사람은 "오직 명에 순응하여 메아리치듯이 명을 받으며 감히 사사로운 뜻으로 마음대로 하지 않는다"는 그의 이야기는 바로 이를 뜻했다.93)

정약용은 당시 사람들의 점치기가 이 같은 제대로 된 태도에서 벗어난 것으로 보았다. 그는 당시 사람들이 "본래 하늘을 섬기지도 않으면서 어찌 감히 복서를 하는가"라거나,94) "평소에는 원래 신神을 섬기지 않다가 단지 일에 닥쳐서만 복서를 해서 그 성패를 알아보니 하늘을 깔보고 신을 모독함이 심하다"라고 하면서 비판했다.95) 그는 자신의 시기에는 점치는 것이 이미 이런 상황이 되어버려서 더 이상 천명을 묻고 천명을 듣는 방법으로

---

90) 「卜筮總義」는 『易學緒言』 권4, 「卜筮通義」에 포함되어 있다. 전서 II.44.18a~19b.

91) "卜筮者, 所以稟天命也. 故將有爲將有行, 而卜之筮之. 後世之人, 旣有爲旣有行, 乃卜乃筮, 是探天機而試天意. 大罪也.":『周易四箋』 권8, 「繫辭上傳」: 전서 II.44.6b.

92) "然苟欲筮之, 須先查察, 曰是稟命乎是探命乎. 苟其探矣, 斯速已之.":『易學緒言』 권4, 「卜筮通義」: 전서 II.48.19b.

93) "唯命是順, 受命如響, 不敢以私意自恣.":『周易四箋』 권8: 전서 II.44.4a.

94) "今人本不事天 焉敢爲卜筮乎":「答仲氏」: 전서 I.20.15b.

95) "今人平居旣不事神, 若唯臨事卜筮以探其成敗, 則漫天瀆神甚矣.":『易學緒言』 권4, 「卜筮通義」: 전서 II.48.17a. 그 외에 喪을 당해서만 점을 치는 데 대해서도 "今人平日未嘗事天, 唯於葬時, 仰詢吉凶, 不已瀆乎.":『喪儀節要』 권1: 전서 III.21.36b라고 비판했다.

정약용의 문제들

복서를 사용할 수 없다고 생각했다. 예컨대 그는 "오늘날 사람들은 복서를 해서는 안되며 또한 음양가陰陽家를 취해 택일을 해서도 안 된다. 마땅히 존장尊長에게서 결단을 취해야 한다"고 말했다.96)

실제로 정약용 자신은 『주역』점을 치지 않았다. 위에서 본 것처럼 '하늘을 섬기는 것(事天)'이 점치는 일의 필수조건이라고 믿은 그는 "하늘을 섬기지 않는 사람들은 감히 점치기를 하지 않는데", 자신은 "지금 비록 하늘을 섬기기는 하지만 역시 점치기는 감히 하지 않는다고 말하겠다"고 했다.97) 더 나아가 그는 복서를 폐지해야 한다고 주장하기까지 했다. 그는 정약전에게 보낸 편지에서 자신이 1804년부터 10년간 『주역』 공부에 전력해 왔지만 한번도 『주역』점을 치지 않았다고 하면서, 자신이 "뜻을 얻으면 조정에 고하여 장차 복서를 엄금하는 데 빈틈이 없을 것"이라고 이야기했고,98) 「복서통의卜筮通義」에서는 "만약 어떤 사람이 역易의 예例에 [자신이] 이미 밝아서 점을 칠 수 있다고 말[하고 『주역』점을 행]한다면, 점의 징험이 들어맞지 않을 뿐 아니라 함정에 빠지는 일이 적지 않을 것이니 이것이 내가 크게 두려워하는 바"라고 말하고 "오늘날 올바름을 지키는 사람은 의당 복서를 폐해야 한다"고 결론지었다.99)

『주역』점이 고대에 성인이 하늘의 명을 청해 듣는 방법이었다고 인정하는 정약용이 이처럼 복서의 폐지까지를 주장한 주된 이유는 고대 이후의

---

96) "今人不可卜筮, 又不可取陰陽家擇日. 但當取裁於尊長也": 『易學緒言』 권4, 「卜筮通義」: 전서 II.48.16a.

97) "凡不事天者不敢卜筮. 我則曰今雖事天亦不敢卜筮.": 「答仲氏」: 전서 I.20.16a.

98) "我自甲子年專心學易, 而于今十年. 未嘗一日撲蓍作卦以筮某事. 我若得志 則告于朝廷, 將嚴禁卜筮之不暇.": 「答仲氏」: 전서 I.20.16a.

99) "若有人謂易例旣明可以行筮, 則不惟占險不合, 而其陷溺不少. 此余之所大懼也. 今人守正者, 宜廢卜筮": 『易學緒言』 권4, 「卜筮通義」: 전서 II.48.17a. 복서를 폐지해야 한다는 정약용의 이 같은 생각은 그로 하여금 『禮記』에서 복서의 기능을 규정하는 「曲禮」편이 아니라 그 폐단을 논하고 금지하는 「王制」편을 따를 것을 주장하도록 하기도 했다. 금장태, 「정약용의 역 해석에서 복서의 방법과 활용」, 352쪽.

복서의 타락이었다. 복서를 폐지해야 하는 이유를 묻는 이강회李綱會의 질문에 대해 그는 "복서의 뜻은 '하늘의 밝은 뜻을 받는(紹天明)' 것인데 … 진한秦漢 이래 복서가 사악한 술법의 우두머리가 되었다"고 답했으며,100) 「복서통의卜筮通義」에서는 "『좌전』의 여러 점들이 이미 복서의 원래의 뜻을 잃어버렸으며, 진한 시대 이후에는 점점 더 간사한 술법에 빠져 선왕의 원래의 뜻을 되찾지 못했다"고 이야기했다.101) 그리고 이렇게 복서가 타락해 버린 상황에서 이제 "점치는 법이 이미 사라졌으며, 법이 이미 사라졌으니 점을 칠 수가 없다"고 결론지었다.102) 그가 복서를 폐지해야 한다고 주장한 다른 이유도 있었다. 그는 고대에 시행하던 제도나 관행들도 현재의 상황에 맞지 않는 것들은 폐지해야 하며, 따라서 현재의 상황에서는 올바른 일을 두고서도 복서는 하지 않아야한다는 논지를 폈다.103) 그가 자신이 복서를 배격하는 것이 "오늘날의 복서가 고대의 복서가 아니어서가 아니며, 비록 문왕이나 주공이 오늘 세상에 태어난다고 해도 결코 복서를 사용해서 의문나는 일을 점치지는 않았을 것이니 이러한 사리事理는 후일의 군자들 또한 반드시 알아야 한다"고 이야기한 것은 그 까닭이었던 것이다.104)

---

100) "卜筮之義, 紹天明也. … 秦漢以來, 卜筮爲邪術之首.": 『喪儀節要』 권1: 전서 III.21.36b.

101) "左傳諸筮, 已非古義. 秦漢以下, 卜筮漸淪於邪術. 非復先王之本意.": 『易學緒言』 권4, 「卜筮通義」: 전서 II.48.17b. 「卜筮通義」의 마무리 부분에서 그는 춘추 시대 이후 복서가 타락해 가는 과정에 대해 다음과 같이 썼다. "總之. 卜筮之法, 其始也稟天命, 以前民用也. … 春秋之世, 此法已濫. 卜其身命者, 不出於榮祿位名之慕. 卜其謀議者, 不揆夫義利逆順之辨. 稟命之義逐晦, 而探命之志先躁. 則眩惑妖幻之術, 狡獪支離之說, 得以交亂於其間, 而不自覺其陷入於慢天瀆神之咎矣.": 『易學緒言』 권4, 「卜筮通義」: 전서 II.48.19b.

102) "筮法已亡矣. 法旣亡, 則無以爲筮.": 『易學緒言』 권4, 「卜筮通義」: 전서 II.48.19b.

103) "今人雖正事, 亦不宜卜筮. 古今異宜也. 祭不用尸, 田不畫井, 獨卜筮不可廢乎.": 『易學緒言』 권4, 「卜筮通義」: 전서 II.48.18a. 정약전에게 보낸 편지에 그는 다음과 같이 썼다. "古封建今不封建. 古井田今不井田. 古肉刑今不肉刑. 古巡守今不巡守. 古立尸今不立尸. 卜筮之不可復行於今世, 有甚於此數事.": 「答仲氏」: 전서 I.20.16a.

104) "此非謂今之筮非古之筮也. 雖使文王周公生於今世, 決不以卜筮稽疑. 此個事理, 後之

정약용의 문제들

2) 『주역』 연구

정약용은 이렇듯 자신의 시기에 와서 복서가 타락했고 현실 상황에도 맞지 않으므로 이를 폐해야 한다고 했지만 그럼에도 불구하고 그는 『주역』 공부에 많은 노력을 기울였으며 『주역사전周易四箋』이나 『역학서언易學緒言』과 같은 『주역』 연구서들을 집필했다.[105] 특히 그는 제대로 된 『주역』점법이 전해지지 않고 있다고 보고 『주역』점법을 복원하려는 노력을 기울이기도 했다. 그는 『주역사전』을 지으면서 「계사전繫辭傳」 중 점치기와 관련된 내용들을 추려내어 「시괘전蓍卦傳」이라는 별도의 '전傳'을 설정했으며,[106] 주희가 제시한 방법을 '후에 나온 법(後來之法)'이라고 부르면서 원래의 법에 바탕한 자신의 법과의 차이를 밝혔다.[107] 또한 그는 '추이推移', '물상物象', '호체互體', '효변爻變'의 이른바 '역리4법易理四法'을 중심으로 『주역』점의 이론 체계를 정리했다.[108]

이 같은 정약용의 『주역』 연구의 목적은 점치기를 위한 것이 아니었다. 비록 그가 『주역』이 복서를 위해 성인이 지은 책이라고 주장한 것은 사실이지만 그 자신의 『주역』 연구의 목적은 복서를 위해서가 아니라 경전經典으로

君子亦必知之": 「答仲氏」: 전서 I.20.16a.

105) 정약용의 『주역』 연구에 대해서는 李乙浩, 『茶山의 易學』(民音社, 1993) ; 金玉淵, 「茶山의 易學思想」, 尹絲淳 編, 『정약용』, 147~171쪽 등을 볼 것.

106) 전서 II.44.15a~27b, 「蓍卦傳」을 접한 정약전은 "美庸이 어떤 靈스러운 마음으로 오묘한 깨달음이 이에 이르렀는지 모르겠다. 사람으로 하여금 바로 미친 듯 울부짖고 어지러이 춤추게 한다"고 격찬했다("至於蓍卦傳, 尤是絶奇文字. 至於九六之辨, 妙妙奇奇, 言言字字, 殆如神授鬼指, 不可名狀. 不知美庸以何靈心妙悟至此也. 令人直欲狂叫亂舞也.": 『易學緒言』권4, 「玆山易柬」: 전서 II.48.30a). 「蓍卦傳」의 내용에 대한 논의는 금장태, 「정약용의 역 해석에서 복서의 방법과 활용」, 354~365쪽을 볼 것.

107) 「蓍卦傳」: 전서 II.44.18b.

108) '易理四法'에 대해서는 금장태, 「『周易四箋』과 정약용의 易해석 방법」, 『東亞文化』제44집(2006), 221~268쪽 중 249~263쪽 ; 김영우, 「다산의 卜筮易 연구」, 262~266쪽을 볼 것.

서의 『주역』의 뜻을 제대로 밝히려는 것이라고 분명히 말했다. "올바름을 지키는 사람은 의당 복서를 폐해야 한다"는 위에 인용한 언급에 앞서 그는 "내가 『주역』의 상象을 주해하고 해석하는 것은 경전(經)을 밝히기 위해서이다"라고 말했다.109) 그 같은 작업을 통해서 공자 이후 혼란스러워 진 『주역』 해석의 오류를 바로잡겠다는 것이 그의 생각이었던 것이다.110) 그는 또한 위에서 본 것처럼 복서의 법이 원래 "천명天命을 받아 백성의 쓰임에 미리 대비하게 하는 것"임을 분명히 했다.111) 그렇다면 정약용에게 『주역』은 실제 점치기를 위해서가 아니라 경전으로서의 올바른 의미, 그리고 그 속에 담긴 고대 성인의 뜻을 제대로 이해하기 위해 연구되어야 할 문헌이 된 것이다.

물론 '하늘의 명을 청하는' 데는 『주역』점만이 아니라 다른 점법들도 사용할 수 있었다. 예를 들어 그는 거북점(卜)에 대해서 "큰일을 만나 하늘의 명命을 청하고 하늘의 밝음을 이어받는 것으로 말하자면 『주역』[점] 보다 낫다"고 인정했다. 그러나 곧이어 그는 "만약 살아가면서 그 점사占辭들 을 음미하고 그에 바탕해서 그 진퇴와 존망의 까닭을 살펴 스스로 처處할 바를 아는 것으로 말하자면 오직 『주역』만이 그 같은 것을 지녔고, 따라서 성인에게는 오직 『주역』뿐이었다"고 덧붙였다.112) 『주역』이 지닌 이 같은 측면에 대해 그는 다음과 같이 말했다.

---

109) "余疏釋易象, 爲明經也.": 『易學緒言』 권4, 「卜筮通義」: 전서 II.48.17a.

110) 금장태, 「『周易四箋』과 정약용의 易해석 방법」, 267쪽. 그리고 그 같은 작업의 과정에서 정약용은 괘, 괘효사 등이 만들어진 과정에 대해 주희와 다른 해석을 제시하기도 했다. 김영우, 「다산의 卜筮易 연구」, 264쪽.

111) "卜筮之法, 其始也稟天命, 以前民用也.": 『易學緒言』 권4, 「卜筮通義」: 전서 II.48.19b.

112) "卜之兆也, … 故當大事, 以之請天之命而紹天之明, 則長於易. 若夫居而玩其辭, 因以審 其進退存亡之故, 而知其所以自處也, 則唯易有之. 故聖人唯易.": 『周易四箋』 권4, 「易 論」: 전서 II.40.16a. 같은 내용이 「易論二」: 전서 I.11.3a에도 나온다.

정약용의 문제들

역易의 도道됨은 크게는 천지를 두루 다스리고 이기二氣를 순조롭게 하고 4시四時의 질서를 잡을 수 있으며, 작게는 벼룩과 파리의 날고 뛰는 것을 살필 수 있다. 높게는 소장消長과 굴신屈伸의 리理를 증험하여 진퇴進退와 출처出處의 소이所以를 알 수 있으며, 낮게는 말, 소, 개, 닭의 얻고 잃음을 헤아릴 수 있다. 멀게는 귀신에 이르고 천명을 고찰하여 바람, 비, 가뭄, 홍수의 까닭을 알 수 있고, 가깝게는 부자, 군신, 부부의 변變을 적절하게 처리하여 귀, 눈, 입, 코, 사지四肢, 백체百體의 움직임 역시 그 징조를 미리 알 수 있다.[113]

이 인용문에서는 『주역』이 인간사와 자연세계를 포함한 세상 모든 일의 도리와 신비를 담고 있다는, 그리고 유자儒者는 그 같은 도리와 신비를 탐구해야 한다는, 정약용의 생각을 볼 수 있다.

『주역』에 담긴 뜻을 이처럼 사람이 밝힐 수 있는 것은 괘효사 등이 실제 사실에 근거한 것이기 때문이었다. 정약용은 "고대의 성인이 '실제 리(實理)'에 징험하여 점례占例를 삼았다"고 말했으며 '상극相克', '상생相生' 등의 설說은 후대의 술수가들이 첨가한 것이라고 덧붙였다.[114] 물론 성인은 '은밀한 말과 오묘한 뜻'을 그 단서만 은밀히 드러내어 사람들로 하여금 스스로 생각하고 스스로 깨닫도록 했다.[115] 그렇지만 정약용은 『주역』이 감추어지고(幽), 신비스럽고(神), 들여다볼 수 없고(不可窺), "그 '소이연所以然

---

113) "易之爲道, 大, 可以彌綸天地順二氣而序四時, 小, 可以察蚤蠅之飛躍. 尙之, 可以驗消長屈信之理而知所以進退出處, 卑之, 可以稽馬牛犬鷄之得喪. 遠之, 可以達鬼神考天命而識風雨旱澇之故. 邇之, 可以處父子君臣夫婦之變, 而耳目口鼻四肢百體之動, 亦可以前知其徵.": 『易學緖言』 권4: 전서 II.44.25a.

114) "古之聖人, 驗諸實理以爲占例. 而後之術數家增衍添補, 以爲相克相生之說耳.": 『周易四箋』 권1: 전서 II.37.34a.

115) "古之聖人, 凡微言妙義, 皆微發其端, 令人自思而自得之.": 「答仲氏」: 전서 I.20.16a. 정약용은 모든 것을 다 드러내 환히 알 수 있게 하면 재미가 없는데 자신의 『주역사전』은 너무 자세히 밝혀놓았음을 후회하기도 했다. "若無一隱晦, 昭然可見, 便無滋味. 今此易箋太詳太明. 是則所深悔也.": 같은 곳.

을 알 수 없는" 내용이라는 생각을 거부하고, "이는 [사람들의] 지식이 미치지 못해서이지 성인의 뜻이 아니다"라고 이야기했다.116) 그는 다음과 같이 말했다.

> 또한 『주역』에 무슨 감추어진 것이 있다는 말인가? [성인이] 괘를 만들어 양, 소, 말, 돼지 등의 상象을 비유하였고, '십익十翼'을 지어 그 추이推移와 왕래의 자취를 드러내 주었으며, [효爻를] '구九'나 '육六'이라고 불러 변동하고 흘러다니는 변용을 보여주었다. 점인占人이 [일의] 연고를 점치니 [그 일을 하는] 하급의 사士가 여덟 사람이고 서인筮人이 그 길흉을 판단하니 [그 일을 하는] 중급의 사士가 두 사람이다. [이렇게 하여] 나라의 의문을 매듭짓고 백성의 쓰임에 미리 대비하게 하니, 『주역』에 또한 무슨 감추어진 것이 있다는 말인가?117)

성인은 "백성들이 알 수 없는 일들을 만들어 내어 황홀하고 번쩍거리고 괴이하고 속이며 시작도 끝도 없이 그 실체를 환영처럼 변화시켜 어리석은 사람들 앞에 밀어 던져 그들이 놀라 경악하고 두려워 진땀을 흘리게 하는" 일은 하지 않는다는 것이다.118) 『주역』의 '의리적義理的' 측면에만 집착하여 "오직 큰 것만을 존중하고 유원幽遠한 것만을 힘썼으며 또한 그 번쇄하고 비근한 뜻을 훈고하여 허황함이 끝이 없"게 된 것이 후세에 『주역』 연구가 혼란스러워진 이유라고 그가 이야기한 것도 이 같은 태도를 보여준다고 할 수 있다.119)

---

116) "有不能達其奧而窮其蘊, 爲之徊徨瞻企, 而莫知其所以然者. 是其知之有所不及, 非聖人之志也": 「易論一」: 전서 I.11.1a~1b.

117) "且易亦何幽之有. 爲之設卦, 以喩其羊牛馬豕之象. 爲之翼傳, 以著其推移往來之跡. 爲之曰九而曰六, 以顯其變動遷流之用. 占人占其故, 下士八人, 筮人辨其吉凶, 中士二人, 以決國疑, 以前民用. 亦何幽之有.": 「易論一」: 전서 I.11.2a.

118) "設爲民所不可知之事, 恍惚閃倏, 瑰怪譎詭, 無端無倪, 變幻其體, 投而抵之于愚夫愚婦之前, 使其駭愕惶汗, … 聖人固如是乎.": 「易論一」: 전서 I.11.1b.

4. 상관적 사고

'초자연적'이고 '미신적'인 것들에 대한 정약용의 태도의 밑바탕에는 '상관적 사고'(correlative thinking)에 대한 그의 비판이 깔려 있다. 자연세계와 인간사를 포함해서 세상의 모든 것들을 몇 개의 범주들로 나누어 서로 연결시킬 수 있으며 같은 범주에 속하는 것들 사이에는 서로 상관관계가 있다고 보는 상관적 사고는 당시 조선 학자들 사이에 널리 퍼져 있었다.[120] 그러나 인간세계와 자연세계의 분리를 천명한 정약용으로서는 이 같은 생각을 거부하는 것은 당연했다. 그가 인간의 가치 및 믿음을 자연세계로부터 엄격히 분리한 것은 자연세계와 인간의 영역을 여러 가지 연관들을 통해 서로 연결시킬 가능성을 막았는데, 여러 미신적 믿음이나 술수들에서 자주 사용되었던 연관들은 바로 이런 종류였고 그는 이것들을 강력히 비판했던 것이다.

정약용은 상관적 사고의 대표적 예인 오행五行 이론을 비판했다. 오행 이론에 대한 그의 비판은 "'오행'이란 만물 중 다섯 가지 사물(物)에 불과한 즉 [그것들은 다른 것들과] 같은 사물"일 따름이고 따라서 이 같은 다섯 '행行'들로부터 세상의 모든 것들이 나왔다고 생각하기가 힘들다는 말로 시작했다.[121] 예를 들어 그는 정작 사람이나 동물의 몸을 잘라보면 그 속에는 피(血)와 기氣만이 있을 뿐 쇠붙이(金)나 나무(木) 같은 것들은 볼 수 없다는 점을 지적했다.[122] 그러나 오행 이론에 대한 그의 비판에서

---

119) "後之說易者, 唯大之尊之, 幽遠之爲務. 幷其瑣小卑近之旨, 而訓之爲河漢而無極也. 此易所以晦, 而聖人平實之敎歸於高妙神奇靈幻之法, 而莫之提悟者也.":『易學緒言』 권4: 전서 II.48.25a~25b.

120) 박권수,「徐命膺의 易學的 天文觀」; 문중양,「18세기 조선 실학자의 자연지식의 성격－象數學的 宇宙論을 중심으로」,『한국과학사학회지』21(1999), 27~57쪽.

121) "五行不過萬物中五物, 則同是物也. 而以五生萬不亦難乎":『中庸講義補』: 전서 II.4.3a.

122) "禮運曰, 人者五行之秀氣. 先儒所宗皆此一言. 今夫血氣之倫剖而視之, 不見金木等物.

더욱 중요한 점은 여러 가지 사물이나 관념들을 오행과 연관짓는 일이 억지스러운 견강부회의 경우가 많아서 그 같은 상관의 체계가 제대로 작동할 수 없다는 것이었다. 예를 들어 그는『서경』「홍범洪範」편 이후 받아들여져 온 대로 수水와 '적시고 아래로 향함(潤下)', 목木과 '굽고 곧음(曲直)', '금金'과 '따르고 변화시킴(從革)'의 속성들을 연관짓는 대신, 수는 '습하고 차가움(濕冷)', 목은 '부드럽고 올라감(柔升)', 금은 '단단하고 내려감(剛墜)'의 속성들과 연관짓는 것이 옳다고 주장했다.[123]

물론, 3장에서 지적했듯이, 정약용이 오행 이론을 거부한 데에 서양의 '4원소'(foure lements) 이론이 영향을 미쳤을 것임은 분명하다.[124] 그러나 4원소 이론이 정약용에게 미친 주된 영향은 그로 하여금 오행의 '다섯'이라는 숫자가 단지 임의적일 뿐 절대적이 될 수 없다는 점, 즉 이 세상 모든 사물과 현상을 이루는 기본적인 '행'–또는 '원소'(element)–의 가지 수가 반드시 다섯이어야만 할 필요는 없다는 점을 인식시켜 준 것이었다. 그의 말 대로 그 같은 가지 수는 "넷일 수도 여섯일 수도 여덟일 수도 있고, 거기에 무슨 깊은 리理가 감추어져 있지 않다."[125] 따라서 세상의 모든 것을 '다섯'이라는 임의의 숫자로 나누어 맞출 수는 없는데도 "반드시 이 셋을 저 다섯과 맞춰[어 연관지으]려 하면, 끝내는 어긋나서 맞지 않게 되는" 것이다.[126] 그렇다면 정약용의 비판은 근본적으로 상관적 사고에 바탕한 4원소 이론에도 똑같이 제기될 수 있는 것이었다. 사실 그가 이렇듯 오행설에 대해 비판했지만 그렇다고 해서 그가 서양의 4원소설을 분명하게

將於何驗得此理":『中庸講義補』: 전서 II.4.3a.

123) 『尙書古訓』권4: 전서 II.25.32a.

124) 예를 들어 1633년 출간된 예수회 신부 Alphonsus Vagnoni(高一志, 1566~1640)의 『空際格致』에는 五行중 金과 木에 대해 정약용이 제기한 비판과 비슷한 내용이 실려 있다.

125) "可四可五可六可八. 別無深理隱伏其中.":『尙書古訓』권4: 전서 II.25.31b.

126) "必以此三配於彼五, 終恐齟齬而不合矣.":『中庸講義補』: 전서 II.4.38a.

정약용의 문제들

받아들인 것도 아니었다.127)

상관적 사고에 대한 정약용의 이 같은 비판적 태도는 음양 이론과 관련해서도 마찬가지로 찾아볼 수 있다. 역시 그의 비판의 시작은 음과 양이 세상 모든 것의 원천일 수 없다는 점이었다. 예를 들어 그는 "음과 양이라는 이름은 햇빛이 비추고 가리워지는 것에서 나왔으며, … [음과 양은] 본래 체體와 질質이 없고 단지 밝음과 어두움만 있어서 원래 만물의 부모로 생각할 수 없다"고 이야기했다.128) 그러나 음양 이론에 대해서도 정약용의 비판의 주된 표적은 여러 가지 것들을 음양 두 가지에 연관짓는 일이 지니는 임의성이었다. 예를 들어 인仁, 의義, 예禮, 지智 등을 음양과 연관짓는 일의 임의성을 그는 다음과 같이 지적했다.

> [이런 일들은] 본래 융통성있게 보아야 마땅하며 반드시 [한가지로 고정되게] 분배해야 하는 것은 아니다. [인仁은 원래 양과 연관되지만] '살신성인殺身成仁'하는 것은 그 일이 음으로 보이고 '효성으로 봉양하여 인을 이루는 것(孝養成仁)'은 그 일이 양으로 보이며, [의義는 원래 음과 연관되지만] 목숨을 버리고 의를 취하는 것은 그 일이 건健(즉 양)과 같고 형兄을 따라서 의를 행하는 것은 그 일이 순順(즉 음)과 같으며, [예禮는 원래 양과 연관되지만] 상례喪禮와 군례軍禮는 음과 같고 빈례賓禮와 가례嘉禮는 양과 같다. 어찌 인과 예를 오로지 '강건剛健(즉 양)'에만 속하도록 하고 의義와 지智를 오로지 '유순柔順(즉 음)'에만 속하도록 할 수 있을 것인가? 이 모두가 반드시 그런 것은 아니다.129)

---

127) 예컨대 그는 水, 火가 곧 氣임을 알지 못했다고 하여 마테오 리치를 비판하기도 했다.「地水火風」:『與猶堂全書補遺』129上.

128) "陰陽之名, 起於日光之照掩. … 本無體質, 只有明闇. 原不可以爲萬物之父母":『中庸講義補』: 전서 II.4.3a.

129) "本當活看, 不必分配. 殺身成仁, 其事似陰, 孝養成仁, 其事似陽. 捨生取義, 其事似健, 從兄爲義, 其事似順. 喪禮軍禮似陰, 賓禮嘉禮似陽. 豈得以仁禮專屬之剛健, 義智專屬之柔順乎. 斯皆不必然者.":『中庸講義補』: 전서 II.4.3a.

근시나 원시와 같은 시력의 결함이 음이나 양이 부족해서 생긴다는 장개빈張
介賓(1563~1640) 등 중국 의학자들의 설을 거부하고 눈동자의 평평함과
볼록함을 통해 설명한 후에 그는 "이는 모두 눈앞에 분명히 드러나는
리理이니 무슨 일로 음양에 [가져다 대서] 이와 같이 어지럽히는 것인가?"라
고 비판했다.130) 그는 10간干~12지支의 '간지干支' 이론에 대해서도 비판했
다. 예를 들어 그는 종두법에 대한 자료들을 모아 엮은 책에서 시술하는
날의 간지에 따라 잡아매는 실의 색깔을 다르게 한다는 식의 내용을 '술기術家
의 부정不正한 설'이라고 하여 삭제해 버리기도 했다.131) '분야分野' 이론이나
여러 점치기 방법들에 대한 정약용의 비판의 밑바탕에는 주로 간지를
사용하는 상관적 사고에 대한 이 같은 비판적 태도가 깔려 있었다.

상관적 사고에 대한 정약용의 비판은 음양, 오행이나 간지와 같은 범주
체계들에만 향해진 것은 아니었으며, 그는 여러 가지 서로 다른 영역들이나
현상들 사이에 연관을 짓는 일도 비판했다. 예를 들어 도량형과 오성五聲의
율관律管을 합치시키려는 데 대한 그의 비판은 기본적으로는 아무런 관련이
없는 것들을 서로 연관지으려는 상관적 사고에 대한 비판이었다.132) 그의
견해로는 도량형 제도에서 필요한 것은 한 가지 표준을 정해서 모든 사람이
쓰도록 하는 것이지 거기에 무슨 "현묘玄妙하고 조화로운 리理"가 들어있는
것이 아니었던 것이다.133) 28수宿와 사방四方의 연관에 대해서도, 그는 28수

---

130) "此皆目前顯著之理. 于陰陽何事而若彼紛紛哉.":『醫零』,「近視論」(김대원,「丁若鏞
　　의『醫零』1」, 238쪽).
131) "有術家不正之說竝行劈破(如觀本日干支, 卽用絲異色.)":「種痘說」: 전서 I.10.12a(괄
　　호 안의 내용은 정약용의 原註임).
132) "何必使宮商淸濁之合乎律呂 而後始可以度長短量多寡衡輕重哉.":「度量衡議」: 전서
　　I.9.25b.
133) "爲之度量衡, 使其有節有準已矣. 烏覩所謂玄妙冲和之理寓於其中哉.":「度量衡議」:
　　전서 I.9.25b. 악률 자체에 대한 그의 비판도 鄒衍, 呂不韋 등에 뿌리를 둔 상관적
　　사고의 영향에 향해 있었다. 금장태,「다산의 악론(樂論)과 악률(樂律) 복원의
　　과제」,『茶山學』11호(2007), 77~113쪽 중 85~86쪽.

란 단지 역가가 황도黃道 좌우의 별들을 취해 표지標識로 삼은 것일 뿐 이를 넷으로 나누어 동서남북에 배정하는 것은 부당하다고 이야기했다.[134] 그가 당시 한의학의 주된 이론이었던 오운육기론五運六氣論을 비판한 것도 이 같은 상관적 사고에 대한 비판의 일환이었다.[135]

정약용은 맥진脈診 이론도 그 같은 상관관계에 바탕한 것으로 보았는데 이에 대한 논의에서 상관적 사고에 대한 그의 비판의 성격이 뚜렷이 드러난다.[136] 그는 맥진에서 살피는 세 가지 특성－'역力', '신神', '도度'－에 대해서 이야기한 후 "이 세 가지를 알고, [맥의] 뜨고 가라앉음, 더디고 빠름, 크고 작음, 미끄럽고 껄끄러움, 붓고 경화됨, 긴장되고 이완됨, 맺히고 숨음의 징후에 세심[히 주의]하면 맥가脈家가 할 수 있는 일은 다한 것"이라고 말하고 그 외에 "또 무엇을 구하겠는가?"라고 덧붙였는데,[137] 이는 손목의 특정 위치의 맥과 오장육부 하나하나를 연결시키는 그간의 맥진 이론을 비판하는 것이었다. 구체적으로 그는 "왼쪽 촌寸 맥은 심장(心)의 증후를 나타내고, 오른쪽 촌 맥은 폐肺, 왼쪽 관關 맥은 간肝과 쓸개(膽), 왼쪽 관 맥은 비장(脾)과 위胃, 왼쪽 척尺 맥은 신장(腎), 방광膀胱과 대장大腸, 왼쪽

---

134) "二十八宿, 本不當分配四方, 是不過治曆之家取黃道左右跨據之星, 以之爲躔度之標 識而已. 角亢非必爲東星. 奎婁非必爲西星. 隨天旋轉, 循環無端, 夫焉有東西. 橫布天 腰, 遠於二極, 夫焉有南北.":『尙書古訓』권1,「堯典」: 전서 II.22.14a.

135) 『醫零』,「六氣論」,「六氣論二」,「六氣論三」(김대원,「丁若鏞의『醫零』1」, 229~231 쪽). 사실『醫零』은 그 내용의 절반 이상이 인체 부위, 臟腑, 약물 등 사이의 상관관계를 비판하는 내용으로 이루어져 있었다. 신동원,「유의(儒醫)의 길: 정약 용의 의학과 의술」,『茶山學』10호(2007), 171~224쪽 중 195~196쪽.

136)「脈論」: 전서 I.11.12a~13b. 특히 脈診 이론이 오늘날도 실행이 되는 이론이지만 한편으로는 논란이 되고 있는 이론이기도 해서 그것을 받아들이거나 거부하는 것이 오늘날의 기준으로 반드시 '과학적'이라거나 '비과학적'이라는 식으로 어느 한쪽으로 판정이 난 것이 아니기 때문에 이 맥진 이론에 대한 그의 태도를 살펴보는 것은 흥미있는 일이 되겠다.

137) "知此三者, 而細心乎浮沈遲數洪微滑澀弦芤緊緩結伏之候, 則脈家之能事畢矣. 而又 何求哉.":「脈論二」: 전서 I.11.13a.

척 맥은 신장, 명문命門과 삼초三焦의 증후를 나타낸다"는 맥진 이론을 "망녕되다"고 이야기했다.[138] 그는 맥을 손목에서 짚는 것은 단지 "맥의 얕게 드러난 부분이 바로 손목에 있기" 때문이라고 말하고 "하늘이 사람을 냄에 있어 어찌 꼭 오장육부로 하여금 그 영影을 손목에 펼쳐 보이게 해서 사람들로 하여금 맥을 짚게 했겠는가" 하고 물었다.[139] 그런데도 "배움이 없는 무리들이 [맥의] 뜨고 가라앉음과 매끄럽고 막힘도 분별하지 못하면서 손뼉을 치면서 증세를 논하여 '어느 장臟이 상했으니 마땅히 어느 장을 억제해야 한다'거나 '어느 기氣가 부족하니 마땅히 어느 경락을 보補해야 한다'고 말한다"는 것이다.[140] 또한 그는 맥을 짚는 의사의 손가락의 크기가 각각 다르고, 환자의 팔 길이가 달라 정확히 '촌', '관', '척' 맥의 위치를 찾아내는 것이 어려우며 잘못을 범할 수 있음도 지적했다.[141] 그의 비판의 표적이 특정 장부臟腑와 '촌', '관', '척' 맥 등 손목의 특정 지점과의 연관이었던 것이다. 그리고 여기서 더 나아가 맥을 짚어 사람의 성정性情이나 명命, 화복禍福까지 알아낸다는 생각을 그가 배격한 것도 당연했다.[142]

상관적 사고에 대한 정약용의 비판적 태도는 당시 유행하던 상수학象數學에 대한 그의 태도에서도 드러났다. 그는 상수학을 흔히 '수학數學'이라고 불렀는데,[143] 중형 정약전에게 보낸 편지에서 정약전이 '수학'에 몰입하고

---

138) "其云. 左寸候心, 右寸候肺, 左關候肝膽, 右關候脾胃, 左尺候腎膀胱大腸, 右尺候腎命門三焦小腸者, 妄也.": 「脈論一」: 전서 I.11.12a.

139) "脈之淺露者, 適在手腕. 故切手腕耳. 天之生人, 豈必令五臟六腑昭布其影於手腕之上, 而使人切之哉": 「脈論一」: 전서 I.11.12a~12b.

140) "無學之徒, 曾浮沈滑濇之不能辨, 而抵掌論證曰. 某臟受傷, 當抑某臟. 何氣不足, 當補何經.": 「脈論二」: 전서 I.11.13a.

141) 「脈論二」: 전서 I.11.12b~13a.

142) 「脈論二」: 전서 I.11.13a.

143) 그는 占에서 사용하는 '數學'과 '數理家'의 계산을 구분해서 다음과 같이 이야기하기도 했다－"筮法之七八九六別是一法. 與數理家方圓推算之法不必相同.": 「上仲氏」: 전서 I.20.20b.

정약용의 문제들

있는 데 대해 비판했다.[144] 그는 특히 숫자에 특별한 의미를 부여하는 수비학數祕學적 태도를 비판했다. 예를 들어 도량형에 십진법을 도입하자고 주장하면서 그는 한 근斤을 16냥兩으로 하는 방식이 자리잡은 것은 예로부터 4상四象과 8괘 등으로 말미암아 '8'이라는 숫자를 중요시 여겨 이를 수학의 '종宗'으로 삼은 때문이라고 주장하고, "이제 [다른 일에는] 이미 10[진법]의 수를 사용하면서 어째서 유독 무게[를 재는 데]에만 8을 사용하는 것인가?" 라고 반문했다.[145]

이 같은 정약용의 생각은 상수학의 기초인 『주역』에 대한 그의 태도에도 영향을 주었다. 그는 『주역』의 상수학 체계 자체를 부정하지 않았으며 『주역』점을 통해 길흉을 예측할 수 있는 가능성도 부정하지 않았다. 또한 앞에서 보았듯이 그는 『주역』이 "감추어지고(幽)", "신비스러운" 내용이라는 생각을 거부했다.[146] 특히 그는 하도河圖와 낙서洛書 같은 것들을 가지고 사람들을 속이는 사람들을 비판했다.[147] 또한 사람들이 『태극도太極圖』를 중요시해서 모든 것에 그것을 가져다 대려 하고 심지어는 『중용』의 해석에까지 『태극도』를 끌어들이는 경향에 대해서도 그는 비판했다. "『태극도』는 감坎, 리離 두 괘를 합한 것에 불과하고 … 반드시 만가지 리理의 근본이 되는 것은 아니다. 그런데도 후세의 유자儒者 중 리에 대해 이야기하는 자는 항상 하늘에서 태극의 리가 나왔다고 허황되게 말한다"는 것이었다.[148] 『주역』에 대한 정약용의 이 같은 생각은 역법(曆)을 『주역』(易)에

---

144) 「答仲氏」: 전서 I.20.15a~15b.

145) "十六兩作斤者, 古者以四象八卦之加倍爲數學之宗. … 今旣用十數, 何獨於衡而用八哉.": 「度量衡議」: 전서 I.9.26a.

146) 앞의 주 118)을 볼 것.

147) "爲河圖洛書之圖, 附之壁, 盜名者爲之耳. 謂聖人之志如是乎.": 「易論一」: 전서 I.11.1b~2a.

148) "蓋太極圖不過合坎離兩卦者. … 不必爲萬理之本, 而後儒之言理者, 於空蕩蕩地必說蒼蒼太極理出來.": 「中庸講義補」: 전서 II.4.64a.

맞추려는 시도들에 대한 비판으로도 이어졌는데, 그는 그 반대 방향이 옳다고 생각했다. 하늘의 실제 운행을 계산하는 역법을 『주역』의 상수학적 체계에 맞추려 들 것이 아니라 『주역』상수학 체계를 역법이 보여주는 하늘의 실제 운행에 맞추어야 한다는 것이었다.—"역曆이란 해, 달, 오행성의 기록이다. 추호라도 오차가 있으면 사계절이 어긋날 것이다. 어찌 한가로이 『주역』을 본받아 역曆을 만들 것인가?"[149]

이상에서 살펴본 상관적 연관들에 대한 정약용의 비판은 대체로 두 가지 문제점—첫째 그 같은 상관적 연관들이 근거가 없거나 불가능하다는 점 ; 그리고 그런 연관들이 근거가 있다고 하더라도 그것을 실제 적용하는 데 있어 문제가 있다는 점—에 대한 것이었다. 「갑을론甲乙論」에서 그는 상관적 사고의 이 같은 폐단을 "당연히 그렇지 않은 점(不宜然者)"과 "반드시 그렇지는 않은 점(不必然者)"으로 나눈 뒤 10간 12지와의 여러 연관들을 예로 들어 논의했다.[150]

정약용은 먼저 "당연히 그렇지 않은 점"을 다음과 같이 세 가지 들었다. 첫째, 날짜를 세는 데에 간지를 쓴 것은 고대 황제黃帝의 신하였다는 대요大撓 때부터이어서 그 이전에는 날짜에 간지의 명칭이 붙지 않았었고, 또한 대요가 어느 해 정월 초하루를 '갑자甲子'일이라고 부른 것은 반드시 이날이 '갑자'에 해당되는 동방의 목기木氣를 받아서가 아니라 대요가 임의로 그렇게 한 것인데 이를 만고에 바꿀 수 없는 '정칙定則'으로 한다면 "리理가 당연히 그렇지 않다(於理不宜然)"는 것. 둘째, 또한 해(年)를 세는 데에 간지를 쓴 것은 한무제漢武帝 때인 태초太初 원년(기원전 104년)부터이고 그 이전에는 모든 해에 간지의 명칭이 없었는데 무제 이후의 사람들이 붙인 명칭을

---

149) "曆也者, 日月五星之紀也. 毫髮有差, 四時乖舛. 奚暇象易而爲之哉.": 『易學緖言』 권2: 전서 II.46.14a. 申在中에게 보낸 편지에서는 "以易象曆可也. 漢晉以降以曆象易, 皆似渺茫, 不可究詰, 未知如何."라고 이야기하고 있다.: 「答申在中」: 전서 I.20.6b.
150) 「甲乙論」: 전서 I.11.28a~29a.

천지의 정칙으로 하고 거기에 달(月)과 시時를 덧붙여 사주四柱를 정하고 이것으로 수요壽夭와 귀천을 따진다면 "리가 당연히 그렇지 않다"는 것. 셋째, 해와 날짜 등 시간을 나타내주는 간지를 사용해서 방위方位를 이름짓는 일은 적절치 않을 뿐 아니라, 10간을 넷으로 나누어 사방四方과 연관시킬 수도 없으며,151) 또한 방위란 상대적인 것으로 "동쪽 집에 대해서는 서쪽[인 곳]이 서쪽 집에 대해서는 동쪽이 될" 수 있는데152) 그 같은 방위를 천지의 정칙으로 한다면 "리가 당연히 그렇지 않다"는 것.

이어서 정약용은 "반드시 그렇지는 않은 점", 즉 "비록 그 말이 근거한 바가 있다고 해도 그 적용에 있어 그 법과 서로 어긋나는 점"153)으로 다음의 세 가지를 들었다. 첫째, 곳에 따라 한 해(年)가 시작하는 정확한 시각이 달라서 하나의 시점이 곳에 따라서 서로 다른 해가 되어 서로 다른 간지에 해당될 수가 있는데 모든 곳의 해의 간지를 한양 한 곳의 시각에 맞추는 것은 "리가 반드시 그렇지는 않다(於理不必然)"는 것. 둘째, 방위는 상대적인 것인데 자신이 있는 곳으로 천지의 '바른 자리(正位)'를 정하거나 '일정한 기(恒氣)'를 정하는 것은 억지이며 "리가 반드시 그렇지는 않다"는 것. 셋째, 간지는 중국에서만 통용이 되고 바깥 지역의 사람들은 그에 대해 알지도 못하는데 간지를 통해 길흉을 점치는 것이 천지의 공리公理 라면 하늘이 중국 사람들에게만 그것을 알려주었다는 셈이 되는데 이는 "리가 반드시 그렇지는 않다"는 것.

위에서 보듯 정약용이 가장 자주 지적하고 있는 문제점은 어느 한 지역이 나 시점에 정해진 연관들은 그 특정 지역이나 시점에 대해서만 적용될

---

151) 이렇듯 서로 다른 숫자로 이루어진 범주들 사이에 연관을 짓기가 힘든 예로 정약용은 知, 仁, 勇의 세 가지 덕목과 표준적인 五常과를 연관짓는 일의 어려움에 대해서도 이야기했다. "必以此三配於彼五, 終恐齟齬而不合矣.": 『中庸講義補』: 전 서 II.4.38a.

152) "有東家之西爲西家之東": 「甲乙論」: 전서 I.11.28b.

153) "假使其言眞有所據, 又其所用與其法相舛.": 전서 I.11.28b.

수 있을 뿐 다른 지역이나 시점에 적용하게 되면 문제가 될 수 있다는 것이었다. 날짜와 해를 세는 데 간지를 사용한 것은 각각 대요의 시기와 한무제의 시기라는 특정한 시점이었고 그 이전 시기에는 해와 날짜에 간지의 이름이 없었고 따라서 길흉을 점칠 수도 없었다는 것이나 지역에 따라 같은 시간이 서로 다른 해, 달, 날에 속하게 될 수 있는 가능성을 언급한 것은 위에서도 보았지만, 그는 또한 역사상 여러 차례 개력이 있어 달력이 바뀌었고 그에 따라 하나의 시점의 해, 달, 날의 간지가 사용하는 역법에 따라 달라지게 되고 그렇다면 과거의 역법을 사용해 길흉을 정해 놓은 산명算命의 방법을 지금 사용할 수 없음을 지적했다.[154] 그 외에 그는 지역마다 일중日中—해가 정남에 오는 시간—이 각각 다른데 어느 한 지점의 일중을 오정午正으로 정하는 것의 문제도 지적했다.[155]

정약용은 동서남북의 방위에 여러 가지들을 연관짓는 데서 생기는 문제 점들도 자주 지적했다. 우선 위에서도 보았듯이 그는 방위가 고정된 것이 아니라 상대적인 것임을 지적했다. 그는 "사방四方 중 고정시킬 수 있는 것은 북쪽뿐이고 동쪽과 서쪽은 지역에 따라 자리를 바꾼다"거나,[156] "북극과 남극은 만고에 움직이지 않고 고정된 자리가 있지만 '동해東海'와 '서해西海'는 지역에 따라 이름을 바꾸고 고정된 이름이 없다"고 이야기했다.[157] 그는 방위와의 연관들을 그대로 따르게 되면 몇 가지 받아들이기 힘든 결과들이 생기는 것도 지적했다. 예를 들어 사방과 사계절과의 연관을 따른다면 북극과 남극에서는 일년중 계절이 없으니 사방도 없어야 할 것이었으며,[158] 남쪽이 따뜻하다는 것으로 남쪽을 화火와 연관짓지만 적도

---

154) 예를 들어 「甲乙論二」: 전서 I.11.30a.

155) 「問東西南北」: 전서 I.9.1b.

156) "凡四方之中, 可定者北而已. 東西隨地易位.": 「甲乙論」: 전서 I.11.29a. 동쪽과 서쪽이 상대적 개념이라는 이 같은 이해는 물론 地球 관념에 바탕한 것이다.

157) "北極南極萬古不移, 是有定位也. 東海西海隨地易名, 是無定名也.": 「問東西南北」: 전서 I.9.1a.

의 남쪽에서는 남으로 갈수록 더 추워지므로 맞지 않게 된다는 것이었다.159)
또한 그는 사방을 하루 중 자子, 오午, 묘卯, 유酉의 시각에 배열함에 있어
북반구와 남반구가 서로 반대가 되어야 하고 그렇다면 남반구에서는 북반
구에서처럼 '육갑六甲'으로 사방을 정할 수가 없게 됨을 지적했다.160) 오상五常
이나 색깔 등과 방위와의 연관에 대해서도, 그는 그 같은 연관에 따르면
중국에서는 인의예지신仁義禮智信의 다섯 덕목 중 중앙에 연관된 '신信'만
있고 다른 네 방향과 연관된 다른 덕목들은 있을 수 없게 될 것이며,
중국은 중앙인 노랑에 해당하게 되어 중국 땅을 '적현赤縣'이라고 부를
수가 없게 됨을 지적했다.161) 그는 고정되어 있는 것이 아니라 하루에
한바퀴씩 도는 28수를 동서남북으로 나누어서 5행에 연관시키는 일의
잘못도 지적했으며 이는 분야설에 대한 비판으로 이어졌다.162)

끝으로, 정약용이 이렇듯 상관적 사고를 여러 측면에서 비판했지만
그렇다고 해서 그가 상관적 사고를 전적으로 거부하지는 않았다는 점을
지적할 필요가 있다. 그가 상관적 사고의 기초가 되는 음양, 오행 등의
상관 관계의 여러 구체적 예들을 비판한 것은 사실이지만 그 같은 상관
관계가 있을 수 있는 가능성 자체를 거부할 만한 충분한 근거가 그에게는
없었던 것이다. "사물에는 다른 '류類'이면서도 같은 '정情'인 것들이 있으므로
이것을 당겨다가 저것에 비교하면 반드시 그 증거가 있을 것"이라는 그의

---

158) "春夏秋冬配於四方, 而北極南極之下一年爲一晝夜, 則此地無四時, 亦無四方歟.": 「問
東西南北」: 전서 I.9.1b.

159) "南方之所以配于火者, 以南方熱也. 以余觀之, 南而又南, 至於南極之下, 則草木之朝生
夕死, 海水之半年氷合, 將與北極之下同矣.": 「甲乙論」: 전서 I.11.29a.

160) "子午卯酉配於四方, 而冬線夏線之下四時無不相反, 則此地無六甲以定四方歟.": 「問東
西南北」: 전서 I.9.1b.

161) "仁義禮智旣配四方, 則中國之人只有信德歟. 淸白赤黑旣配四方, 則中國之地何名赤
縣歟.": 「問東西南北」: 전서 I.9.2a.

162) "二十八宿, 隨天環轉, 不膠於一方. 九州百國, 又何以歷歷分配, 以占其災祥乎.": 『尙書
古訓』 권1, 「堯典」: 전서 II.22.14a.

말은 이를 표현한 것이다.163) 특히, 그는 '천인감응天人感應'의 구체적 믿음들을 비판했지만 천인감응의 가능성 자체를 거부할 수는 없었다. 예컨대 그는 "북신이 제자리에 있고 뭇 별들이 이를 주위로 돈다(北辰居其所, 而衆星共之)"는 『논어』의 유명한 구절(2.1)을 논의하면서 정치에서의 왕의 역할과 하늘에서의 북극성의 역할에 대한 유비를 그대로 사용하고 있으며,164) 세상의 모든 사물이 생성되는 것이 다 같은 방식이라고 보아, 천지가 생겨나는 과정이 수박이 꼭지(蒂)로부터 시작해서 원형을 이루는 과정과 같으며 천지의 경우에는 북극이 꼭지에 해당한다거나165) "하늘이 만든 것은 모두 둥글고(圓) 사람이 만든 것은 모두 모나다(方)"고 이야기하기도 했다.166) 심지어 그는 직관職官의 제도를 논의하면서 "마땅히 위로 천도天道에 응하고 아래로 인문人文을 고려하여 그 [수]를 360으로 한정하거나 혹은 120으로 한정해야 한다"고 이야기하기까지 했다.167) 미신과 술수를 비판하면서도 그것들을 완전히 거부하지 못하는 유학자들의 양면적 태도로부터 정약용이 벗어나지 못했음을 앞에서 지적했는데, 그는 전통 유가 사상의 중요한 요소였던 상관적 사고에 대해서도 그것을 여러 각도에서 비판하기는 했지

---

163) "物固有異類而同情者也. 故援彼較此, 必有其證": 『詩經講義』 권2, 「十月之交」: 전서 II.18.43a.

164) "政者, 上之所以正民, 正己而後物正, 隨敎化而同轉民遷善, 故以北辰喩之.": 『論語古今注』 권1: 전서 II.7.20a ; "北極正子午之線, 斡旋天樞, 而滿天諸星與之同轉, 無一星之敢逆, 無一星之或後. 此所謂衆星共之也. 人君居正, 爲政以德, 而百官萬民罔不率從與之同和. 正與北辰衆 星之事, 如合符契. 取譬之意, 顧不在是乎.": 『論語古今注』 권1: 전서 II.7.21a~21b.

165) "造物生物之法, 雖若廣大, 其實皆用一例. 西瓜之始生也, 其小如粟 而就其體中, 求其所以漸大之故, 則先自蒂始, 小舒爲圓形, 復收爲花臍, 乃實乃脹, 以成大瓜. 天地創造之初, 其法亦必如此. 北辰者瓜之蒂也. 漸舒爲圓形, 復收爲南極. 南極者瓜之臍也. 草木瓜蓏, 百果百穀, 其例皆同.": 『易學緒言』 권4: 전서 II.48.7a ; 구만옥, 「다산 정약용의 천문역법론」, 79~80쪽.

166) "大抵天造皆圓人作皆方": 「問東西南北」: 전서 I.9.2b.

167) "職官之制, 宜上應天道, 下考人文, 限之於三百六十, 或限之於一百二十.": 『經世遺表』 권1, 「春官禮曹第三 典廟司」: 전서 V.1.20a.

정약용의 문제들

만 그것으로부터 완전히 벗어나지는 않았던 것이다.

6장 '실용주의적' 경향: 실용, 실천, 현실, 합리

앞 장들에서 자신이 살고 있는 조선 사회의 여러 요소들에 대해 정약용이 지녔던 생각과 태도를 살펴보면서, 그동안 그의 학문과 사상을 특징짓는 것으로 지적되어 온 여러 속성들에 대한 논의가 잘못되었거나 지나친 면이 있음을 보았다. 그동안 많은 연구자들이 정약용에게서 '개혁적', '근대적', '진보적' 면모나 '탈주자학적' 성격, 술수와 미신에 대한 비판, 서학의 수용, 과학기술에 대한 관심 등을 보고 그 같은 측면들을 강조했지만, 앞 장들은 이 같은 그간의 논의가 상당 부분 과장되었거나 균형을 잃었으며, 이 같은 측면들로 그를 특징짓는 것은 그의 참 모습을 제대로 이해하는 데 방해가 되기도 했음을 보여주었다. 이들 여러 가지 측면 각각에 있어 정약용은 뚜렷한 한 가지 방향을 취하지 않았으며 양면적이고 복잡한 태도를 지녔던 것이다. 사실 길고 굴곡이 많은 생애 동안 다양한 영역에 걸쳐 저술하고 활동한 정약용의 사상과 학문, 나아가 그의 삶의 여러 측면들을 몇 개의 개념이나 단어들로 특징짓는다는 것은 당연히 불가능할 것이다.

그러나 그럼에도 불구하고 나는 그간의 논의에서 주목해 온 위의 여러 속성들이 아닌 다른 한 가지 경향이 정약용의 사상과 삶 전체를 관통하고 있음을 본다. 문제는 이 경향을 명쾌하게 꼬집어 표현하기 힘들다는 것인데, 어떤 면에서는 그가 어떠했다고 하기보다는 어떠하지 않았다고 말함으로써 그 경향을 나타내 주는 것이 더 적절한 것으로 느껴지기도 한다. 예를

정약용의 문제들

들어, 사상과 학문 및 삶의 여러 측면에서 그는 '이론적'이거나 '독단적'이거나 '교조적'이지 않았으며 '원리주의적'이거나 '근본주의적'이지도 않았다. 조선 후기 유학자들에게 널리 나타났던 이 같은 속성들을 보이는 대신 그는 실제 생활에 유용한 것을 추구하였으며, 실제 문제에 대처함에 있어 비능률과 불합리한 점들을 배격하면서 실천, 효용, 성과를 중시하고 자신이 처한 현실적 여건과 그 속에서의 실현가능성을 중시하는 경향을 지녔다.

정약용의 삶과 사상에서 나타나는 이 같은 경향을 하나의 단어를 사용해서 특징지어주기는 힘들다. 물론 내가 말하고자 하는 이 경향의 가장 두드러진 측면은 '실용'이라는 단어가 흔히 지칭하는 것들이다. 우선 1장에서 본 정약용의 여러 가지 정치적, 사회적 개혁 방안들이 실용을 중시하는 그의 성향을 보여주었다. 사실 그의 개혁 사상이란 것이 근본적으로는 당시 조선 사회에 만연해 있던 비능률과 불합리성에 대한 실용 위주 입장에서의 비판으로 볼 수 있는 것이다. 그리고 4장에서 보았듯이 과학기술에 대한 그의 관심에서도 그 같은 실용 위주의 경향은 분명히 드러났다. 그러나 앞 장들에서 살펴본 여러 가지 요소들에 대한 정약용의 태도에서 두드러지는 경향을 '실용' 추구라는 말로 모두 포괄하기는 힘들다. 그 말이 내가 이야기하고자 하는 경향의 일부 측면들을 나타내 줄 수 있겠지만 그 전부를 나타내 주지는 못하기 때문이다. 어쩌면 '현실주의적', '실천적', '합리적'이라는 말이 더 적절할 때도 있고, 좀 부정적인 함의가 있기는 하지만 '실리주의', '공리주의' 같은 말들이 그 같은 측면들을 더 잘 나타내 줄 경우도 있겠는데, 물론 그 중 어느 한 가지도 정약용에게서 나타나는, 위에서 내가 지적한 경향의 전모를 포괄해 줄 수는 없다. 그리고 그 같은 점은 결국 내가 선택한 '실용주의적'이라는 표현도 마찬가지일 것이지만, 그럼에도 불구하고 이 장에서 나는 '실용주의적'이라는 표현으로 정약용에게서 나타나는 위의 모든 측면들을 지칭하기로 했다. 하나의 단어를 사용하는 편이 위의 여러 가지 단어들 중 그때그때 각각 다른 단어를 선택해서 쓰거나 몇 단어를 함께 쓰는 편보다는 낫다는 내 자신의 '실용주의적' 판단에 따른 것이다.[1]

한편 이 같은 넓은 의미에서의 '실용주의적' 경향이 정약용에게서 새롭게 나타났다거나 그에게서만 나타났던 것이 아니라는 점도 지적할 필요가 있다. 사실 그 같은 경향은 주희를 포함해서 고대 이래 모든 유학자들에게 공통된 것이었다. 내가 주장하는 것은 그것이 정약용에게서 더 광범위하게 그리고 깊게 나타났으며 여러 분야와 측면들에서 그의 사상과 학문의 형성과 추이에 뚜렷한 역할을 했다는 것이다. 이 장에서는 정약용의 삶과 사상에서 나타나는 이 같은 넓은 의미의 '실용주의적' 경향의 다양한 측면들을 여러 각도에서 점검해 볼 것이다.

1. 공부와 실천

정약용의 학문과 사상 전반에서 그의 관심은 주로 실용적인 것이었다. 이는 그가 유배기간 중 두 아들에게 보낸 편지에서 학문의 길에 대해 다음과 같이 이야기하는 데에서 잘 드러난다.

반드시 먼저 경학으로 기초를 세우고 난 후에 지난 역사를 섭렵하여 그 득실과 치란治亂의 근원을 알아야 한다. 또한 모름지기 실용의 학문에 마음을 두고 옛사람들의 경영과 다스림의 글들을 즐겨 읽어야 한다. 이 마음에 만백성을 이롭게 하고 만물을 양육하는 뜻이 항상 있은 연후에야 독서하는 군자가 될 수 있다.[2]

---

1) 'pragmatic'이나 'utilitarian' 같은 영어 단어들이 어떤 면에서는 내가 말하고자 하는 경향을 더 잘 나타내줄 수도 있겠다.

2) "必先以經學立著基址, 然後涉獵前史, 知其得失理亂之源. 又須留心實用之學, 樂觀古

정약용의 문제들

정약용은 실용적 주제들을 공부하고 그렇게 공부한 바를 실천해야 할 필요성을 강조했다. "군자의 학學은 수신修身이 절반이고 그 절반이 목민牧民이다"라는 『목민심서』 서序에서의 그의 유명한 이야기가 이를 단적으로 보여준다.3) 「속유론俗儒論」에서 그는 "진정한 유자儒者의 학문이란 본래 치국治國, 안민安民을 꾀하고 오랑캐를 물리치며 재용財用을 넉넉하게 하고 문文에도 능하고 무武에도 능하여 맡지 못할 바가 없는 것"이라고 규정했다.4) 따라서 정약용은 당대 조선의 유학자들이 고답적인 철학적 문제들에 관한 세부적 논의에만 탐닉하면서 '명물도수名物度數', '노래와 춤(詠歌舞蹈)', '형명과 공리의 학문(刑名功利之學)' 등 실용적 주제들은 제쳐두는 것을 비판했다.5) 그는 이같이 "먼 것에만 힘쓰고 가까운 것은 소홀히 하는" 경향을 "고금의 통환通患"이라고 비판했는데, 그의 생각으로 이 같은 경향은 조선에서 특히 심했다.6)

이 같은 생각을 지닌 정약용은 선비(士)의 본분이 벼슬하는(仕) 것이라고 단언했다.

옛날에 도道를 배우는 사람을 이름하여 '선비(士)'라고 했다. '선비'라고 하는 것은 '벼슬한다(仕)'는 것이다. 위로는 공公으로 벼슬하고 아래로는 대부大夫로 벼슬한다. 그로써 임금을 섬기고 그로써 백성을 이롭게 하며 그로써 천하와 국가를 위하는 사람을 일컬어 '선비'라고 한다.7)

人經濟文字. 此心常存澤萬民育萬物底意思, 然後方做得讀書君子.": 「寄二兒」: 전서 I.21.4b.

3) "君子之學, 修身爲半, 其半牧民也": 전서 I.12.42b.

4) "眞儒之學, 本欲治國安民, 攘夷狄, 裕財用, 能文能武. 無所不當.": 「俗儒論」: 전서 I.12.8a.

5) 「五學論一」: 전서 I.19.19b. 『欽欽新書』의 序에서 그는 당시의 학자 관리들이 刑政의 구체적 문제들에 대해 무지함을 개탄했다. 전서 I.12.43b.

6) "務遠忽近, 古今之通患. 惟我東爲甚.": 「地理策」: 전서 I.8.1b.

7) "古者學道之人, 名之曰士. 士也者仕也. 上焉者仕於公, 下焉者仕於大夫. 以之事君,

그는 공자가 제자들과 도를 이야기할 때 항상 나라를 다스리는 일을 통해 논의를 진행한 것을 언급하면서, "공자의 도는 그 쓰임이 경세經世에 있음을 가히 알 수 있다. 무릇 장구章句에 얽매이고 은일隱逸을 자칭하면서 사공事功에 힘을 들이려고 하지 않는 자는 공자의 무리가 아니다"라고 말하기도 했다.8) 그는 또한 과거 공부하는 사람들이 문장文章에만 치중하여 "임금을 돕고 백성에게 혜택을 주는 기능"에는 뜻을 주지 않는 것을 비판했다.9) 시詩를 짓는 일을 두고서도 그는 "시는 긴요한 일은 아니지만 성정性情을 도야하는 데 무익하지 않다"고 이야기하고 다음과 같이 결론지었다.

무릇 시의 근본은 부자, 군신, 부부의 윤리에 있다. 혹 그 즐거운 뜻을 선양하기도 하고 혹 그 원망과 사모의 마음을 이끌어 내기도 하며, 그 다음으로 세상을 걱정하고 백성을 구휼한다. 항상 힘없는 사람들을 구제하려 하고 재산 없는 사람들에게 나누어주려 하고 방황하고 측은하여 그냥 버려두는 것을 견디지 못하는 뜻이 있어야 한다. 그런 후에야 시인 것이다.10)

따라서 정약용에게 선비가 은거한다는 것은 옳지 않은 일이었다. 그는 "백이伯夷, 숙제叔齊, 우중虞仲, 이일夷逸 등과 같이 '인륜의 변(人倫之變)'을 만났을 때 은둔하는 것이지 그 외에는 은둔하는 것이 아니다"라고 말하면서 조정의 부름에 응하지 않는 사람들을 비판했다.11) 또한 그는 학자들이

以之澤民, 以之爲天下國家者, 謂之士.": 「五學論一」: 전서 I.19.19b.

8) "孔子於子路冉求之等, 每從政事上論品. 顔子問道, 必以爲邦, 令各言志, 亦從政事上求對. 可見孔子之道, 其用經世也. 凡繳繞章句, 自稱隱逸, 不肯於事功上著力者, 皆非孔子之道也.": 「爲盤山丁修七贈」: 전서 I.17.40b.

9) "匡君澤民之術, 非所意也": 「五學論四」: 전서 I.11.22b.

10) "詩非要務. 然陶詠性情不爲無益. … 凡詩之本, 在於父子君臣夫婦之倫. 或宣揚其樂意, 或導達其怨慕, 其次憂世恤民. 常有欲拯無力, 欲賙無財, 彷徨惻傷不忍遽捨之意. 然後方是詩也.": 「示二兒」: 전서 I.21.18b.

정약용의 문제들

관직에 나가서도 실무를 등한히 하여 "재정, 군사, 형정刑政, 의전儀典 등의 일을 맡기면 유현儒賢을 대함은 그렇지 않아야 한다고 여기고 떼지어 일어나서 이를 탓하는" 것을 비판했다.12) 정약용은 이 같은 인식이 널리 퍼졌기 때문에 학자들이 목민관직에 제수되어도 실무와 군사軍事에 어두워 서리들과 무인들에게만 맡겨버리게 되는 상황을 지적하고,13) 그 같은 일을 막기 위해서는 실무 능력과 지식에 바탕해서 사람을 뽑아야 한다고 주장했다.14) 또한 그는 관직 중에서도 문文만을 중요시하여 '관각館閣'의 직만을 선호할 것이 아니라 직접 백성을 다스리는 직에 나아가야 한다고 주장했는데, 그런 의미에서 친지 윤지눌尹持訥이 모함을 받아 지방 수령직으로 가게 된 것에 대해 오히려 다행이라고 이야기하기도 했다.15) 정약용은 이렇듯 실용적인 일을 소홀히 하는 사람들이 주희를 빌어 자신들을 정당화하려 들지만 그런 사람들은 오히려 주희를 욕되게 하는 것이라고 말하면서 실제로 주희는 군사 문제에 대해서도 관심을 쏟았고 지방관으로서 백성들의 고통을 살펴 부역賦役을 공평하게 하고 흉년과 역병을 구제하는 등 커다란 업적을 남겼음을 지적하기도 했다.16)

---

11) "其遭人倫之變, 如伯夷叔齊虞仲夷逸之等, 隱之. 餘無隱也." 벼슬하지 않고 은거하는 것에 대한 그의 비판은 『孟子要義』권2: 전서 II.6.27a~27b에도 실려 있다. 김대중, 「동아시아적 차원에서 본 탈성리학적 정치론-황종희, 오규 쇼라이, 정약용」, 『한국실학연구』 13호(2007), 211~265쪽 중 223~226쪽.

12) "若責之以錢穀甲兵獄攛相之事, 則群起而病之, 以爲待儒賢不然.":「五學論一」: 전서 I.11.19b~20a.

13) "授之以牧民之職, 則蒙蒙然唯吏指是承. 入而爲財賦獄訟之官, 則尸居素食而唯故例是問. 出而操甲兵捍禦之權, 則曰軍旅未之學也, 推武人以居前列. 天下將安用矣.":「五學論四」: 전서 I.11.22b.

14) "爲治民也, 其職旣治民也. 則凡試其才選其藝考其績進其秩, 宜亦壹以是治民也.":「奸吏論」: 전서 I.12.10b.

15) "國朝崇尙文學, 顧於民慮, 有所未周, 持峻望者有終身館閣, 而未嘗一日於臨民, 蓋敝俗非法之善也. 尹无咎以湖中一布衣, 一朝名登桂籍. … 幸而有不悅者起而攻无咎力, 於是上爲之調停也. 而出无咎令守祥原. 朝之自以爲愛无咎者咸惜之, 獨余爲无咎賀曰善哉.":「送尹无咎出守祥原序」: 전서 I.13.21a.

정약용은 실제 생계를 영위하는 일에 대해서도 많은 관심을 보였는데, 이는 그가 아들들에게 보낸 편지들에 잘 나타나 있다. 예를 들어 아들들에게 『주자전서朱子全書』로부터 취사선택해서 『주서여패朱書餘佩』를 만들게 하면서 제시하는 '입지立志', '혁구습革舊習', '독서', '거가居家', '접인接人', '처세處世', '숭절검崇節儉' 등의 12개 편목이나, 아들들이 『제경弟經』을 짓겠다고 하자 제시해 준 '기거起居', '음식', '의복', '언어', '시청視聽', '집사執事' 등 8개 편목도 그의 실용적인 관심을 보여준다.[17] 그는 농사짓는 것은 선비가 하기에 힘든 일이고, 장사를 해서 이익을 얻는 것은 지극히 졸렬한 일이며, 고리대금은 사람들의 미움을 사는 일이어서, 선비가 생계를 위해 할 수 있는 일로는 원포園圃와 목축이 좋다고 했으며,[18] 전역田役이 날로 무거워져서 벼슬이 없는 선비가 농사만으로 생계를 유지하기는 힘들며 반드시 과일이나 채소를 재배하여 이를 보충하여야 한다고 하기도 했다.[19] 실제로 그는 유배기간 중 자식들에게 보낸 편지에서 과일, 약초, 채소를 재배하는 일에 대해 자세히 써 가면서 권했고,[20] 제자들에게 보내는 글에서 어떤 작물을 재배하는 것이 이익인지에 대해서 이야기하고 뽕나무를 심고 누에를 치는 방법에 대해 자세히 썼다.[21] 그는 구황救荒 대책에도 큰 관심을 보여 『목민심

---

16) "其所倚以文之, 則曰我存朱子. 嗚呼朱子何嘗然哉. … 出而爲州郡, 則仁規慈範察隱察微, 以之平賦徭, 以之振凶扎其宏綱細目, 有足以措諸邦國, 而其出處之正也. 召之則來, 捨之則藏, 拳拳乎君父之愛而莫之敢忘. 朱子何嘗然哉. 沈淪乎今俗之學而援朱子以自衛者, 誣朱子也.": 「五學論一」: 전서 I.11.20a.

17) 「寄兩兒」: 전서 I.21.14b~15b ;「寄兩兒」: 전서 I.21.15b~16a.

18) 「爲尹輪卿贈言」: 전서 I.18.2a~2b.

19) 「又爲尹惠冠贈言」: 전서 I.18.2a. 여기서 그는 과일이나 채소를 시장에 내어 돈을 얻기도 한다고 덧붙였다.

20) 「寄兩兒」: 전서 I.21.12b~13a. 신동원은 정약용이 권하고 있는 작물들 중에 "생지황, 반하, 길경, 천궁 따위와 쪽나무, 꼭두서니" 등 약초들이 많았음을 지적한다: 신동원, 「유의의 길: 정약용의 의학과 의술」, 『다산학』 10호(2007), 171~224쪽 중 206쪽.

21) 「爲尹輪卿贈言」: 전서 I.18.2b~3a.

정약용의 문제들

서』의 긴 분량을 이에 할애하면서 구황 식물들을 다수 언급하기도 했다.22)
정약전에게 보낸 한 편지에서는 자신이 여러 가지 물감 들이는 방법들을
시험해 본 이야기를 하면서 정약전에게도 시험해 볼 것을 권했으며, 중국에
서는 갖가지 색깔의 물감을 들이는데 조선에서는 제한된 몇 가지 색깔만
들인다고 지적했고,23) 또다른 편지에서는 건강을 유지하기 위해 섬에서도
구할 수 있는 개고기를 먹을 것을 권하면서 개를 잡는 법, 삶아 요리하는
법 등에 대해 자세히 썼다.24)

2. 과학기술

과학기술에 대한 정약용의 관심도 철저하게 실용 위주였음은 4장에서
보았다. 그가 지니고 있었거나 관심을 가졌던 과학기술 지식은 대부분
실제 생활에 효용이 있는 지식이나 그 자신이 중요시했던 경전 해석에
필요한 지식이었고, 그 같은 '실용적' 지식 이외에 과학 지식 일반에 대한
정약용의 관심은 크지 않았다. 그런데 과학기술에 대한 정약용의 태도에서
는 이 같은 실용의 추구 이외에 이 장의 서두에서 언급한, 더 넓은 의미에서의
'실용주의적' 태도도 찾아볼 수 있다.

우선, 과학기술에 대한 정약용의 관심이 그 같은 실용의 추구를 넘어
자연세계와 자연현상에 대한 지적 관심이나 과학기술 자체에 대한 근본적,
이론적 관심으로 이어지지 않았다. 그가 과학기술 지식의 실용적 가치를

---

22) 『牧民心書』 권12~14: 전서 V.27.25a~29.16a.

23) 「上仲氏」: 전서 I.20.20b. 그는 검붉은 색을 내기 위해 반드시 사용해야 하는
    皁礬이 없어 "이 같은 사물의 성질들이 서로 감응하는 바에 대해 모두 궁구할
    수 없으니 이것이 한스러울 뿐"이라고 덧붙였다. "潑紫緇者必賴皁礬(俗名曰黔芩).
    如此物情之相感者, 無以悉窮. 是可恨耳."

24) 「上仲氏」: 전서 I.20.24a~24b.

인식한 것은 사실이지만, 그 같은 지식에 대한 이론적인 논의나 탐구보다는 즉각적인 실용성을 확보하는 일에 관심을 지녔던 것이다.[25]

예들 들어 정약용은 우주론적 논의에는 별 관심을 보이지 않았다. 그의 생각으로는 자연세계의 구조나 운행과 같은 것에 대한 지식은 당시 조선 사회가 당면한 문제들을 해결하는 데 도움이 될 수 있는 것이 아니었던 것이다. 때로 그는 그 같은 주제들에 대해 불가지론不可知論적 태도를 보이기도 했다. 하늘과 땅의 움직임 같은 문제들과 관련해서 그는 "이런 것들은 알 수 없는 것이다. 그리고 알 수 없는 것은 논의할 수 없다"고 단언했고, "하늘이 과연 움직이는 것인가? 땅이 과연 정지해 있는 것인가?(天其運乎, 地其處乎)"라는 『장자莊子』의 모호한 구절에 대해 이야기하면서 "천지의 리理에 대해서 이야기함에 있어 두루 알 수 없는 바가 있다. 그에 대해 함부로 이야기하는 자들을 함부로 믿지 말아야 한다"고 단언했다.[26] "비록 성인이라도 역시 알지 못하는 바가 있다(雖聖人亦有所不知焉)"라는 『중용』의 구절에 대해 이야기하면서 성인은 예禮, 관제官制등과 관련해서는 모두 알지만, 일월 운행의 소이연이나 하늘에서의 별들의 위치가 빚어내는 효과, 땅이 공중에 안정되게 떠있는 이유 등에 대해서는 비록 성인이라도 모두 알지는 못한다고 말했다.[27] 그는 또한 천하의 사물의 수는 무수히 많아서

---

25) 이 같은 정약용의 태도는 그 자신보다 더 철저하게, '근본적으로' 실용적이었던 박지원 같은 사람의 태도와 대비되는데, 이런 면에서는 정약용이 실용성을 추구하는 일에 있어서도 '실용주의적'이었다고 할 수 있겠다. 예를 들어 박지원은 "'선비 (士)'의 학문은 실제로 농업, 기술, 상업을 함께 포괄해야 하며, 이 세 가지 業은 모두 선비에 의지해서 이루어질 수 있다. 무릇 이른바 농업에 밝고 상업에 통하고 기술을 베푼다는 것들이 그 밝고 통하고 베풀 수 있음이 선비가 아니면 누구이겠는가?(士之學, 實兼包農工賈之理. 而三者之業, 必皆待士而後成. 夫所謂明農也通商而惠工也, 其所以明之通之惠之者, 非士而誰也.)"라고 이야기했다. 『課農小抄』「諸家總論」: 『燕巖集』, 16.22b.

26) "是不可知也. 不可知者, 不可議也. 莊子曰, 天其運乎, 地其處乎. 言天地之理, 有不可周知也. 其妄言之者, 勿妄信.": 「宗動天辨」: 전서 I.12.16a.

27) "日月運行, 孰知其所以然乎. 星辰布列, 孰知其所施用乎. 大地浮於空中, 孰知其所以安

정약용의 문제들

인간이 그것의 수와 리를 다 알 수 없다고 이야기하기도 했다.28) 이 같은
그의 불가지론적 입장 또한 분명히 판단할 수 없는 문제에 대해 불필요한
논의에 빠지지 않으려는 그의 실용 위주의 성격을 보여준다고 하겠다.

역법에 대한 정약용의 태도에서도 실제 역법 계산에서의 효용을 중시하
는 '실용주의적' 태도를 보여주는 예들을 많이 찾아볼 수 있다. 그는 일월오성
의 움직임은 변화가 있을 수밖에 없어 역법이 아무리 정밀해져도 완전히
정확할 수는 없다고 인식하고, 그 원인으로 세차歲差를 들기도 했다.29)
그는 "경성經星 또한 항상 고정되어 움직이지 않는 것이 아니며 세월이
오래 지나면 차이가 나서 기준으로 삼을 수 없다"고 지적했으며, 28수宿에
대해서는, "적도 주위 360도가 텅비고 경계가 없어 관측할 기준이 없기
때문에 황도 좌우의 28개의 별들을 취해 태양궤도 도수의 표지를 삼은
것"일 뿐 사방四方의 표지標識로 삼을 수 없다고 이야기했다.30) 또한 그는
역법 계산은 필요에 따라 요구되는 정확도가 다르므로 무조건 높은 정확도
가 필요한 것은 아님을 인식했으며, 예컨대 서광계의 「점후占候」편은 농시農時
를 대략적으로 징험한 것이므로 굳이 세차까지 고려해 위치를 정할 필요가
없다고 지적했다.31) 전통 역법의 1일 100각刻의 법 대신 96각법으로 하는

　　　乎. 此聖人之所不知也.": 『中庸講義補』: 전서 II.4.17b.

28) "天下之物, 浩穰汗滿. 巧歷不能窮其數, 博物不能通其理. 雖以堯舜之聖, 予之以彭籛之
　　壽, 必不能悉知其故.": 『大學公議二』: 전서 II.1.20a.

29) "天下之最不可齊者, 卽日月五星之躔次度數也. 故曆法彌精彌不得齊. 天有歲差, 暮有
　　積分, 離合交食, 振古不齊.": 『尙書古訓』 권1: 전서 II.22.28b.

30) "二十八宿, 非必爲諸星之綱領, 亦不是四方之標識. … 特以赤道周天三百六十度, 曠無
　　界限, 無以指望. 故取黃道左右之二十八星, 以爲日躔幾度之標識. … 經星亦非恒定不
　　動, 歲久則差. 不可準也.": 『尙書古訓』 권1: 전서 II.22.7a. 그는 "28수는 원래 사방으로
　　분배해서는 안되며, '治曆之家'가 황도 좌우에 걸친 별들을 취해 [별들의] 위치의
　　표지로 삼은 것일 따름이다(二十八宿, 本不當分配四方. 是不過治曆之家取黃道左右
　　跨據之星, 以之爲躔度之標識而已.)"라고 말하기도 했다. 『尙書古訓』 권1: 전서
　　II.22.14a.

31) "占候之篇, 略驗農時, 不必按歲差而立躔次也.": 「農策」: 전서 I.9.13a.

것이 1일 12시時, 1시 8각으로 정확하게 맞아 떨어져 계산에 편리하다는 그의 주장에서는 실용성을 중시하는 생각이 더 즉각적으로 드러난다.32)

경전에 나오는 천문역법과 관련된 몇몇 표현들에 대해 전통적인 해석에서 벗어나는 새로운 해석을 제시하는 데에서도 정약용의 '실용주의적' 현실감각을 볼 수 있다. 예컨대 그는 "재선기옥형이제칠정在璿璣玉衡以齊七政"이라는 『서경書經』「순전舜典」의 구절에서 '선기옥형'을 천문의기儀器로 보고 '칠정'을 일월오성으로 보아 "의기를 통해 일월오성을 가지런히 한다"고 해석하는 오래 받아들여져 온 관점을 거부하고, 일월오성이 가지런히 할 수 있는 것이 아니라는 생각과 '형衡'이라는 글자의 뜻에 바탕해서 '선기'와 '옥형'을 자와 저울, 그리고 '칠정'을 일곱가지 정사政事로 보는 자신의 해석을 제시했다.33) 역시 『서경』「순전」에 나오는 "협시월정일協時月正日"이라는 표현도 기존의 해석에서는 "4시와 달을 맞추어 날짜를 바로 잡는다"고 한 데 대해, 그는 4시와 월, 일이 가지런히 맞추기 지극히 힘든 것임을 지적하고 "사방의 절기의 조만早晚과 일출입 시각의 차이를 살펴 역법의 틀리고 맞음을 검증하고 이를 고쳐 바르게 한다"는 자신의 해석을 내놓았다.34) 그 외에도, 서양의 청몽기설淸蒙氣說을 주장하여 비판을 받고 있던 이가환李家煥(1742~1801)에게 중국 전적에서 몽기설의 기원을 찾아 비판에 대처하라고 권하는 그의 태도 또한 '실용주의적' 특성을 보여준다.35)

기술 진흥과 기술 도입과 관련해서도 현실적 여건의 중요성에 대한

---

32) 『尚書古訓』권1: 전서 22.14b~15a.

33) 『尚書古訓』권1: 전서 22.26a~29b ; 구만옥, 「조선 후기 '선기옥형'에 대한 인식의 변화」, 『한국과학사학회지』26(2004), 247~273쪽 중 268~271쪽.

34) "天下之不可齊一者, 時月日也. 北極出地千里差四度, 則節氣時刻各國不同, 不可齊一也. 日出入時刻, 千里差一刻有奇. 則日月交會各國不同, 不可齊一也. 舜之所以協時月正日者, 正欲考四方節氣早晚及日出入時刻, 以驗曆法之差合而改之正之.": 『尚書古訓』권1: 전서 22.34a ; 구만옥, 「다산 정약용의 천문역법론」, 90~91쪽.

35) 구만옥, 「다산 정약용의 천문역법론」, 99~100쪽.

정약용의 문제들

그의 '실용주의적' 인식을 볼 수 있다. 기술을 도입해야 하는 이유로 정약용이 들고 있는 점 한 가지는 기술이 시기가 지나면서 계속해서 발전한다는 것이었다. 그는 사람이 모이면 기술이 더욱 정교해지고 이것이 쌓여 시기가 내려오면서 더욱 발전하며 "이것은 형세가 그러하지 않을 수 없는 바"임을 지적했다.36) 이렇게 기술은 계속 발전하는 것인데도 조선은 과거에 중국에서 배워온 기술을 수백 년간 그대로 사용함으로써 뒤떨어지게 되었다는 것이 그의 생각이었다.

우리나라가 가진 백공기예는 모두 과거 중국으로부터 배운 방법인데, 수백 년간 중국에 가서 배워오려는 시도가 전혀 다시 없었다. 그러나 중국의 신식의 교묘한 제도는 날마다 증가하고 달마다 많아져서, 더는 수백 년 이전의 중국이 아니다. 그럼에도 우리는 막연히 서로 묻지도 않고 다만 옛것에 안주하고 있다. 어찌 [이토록] 게으른가.37)

따라서 효도(孝)나 형제간의 우애(弟)와 같은 도덕적 덕목들은 "천성天性에 근본을 두고 성현의 책 속에 밝혀져 있어서" 이것들을 확충하고 닦으면 되고 바깥으로부터 나중에 나온 새로운 것을 들여올 필요가 없지만, '이용후생'의 기술들은 새로 나온 것들을 도입하지 않으면 뒤쳐지게 될 것이었다.38)

---

36) "故人彌聚則其技藝彌精, 世彌降則其技藝彌工. 此勢之所不得不然者也.": 「技藝論一」: 전서 I.10b. 이 같은 주장에 대해서는 高柄翊, 「茶山의 進步觀」, 尹絲淳 編, 『정약용』, 313~326쪽 ; 金泳鎬, 「丁茶山의 科學技術思想」, 285~291쪽에서 자세히 다루고 있다.

37) "我邦之有百工技藝, 皆舊所學中國之法, 數百年來截然不復有往學中國之計. 而中國之新式妙制. 日增月衍, 非復數百年以前之中國. 我且漠然不相問, 唯舊之是安. 何其懶也.": 「技藝論一」: 전서 I.11a.

38) "夫孝弟, 根於天性, 明於聖賢之書. 苟擴而充之修而明之斯禮義成俗, 此固無待乎外, 亦無藉乎後出者. 若夫利用厚生之所須百工技藝之能, 不往求其後出之制, 則未有能破蒙陋而興利澤者也.": 「技藝論三」: 전서 I.11.12a. 그의 생각으로는 기술만이 아니라 농법, 文詞, 藝術 등도 중국으로부터 새로 들여와야 했다. "若聖人之治, 聖人之學,

정약용은 조선에서 기술이 뒤떨어진 또다른 이유로 기술자들에 대한 천대와 착취를 들었다. 기술자들에 대한 착취의 상황에 대해 그는 다음과 같이 말했다.

> 우리나라의 습속으로는, 목수나 대장장이 중에 나무를 베고 쇠를 단련하는 방법을 조금이라도 아는 자는 관장官長이 일을 시키는데, 고용하면서 삯은 주지 않고 매질이 잦다. 따라서 [이들은] 팔뚝을 잘라버리고 손가락을 쪼개어 버리면서 그 자손들에게 경계한다. 그런데도 다시 공장工匠이 있을 수 있겠는가?[39]

따라서 그는 기술자들을 우대하여 기술자들이 많이 나오게 하는 이른바 '내백공來百工'(기술자들이 오게 하는) 정책을 펼 것을 주장하면서 다음과 같이 말했다.–"그 삶이 후하면 그 업業이 부지런하게 되고, 그 업이 부지런하면 그 기술이 정교해진다. 이 또한 '내백공'의 한 가지 도움이다."[40] 4장에서

東國旣得而移之矣. 復何必求諸遠哉. 唯田疇種植之有便利之法, 而使五穀苗茂焉, 則是古良吏之遺惠也. 文詞藝術之有博雅之能, 而不爲鄙俚焉, 則是古名士之餘韻也. 今所宜取益於中國也者, 斯而已.": 「送韓校理致應使燕序」: 전서 I.13.13b. 반면에, 위에서 본 것처럼, 律 및 算은 '舊例'에 따라 하면 될 것이므로 별도로 새로운 부서를 만들 필요가 없다고 말하기도 했다. 이는 사실 이익의 단계에서부터 면면히 이어져 온 생각이었다. 具萬玉, 『朝鮮 後期 科學思想史 硏究 I. 朱子學의 宇宙論의 變動』(혜안, 2004), 372~374쪽. 그리고 이 같은 생각에서는 근본적이고 불변인 道는 동양의 것에 기초하고 실용적이고 변하는 器는 서양의 것을 받아들인다는 東道西器論적인 태도를 볼 수 있다. 동도서기론에 대해서는 노대환, 『동도서기론 형성과정 연구』(일지사, 2005)를 볼 것.

39) "我邦之俗, 梓匠鐵冶, 粗知斲鍛之法者, 官長役使之. 傭雇不酬而鞭撻數及. 故斷腕裂指, 戒其子孫. 而復有百工者乎.": 「中庸講義補」: 전서 II.4.40a. 『磻溪隧錄』 권1, 「田制上」에도 기술자들이 자신들의 기능을 감춘다는 이야기가 나오는 것을 보면 기술자들에 대한 이 같은 착취의 상황은 이미 널리 인식되고 있었던 것으로 보인다.

40) "其生厚則其業勤. 其業勤則其技精. 斯又來百工之一助也.": 『經世遺表』 권2: 전서 V.2.32a. '來百工'은 『中庸』 20장에 나오는 표현으로 정약용은 『中庸講義補』: 전서

정약용의 문제들

본 것처럼『기기도설』이나『농정전서』에 나오는 농기와 직기를 제작 보급
하자는 주장을 한 후 그는 좋은 성과를 낸 자를 종6품從六品 직에 오르게
하자고 제안했으며,[41] 의원醫員들에 대해서도 그들의 실적에 따라 보수를
지급할 것을 제안했다.[42]

그러나 정약용은 기술의 세부적 사항들에 대해서는 큰 관심을 보이지
않았다. 유학자들 중에는『몽계필담夢溪筆談』을 쓴 심괄沈括(1031~1095),『천
공개물天工開物』을 쓴 송응성宋應星(1587~1648)처럼 직접 기술에 종사하지
않으면서도 지적 호기심에서 그 같은 기술의 세부사항들에 대해 자세히
저술하는 경우가 있었지만, 정약용은 구체적 기술의 세부에 대해 그 같은
관심을 보이거나 저술하지 않았다. 사실 위의 책들에 담긴 기술의 세부사항
들 중 대부분은 유학자들의 실제 생활에 쓸모가 있는 지닌 지식이 될
수는 없었고, 실용을 중시했던 정약용의 지적 흥미를 끌지 못했던 것이다.[43]

3. 학문과 사상

앞 절에서 과학기술과 관련하여 살펴본 정약용의 넓은 의미의 '실용주의

II.4.40a~40b에서 이 구절에 대해 논의하면서 그 같은 주장을 펴고 있으며 그
외에「軍器論一」: 전서 I.11.9b ;『經世遺表』권2: 전서 V.2.32a 등도 같은 주장을
담고 있다. 이에 대한 내용은 金泳鎬,「丁茶山의 科學技術思想」, 290쪽에서 다루고
있다.

41) 『牧民心書』 권7: 전서V.22.8b.

42) "醫師歲終則稽其醫事, 以制其食. 十全爲上, 十失一次之, 十失二次之, 十失三次之,
十失四爲下, 蓋以功績之高下, 第其祿食. 醫師旣然則他司亦然.":『中庸講義補』: 전서
II.4.41b.

43) 예외적으로, 4장에서 보았듯이, 그가『기기도설』에 담겨 있는 起重機를 만들어
華城축조에 사용해 큰 효과를 본 사실이 자주 언급되지만 이는 먼 훗날 그 자신의
회고에만 의존한 것이며, 그가 이 기중기에 대해 지은「起重圖說」의 내용을 보면
그가『기기도설』의 논의를 제대로 이해하고 있었다고 보기도 힘들다. 화성 축성
과정에서 정약용의 역할과 관련해서는 앞의 3장 주 130)을 참조할 것.

적' 태도는 광범위에 걸친 정약용의 학문과 사상의 여러 측면에서 다양하게 드러난다. 무엇보다도 그의 사상 형성에 큰 영향을 미친 두 가지 요소들—주자학과 서학—에 대한 그의 태도에서 그 같은 '실용주의적' 성격을 찾아볼 수 있는데, 이는 2장과 3장의 논의에서 이미 어느 정도 드러났을 것이다.

주자학의 경우를 먼저 들자면, 조선 양반사회의 일원으로 그것의 유지에 관심이 있었던 그는 조선 양반사회의 사상적 토대를 형성했던 주자학의 틀을 견지했다. 물론 주자학이, 특히 조선에서의 그 주도적 행태가, 관념적, 추상적 논쟁에 천착하고 실제 조선 사회가 당면한 문제들에 대처하는 능력을 상실했다는 문제의식이 그에게 있었던 것은 사실이다. 그러나 그는 주자학으로부터 근본적으로 벗어나거나 그것을 대체할 자신의 새로운 틀을 형성하려고 시도하지 않았다. 그가 한 일은 기존 주자학의 틀을 벗어나려고 하기보다는 변형, 개선, 보완하려고 하는 시도였으며, 그는 그 같은 작업을 통해 변화된 지적 풍토 속에서 지탱할 수 있는, 더 완벽한 주자학 체계, 유학 체계를 세우려는 보다 현실적인 목표를 추구했던 것이다. 현대의 여러 학자들이 그의 학문과 사상에서 새로운 '틀'이나 '체계'를 보았고 그것에 '다산학茶山學'이라는 이름을 붙이기도 했지만, 그들이 보았던 것, 그들에게 '다산학'이라는 표현을 사용하도록 했던 것은 사실은 새로운 학문체계나 틀이 아니라 자신의 시기 학문의 모든 영역에서 가장 우수한 업적을 성취하려는 정약용의 '실용주의적' 원망願望이 드러난 것이었다. 사실 그의 경학 탐구 자체가 조선 양반사회의 일원으로서, 더구나 그로부터 제외되어 낙오될 처지를 걱정하는 상황에서, 그 사회가 절대적으로 중요시하는 경학에 있어서의 자신의 능력을 스스로 확인하고 타인들에게도 보임으로써 그 같은 작업에서의 자신의 능력과 성취를 인정받으려는 자연스러운 욕구를 보여주며, 이 역시 자신이 처한 실제 현실 속에서 자신에게 무엇이 중요한가에 대한 '실용주의적' 인식에 바탕한 것이었다고 볼 수 있겠다.

서학을 두고서도 정약용의 '실용주의적' 성향이 여러모로 드러난다. 3장에서 보았듯이, 그는 기독교 교리에서 도덕적 가치와 실천을 확보하는 데 효용이 있을 새로운 관념들을 발견했지만 그것들을 위해 기독교 신학 체계 전체를 받아들이거나 유가 전통 전체를 버리는 대신 '상제', '신독愼獨', '권형權衡' 등 유가 전통의 일부 개념들을 천주교의 개념들과 비슷하게 수정함으로써 유가 사상을 보완하는 쪽을 택했다. 특히 그는 추상적인 '리理' 또는 '천리天理' 대신 홀로 있을 때도 사람의 내면을 들여다보고 감시하는 인격신 '상제' 개념을 통해 사람들로 하여금 외경심을 가지고 조심하도록 하는 마음을 끌어내어 윤리 실천의 동기를 부여했는데, 다음과 같은 그의 이야기가 이를 잘 보여준다.

> 하늘의 영명靈明함은 사람의 마음을 바로 통한다. 감추어져 살필 수 없는 것이 없고 희미해서 밝힐 수 없는 것이 없다. 이 방을 비추어 굽어보고 날로 감시하며 여기에 있다. 사람이 만약 이를 알면, 비록 대담한 자라도 경계하고 삼가고 두려워하지 않을 수 없을 것이다.[44]

그리고 그의 이 같은 생각에는 원래 이기적인 존재로서 욕망에 빠지기 쉬운 인간의 상황에 대한 현실적 이해에 바탕해서 상벌, 법과 제도 등의 뒷받침의 필요성을 인식한 그의 '실용주의적' 태도가 분명히 드러나 있다.[45]

---

44) "天之靈明直通人心. 無隱不察, 無微不燭. 照臨此室, 日監在玆. 人苟知此, 雖有大膽者 不能不戒愼恐懼矣.":『中庸自箴』권1: 전서 II.3.5b.

45) 백민정,『정약용의 철학』, 81~93, 219~229쪽 ; 장승구,「동서사상의 만남과 정약용 의 인간관-작위(作爲)의 주체로서의 인간」,『茶山學』8호(2006), 385~415쪽 ; Donald Baker, "Practical Ethics and Practical Learning: Tasan's Approach to Moral Cultivation",『한국실학연구』18호(2009), 194~217쪽 중 211~216쪽. 백민정은 정약용의 상제가 "단순한 외재적 감시자가 아니라 나의 내면에서 나를 사로잡고 나의 행위를 강제하는 직접적인 영향력을 갖는 존재"라고 이야기한다(『정약용의

반면에, 그는 내세의 구원 같은 것에는 전혀 관심이 없었다. 또한 그가 천주교 신앙을 쉽게 버린 데에서도 그의 '실용주의적' 면모를 볼 수 있다. 그는 당초 더 완벽한 도덕적 가치와 실천을 확보하기 위해 받아들였던 천주교 교리에서 유가 전통과 조선 양반사회의 핵심가치들에 반하는 문제들이 드러났을 때 천주교를 버리는 쪽을 선택했다. 특히 천주교 신앙이 정부와 주위로부터 빚어내는 어려움 속에서 유학자로서 도저히 받아들이기 힘든 제사폐지령에 접했을 때, 근본주의적인 신앙을 지니고 그것을 고수할 성격이 아니었던 '실용주의자'인 그가 천주교와 단호히 단절하는 것은 자연스러운 일이었던 것이다.

천주교와 함께 들어온 서양 과학지식을 두고서는 정약용의 실용 위주의 경향이 더욱더 두드러진다. 그는 실제 효용이 있는 것들에만 관심을 지녔고 그렇지 않은 것들에는 무관심했던 것이다. 또한, 3장에서 지적한 대로, 그는 서양 과학지식의 철학적 함의에 대한 관심을 지니거나 서양 과학으로부터 인식론적, 방법론적 자각을 얻지도 않았다. 예컨대 『기하원본』에 관한 정약용의 관심은 단순히 유용한 수학적, 기하학적 지식에 대한 것이었을 뿐, 그것이 확실한 지식임을 보여줌으로써 지식의 기초의 역할을 할 수 있다는, 서광계徐光啓(1562~1633)와 같은 식의 인식은 그에게는 보이지 않았다.[46]

정약용이 송학宋學의 폐단을 지적하면서도 다른 한편으로 지나치게 자세

철학』, 225쪽). 정일균은 정약용이 "'신독' 개념의 재해석을 통하여 이상주의적인 '성인의 윤리학'으로부터 현실주의적인 '보통 사람의 윤리학'으로의 전환을 모색하고 있다"고 이야기한다. 「다산 정약용의 『심경(心經)』론─심경밀험(心經密驗)』을 중심으로」, 『사회와 역사』 73집(2007), 337~384쪽 중 380쪽.

46) 예컨대 서광계는 「幾何原本雜議」에서 "能精此書者, 無一事不可精. 好學此書者, 無一事不可學."이라고 말했다. 『徐光啓集』(上海: 中華書局, 1963), 76쪽. 이익 같은 사람은 서광계의 이 구절을 인용하기도 했다. 「技藝文」: 『星湖僿說類選』(경문사, 1976) 상권, 443쪽 ; 안대옥, 「18세기 正祖期 朝鮮 西學 受容의 系譜」, 『東洋哲學硏究』 71집(2012), 55~90쪽 중 68쪽.

한 자구字句의 해석에 집착하는 훈고訓詁 학풍의 한학漢學을 강력히 비판한 것도 실용을 중시하는 그의 태도를 보여준다. 예를 들어 그는 다음과 같이 훈고학을 비판했다.

오늘날의 이른바 '훈고의 학'은 한과 송을 절충한다고 지칭하지만 기실은 한을 으뜸으로 할 뿐이다. 궁실宮室과 충어蟲魚를 훈고하여 그것들로 글자를 통하고 구절을 끊었을 따름이고, 성명性命의 리理와 효제孝弟의 가르침과 예악, 형정刑政의 글에 대해서는 아주 깜깜하다. 송이 반드시 모두 옳지는 않지만 반드시 마음과 몸에 체득해서 행하고자 하는 것은 옳다. [그런데] 지금은, 단지 장구章句를 훈고하고 그 이동異同의 연혁沿革을 이리저리 고찰할 뿐 옳고 그름을 판단하고 사악함과 바름을 구별하여 체행體行하는 방법을 구하려 하지 않는다. 이것이 또 무슨 법인가?47)

이 같은 생각은 그가 깊은 영향을 받고 그의 정보의 출처이기도 했던 고증학풍의 청 학문에 대한 그의 비판적 태도에서도 볼 수 있다. 물론 "널리 옛 책을 살피고 경전으로 경전을 증명한다"48)는 그의 말에서 볼 수 있듯이 그가 자신의 저술에서 고증적 방법을 중요하게 사용한 것은 사실이지만, 그럼에도 불구하고 고증학이 지나치게 훈고에 얽매어 도덕적 실천과 실제 효용을 게을리 하는 폐단에 대해서는 단호히 비판했던 것이고, 이는 모기령毛奇齡(1623~1716), 염약거閻若璩(1636~1704) 등 고증학의 선구자로 볼 수 있는 청의 학자들에 대한 그의 비판으로 나타났다.49)

---

47) "今之所謂詁訓之學, 名之曰折衷漢宋, 而其實宗漢而已. 詁宮室訓蟲魚, 以之通其字絶 其句而已. 于性命之理孝弟之教禮樂刑政之文, 固昧昧也. 宋未必盡是, 而其必欲體行 於心與身則是矣. 今也, 唯詁訓章句其異同沿革, 是考是察. 曾不欲辨是非別邪正, 以求 其體行之術. 斯又何法也.": 「五學論二」: 전서 I.11.20b~21a.

48) "博考古籍, 以經證經.": 『喪禮四箋』序: 전서 III.1.1b. "以經證經"이라는 표현은 그의 詩모음 『松坡酬酢』「朝與數子讀禮箋. 又用前韻」: 전서 I.6.29a에도 나온다.

49) 청의 고증학에 대한 정약용의 태도와 정약용 자신의 고증학적 작업에 대해서는

또한 정약용은 고답적인 형이상학적 논의들에 대해 거부감을 드러냈다. 위에서 보았듯이 그는 "장구에 얽매이고 은일을 자칭하면서 사공에 힘을 들이려고 하지 않는 자는 공자의 무리가 아니다"라고 이야기했으며,[50] 한 시 구절에서는 공자의 강도講道나 주자의 상소는 모두 왕정王政과 조정의 일을 논했는데, "오늘날의 유자들은 리를 논하는 것을 즐기고 정치의 술術은 '빙탄氷炭'처럼 [멀리] 한다"고 비판했다.[51] 심지어 그는 "말 한 구절을 종지宗旨로 삼는 자들은 그들의 학문이 모두 이단異端이다"[52]라거나 "무릇 높고 묘하고 황홀하며 신변神變, 영통靈通한 것들은 모두 우리 [유가] 쪽의 기미氣味가 아니다"라고 단언했다.[53] 그의 이 같은 태도는 리理와 기氣, 성性과 정情, 체體와 용用, 본연本然과 기질氣質, 리발理發과 기발氣發, 이발已發과 미발未發 등에 대해 자신의 주장만 옳고 남의 주장은 그르다고 하여 편을 갈라 논쟁에 몰두하는 당시 조선 성리학의 경향에 대한 그의 비판에서 특히 잘 드러난다.[54]

彭林, 「試論茶山的考據學」, 『茶山學』 제6호(2005), 179~204쪽 - 국문번역, 같은 책, 205~238쪽을 참조할 만하다. 사실 고증에 대한 비판적 태도는 조선 학자들 사이에 꽤 널리 퍼져 있었다. 최식, 「19세기 '實事求是'의 다양한 층위와 학적 지향」, 『韓國實學研究』 19호(2010), 255~286쪽 중 263~264쪽. 또한 18세기 말에서 19세기 초에 이르는 시기에는 중국에서도 한송 절충적 입장에서의 고증학 비판이 일어나기도 했다. Elman, *From Philosophy to Philology*, pp.233~248.

50) 앞의 주 8)을 볼 것.

51) "魯叟講斯道, 王政居其半. 晦翁屢抗章, 所論皆廟算. 今儒喜談理, 政術若氷炭.": 「古詩二十七首」: 전서 I.4.12a.

52) "立一句語爲宗旨者, 其學皆異端也.": 「致良知辨」: 전서 II.12.18a.

53) "凡高妙恍惚 神變靈通者, 都非此邊氣味也": 「陶山私淑錄」: 전서 I.22.5a.

54) "今之爲性理之學者, 曰理曰氣, 曰性曰情, 曰體曰用, 曰本然氣質, 理發氣發, 已發未發, 單指兼指, 理同氣異, 氣同理異, 心善無惡, 心善有惡. 三幹五椏, 千條萬葉. 毫分縷析, 交嗔互嚷. 冥心默硏, 盛氣赤頸自以爲極天下之高妙. 而東振西觸, 捉尾脫頭. 門立一幟, 家築一壘. 畢世而不能決其訟, 傳世而不能解其怨. 入者主之, 出者奴之, 同者戴之, 殊者伐之. 竊自以爲所據極正. 豈不疎哉.": 「五學論一」: 전서 I.11.19a~19b. 실제로 정약용은 자신의 시기에 이르기까지 여러 세대에 걸쳐 대부분의 조선 유학자들의

정약용의 문제들

물론 정약용 자신이 「리발기발변理發氣發辨」과 같은 글을 쓰기도 했다.[55] 그러나 1801년 그가 장기에 유배기간 중 쓴 이 글에서 그는 리와 기의 관계나 '리발', '기발' 등을 에워싼 사변적인 공론空論에 빠져들지 않았으며 오히려 '리발기발' 논쟁이 어떻게 시작되었는지를 설명함으로써 이 소모적인 논쟁을 종결시키는 데 주력했다. 특히 정약용은 이 논쟁이 '리' 및 '기' 개념을 이황李滉(1501~1570)과 이이李珥(1536~1584)가 서로 다른 의미로 사용했다는 사실을 이해하지 못해서 일어난 것이라고 인식하고 굳이 한쪽만이 옳고 한쪽은 그르다고 시비를 가리려고 하지 말고 양쪽 입장의 좋은 점을 취할 수 있어야 한다고 생각했는데, 그 자신의 다음과 같은 이야기가 이를 잘 보여준다.

내가 일찍이 두 선생의 글을 취해 읽고 그 견해들이 나뉘어진 까닭을 면밀히 찾아보았다. 그런 즉 두 선생이 '리'라고 말하고 '기'라고 말한 것이 그 글자는 비록 같지만 그 가리키는 바는 특정한 것과 총체적인 것[의 다름]이 있었다. … 퇴계의 말은 비교적 면밀하고 자세하며 율곡의 말은 비교적 활달하고 간결하다. 그러나 그들이 주로 뜻하고 가리켜 말하는 바가 각각 다른 즉, 두 선생 중 어찌 한쪽이 그르다고 할 것인가? 한쪽에 잘못됨이 없는데 억지로 그르다고 하고 그 한쪽만 홀로 옳다고 하니, 그 때문에 분분해져서 정해짐이 있지 못한 것이다.[56]

관심의 대상이었던 이른바 '湖洛 논쟁'에 대해서도 거의 언급하지 않았다. '湖洛 논쟁'에 대해서는 한국사상사연구회, 『인성물성론』(한길사, 1994), 특히 제3부를 볼 것.

55) 전서 I.12.17a~18a. 「理發氣發辨」의 내용에 대해서는 김영우, 「다산의 사단칠정론 고찰」, 『茶山學』 6호(2005), 239~270쪽을 참조할 것.

56) "余嘗取二子之書而讀之, 密求其見解之所由分. 乃二子之曰理曰氣, 其字雖同而其所指有專有總. … 退溪之言較密較細, 栗谷之言較闊較簡. 然其所主意而指謂之者各異, 卽二子何嘗有一非耶. 未嘗有一非, 而强欲非其一以獨是. 所以紛紛而莫之有定也.": 「理發氣發辨一」: 전서 I.12.17a~17b. 비슷한 내용이 이미 그가 1795년에 쓴 「西巖講學記」(전서 I.21.25a~25b)에도 담겨 있으며 나중 두 아들에게 보낸 편지에서도

따라서 그는 이같이 양쪽 모두에 받아들일 바가 있는 두 입장 사이에 굳이 시비를 가리려하는 이 논쟁을 비생산적이고 비실용적인 것으로 보았으며, 그 같은 그의 생각은 나중 이재의李載毅(1772~1839)에게 보낸 편지에도 잘 드러나 있다.

'리기'의 설說은 동東도 가하고 서西도 가하며 백白도 가하고 흑黑도 가하다. 왼쪽으로 끌면 왼쪽으로 기울고 오른쪽으로 당기면 오른쪽으로 기운다. 일생동안 다투다가 자손에게 전해도 또한 끝남이 없다. 사람의 삶에 일이 많은데 그대와 내가 이를 할 만한 겨를이 없다.57)

정약용에게 중요했던 것은 철학적 논쟁보다는 도덕적 실천이었던 것이다. 나중 「리발기발변2」에서 그가 이황의 견해를 수긍하는 쪽으로 간 것도 도덕적 실천을 중시해서였다.

군자가 입술이 마르고 혀가 닳도록 열심히 '리발'과 '기발'을 변론하는 것은 바로 이를 위해서이다. 만약 그것이 발發한 연유만을 알고 마는 것이라면 그것을 변론하는 것이 무엇이 되겠는가? 퇴계는 일생동안 치심治心과 양성養性의 공부에 힘을 썼기 때문에 그 '리발'과 '기발'을 나누어

"退溪專主心性, 故有理發有氣發. 栗谷通論道器, 故有氣發, 無理發. 兩賢所指各殊, 不害其言之不同."이라고 말했다. 「示兩兒」: 전서 I.21.20a. 정약용이 위의 「理發氣發辨一」로부터의 인용에서 생략된 부분에서 "… 蓋退溪專就人心上八字打開. 其云理者是本然之性, 是道心, 是天理之公. 其云氣者是氣質之性, 是人心, 是人欲之私. … 栗谷總執太極以來理氣而公論之. 謂凡天下之物, 未發之前, 雖先有理, 方其發也, 氣必先之. …"라고 말한 것을 보면 그가 대체로 이황의 논의는 주로 도덕과 수양의 측면에 관한 것이었고 이이의 논의는 주로 천하의 사물을 대상으로 했다고 생각한 것으로 보인다. 김우형, 「다산 윤리학의 실천적 특성과 이론적 한계: 사단칠정과 인심도심, 그리고 德의 문제를 중심으로」, 『茶山學』 20호(2012), 223~253쪽 중 234~236쪽을 볼 것.

57) "理氣之說, 可東可西, 可白可黑. 左牽則左斜, 右挈則右斜. 畢世相爭, 傳之子孫, 亦無究竟. 人生多事, 兄與我不暇爲是也.": 「答李汝弘載毅」: 전서 I.19.30b.

말하고 오로지 그것이 분명하지 않을 것을 걱정했다. 학자들은 이 뜻을 살펴 깊이 체득해야 한다.[58]

이와 관련해서 도덕과 수양의 문제-어떻게 도덕을 지켜 가며 참다운 인간으로 제대로 살아야 할 것인가 하는 문제-는 정약용에게 실제의 문제이자 실용적 문제였으며 그런 의미에서 도덕 및 수양과 관련한 그의 태도가 철저하게 '실용주의적'이었음을 주목할 만하다. 우선, 2장에서 본 것처럼 그는 '인의예지仁義禮智'와 같은 도덕적 덕목들이 천리天理와 인간의 본성으로부터 선천적으로 나오는 것이 아니라 구체적 행동과 실천적 노력을 통해 얻어지는 실천적인 것이라고 믿고, 심心이나 성性 같은 개념들을 통한 추상적, 이론적 차원이 아니라 구체적 인간관계와 실제 행동과 관련해서 이들에 대해 논의했다.[59] 이 같은 태도는 그가 '성性'을 "사람 마음의 기호嗜好"라고 한 데에 이미 드러나 있는데, 그가 '도道'를 "이곳으로부터 저곳으로 가는 길"이라고 정의한 것도[60] 같은 태도를 보여준다고 하겠다.
  정약용의 경세학 연구도 경세학의 이론적인 체계를 제시하는 것이 아니라 조선의 상황에 바탕한 구체적 해결책을 모색하는 데 치중했다. 물론 그의 경세학이 그의 경학經學에 바탕하고 있었다고 흔히 이야기된다.[61]

---

58) "君子之焦脣敝舌而喋喋乎理發氣發之辯者, 正爲是也. 苟知其所由發而已, 則辨之何 爲哉. 退溪一生用力於治心養性之功, 故分言其理發氣發而唯恐其不明. 學者察此意 而深體之.": 「理發氣發辨二」: 전서 I.12.18a.

59) 금장태, 『다산실학탐구』(소학사, 2001), 122~130쪽 ; 백민정, 『정약용의 철학-주 희와 마테오 리치를 넘어 새로운 체계로』(이학사, 2007), 124~135쪽 ; 장승구, 「다산 정약용의 윤리사상 연구-주자 윤리사상과의 비교를 중심으로」, 『한국철학 논집』 21(한국철학사연구회, 2007), 165~195쪽.

60) "道者, 自此之彼之路也": 『中庸自箴』 권1: 전서 II.3.4a.

61) 금장태, 『다산실학탐구』(소학사, 2001), 제6장 ; 이영훈, 「다산 경세론의 경학적 기초」 ; 金文植, 『朝鮮後期經學思想硏究』, 제4장. 오늘날 "연구자들이 대체로 공감 하는 인식은 정약용이 경학에 대한 연구를 통해 고증적 재해석을 넘어서서 경세론 에 대한 자신의 견해를 근거지우려는 학문적 노력을 보여준다는 것이다."라는

정약용 자신도 "폐법弊法과 학정虐政이 생긴 것은 모두 경전의 뜻에 밝지 못한 데 연유하며 따라서 치국의 요체는 경전에 밝은 것보다 우선할 것이 없다"고 주장했다.62) 그러나 4장에서 보았듯이 정약용의 경세학 논의가 경전들의 관련 구절들에 대한 논의의 일환으로 이루어진 면이 있음은 사실이지만, 그의 경세학의 내용에 그의 경학 연구가 영향을 미친 바를 구체적으로 보이기는 쉽지 않다. 실제로 그는 1816년까지 경학 저술에 전념하다가 그것이 일단 완료된 후에야 경세학 저술에 착수해서 1817~1819년 사이에 '1표2서' 저술 작업을 수행했는데 이는 그가 경학 공부를 바탕으로 해서 경세학으로 나아갔거나 경학에 바탕한 경세학의 체계를 만들려고 했을 가능성보다는 경학과 경세학에 대한 그의 공부와 저술이 서로 다른 시기에 별개로 분리되어 이루어진 것임을 보여준다고 할 수 있다. 결국 정약용이 추구했던 것은 유학자들의 학문의 본령인 경전 연구와 그들의 사회적 책임인 경세적 실무 양쪽 모두에서 탁월한 업적을 이루어내고 그 같은 자신의 성취를 다른 학자들로부터 인정받는 것이었다. 그리고 이것은 그와 같은 처지에 있던 사람으로서는 가장 현실적인 희망이었을 것이다.

정약용이 예학禮學에 많은 저술을 남기고 상례나 제례 같은 의식儀式의 세부적 절차들에 대해 깊은 관심을 보인 것도 유가 전통에 기반한 조선 양반사회의 일원인 그에게 그러한 것들이 실제로 중요한－실용적인－문제였기 때문이었다. 『목민심서』도 예禮와 의식과 관련된 많은 내용을 포함하고 있으며, 베이커(Donald Baker)는 지방관들이 예와 의식을 제대로 지키도록

이봉규의 이야기도 근본적으로는 같은 생각을 보여준다고 할 수 있다. 이봉규, 「다산학 연구의 최근 동향과 전망－근대론의 시각을 중심으로」, 『茶山學』 제6호 (2005), 135~177쪽 중 149쪽.

62) "弊法虐政之作, 皆由於經旨不明. 臣故曰, 治國之要, 莫先於明經也.": 『經世遺表』 권10, 「地官修制賦貢制二」: 전서 V.10.16a.

하려는 것이 정약용이 『목민심서』를 쓴 이유 중 하나였다고 지적하기도 했다.[63] 또한 정약용은 양자養子를 세우는 문제에 대해 깊은 관심을 보여서, 형 정약전에게 보낸 편지에서 이 문제에 대해 자세히 논의했고[64] 「입후론立後論」이라는 글을 쓰기도 했다.[65] 사실 상례와 제례 같은 의식의 절차들이나 입양入養과 같은 문제들은 정약용에게는 현실적으로 중요한, 따라서 그의 처지에서는 실용적인 문제들이었던 것이다.

정약용의 저술 방식에서도 실용 위주의 경향이 드러난다. 예를 들어 그는 자신의 예학 저술에서 서건학徐乾學(1631~1694)의 『독례통고讀禮通考』, 진혜전秦蕙田(1702~1764)의 『오례통고五禮通考』 같은 청의 예학서들을 많이 참고로 하면서도 이 책들이 번잡하고 실용성에서 뒤떨어지는 점을 비판했으며, 특히 그가 『상의절요喪儀節要』에 실은 「오복도표五服圖表」는 『독례통고』의 내용을 받아들여 그것을 실용적으로 개선한 결과였다.[66] 또한 그는 『마과회통麻科會通』과 같은 책에서 문헌학적인 방법을 사용하여 과거의 사례들을 수집하면서도 더 단순하고 이론적으로 덜 복잡한 것을 선호했다.[67] 그는 『목민심서』, 『사대고례事大考例』 등의 책들도 실무에서 이용하기 쉬운 실무지침서의 형태로 저술했다.[68]

---

63) Donald Baker, "Shamans, Catholics, and Chŏng Yagyong: Tasan's Defence of the ritual Hegemony of the Confucian State," 『茶山學』 15호(2009), 139~180쪽 중 160~162쪽.

64) 「答仲氏」: 전서 I.20.20a ; 「上仲氏」: 전서 I.20.25b~26b. 이 편지글들은 실제로 그의 집안에 입양과 관련해서 복잡한 문제가 있었음을 보여준다.

65) 전서 I.11.14b~17b.

66) 박종천, 「茶山 丁若鏞의 『讀禮通考』 研究 初探」, 『한국실학연구』 21호(2011), 7~38쪽.

67) 베이커, 「丁若鏞의 醫學論과 西洋醫學」, 320쪽. 베이커는 정약용의 이 같은 태도를 "오컴의 면도날"이라는 표현으로 특징짓고 있다.

68) 임형택, 「『사대고례(事大考例)』와 정약용의 대청관계(對淸關係) 인식」, 『茶山學』 12호(2008), 25~47쪽 중 35~36쪽.

4. 술수와 미신

술수와 미신에 대한 정약용의 비판에서도 앞에서 본 '실용주의적' 태도의 다양한 측면들이 드러난다.[69] 우선 술수와 미신에 대한 그의 비판은 근본적, 이론적, 원칙적인 차원이 아니라 주로 그것들이 실효성이나 실용성이 없다거나 폐해를 빚는다는 점에 대해서였다.[70] 예컨대 그는 『주역』점이 당초 백성의 삶을 위하는 것이었다는 점을 강조하는 등 그 실용적 목적을 중시했는데, 그가 『주역』점을 치지 않고 복서를 폐지할 것을 주장하기까지 한 것은 그 같은 실용성보다 폐단이 더 많아졌다고 생각해서였던 것이다.

풍수술이 실제로 효과가 있을 수 없음을 주장하면서 제시하는 정약용의 논거들이 '실용주의적'인 태도를 뚜렷이 보여준다. 예를 들어, 5장에서도 보았듯이, 그는 영웅호걸이 '명당明堂'에 살고 있으면서도 자기 자식들을 보호해 주지 못해서 자식들이 병에 걸리기도 하고 일찍 죽기도 하는데 관棺 속 마른 뼈가 아무리 좋은 위치에 있다고 해도 후손을 잘되게 해줄 수 있겠는가 하고 반문했다.[71] 또한 그는 만약에 자신들이 길吉한 땅이라고 이야기하는 곳이 후손들에게 큰 복을 가져다 줄 것이라고 풍수술사들이 진정으로 믿는다면 몇 푼의 돈을 받고 그곳을 남에게 알려주는 대신 자신들이 사용할 것이라는 점을 지적했으며,[72] 풍수술에 능했던 곽박郭璞, 도선道詵,

---

69) 김영식, 「미신과 술수에 대한 정약용의 태도」, 『茶山學』 10호(2007), 7~54쪽, 특히 43~47쪽.

70) 그는 특히 당시 풍수가 만연함으로써 생기는 폐해를 지적했다. 오상학, 「다산 정약용의 지리사상」, 126~127쪽.

71) 「風水論一」: 전서 I.11.30b.

72) "夫所謂吉地者, 上而安其父母之體魄, 下而徼其子孫之福祿, 生育蕃昌, 財帛盈衍, 有或 十世而不盡其庥蔭者. 此天下之巨寶也, 千珠萬金, 不足以與易也. 地師旣得此巨寶, 胡爲不自私以陰葬其父母. … 有師焉, 抵掌而談吉地. 曰其剝換也. … 卽我熟視之良久 日, 胡不葬汝之母.": 「風水論二」: 전서 I.11.31a ; "人情一也. 我有地可以發福, 我旣知 之矣, 有爲一緡錢所賣, 輕以予人者乎.": 「風水論五」: 전서 I.11.32a.

무학無學 같은 사람들이 죄없이 형을 받아 죽거나 중이 되어 자손을 남기지 못한 예를 들기도 하고, "지사地師의 아들 손자 중 홍문관弘文館 교리校理나 평안도 관찰사가 된 사람이 몇이나 되는가"라고 반문하기도 했다.73) 그는 풍수술을 따라 묘를 쓰지 않았는데도 자손이 부귀를 누린 사례들이나74) 풍수술을 따르고도 오히려 재앙을 입은 사람들의 사례들을 거론했으며,75) 풍수술사에게 뇌물을 주어 자신의 마음대로 길지吉地를 골랐는데도 형제가 모두 영화를 누린 사마광司馬光의 예를 들기도 했다.76)

다른 술수들의 효과에 대한 정약용의 비판에서도 '실용주의자'로서의 그의 면모를 볼 수 있다. 예를 들어 그는 기우제를 통해 비를 내려 달라고 기도하는 것이 실제 효과를 내는 것이 아님을 설명했다. 큰 가뭄을 맞아 기도를 해도 효과가 없자 나무를 쌓아 놓고 스스로를 불태우려 했더니 큰 비가 내렸다는 대봉戴封의 고사에 대해서, 그는 "예禮가 아니다. 마침 하늘에서 비가 내린 것일 뿐이다"라고 말하여 비가 내린 것이 자신을 불태우려 한 행동의 효과임을 부정했고, 이어서 "만약 하늘에서 비가 내리지 않았다면 결국 불에 타고 말았을 것인가? 불에 타게 되어 도망갔다면 이는 하늘을 속이는 일이요, 불타서 결국 죽었다면 이는 하늘을 협박하는 일이다. 하늘을 속이는 것은 진실되지 못하고 하늘을 협박하는 것은 경건하지 못한 일이다"라고 덧붙였다.77) 그는 요, 순 임금은 미리 점을 치지

---

73) "郭璞以非罪誅, 身埋水中. 道詵無學之等, 皆身爲髡覆其宗祀. 李義信湛宗無血胤. 今之滔滔者, 皆終身丐乞, 而其子孫不昌, 斯何理也. 幾見地師之子若孫爲弘文館校理平安道觀察使者乎.": 「風水論五」: 전서 I.11.32a.

74) "周公制族葬之法, … 葬於北方北首, 無方位坐向之殊. 此時卿世卿大夫世祿, 子孫榮邕, 固自如也. 冀兗之野, 曠無陵阜. 今之葬者, 皆周垣爲域, 正昭穆如周禮. 無龍虎砂角之觀, 其富貴固自如也. 奚爲而求吉地也.": 「風水論一」: 전서 I.11.30b.

75) "宰相惑於風水, 果遷其父母之墓者, 多無子姓. 士庶人惑於風水, 果遷其父母之墓者, 多奇禍怪變.": 「風水論五」: 전서 I.11.32a.

76) "司馬溫公路地師令順己意, 兄弟壽考榮貴.": 「風水論五」: 전서 I.11.32a.

77) "戴封之事, 非禮也. 適天雨耳. 若天不雨, 將遂焚乎. 焚而逃之, 是欺天也. 焚而遂死,

않은 채 전쟁을 하고 제사를 지냈는데도 모든 것이 순조로웠다는 점을 지적하기도 했다.[78]

한편 정약용이 미신, 술수, 재이 등을 완전히 배격하지는 않고 어느 정도 받아들이는 데에서도 그의 실용적 '현실주의적' 태도를 볼 수 있다. 예컨대 그는 일식, 월식은 계산을 통해 미리 시각을 알 수 있으므로 재이가 아님을 단언하면서도,[79] 한편으로는 구식救食의 예는 장엄하게 하여 감히 장난스럽거나 게으르게 되지 않도록 해야 한다고 이야기했다.[80] 여제厲祭나 성황제城隍祭에 대해서도 그는 그런 것들을 폐지하자고 주장하지 않고 오히려 지방 목민관이 정확하게 이해하고 제대로 제사를 지내야 한다는 생각을 지녔다.[81] 기우제의 경우에도 그것이 "하늘에 제사지내는 것인데 오늘날의 기우제는 장난스럽고 게으르며 모독적이어서 큰 비례非禮"라고 이야기하여 예禮에 맞게 기우제를 거행해야 한다는 생각을 내비쳤다.[82]

술수와 재이 및 기이한 현상들에 대한 믿음을 사람들이 받아들이게 된 데 대한 정약용의 설명에서도 그의 '실용주의적' 현실인식이 드러난다.

是要天也. 欺天不誠, 要天不敬.": 『牧民心書』 권7, 「禮典六條 祭祀」: 전서 V.22.23a~23b.

78) 「甲乙論一」: 전서 I.11.28a~28b.

79) "日月交食, 明有躔次. 此非災也.":「上仲氏」: 전서 I.20.24b ; "或以日月之食, 勉戒於君 上. 夫名曰災異, 而預知時刻不差毫髮. 有是理乎.":「中庸講義補」: 전서 II.4.23a ; "日 月交食, 本有躔度, 預知時刻. 本非災變.":『牧民心書』 권7, 「禮典六條 祭祀」: 전서 V.22.26b ; "日月交食, 皆有躔次, 故推測而預知, 則躔次之預知者, 未必爲變也.":『與 猶堂全書補遺』 권5, 505쪽.

80) "日食月食. 其救食之禮, 亦宜莊嚴, 無敢戲慢.":『牧民心書』 권7, 「禮典六條 祭祀」: 전서 V.22.26b. 이 구절에서도 그는 바로 이어 "日月交食, 本有躔度, 預知時刻. 本非災變"이라는 말을 덧붙이고 있다.

81) 박종천, 「다산의 제사관-『목민심서』「예전」'제사'조를 중심으로」, 『茶山學』 9호 (2006), 81~122쪽 중 98~100쪽.

82) "祈雨之祭, 祈于天也. 今之祈雨, 戲慢褻瀆, 大非禮也.":『牧民心書』 권7, 「禮典六條 祭祀」: 전서 V.22.22b.

예를 들어 그는 일식과 월식을 사람들이 재이로 믿게 된 데 대해 "옛날의 경우에는 역법이 두루 상세할 수 없어서 미리 예측해 내지 못했다. 따라서 [일월식이 일어나는 것을] 보면 경악하여 천변天變으로 여기고 당시의 정사政事에 허물을 돌렸다"고 설명했다.[83] 백두산의 높이가 200리라는 것을 사람들이 믿게 된 과정에 대해서도 높은 산과 영嶺이 중첩되어 몇 날씩 노숙한 후에야 도달할 수 있는 긴 노정路程을 높이로 착각하여 그런 것이라는 설명을 제시했다.[84] 악공樂工 한사람만이 불어 소리를 낼 수 있고 그가 죽은 후에야 다른 악공이 비로소 소리를 낼 수 있으며 조령鳥嶺 북쪽에서는 소리가 나지 않는다는 경주慶州의 신비한 옥적玉笛에 대한 소문들에 대해서는, 그것의 구조상 소리를 내기가 아주 힘들기 때문에 오래 익힌 사람만이 소리를 낼 수 있어서 그런 것이지 동식물도 아닌 돌로 만든 피리가 조령 이북에서 성질이 달라진다는 것은 있을 수 없다고 반박한 후, "교활하고 천한 자가 옥적을 돌려받지 못하고 자신이 억류당할 것이 두려워 속임수로 이야기를 신비롭게 한 것인데 사람들이 또한 휩쓸려 믿고 다시 그 리理를 궁구하지 않았다"고 설명했다.[85]

이 같은 정약용의 태도는 그가 허황된 이론으로 생각한 『맥경脈輕』의 맥진脈診 이론을 어떻게 해서 사람들이 받아들이게 되었는가에 대해 설명한

---

83) "若於上世 則曆法未能周詳, 未曾預知. 故見之驚愕, 以爲天變. 歸咎時政.":『與猶堂全書補遺』권5, 505쪽.

84) "長白山之高, 亦於平地不過湧數十里. 特自甲山以北, 崇山峻嶺層疊繚繞. 露宿數日而後, 始至其頂. 說者夸矜, 遂云高二百里耳.":『大東水經』「綠水一」: 전서 Ⅵ.5.3a ; 오상학, 「다산 정약용의 지리사상」, 112쪽.

85) "余曰此詐也. 見其笛, 肉肥而管窄, 無異乎出聲之艱也. 出聲艱, 故他人猝然遇之不能聲, 慶之人童習老專, 而得擅其藝也. 方一人之擅藝也, 諸人不苟習也, 至其乏而承之. 其必死而後出者妄也. 若夫至北而啞, 尤其詐也. … 彼其有動植之性, 隨地氣之冷煖而有所變異也. 若笛頑石也, 惡有是哉. 黠奴恐笛之不還, 而己之被留也, 爲之詐以神其說. 而人且麾然聽信, 不復究其理. 大抵人莫不樂誕以自愚.":「鷄林玉笛辨」: 전서 I.12.14a.

다음 구절에서 특히 잘 드러난다.

맥에 대해서 말하자면, 『맥경』을 지은 사람서부터 이미 자신이 지은 『맥경』을 믿지 않았고, 그 후 의술의 리理를 조금이라도 통한 사람은 결코 『맥경』을 믿지 않았다. 그러나 그들의 마음으로는 그 속에 무슨 현묘玄妙하고 오묘한 리가 있는데 자신이 깨닫지 못하는 것이 아닌가 의심하고, 또한 자신이 『맥경』을 높여 받들지 않으면 세상사람들이나 후세의 사람들이 자신이 『맥경』의 뜻에 통달하지 못했다고 말할까 두려워했다. 이에 사람들은 알지 못하면서도 자신이 홀로 얻은 바가 있는 것처럼 해서, 겉으로는 『맥경』을 '끊임없이 전해질 경전(不刊之典)'으로 높여 그 설을 설명하고 그 뜻을 해석했고, 해석할 수 없는 부분에 이르러서는 그냥 "마음으로 얻어야 하는 미묘함(妙)은 말로 전할 수 없다"고 말했다. 그러나 어리석은 자들이 몽매하여 이를 받들어 믿고 슬기로운 사람들도 그 술術을 다시 사용하니, 이는 『맥경』만 그런 것이 아니라 무릇 술수의 허위虛僞는 모두 이러하다.[86]

5. '실용주의적' 현실인식

정약용의 학문과 사상에서 살펴본 이 같은 '실용주의적' 현실인식은 사회의 여러 문제에 대한, 그리고 개인의 생활에 대한 그의 생각들에서도 다양한 형태로 찾아볼 수 있다.

예를 들어 그가 군자-소인의 구분을 받아들이고 그에 바탕한 현실의 신분질서를 옹호하는 데에서 그 같은 태도를 볼 수 있다.[87] 불교가 바른

---

86) "脈, 自著經之人己不信其自作之經, 而其後凡稍通醫理者必不信脈經. 然其心猶疑其有玄妙微奧之理, 而己之罔覺也. 復恐己不尊奉脈經, 則世人與後世之人謂己不達脈經之旨. 於是陽爲人所不知而己有所獨得者, 外尊脈經爲不刊之典, 演其說而釋其旨. 至其不可解者輒云, 心得之妙不可以言傳. 愚者蒙然奉信, 智者復用其術. 此非唯脈經爲然, 凡術之虛僞者皆然也.": 「脈論一」: 전서 I.11.12b.

도道가 아니지만 완전히 금지하기 힘들 뿐 아니라 사람들이 절(寺)을 비전悲田, 양제養濟, 구휼救恤 등의 기능을 하는 것으로 생각하고 있는 상황에서 이를 폐하거나 중과세하는 것은 좋지 않다는 그의 주장도 같은 성격을 보여준다.[88] 이 같은 생각은 이영훈이 지적하는 것처럼 "민간의 습속은 저마다 이유가 있어서 생겨난 것"이고 따라서 함부로 폐하지 않는다는 뜻의 '순속順俗'이라는 말을 정약용이 자주 사용하는 데에서도 볼 수 있다.[89] 또한 예송禮訟에 관해 논의하면서 자식인 효종孝宗의 상을 당해 인조仁祖의 계비 조趙대비가 마땅히 기년朞年의 복복服을 입어야 하지만 다른 신하들과 같이 참최斬衰를 입을 수 있다고 하여 윤휴尹鑴(1617~1680)의 주장을 송시열宋時烈(1607~1689)의 주장과 함께 옹호하면서 정약용이 제시하고 있는 설명이나,[90] 1795년 정조의 생부 장헌莊獻세자 탄생 60주년에 신하들이 대비가 아닌 정조의 생모에게 신칭臣稱하는 것을 합리화하면서 내어놓는 그의 설명에서도 그의 실용주의적 태도가 드러난다.[91]

당시 조선 사회의 여러 폐해들과 그 해결책에 대한 그의 설명들에서도 '실용주의적' 현실인식을 보여주는 많은 예를 찾아볼 수 있다. 군포軍布제도의 폐해에 대해 논의하면서 그는 군포를 면제 받기 위해 양반이 되는 사람이 많아지고 그에 따라 노동력이 줄어들어 이는 결국 백성의 곤궁으로

---

87) 이영훈, 「다산의 인간관계 범주구분과 사회인식」, 『茶山學』 제4호(2003), 8~53쪽.

88) "佛法非道, 一切禁止, 則三代之治也. 旣不能然, 亦當庇覆. 昔人以僧寺, 比之於悲田養濟之院. 謂鰥寡孤獨貧乞之人, 咸以是爲歸也. 此言有理.":『牧民心書』 권6, 「戶典六條」: 전서 V.21.35b.

89) 李榮薰, 「茶山의 井田制改革論과 王土主義」, 『민족문화』 19집(1996), 55~111쪽 중 66~77쪽. 이영훈은 정약용의 경학과 경세론 전반에 "18년간의 유배생활에서 소농사회로부터 체득한 현실감각이 강하게 자리하고 있다"고 지적한다. 「다산 경세론의 경학적 기초」, 『茶山學』 제1호(2000), 122~161쪽 중 145쪽.

90) 『喪禮外編』 권3, 「正體傳重辨」: 전서 III.19.13a-45b. 이영훈은 이에 대해 정약용이 "일종의 상황논리를 편리하게 구사하고 있다는 인상을 진하게 풍긴다"고 이야기한다. 「다산의 인간관계 범주구분과 사회인식」, 28쪽.

91) 「自撰墓誌銘集中本」: 전서 I.16.5a~5b.

이어진다고 설명했으며,92) 서리胥吏들의 폐해가 만연한 현실에 대해 설명하면서는 이는 서리가 한 지역에 오래 있기 때문에 생기는 것임을 지적했다.93) 이 같은 그의 '실용주의적' 현실인식은 「전론田論」에서 백성이 경지가 넓은 곳이나 소득이 많은 곳으로 자연히 이동하는 것을 설명하면서 "백성이 이익을 따르는 것은 물이 아래로 향하는 것과 같다"고 말하는 데서 잘 드러나는데,94) 정조에게 올린 상소에서 농정農政이 잘못된 원인에 관해 이야기하면서는 좀더 구체적인 설명을 제시했다.

농사에 [다른 것]보다 못한 세 가지가 있으니 존귀함은 선비보다 못하고 이익은 장사보다 못하고 편안함은 백공百工보다 못합니다. … 이 세 가지 [다른 것]보다 못한 것을 없애지 않으면 날마다 매질하며 권하려 해도 백성 또한 끝내 힘쓰지 않을 것입니다. 무릇 농사의 리理는 지극히 정밀한데도 거칠게 실행합니다. 거칠게 실행하므로 노력은 많고 이익은 적습니다. 노력은 많고 이익은 적으므로 종사하는 자들이 날로 비천해 집니다. 종사하는 자들이 날로 비천해 지므로 더욱 거칠게 실행하게 됩니다. [이런 점들이] 순환하여 서로가 서로의 원인이 되어 농정이 거칠어진 것입니다.95)

92) "夫惟兩班而後方免軍布. 故民之日夜經營唯得爲兩班. … 兩班多則人力削. 人力削則地利不闢. 地理不闢則國貧. 國貧則無以勸士. 士不勸則民益困. 究其源, 卽軍布之所爲也.": 「身布議」: 전서 I.9.25a.

93) 나아가 그는 주기적으로 서리들이 근무하는 郡縣을 옮기도록 하자고 제안하기까지 했다. "凡奸起於久. 旣不能久, 奸不老矣. 彼皆客游諸郡縣遷徙無常, 倉廩有奸其能庇之乎, 軍伍有奸其能匿之乎. 不庇不匿. 於是乎奸破矣. 破奸之術, 若是其易行也.": 「奸吏論」: 전서 I.12.11a.

94) "民之趣利也, 由水之趨下也. 知地廣而人力詘也, 知田小而出穀多也, 知秋之分糧之高也, 然後負耒耜挈妻子而至.": 「田論四」: 전서 I.11.5a. 이헌창이 지적하듯이 여기서 "民之趣利也, 由水之趨下也."라는 구절은 『管子』 64편의 "民之從利也, 如水之走下."라는 구절에서 따온 것으로 보이는데, 이는 그의 실용주의적 현실감각과 관련해서 음미해 볼 만하다. 이헌창, 「茶山 정약용의 國家制度論에 관한 一考察」, 『韓國實學研究』 24호(2012), 9~81쪽 중 17쪽.

95) "農有不如者三. 尊不如士, 利不如商, 安佚不如百工. … 惟是三不如者不去, 則雖日撻而求其勸, 民亦卒莫之勸也. 大抵農理至精, 爲之以麤. 爲之以麤, 故勞多而利寡. 勞多而利

정약용의 문제들

마진麻疹을 치료할 의원이 없는 데 대해서도 그는 마진 병은 수십 년에 한번 발생하기 때문에 마진 치료를 업으로 해서는 이익이 없기 때문이라고 설명했다.96)

도량형度量衡의 표준을 확정하고 10진법을 도입하는 등 도량형의 개혁에 대한 정약용의 주장에도 실용위주의 경향이 드러난다.97) 예를 들어 그는 나라의 도량형이 문란해져서 서리들은 간사해지고 상인들은 의심하여 유통하지 않으며 관리들은 여러 지역의 실제 물가를 알 수 없고 물자를 양에 따라 출입시키고 관리하지 못하므로 양형사量衡司를 설치해 도량형을 엄격히 관리하자고 주장했다.98) 또한 그는 자(尺)와 저울의 눈금을 한가지로만 할 것이 아니라 용도에 따라 눈금의 촘촘함의 정도를 다르게 하자고 주장하기도 했다.99) 특히 한 나라의 도량형을 정함에 있어 중요한 것은 나라의 모든 곳에서 모든 사람이 한 가지 표준을 정해 쓰면 되는 것일 뿐, "가령 한 치(寸)의 길이를 두 치와 같게 한다고 해도 나라 안의 척도가 모두 그러하다면 이것이 곧 우리 [나라의] 척도인 것"이라는 주장에서는 그의 '실용주의적' 경향이 단적으로 드러난다.100)

寡, 故業者日卑. 業者日卑, 故爲之益纛. 徇環相因, 農政疏矣.": 「應旨論農政疏」: 전서 I.9.48a~48b.

96) "病之無醫也久矣. 諸病皆然, 而痲爲甚. 何則, 醫之業醫爲利也. 痲蓋數十年一至, 業此而安所利乎?": 『痲科會通』序: 전서 VII.1.1a.

97) 「度量衡議」: 전서 I.9.25a~26a. 이 내용은 송성수, 「정약용의 기술사상」, 267쪽에서 다루고 있다.

98) "度量衡之無法, 未有甚於吾東. … 其流之害, 不可勝言. 吏胥夤緣而爲奸. 商賈疑眩而不通. 廟堂之臣, 闇其市價, 而無以知四方之情. 有司之臣, 無以量入而爲出. 監守之臣, 無以按簿而責實.": 『經世遺表』권2, 「秋官刑曹第五」: 전서 V.2.22b.

99) "度與衡, 令一無二, 則用之不便. 度之爲精細之工者, 布帛尺患其太疎. 宜令別造半尺之長, 每一星之間, 又著一星. 衡之爲粗重之用者, 銀秤患其太弱. 宜令別造十斤之秤, 每十星之間, 只著一星. 使各行用, 則百工諸賈之用, 俱無所礙矣.": 「度量衡議」: 전서 I.9.26a.

100) "使一寸而如二寸之長, 國中之度皆然, 則斯度也.": 「度量衡議」: 전서 I.9.25b. 이와

중국과 여러 오랑캐들에게 모두 요충지가 되는 요동遼東을 조선이 차지했다면 평화시에는 사신 접대에 시달리고 전시에는 사방에서 적을 마주해야 하는 어려움을 겪을 것이므로 비록 고구려의 고토이지만 회복하지 않은 것이 다행인 점도 있다는 정약용의 주장 역시 그의 '실용주의적' 현실인식을 보여 준다.101) 그 같은 현실인식은 그로 하여금 서양 국가들의 침략성을 제대로 간파하게 해 주었다.

그들의 습속은 장사하는 것을 업으로 삼아 사해四海를 주류하며 배를 집으로 삼는다. 아프리카 여러 연안, 남인도 남쪽 연안, 서남 여러 나라들의 연안에 이르러 혹시라도 버려진 땅이나 공지空地를 얻게 되면 점거하여 소굴로 삼고 그 종족을 머물게 하여 지킨다. 이리하여 '표략剽掠'의 이름을 얻고 '천모賤侮'라 칭해짐을 면치 못했다.102)

따라서 그는 서양인들이 먼 거리를 항해해 와서 중국에 조공하는 데에는 다른 의도가 숨어있을 것이라고 의심했다.103)

관련해서, 그가 漕船, 兵船, 商船 등 선박의 규격을 9등급으로 표준화하여 엄격히 시행할 것을 주장한 점도 주목할 만하다. "漕船兵船商賈之船, 皆於九等之中, 用其一例. 若其諸體不中於九等之定者, 本司察而執之, 毁其船. 罪其人.": 『經世遺表』 권2: 전서 V.2.36b.

101) "臣謂遼東之不復國之幸也. 遼東者, 華夷往來之衝也. … 苟以愿順不武之邦而擁有遼東, 其害可勝言哉. 和附則使价供億之費, 兵丁調助之役, 竭一國之力而不能支也. 失和則四面受敵而兵革無已時, 竭一國之力而不能支也.": 「遼東論」: 전서 I.12.3a~3b. 이어서 그는 "得荒鹵無益之地, 而增敵於天下者. 英主不爲也."라고 덧붙였다.

102) "其俗專以商販爲業, 周流四海, 以船爲家. 乃於利未亞諸沿及南印度南沿及西南諸國之沿, 或得棄地空壞, 則據之爲巢穴, 留其種類以守之. 斯得剽掠之名, 不免賤侮之稱.": 「柳冷齋得恭筆記評」: 전서 I.22.38b. 실제로 정약용은 먼 외국으로 표류한 조선인이나 조선 근해에 정박한 외국 군함에 대한 소식을 통해 서양의 화포 등의 위력에 대해 알고 있었던 것으로 보인다. 노영구, 「조선 후기 城制 변화와 다산 정약용의 築城 기술론」, 『茶山學』 10호(2007), 133~169쪽 중 162~163쪽 ; 오상학, 「다산 정약용의 지리사상」, 110쪽.

103) "德化之盛雖如堯舜, 十二萬里航海入貢無他本情, 有是理乎. 吾人不知其實, 常與海寇

정약용의 문제들

일상생활에서의 처신과 관련해서 그가 아들들과 제자들에게 보낸 글들에서도 그의 실용주의적 태도를 볼 수 있다. 예컨대 그는 아들들에게 폐족廢族이 되어 오히려 독서를 하기에는 더 좋은 처지가 되었다고 하면서 "과거[공부]의 폐단을 겪음이 없으며, 빈곤과 곤궁함의 고통이 또한 그 마음과 뜻을 단련하고 그 지혜와 사려를 열게 하고 인정人情과 사물의 상태의 참과 거짓의 모습을 두루 알게 해 주는 바가 있는 것"이라고 말했다.104) 유배에서 풀려나도록 힘써 달라고 친지들에게 간청해 보라는 아들의 권유를 받고, 그는 옳고 그름과 이롭고 해로움의 서로 다른 두 가지 기준으로부터 생각할 수 있는 네 가지 등급의 일에 대해 다음과 같이 이야기하는데, 옳은 것을 추구하는 것이 결국은 이로움이 된다는 그의 생각이 드러난다.

천하에는 두 가지 큰 기준이 있는데, 하나는 옳고 그름의 기준이요 하나는 이익과 손해의 기준이다. 이 두 큰 기준으로부터 네 가지의 큰 등급이 생겨난다. 무릇 옳음을 지키고 이익을 얻는 것이 가장 위이고, 그 다음은 옳음을 지키고 손해를 취하는 것이며, 그 다음은 그름을 쫓고 이익을 얻는 것이요, 맨 아래가 그름을 쫓고 손해를 취하는 것이다. … [네가 시키는 일은] 세 번째 등급을 구하려고 욕심내다가 필경 네 번째 등급으로 떨어지는 것이다. 내가 어찌 그렇게 하겠는가.105)

남에게 베푸는 것이 오히려 재물을 오래 보존하는 길이라는 다음과 같은

同憂. 斯非過矣.":「柳冷齋得恭筆記評」: 전서 I.22.39a.
104) "以無科擧之累, 而貧困窮約之苦, 又有以鍛鍊其心志, 開攄其知慮, 而周知人情物態誠僞之所形也":「寄兩兒」: 전서 I.21.13b. 그 외에도 그는 "廢族往往多奇才. 此無他不爲科擧所累而然."이라거나(「答二兒」: 전서 I.21.2a) ; "汝眞得讀書時矣. 吾所云因其廢而善處之者非耶."(「寄二兒」: 전서 I.21.3b)라고 이야기했다.
105) "天下有兩大衡. 一是非之衡, 一利害之衡也. 於此兩大衡, 生出四大級. 凡守是而獲利者太上也. 其次守是而取害也. 其次趨非而獲利也. 最下者趨非而取害也. 今使我移書乞降於筆泉, 又搖尾乞憐於姜李. 是欲求第三級, 而畢竟落下於第四級. 吾何以爲之哉.":「答淵兒」: 전서 I.21.6b.

그의 설명에서도 그의 '실용주의적' 태도를 볼 수 있다.

>   무릇 비밀스럽게 재물을 감추어두는 것은 결코 [남에게] 베푸는 것만
> 같지 못하다. [재물을 남에게 베풀어서] 버리면, 도적에게 빼앗길 것을
> 걱정하지 않고 불에 탈 것을 걱정하지 않으며 소나 말로 운반할 수고도
> 없다. 그러면서도 내가 이것을 이어 몸이 죽은 후 천년 동안 아름다운
> 이름을 남길 수 있다. 천하에 이런 큰 이익이 있을까? [반면에] 꽉 쥐면
> 쥘수록 [재물은] 더 미끄럽게 빠져나간다. 재물이란 메기[와 같이 미끄럽게
> 빠져나가는 것]이다.106)

누에치기는 명예도 잃지 않으면서 이익도 거둘 수 있어 유자儒者가 가히
할 만한 일이라는 그의 이야기도 같은 태도를 보여준다.107) 또한 그는
비싼 옷은 헤지면 처량해지는데 값싼 옷은 헤져도 볼품이 없지 않아 오래
입을 수 있음을 이야기하면서 검소한 생활을 강조했고,108) 한 해의 식량을
열두 달로 나눈 후 매달 주어진 양만을 사용하는 이익李瀷(1681~1763)의
절제 있는 생활방법을 소개한 후 "작은 것을 가볍게 여기는 사람은 쓸데없는
낭비를 줄이지 못한다"고 이야기하기도 했다.109)

   이상에서 정약용의 학문과 사상, 생활방식 전반을 살펴보면서 그가
실제 효용의 측면에서만이 아니라 실천 및 현실인식의 차원에서 '실용주의

---

106) "凡藏貨祕密, 莫如施, 舍. 不虞盜奪, 不虞火燒, 無牛馬轉輸之勞. 而吾能携至身後流芳
千載. 天下有此大利哉. 握之彌固, 脫之彌滑. 貨也者鮎魚也.": 「示二子家誡」: 전서
I.18.9a.

107) "謀生之術晝思夜度, 莫善於種桑. 始知孔明之智果無上也. 賣果本是淸名, 猶近商賈.
若桑不失儒者之名而抵大佑之利. 天下復有此事哉.": 「示學淵家誡」: 전서 I.18.15b.

108) "何謂儉. 衣取掩體. 細而敝者, 帶得萬古凄涼氣. 褐寬博雖敝無傷也.": 「又示二子家誡」:
전서 I.18.10a.

109) "輕小者, 不能省冗費.": 「爲尹輪卿贈言」: 전서 I.18.3a.

적'이었음을 보았다. 바로 이 같은 '실용주의적' 경향 때문에 그는 진지하고
심오한 공부와 성찰 끝에도 근본주의자, 원칙주의자, 교조주의자가 되지
않았고 주자학, 서학, 술수, 개혁정책 등 그의 여러 가지 관심사들을 두고서
쉽게 독단론에 빠지지도 않았던 것이다.

결론

1

이 책에서 '정약용의 문제들'에 대해 다루는 과정에서 정약용의 견해와 태도에서 찾아볼 수 있는 보수적인 측면들이 많이 드러났다. 정약용은 기본적으로 유가 전통에 속한 학자로서 유가 전통을 유지하고 그에 바탕한 조선 양반사회를 보존하는 데 주된 관심을 지녔던 것이기에 이는 당연했다. 물론 정약용이 조선 사회의 여러 문제들을 지적하고 그 같은 문제들에 대한 개선의 방안들을 제시했으며, 그 같은 개선 방안들에서 '근대적' 성격을 찾아볼 수 있는 것도 사실이다. 그러나 그에게서 볼 수 있는 그 같은 '근대적' 요소와 측면들은 뚜렷한 한계를 지니고 있었고, 이 책의 1장에서 신분제, 토지제, 산업 정책, 정치개혁 등에 대한 그의 견해와 태도들을 살펴보면서 그 같은 한계들을 보았다.

이와 관련해서 주의할 것은 정약용이 그와 같은 '근대적' 요소와 측면들을 추구하였음에도 불구하고 그 같은 추구에 성공하지 못하고 한계를 보인 것은 아니라는 점이다. 그는 그런 것들을 추구하지 않았으며 추구할 필요도 없었다. 조선 후기 양반사회의 일원이었던 그가 서양 사회의 발전 과정에서 출현해서 근대 사회의 특성이 된 그 같은 요소들을 추구할 필요는 없었던 것이다. 그리고 정약용의 이 같은 '보수적' 성격은 주자학, 서학, 과학기술,

266　　　　　　　　　　　　　　　　　　　　　　　　　　　정약용의 문제들

술수와 미신을 다루는 그 이후의 장들에서도 찾아볼 수 있었다.

'근대적' 성격 대신 오히려 정약용의 학문과 사상에서 일관적이고 두드러지게 드러나는 것은 실용, 실천, 현실, 합리를 중시하고 추구하는, 6장에서 내가 '실용주의적'이라는 하나의 단어로 지칭한 경향이었다. 이 같은 그의 '실용주의적' 경향은 학문, 도덕, 서학, 과학기술, 술수와 미신 등 거의 모든 영역에 걸쳐 그의 학문과 사상에 여러 형태, 여러 측면으로 나타났다. 그리고 그 같은 '실용주의적' 경향을 지녔기에 그는 근본주의자, 원칙주의자, 교조주의자가 될 수 없었고 주자학, 서학, 술수, 개혁정책 등 그의 여러 가지 관심사들을 두고서 쉽게 독단론에 빠지지도 않았던 것이다.

그렇다면, 정약용이 '실용주의자'였기에 그의 여러 견해들이 개혁적 성격을 띠게 되었던 것이었지만, 또한 그가 '실용주의자'였기에 그 같은 개혁적 성격에 한계를 드러냈고 결국은 보수적이 될 수밖에 없었던 것이라고 할 수 있다. 이런 의미에서 정약용을 '보수적 실용주의자' 또는 '실용적 보수주의자'라고 부를 만하다.

2

한편 이 같은 논의를 통해 내가 정약용의 '개혁적', '진보적', '독창적' 면모를 무시하거나 깎아 내리고자 하는 것은 아니라는 점도 지적하고 싶다. 이 책에서 내가 의도하는 것은 그 시기를 살던 인물로서의 정약용에 대한 제대로 된 이해를 얻어내고 오히려 그렇게 함으로써 그의 독창성이나 탁월함을 더 제대로 이해해 보자는 것이다. 다시 말해 그를 오늘날 우리 자신의 가치기준, 평가기준으로부터 해방시켜 그 자신의, 그리고 그의 시기의 가치기준, 평가기준으로 살펴보자는 것이다. 정약용이 당시의 시대적, 사회적 배경과 상관없이 갑자기 돌출한 것이 아니라 그 당시 조선의 상황과 배경 속에서 출현했던 것이기 때문이다. 만약 정약용이 자신을 둘러싼 환경과 여건, 그리고 그에게 가해진 제약과 상관없이 그냥 독창적이고 위대하기만 했다면 특이한 한 사람의 '돌출'에 지나지 않을 것이며, 그것은 당시 조선 사회와는 무관한 '돌출'일 수밖에 없다. 그렇게 되면 그것은 독창성이 아니라 자신이 속한 전통을 깊이 이해하지 못했기에 나올 수 있었던 '돌출'이 되어버리는 것이다. 정약용이 그 같은 '돌출'이 아니라 당시 조선 사회의 여건 속에서 나올 수 있는 사람으로 이해될 때 오히려 그의 성취와 그 의미를 제대로 이해할 수 있고, 그 같은 성취들을 가능하게 한 당시 조선 사회의 잠재력과 활력을 볼 수 있게 될 것이다.

정약용은 당시 조선 사회의 사상적, 문화적, 사회적 기초에 바탕해서 생각하고 행동했다. 그는 당시 조선 사회의 테두리 속에서 생활했던 것이며 따라서 그의 생각과 행동은 그 테두리 안에서 이해가 가능하다. 특히 그는 당시의 상황에서 자신이 처했던 조선 양반사회의 문제들을 깊이 통찰하고 그런 문제들을 해결함으로써 그 사회를 유지, 보존, 성장시키려고 노력했다. 그리고 그 일환으로서 조선 양반사회의 사상적 기반이 되는 유가 전통을 더 완전한 것으로 만들려는 진지하면서도 야심차고 자신만만한 노력을 기울였다. 당시 누구나 받아들이고 있던 유가의 틀을 깨뜨리지 않은—깨뜨려야 할 충분한 이유가 없는—상태에서 유가 전통의 기초와 틀은 유지하면서도 새로운 경향들과 측면들을 담으려고 하는 것, 그리고 그런 새로운 것들을 담아냄으로써 조선 양반사회와 유가 전통, 그리고 그 핵심을 이루고 있던 주자 성리학 체계를 유지하고 더 탄탄하게 하는 것이 그의 목표였다.

정약용은 유가 전통에 바탕한 동아시아 사회가 그 체제를 지키면서 이루어 낼 수 있었던 가장 사려 깊고 책임감 있고 진지한 노력을 기울인 학자 중 한사람이었다고 할 수 있다. 나는 학문적 깊이나 폭 양쪽 모두에서 그가 당대 조선에서 최고 수준에 도달했다고 생각한다.[1] 그는 자신과 같은 세대인 서유구徐有榘(1764~1845)와 비교해서 더 광범위한 지적 관심을 보였을 뿐만 아니라 그 뒤 세대인 이규경李圭景(1788~1860)이나 최한기崔漢綺 (1803~1877)보다 더 치밀하고 체계적이었다. 그렇다면 이런 방향에서 정약용을 이해하려는 노력을 기울이면서 우리가 추구해야 할 것은 당시 조선 사회가 그와 같은 사람을 배출할 수 있었던 여건을 이해하는 일이 되겠다. 예컨대 그가 경학과 경세학 양쪽 모두에 깊은 관심을 보이고 양쪽 모두를 열성적으로 추구했다는 사실은 그가 실용성을 추구하는 동시에 유가 학문 체계의 정리, 완성을 추구하고 있었음을 보여준다고 할 수 있다.[2]

또한 정약용이 해낸 일들이, 자신이 처한 환경과 제약 속에서 그것들의 속박과 장애를 겪으면서 이루어낸 것이었음을 인식하는 것이 중요하다. 벗어나고 뛰어넘기 쉽지 않은 그런 엄청난 제약을 겪으면서 그가 그와 같은 것들을 이루어냈기에 그의 성취가 더 위대한 것이다. 사실 자신이 처한 틀을 벗어나 버리는 것보다 그 안에서 그 틀을 보완하고 완전하게 하려는 노력이 훨씬 힘들기 마련이다. 물론 언젠가 그 틀은 깨뜨려지고 새로운 틀로 바뀌어지게 되지만, 그리고 정약용의 경우에는 그의 사후 수십 년이 지나지 않아 실제로 그렇게 되기 시작했지만, 그러나 적어도

---

1) 사실 그의 학문적 능력은 생전에 국왕 정조와 중형 정약전로부터 높은 평가를 받았지만 조선 말에 이르러 黃玹(1855~1910) 같은 학자로부터 극찬을 받으며 인용되기 시작했다. 정조와 정약전의 높은 평가는 정약용 자신의 「自撰墓誌銘」에 실려있다. "辛亥冬, 內降毛詩講義八百餘條, 鏞所對獨得多算. 御批有曰, 泛引百家, 其出無窮. 苟非素蘊之淹博, 安得如是.": 전서 I.16.3b ; "其兄銓在黑山海中, 每一編成, 見之曰, 汝之所以至此, 汝不能自知也. 嗚呼, 道喪千載, 蒙之以百蔀. 披之剔之, 豁其翳薈, 豈汝之所能爲哉.": 전서 I.16.17b. 黃玹의 평가는 『梅泉夜錄』(국사편찬위원회, 1971), 31~33쪽을 볼 것. 황현에 의하면 고종도 『與猶堂集』을 올리게 하여 본 후 정약용과 때를 같이 하지 못함을 한탄했다고 한다. 『梅泉夜錄』, 32~33쪽.
2) 정약용이 '實學'이란 말을 사용하지도 않았고 오늘날 통용되는 의미에서의 '實學'을 추구했던 것도 아니지만, 그에게서 우리는 '實'과 '學'의 결합을 보게 되는 것이며 그를 '實學'의 완성자로 보게 되는 이유도 그가 이 두 가지 모두에서 상당 수준의 성취를 이룬 데에 있다고 하겠다.

그 자신으로서는 아직 그것이 깨뜨려져야 한다고 느낄 충분한 이유가 없었고, 그런 상황에서 그 틀을 지키고 개선, 보완하려고 했던 것이다. 그리고 이런 면에서 정약용의 학문적 업적은 자신들이 우주와 세계를 총괄하는 전대미문의 체계를 이루어냈다고 생각한 김석문金錫文 (1658~1735)이나 최한기 같은 사람들의 다소 무모한 자신감과는 질적으로 다른 진지함과 철저함을 보여준다고 하겠다.

정약용과 홍대용

정약용의 글을 읽고 그에 대해 쓰고 생각하면서 자연히 많은 사람들과 그를 비교하게 된다. 그리고 다른 사람들과의 그 같은 비교를 통해 정약용에 대한 이해가 깊어지기도 하고 거꾸로 다른 사람들에 대한 이해가 깊어지기도 한다. 실제로 그간 여러 연구자들이 정약용을 다른 사람들과 비교하는 연구를 수행해 왔다. 그러나 이는 주로 사상의 내용면에서의 비교였다. 예를 들어 정약용과 마테오 리치, 토마스 아퀴나스(Thomas Aquinas, 1225~1274) 등과의 비교가 주로 그들의 사상의 내용면에서의 비슷한 점이나 그들 사이의 영향 관계를 찾아보는 일을 중심으로 이루어졌다.[1] 리치가 토마스 아퀴나스의 체계를 기초로 하는 교육을 받았고 정약용은 젊은 시절 리치의 『천주실의』를 읽고 큰 영향을 받았기에 이 같은 비교가 행해진 것은 당연한 일이었다. 정약용과 주희와의 비교는 더욱 광범위하게 이루어졌지만 역시 주로 사상의 내용면에서, 특히 정약용에게서 보이는 '탈주자학'적 측면과 관련해서 이루어져 왔다.[2] 이 부록에서 시도할 정약용과 홍대용洪

---

1) 송영배, 「茶山철학과 『天主實義』의 패러다임 비교연구」, 『한국실학연구』 2호(2000), 173~220쪽 ; 백민정, 『정약용의 철학─주희와 마테오 리치를 넘어 새로운 체계로』(이학사, 2007) ; 김선희, 『마테오 리치와 주희, 그리고 정약용─『천주실의』와 동아시아 유학의 지평』(심산, 2012).

大容(1731~1783)의 비교에서는 이들 두 사람의 사상의 내용보다는 여러 가지 사회적, 사상적 요소 및 측면들에 대해 보인 그들의 태도를 주로 비교하게 될 것이다.

정약용과 함께 조선 후기의 개혁사상가로 '북학파'의 학자들, 특히 홍대용, 박지원朴趾源(1737~1805), 박제가朴齊家(1750~1805) 등이 자주 거론된다. 정약용은 자신보다 한 세대 정도 앞선 이들 북학파 학자들과 직접 교류한 것은 아니었지만 당시 조선 학계에 비교적 널리 퍼져 있던 북학파의 사상적 경향을 상당 부분 공유했다. 그러나 정약용은 여러 면에서 자신보다 더 개혁적이었던 이들과 많은 차이를 보이기도 한다. 특히 홍대용과 정약용 사이에 여러 가지 흥미로운 차이가 관측되는데, 박지원, 박제가 등 북학파의 다른 학자들과는 달리 성리학 전반에 폭넓은 관심을 지녔던 홍대용이 정약용과는 더 좋은 비교 대상이 된다고 할 수 있다. 또한 정약용이 홍대용의 저술을 직접 읽은 흔적이 보이지 않는다는 점도 이 두 사람의 비교에 의미를 더해 준다. 정약용과 홍대용의 비교는 정약용에 대한 이해에 도움을 줄 수 있고, 더 나아가 서로 한 세대 차이가 나는 이들 두 사람 사이의 차이를 보여줌으로써 조선 후기 학문의 다양한 모습과 흐름에 대한 이해에도 도움이 될 것이다.

1

먼저, 2장에서 보았듯이, 정약용은 유가 전통에 대한 수호 의지가 매우 강했던 데 반해, 홍대용은 이단異端에 대해 비교적 관용적이었다. 홍대용은

---

2) 백민정, 『정약용의 철학』 ; 김선희, 『마테오 리치와 주희, 그리고 정약용』 ; 한형조, 『주희에서 정약용으로-조선 유학의 철학적 패러다임 연구』(세계사, 1996) ; 「좌담. 다산, 주자학, 그리고 서학」, 『茶山學』제2호(2001), 210~271쪽. 나도 이 책의 2장에서 그런 면에 대해서 다룬 바 있다.

정약용의 문제들

이단의 학문에도 받아들일 바가 있음을 되풀이 이야기했다.3) 예컨대 그는 "오늘날 이단을 배척하는 사람은 미상불 그 유폐流弊로써 말합니다. 그러나 천하의 일에 어찌 유폐가 없겠습니까? … 따라서 이단의 학學이 비록 여러 갈래이지만 마음을 깨끗이 하고 세상을 구제하여 수기치인修己治人으로 돌아가려 함에 있어서는 한가지입니다. 나는 내가 좋아하는 바를 따르고 그들은 선善을 행하도록 한다면, 무슨 해로움이 있겠습니까?"4)라고 이야기했으며, 유학과 노자老子, 불가佛家의 세 가지 가르침이 서로 통함을 이야기하면서 "그 나온 근원이 이미 서로 가깝고 … 그 안으로 마음 씀이 또한 크게 차이나지 않으며 … 지키는 뜻이 다르지 않고 … 그 사물을 다스리는 마음濟物之心이 대체로 같다."고 하기도 했다.5) 그는 장자莊子와 왕양명王陽明도 무작정 이단으로 배척할 것이 아니라고 주장하면서 다만 그들이 [세상의 잘못을] 분해 하고 싫어함이 지극해서 잘못을 바로잡음이 지나쳤을 뿐"이라고 이야기했다.6) 심지어 그는 유학자들이 이단의 대표적 사례로 흔히

---

3) 김문용, 『홍대용의 실학과 18세기 북학사상』(예문서원, 2005), 45~56쪽 ; 박희병, 『범애와 평등-홍대용의 사회사상』(돌베개, 2013), 241~246쪽.

4) "今之闢異端者, 未嘗不以流弊爲說. 然天下事曷嘗無流弊. … 是以異學雖多端, 其澄心救世, 要歸於修己治人則一也. 在我則從吾所好, 在彼則與其爲善, 顧何傷乎.": 「杭傳尺牘」「與孫蓉洲書」: 『湛軒書』(新朝鮮社, 1939) 外集 1.51b.

5) "儒者曰, 太極生兩儀. 老氏曰, 有物混成, 先天地生. 佛氏曰, 有物先天地, 無形本寂寥. 其說出源頭旣其相近. 儒者之盡性, 老氏之載魂, 佛氏之見心. 其用心於內者亦不懸殊. 曰一以貫之, 曰聖人抱一. 曰萬法歸一. 其守約之旨則無異. 曰修己以安百姓, 曰我無爲而民自化, 曰慈悲以度衆生. 其濟物之心則略同.": 「杭傳尺牘」「與鐵橋書」: 『湛軒書』外集 1.8a~8b.

6) "莊周憤世, 養生齊物. 朱門末學, 汩其師說, 陽明嫉俗, 乃致良知. 顧二子之賢, 豈故爲分門甘歸於異端哉. 亦其憤嫉之極, 矯枉而過直耳.": 「與人書二首」: 『湛軒書』 內集 3.19b~20a. 물론 그는 이 편지의 끝에서 金鍾厚가 홍대용 자신을 莊子, 陽明, 陳亮 등에 비교하는 것은 지나치다고 하여, 이들과 거리를 두는 태도를 견지했다. "抉摘排制, 橫加之以排闢法門, 則愚將絶聖智齊物我, 爲秀野之莊周乎. 合知行致良知, 爲秀野之陽明乎. 抑亦將雙義利並王霸, 爲秀野之陳同甫乎.": 『湛軒書』 內集 3.23a. ; 김호, 「조선후기 華夷論 再考: '域外春秋'論을 중심으로」, 『한국사연구』 162호(2013), 123~163쪽 중 170~171. 특히 홍대용은 왕양명의 학문에는 좋은

드는 양주楊朱와 묵적墨翟에 대해서도 각각 취할 바가 있다고 하면서 "이 두 사람의 도를 행함이 지나치면 혹 독행獨行하고 혹 몸을 힘들게 하여 사람들이 반드시 감당하지 못할 것이지만 천하를 바꿀 걱정은 없거늘 이를 금수로 여겨 배척하는 것은 혹 지나친 일이 아니겠는가?"라고 말했다.[7] 따라서 홍대용은 지적으로 개방적인 태도를 취했으며, 자기와 다른 견해를 무작정 배척하면서 항상 남을 이기려는 마음으로 자기만이 옳다는 '유아독존惟我獨存'의 태도를 보이는 당시 성리학의 모습을 "진실로 싫어할 만하다"고 비판했다.[8] 변방 사람들의 학문에 대해서도 "요컨대 수신修身과 제민濟民을 요체로 한 것이라면 이들 또한 성인의 무리들이며 … 헛되게 성명性命을 이야기하고 한가로이 불노佛老를 배척하며 참을 빌어 거짓을 파는 것"보다 낫다고 이야기하기도 했다.[9]

주희와 주자학에 대한 태도에서도 홍대용은 정약용과 차이를 보였다. 홍대용 역시 주희에 대한 깊은 존경심을 지녔다. 예컨대 그는 중국 학자들과의 필담에서 "주자의 학문이야말로 중정中正하고 치우침이 없어 진실로 공맹孔孟의 정맥正脉이라고 생각한다"고 했다.[10] 그러나 홍대용은 주희에 대한 맹목적인 존중은 경계했다. 그는 "주자는 훗날의 공자이다. [주]부자夫子가 아니면 내가 누구에게 돌아가겠는가? 그러나 [주자의] 모양만 본떠서

점도 있음을 자주 지적했다. 박희병, 『범애와 평등―홍대용의 사회사상』, 87~90쪽.

7) "楊氏爲我, 巢許沮溺之流也, 淸高絶俗, 足以廉頑. 墨氏兼愛, 勤儉節用, 備世之急, 上可以救俗, 下可以忘私, 亦賢於人遠矣. 且二氏之道, 爲之太過, 或獨行或勞形, 人必不堪, 無慮其易天下也. 禽獸之斥, 無乃或過耶.": 『湛軒書』 外集 1.51a.

8) "吾儒實學, 自來如此. 若必開門授徒, 排闢異己, 陰逞勝心, 傲然有惟我獨存之意者. 近世道學矩度, 誠甚可厭": 「答朱朗齋文藻書」: 『湛軒書』 外集 1.42a.

9) "彼伊物之學, 雖未詳其說, 要以修身而濟民, 則是亦聖人之徒也. 因其學而治之, 不亦可乎. 況妄談性命, 漫闢佛老, 假眞售僞, 莫利於吾學. 豈若彼稊稗之熟, 猶足以救荒歟.": 「日東藻雅跋」: 『湛軒書』 內集 3.31a.

10) "惟朱子之學, 則窃以爲中正無偏, 眞是孔孟正脉.": 「杭傳尺牘」 「乾淨衕筆談 續」: 『湛軒書』 外集 3.10b.

구차하게 같아지려 하는 것은 아첨이고 억지 뜻으로 이론을 세우려는 것은 반역이다"라고 이야기했다.[11] 그는 주희도 오류를 범할 수 있음을 인정했다. 예컨대 중국 학자 반정균潘庭筠과의 토론에서 그가『시집전詩集傳』에 나타나는 주희의 잘못을 주희 제자의 잘못으로 돌리는 것을 반대하고 경계하기도 했다.[12] 또한 홍대용은 조선의 학자들이 주자를 숭봉崇奉함이 중국보다 심하고 지나쳐서 "오직 숭봉함이 귀한 것만을 알고 그 경의經義의 의심스럽고 논란할 만한 바에 대해서는 바람 따르듯 뇌동하고 한결같이 엄호하고 온 세상의 입을 막을 생각만 한다"고 비판했다.[13] 조선 주자학의 폐단을 주희로부터 분리해서 그것이 주희 자신의 잘못이 아니라 주희 말학末學의 폐단으로 생각했던 것이다.[14] 물론, 2장에서 보았듯이, 주희를 두고 홍대용에게서 보게 되는 이 같은 양면성은 정약용에게서도 볼 수 있지만, 전반적으로 주희에 대한 존경심은 홍대용의 경우보다 정약용에게서 더 깊이 나타났다.

청의 문화와 '중화' 관념을 두고서도 두 사람의 태도에서 차이를 볼 수 있다. 홍대용과 정약용은 모두 앞선 청의 문물을 도입할 것을 주장했다. 그러나 청의 문화 수준에 대한 정약용의 평가는 홍대용에 비해서는 낮았으며 몇몇 분야에 국한되어 있었다. 또한 두 사람 모두 중화와 이적夷狄의 구분이 절대적이 아니라는 생각을 지녔지만 정약용의 경우는 그런 면에서

---

11) "朱子後孔子也. 微夫子, 吾誰與歸. 雖然, 依樣苟同者侫也, 强意立異者賊也.":『杭傳尺牘』「乾淨衕筆談 續」:『湛軒書』外集 3.5a.

12) "如果以詩註爲非, 則直歸之朱子之誤解, 豈非光明直截乎. 何必掩互苟且, 陽扶陰抑, 先病我心術耶.":「乾淨衕筆談 續」:『湛軒書』外集 3.21b.

13) "東儒之崇奉朱子, 實非中國之所及. 雖然惟知崇奉之爲貴. 而其於經義之可疑可議. 望風雷同. 一味掩護. 思以箝一世之口焉. 是以鄕原之心, 望朱子也. 余竊嘗病之.":『杭傳尺牘』「乾淨錄後語」:『湛軒書』外集 3.37b.

14) 박희병이 지적하듯이 집요한 비판을 가해 대는 "김종후라는 보수적 주자학자와의 심각한 논전"이 홍대용으로 하여금 조선 주자학의 이 같은 말폐에 대한 인식을 지니게 했을 것이다. 박희병,『범애와 평등』, 85쪽.

홍대용만큼 나아가지는 않았다. 예컨대 홍대용은 땅이 둥글다는 '지원地圓'의 설을 제시한 후 중국이나 서양 중 어느 쪽이 '바른 세계(正界)'이고 어느 쪽이 '거꾸로 된 세계(倒界)'인지 알 수 없다고 주장하고, "중화와 이적이 하나"라고까지 이야기할 정도로 중화 사상에서 크게 벗어나 있었던 데 반해,15) 정약용은, 1장에서 보았듯이, 조선이 중화의 문화를 받아들이고 발전시켜 '중화'가 되었다는 '조선중화론'적인 생각을 지녔으며 '중화' 사상 으로부터 완전히 벗어나지 않았다.

2

정약용의 사상과 학문 전반을 특징짓는 것으로 6장에서 지적한 '실용주의적' 성격 또한 홍대용에게서도 찾아볼 수 있는데, 이 측면에서도 두 사람은 흥미로운 차이를 보인다. 예를 들어 학문에 대한 그들의 태도에서 그 같은 차이를 볼 수 있다. 우선 두 사람이 모두 리기론理氣論, 우주론 등에 있어서의 고답적, 형이상학적 논의에 대해 비판했지만 정약용이 홍대용에 비해 비판의 강도가 더 강경하고 적극적이었다. 홍대용도 당시 조선의 일반 성리학자들에 비해서는 리기론 논의에 관심이 적었고, 당대 유학자들의 주요 관심사였던 호락湖洛논쟁에 대해 유보적 입장을 보이고 그 같은 논쟁에 지나치게 탐닉하는 것을 비판했지만, '인물성동이人物性同異'는 그에게 여전히 중요한 문제였다.16) 그러나 정약용의 경우에는 이미 보았듯이 이 같은 논쟁을

---

15) "中國之人, 以中國爲正界, 以西洋爲倒界. 西洋之人, 以西洋爲正界, 以中國爲倒界. 其實戴天履地, 隨界皆然. 無橫無倒, 均是正界.":『毉山問答』:『湛軒書』內集 補遺 4.21b ; "天之所生, 地之所養, 凡有血氣, 均是人也. … 自天視之, 豈有內外之分哉. 是以各親其人, 各尊其君, 各守其國, 各安其俗, 華夷一也.":『毉山問答』:『湛軒書』內集 補遺 4.36b.

16) 김문용, 『홍대용의 실학과 18세기 북학사상』, 142~150쪽.

정약용의 문제들

비롯한 형이상학적 논의에 대한 관심이 홍대용보다도 더 줄어들었다. 반면에 우주론의 경우에는 홍대용이 큰 관심을 지니고 많은 논의를 했던 데 비해 정약용은 별로 관심을 보이지 않았다. 우주론의 문제들을 두고 정약용은 '불가지론적'인 입장을 보이기도 했으며 이것이 그의 실용주의적 특성을 잘 드러내 준다는 것은 6장에서 언급한 바 있다.

두 사람은 자구字句 해석에 지나치게 집착하는 학풍에 대해서도 비판했는데, 홍대용의 비판의 강도가 더 심했다. 홍대용은 육구연陸九淵(1139~1192)의 폐단을 바로잡기 위해 주희가 격치格致에 힘을 쓴 결과 "이 때문에 '말학末學'의 잘못이 훈고에만 치우쳐서 폐단이 육학陸學보다 심해지고 도리어 주자를 거스르게 되었다"고 보았으며,17) "대개 미묘한 글을 고증하고 그냥 옛 모습에 기대는 것은 당대에 헛된 명예를 퍼뜨리기를 즐기고 유문儒門에서 사라지지 않기를 바라는 것이다. 나는 실로 이를 부끄러이 여기고 [그 같은 학풍에] 함께 들어가기를 내켜하지 않는다"고 말했다.18) 그의 종제從弟 홍대응洪大應도 홍대용이 "근세 유자들의 예禮에 관한 설들이 '번잡하게 꾸미고 자질구레하게 매듭지음(繁文瑣節)'이 도리어 제도와 예의 본의本意를 거스르고 차록箚錄의 천착穿鑿하고 부회附會함이 경전經傳의 본의本義에 어긋나는 일이 많은 것을 마음으로 항상 탓했다."고 회고했다.19) 물론 정약용도, 앞 장에서 보았듯이, 자구 해석 위주의 훈고학풍을 비판했지만 홍대용보다는 강도가 덜했다. 특히 정약용은 예禮를 밝혀 바로 잡기 위한 상세한 고증적 연구에 대해서는 비판을 하지 않았을 뿐 아니라 스스로 그 같은 예학 연구에 많은 관심과 정력을 쏟아 몰입하기도 했다. 이에

---

17) "此時象山之學方盛, 故朱子每於格致之功, 申複不已, 其勢然矣. 但由此而末學之失偏於訓詁, 則弊甚於陸學而反悖於朱子.":『桂坊日記』:『湛軒書』內集 2.27a.

18) "盖考證微文, 雍容依樣, 聊以博虛譽於當世, 寄不朽於儒門. 某實恥之, 不甘與同歸.":「與人書二首」:『湛軒書』內集 3.19b.

19) "以近世儒者禮說之繁文瑣節, 反違制禮本意, 箚錄之穿鑿附會, 多舛經傳本義, 心常病之.":「從兄湛軒先生遺事」:『湛軒書』附錄, 6a. 유봉-103n54.

반해 홍대용은 고례古禮에 대한 구절들의 분석을 그다지 중요하게 여기지 않았으며 낡은 예의 분석에만 집착하는 당대 예학禮學의 폐단을 자주 지적했다.[20] 이런 면에서 정약용과는 달리 홍대용에게는 예의 문제가 그다지 큰 '실용적' 중요성을 지니지 않았던 것이라고 할 수 있겠다.

홍대용은 예학보다는 역법, 수학, 경세학 등을 더 중요시했다. 예를 들어 그는 고대의 예를 밝히기 위해 "되풀이 쪼개고 미세하게 나누어도 실제로 몸과 마음의 어지러움을 다스리는 것과는 무관하므로 … 율력律曆, 산수筭數, 전곡錢穀, 갑병甲兵이 알맞게 쓰이고 세상의 필요를 충족시킴만 같지 못하다"고 이야기했다.[21] 특히 자연세계와 과학 지식에 대한 홍대용의 관심은 널리 알려져 있다. 실제로 그는 우주론에 큰 관심을 지녀서 자연세계와 우주에 관한 내용이 그의 『의산문답』의 주된 주제가 되었고, 수학에 대한 관심으로 『주해수용籌解需用』을 지었으며, 천문의기에 관한 그의 높은 관심에서 여러 의기들을 비치한 농수각籠水閣을 향리에 세우기도 했다.[22] 이에 반해, 4장에서 보았듯이, 정약용은 직접적 실용성이 있는 것들을 제외하고는 과학 지식에 관심이 덜했다.

한편, 여러 가지 개혁 방안들에 있어서는 정약용이 홍대용보다 더 구체적이었다. 김문용이 지적하듯이 홍대용의 토지개혁론은 "지극히 관념적이며,

---

20) 김문용, 『홍대용의 실학과 18세기 북학사상』, 36~38쪽.

21) "聖稱從周, 古今異宜, 三王不同禮. 居今之世, 欲反古之道, 不亦難乎. 窮年累世, 縷析毫分, 而實無關於身心之治亂, 家國之興衰而適足以來聚訟之譏. 則殆不若律曆筭數錢穀甲兵之可以適用而需世, 猶不失爲稊稗之熟也.": 「與人書二首」: 『湛軒書』內集 3.19a.

22) 朴星來, 「洪大容의 科學思想」, 『한국학보』 23(1981), 159~180쪽 ; 임종태, 「무한우주의 우화―홍대용의 과학과 문명론」, 『역사비평』(2005, 여름), 261~285쪽 ; 한영호, 「서양 기하학의 조선 전래와 홍대용의 《주해수용》」, 『역사학보』 170집(2001), 53~89쪽 중 69~86쪽 ; 한영호, 「서양과학의 수용과 조선의 신법 천문의기」, 연세대학교 국학연구원 편, 『韓國實學思想硏究 4. 科學技術篇』(혜안, 2006), 335~393쪽 중 374~391쪽.

정약용의 문제들

그런 만큼 불완전한 논의"에 머물렀고 사회개혁론은 "전반적으로 논의가 치밀하지 못한 편이고, 그런 만큼 논의의 현실성도 낮은 편"이었다.[23] 박희병은 "정약용의 토지개혁론이 보여주는 세밀함과 비교해 볼 때 … 너무도 추솔해" 보인다는 점을 홍대용의 "토지개혁론의 한계"로 지적하고 "어쩌면 그는 절목節目을 자세히 서술하는 데 관심을 두기보다는 개혁의 원리적 방향 내지 강령을 제시하는 데 관심을 둔 것일지도 모른다"고 덧붙였다.[24]

그러나 정약용의 개혁 방안들이 이렇듯 구체적이기는 했지만 그 방향에 있어 홍대용만큼 획기적이거나 근본적인 개혁을 지향하지는 않았다. 이는 신분 제도에 대한 두 사람의 생각을 살펴보면 잘 드러난다. 1장에서 보았듯이 정약용이 양반 중심의 위계에 바탕한 반상제를 견지한 데 반해, 홍대용은 무위도식하는 양반들의 행태에 강한 비판적 태도를 보이고 양반 신분의 세습을 반대했다. 예컨대 그는 다음과 같이 이야기했다.

> 우리나라는 본래 명분을 중시해서 양반의 무리들은 비록 쓰러져 굶더라도 팔짱을 끼고 편히 앉아 지내며 농사를 짓지 않는다. … 마땅히 법 조문을 엄히 세워 사민四民에 속하지 않은 채 놀고 먹는 자에 대해서는 관에서 항상 형벌을 주어 세상의 큰 치욕이 되게 해야 한다. 재주와 학문이 있으면 농부나 상인의 자식이라도 조정의 관직에 앉는 것을 지나치다고 생각하지 않고 재주와 학문이 없으면 공경公卿의 자식이 하인이 되더라도 한스러워 할 것이 없다. 위와 아래가 힘을 다하여 함께 직분을 수행하며 부지런함과 게으름을 살펴 상벌을 분명히 베풀어야 한다.[25]

---

23) 김문용, 『홍대용의 실학과 18세기 북학사상』, 177, 179쪽.
24) 박희병, 『범애와 평등』, 356쪽.
25) "我國素重名分. 兩班之屬, 雖顚連窮餓, 拱手安坐, 不執耒耜. … 當嚴立科條, 其不係四民而遊衣遊食者, 官有常刑, 爲世大戮. 有才有學, 則農賈之子坐於廊廟而不以爲僭. 無才無學, 則公卿之子歸於輿儓而不以爲恨. 上下戮力, 共修其職, 考其勤慢, 明施賞罰.":『林下經綸』:『湛軒書』內集 補遺 4.9a.

물론 마지막 문장의 "위와 아래"라는 표현이 보여주듯이 홍대용에게서 계급간의 위계가 사라진 것은 아니었지만 그가 사—농—공—상의 '사민四民'이 혈통과는 상관없는 순전히 직분상의 구별이 되어야 한다고 생각했음을 볼 수 있다. 이런 면에서 신분제도에 대한 홍대용의 생각은 정약용은 물론 유형원柳馨遠(1622~1673), 이익李瀷(1681~1763) 등보다도 훨씬 더 평등을 지향했다고 할 수 있다.26)

정약용과 홍대용의 생각에서 나타나는 차이들 중 몇 가지와 관련해서 이 두 사람이 처했던 상황의 차이를 생각해 볼만하다. 특히 두 사람의 시기적 차이는 중요했던 것으로 보인다. 예컨대 홍대용의 시기까지는 아직 나타나지 않았던 청의 고증학풍의 영향이 정약용의 시기에 이르러 나타나기 시작했고, 그 같은 영향 때문에 정약용 같은 학자가 비록 고증학의 방법 자체에 대해서는 비판적이었지만 홍대용 식의 우주론적 공상을 삼갔을 가능성이 있을 것이다. 또한 홍대용이 연행을 경험했다는 점도 중요했다. 연행시 중국 학자들과의 교류를 통해 당시 청 학문의 새로운 조류에 접할 수 있었던 것이며 이 같은 경험이 그때까지 그가 깊이 젖어 있던 주자학 일변도의 경향에서 벗어나서 더 개방적으로 나가도록 해 주었을 것이다. 그리고 이는 아직 주자학에 대한 깊은 이해를 얻기 이전 서학에 접해 천주교 교리에 심취했다가 그 속에 유가의 핵심가치에 상반되는 점이 있음을 알고 그것을 버리게 되는 정약용의 궤적과는 크게 대조적인 것이다.

---

26) 심지어 홍대용은 유형원이나 정약용이 권장한 蔭敍제도마저도 배제했던 것으로 보인다. 박희병, 『범애와 평등』, 365쪽.

참고문헌

| 원전 |

본문과 각주에서 인용한 원전 문헌들 중 굳이 판본을 밝힐 필요가 없는 경우에
는 서명 또는 제목만 표시했다.

揭暄,『璇璣遺述』

『管子』

『奎章總目』

『論語』

리치(Matteo Ricci: 利瑪竇),『天主實義』.

마가양(Gabriel de Magalhães: 安文思), 뷸리오(Luigi Buglio: 利類思) 등,『西方要紀』.

梅文鼎,『續學堂詩鈔』(續修四庫全書, 第1413冊).

『孟子』

바뇨니(Alphonsus Vagnoni: 高一志),『空際格致』.

薄樹人 主編,『中國科學技術典籍通彙, 天文卷六』(鄭州: 河南敎育出版社, 1995).

朴齊家,『北學議』.

朴趾源,『燕巖集』:『한국문집총간』252집.

『四庫全書總目』

『尙書正義』(臺北: 新文豊, 1977 影印本).

샬(Adam Schall: 湯若望),『主制群徵』.

徐光啓,『徐光啓集』(上海: 中華書局, 1963).

徐有榘,『楓石鼓篋集』:『한국문집총간』288집.

徐宗澤 編,『明淸間耶蘇會士譯著提要』(北京: 中華書局, 1949 影印本).

徐瀅修,『明皐全集』:『한국문집총간』261집.

宋時烈,『宋子大全』:『한국문집총간』108~116집

『純祖實錄』.

『新法算書』(文淵閣四庫全書本).

『辛酉邪獄罪人李家煥等推案』.

楊光先, 『不得已』:『天主教東傳文獻續編』(臺北: 學生書局, 1966), 第3冊, 1069~1332 쪽.

安鼎福, 『順菴先生文集』:『한국문집총간』229집.

알레니(Giulio Aleni: 艾儒略), 「三山論學記」:『天主教東傳文獻續編』(臺北: 學生書局, 1966), 第1冊, 419~493쪽.

『英祖實錄』

王徵, 「畏天愛人極論」.

王徵, 『遠西奇器圖說錄最』.

柳夢寅, 『於于野談』(藏書閣本).

李晚采, 『闢衛編』: 金時俊 譯, 『新完譯 闢衛編－韓國天主教迫害史』(明文堂, 1987).

李珥, 『栗谷先生全書』:『한국문집총간』44집.

李瀷, 『星湖僿說』(慶熙出版社 影印本, 1967).

李瀷, 『星湖先生全集』:『한국문집총간』199집.

李瀷, 『星湖僿說類選』(경문사, 1976).

李瀷, 『家禮疾書』.

李獻慶, 『艮翁集』.

丁若鏞, 『與猶堂全書』.

丁若鏞, 『與猶堂全書補遺』(景仁文化社, 1975).

正祖, 『弘齋全書』.

『正祖實錄』.

程顥, 程頤. 『二程集』(北京 中華書局, 1981).

『周易』.

朱維靜 主編, 『利瑪竇中文著譯集』(香港城市大學出版社, 2001).

朱熹, 『朱子語類』(臺北: 正中書局, 1962년 引行).

朱熹, 『朱文公文集』(四部備要本).

朱熹, 『周易參同契考異』(四部備要本).

『中庸』.

『天學初函』(臺北 學生書局 영인본, 1965).

洪大容, 『湛軒書』.

洪良浩, 『耳溪集』:『한국문집총간』241집.

黃嗣永, 「帛書」: 呂珍千 엮음, 『黃嗣永 帛書와 異本』(국학자료원, 2003).

黃胤錫, 『頤齋亂藁』.

黃玹, 『梅泉夜錄』(국사편찬위원회, 1971)

| 이차문헌 |

〈동아시아어 문헌〉

모든 동아시아어 문헌은 저자 이름 우리말 발음의 가나다순에 따라 배열했다.

姜萬吉, 「茶山의 土地所有觀」, 姜萬吉, 政昌烈 외, 『茶山의 政治經濟 思想』, 135~181
    쪽.

姜萬吉, 鄭昌烈 외, 『茶山의 政治經濟 思想－李佑成教授定年記念論文選』(창작과비
    평사, 1990).

姜秉樹, 「星湖 李瀷과 河濱 愼後聃의 서학담론－腦囊에 대한 인식을 중심으로」,
    『한국실학연구』 6호(2003), 29~60쪽.

계승범, 「조선후기 조선중화주의와 그 해석 문제」, 『韓國史研究』 159호(2012),
    265~294쪽.

高柄翊, 「茶山의 進步觀」, 尹絲淳 編, 『정약용』, 313~326쪽.

具萬玉, 「朝鮮後期 '地球'說 受容의 思想史的 意義」, 『韓國史의 構造와 展開－河炫綱
    教授定年記念論叢』(혜안, 2000), 717~747쪽.

구만옥, 「朝鮮後期 天體運行論의 변화」, 『實學思想研究』 17/18(2000), 339~368쪽.

구만옥, 「方便子 柳僖(1773-1837)의 天文曆法論: 조선 후기 少論系 陽明學者 自然學
    의 一端」, 『韓國史研究』 113호(2001), 85~112쪽.

구만옥, 「朝鮮後期 潮汐說과 東海無潮汐論」, 『동방학지』 별책 111집(2001), 1~83쪽.

具萬玉, 『朝鮮 後期 科學思想史 研究 I－朱子學的 宇宙論의 變動』(혜안, 2004).

구만옥, 「조선 후기 '선기옥형'에 대한 인식의 변화」, 『한국과학사학회지』
    26(2004), 247~273쪽.

구만옥, 「朝鮮後期 近畿南人系 星湖學派'의 水利論」, 『성호학보』 1호(2005),
    185~231쪽.

구만옥, 「조선 후기 천문역산학의 개혁 방안: 정조의 천문책에 대한 대책을 중심으
    로」, 『한국과학사학회지』 28(2006), 189~225쪽.

구만옥, 「朝鮮 後期 天文曆算學의 주요 爭點: 正祖의 天文策과 그에 대한 對策을
    중심으로」, 『韓國思想史學』 27(2006), 217~257쪽.

구만옥, 「다산 정약용의 천문역법론」, 『다산학』 10호(2007), 55~103쪽.

구만옥, 「다산학 연구의 최근 동향-자연학」, 『다산과 현대』 1호(연세대학교 강진다산실학연구원, 2008), 69~111쪽.

구만옥, 「조선 후기 천문역산학의 주요 쟁점: 황윤석(黃胤錫, 1729~1791)의 『이재난고(頤齋亂藁)』를 중심으로」, 『한국과학사학회지』 31(2009), 65~102쪽.

구만옥, 「'利瑪竇'에 대한 조선후기 지식인들의 이해와 태도」, 『韓國思想史學』 36집(2010), 343~393쪽.

구만옥, 「마테오 리치(利瑪竇) 이후 서양 수학에 대한 조선 지식인의 반응」, 『한국실학연구』 20호(2010), 301~355쪽.

구만옥, 「肅宗代(1674-1720) 天文曆算學의 정비」, 『한국실학연구』 24호(2012), 279~327쪽.

금장태, 『다산 정약용』(성균관대학교출판부, 1999).

금장태, 「다산 경학의 탈주자학적 세계관」, 『茶山學』 제1호(2000), 20~57쪽.

금장태, 『다산실학탐구』(소학사, 2001).

금장태, 『조선 후기 儒敎와 西學-교류와 갈등』(서울대학교출판부, 2003).

금장태, 『실천적 이론가 정약용』(이끌리오, 2005).

금장태, 「정약용의 '역(易)' 해석에서 복서(卜筮)의 방법과 활용」, 『茶山學』 8호(2006), 341~383쪽.

금장태, 「『주역사전』과 정약용의 역(易) 해석 방법」, 『東亞文化』 제44집(2006), 221~268쪽.

금장태, 「다산의 악론(樂論)과 악률(樂律) 복원의 과제」, 『茶山學』 11호(2007), 77~113쪽.

김낙진, 「조선 유학자들의 격물치지론-자연 인식 방법과 관련하여」, 한국사상사연구회 편, 『조선 유학의 자연철학』, 71~133쪽.

김대원, 「丁若鏞의 『醫零』 1」, 『한국과학사학회지』 15(1993), 225~246쪽.

김대원, 「丁若鏞의 『醫零』 2」, 『한국과학사학회지』 16(1994), 132~157쪽..

김대중, 「동아시아적 차원에서 본 탈성리학적 정치론-황종희, 오규 쇼라이, 정약용」, 『한국실학연구』 13호(2007), 211~265쪽.

金文植, 『朝鮮後期經學思想研究』(一潮閣, 1996).

김문식, 『정조의 경학과 주자학』(문헌과해석사, 2000).

김문식, 「다산 정약용의 태학지도(太學之道)」, 『茶山學』 8호(2006), 129~160쪽.

김문식, 『조선후기 지식인의 대외인식』(새문사, 2009).

김문용, 『홍대용의 실학과 18세기 북학사상』(예문서원, 2005).

김상홍, 「다산의 천주교 신봉론에 대한 반론」, 『동양학』 20집(단국대학교 동양학
연구소, 1990), 117~157쪽.

金相洪, 『茶山 文學의 再照明』(단국대학교 출판부, 2003).

김상홍, 「茶山의 〈秘本 墓誌銘 7편〉과 천주교」, 『다산 탄신 250년 기념 학술대회
발표자료집: 茶山 연구의 새로운 모색』(한국한문학회 등, 2012년 6월
9일), 127~150쪽.

김선희, 「天, 上帝, 理: 조선 유학과 『天主實義』」, 『한국실학연구』 20호(2010),
213~262쪽.

김선희, 『마테오 리치와 주희, 그리고 정약용─『천주실의』와 동아시아 유학의
지평』(심산, 2012).

김선희, 「라이프니츠의 신, 정약용의 상제」, 『다산 사상과 서학: 유네스코 세계기
념인물 선정 기념 학술 심포지엄(2012.8.13.) 발표 논문집』, 85~111쪽.

김언종, 「『여유당전서보유(與猶堂全書補遺)』의 저작별 진위문제에 대하여(下)」,
『茶山學』 11호(2007), 321~353쪽.

김영민, 「조선중화주의의 재검토: 이론적 접근」, 『한국사연구』 162호(2013),
211~252쪽.

김영식, 『주희의 자연철학』(예문서원, 2005).

김영식, 『정약용 사상 속의 과학기술─유가 전통, 실용성, 과학기술』(서울대출판
부, 2006).

김영식, 「미신과 술수에 대한 정약용의 태도」, 『茶山學』 10호(2007), 7~54쪽.

김영식, 「과학적·초자연적 주제들에 대한 주희의 태도: 유가 학문의 경계 규정과
확장」, 『유가 전통과 과학』(예문서원, 2013), 128~158쪽.

김영식, 「전통시대 중국 사회의 학자들과 전문 과학기술 지식」, 『유가 전통과
과학』(예문서원, 2013), 239~272쪽.

김영식, 「서학(西學) 중국기원론의 출현과 전개」, 『동아시아 과학의 차이─서양
과학, 동양 과학, 그리고 한국 과학』(사이언스 북스, 2013), 113~134쪽.

김영식, 「서양 과학, 우주론적 관념, 그리고 17-18세기 조선의 역학(易學)」, 『동아
시아 과학의 차이─서양 과학, 동양 과학, 그리고 한국 과학』(사이언스
북스, 2013), 135~156쪽.

김영식, 『유가 전통과 과학』(예문서원, 2013).

김영식, 『동아시아 과학의 차이─서양 과학, 동양 과학, 그리고 한국 과학』(사이언
스 북스, 2013).

김영우, 「다산의 卜筮易 연구」, 『한국실학연구』 4호(2002), 245~268쪽.

김영우, 「다산의 사단칠정론 고찰」, 『茶山學』 6호(2005), 239~270쪽.

金泳鎬, 「丁茶山의 科學技術思想」, 『東洋學』 19(1989), 277~300쪽.

김영호, 「『與猶堂全書』의 텍스트 검토」, 한우근 편, 『丁茶山研究의 現況』(민음사, 1985), 23~41쪽.

金玉淵, 「茶山의 易學思想」, 尹絲淳 編, 『정약용』, 147~171쪽.

金玉姬, 『茶山 丁若鏞의 西學思想研究』(순교의 맥, 1991).

김용섭, 「18, 19세기의 농업실정과 새로운 농업경영론」, 『대동문화연구』 9(1974), 1~170쪽.

김용흠, 「조선 후기 정치와 실학」, 『다산과 현대』 2호(연세대학교 강진다산실학연구원, 2009), 379~442쪽.

김우형, 「다산 윤리학의 실천적 특성과 이론적 한계: 사단칠정과 인심도심, 그리고 덕(德)의 문제를 중심으로」, 『茶山學』 20호(2012), 223~253쪽.

김인걸 외, 『정조와 정조 시대』(서울대학교 출판부, 2011).

金泰永, 「茶山의 國家改革論 序說」, 姜萬吉, 政昌烈 외, 『茶山의 政治經濟 思想』, 79~108쪽.

金泰永, 『실학의 국가 개혁론』(서울대학교출판부, 1998).

金泰永, 「茶山의 국가 産業行政체계 개혁론」, 『한국실학연구』 5호(2003), 317~357쪽.

김 현, 「조선 유학에서의 귀신 개념」, 한국사상사연구회 편, 『조선 유학의 자연철학』(예문서원, 1998), 349~418쪽.

김형찬, 「조선유학의 理 개념에 나타난 종교적 성격 연구—退溪의 理發에서 茶山의 上帝까지」, 『철학연구』 39집(고려대학교 철학연구소, 2010), 67~101쪽.

김 호, 「18세기 후반 居京 士族의 위생과 의료」, 『서울학연구』 11(1998), 113~144쪽.

김 호, 「조선후기 華夷論 再考: '域外春秋'論을 중심으로」, 『한국사연구』 162호(2013), 123~163쪽.

나일수, 「다산 실학의 서학적 배경」, 『茶山學』 3호(2002), 390~421쪽.

노대환, 『동도서기론 형성과정 연구』(일지사, 2005).

노영구, 「조선 후기 성제(城制)의 변화와 다산 정약용의 축성(築城) 기술론」, 『茶山學』 10호(2007), 133~169쪽.

도날드 베이커, 「丁若鏞의 醫學論과 西洋醫學」, 『朝鮮後期 儒敎와 天主敎의 대립』(一潮閣, 1997), 288~331쪽.

도날드 베이커(김세윤 역), 「丁若鏞의 醫學論과 西洋醫學」, 『朝鮮後期 儒敎와 天主敎의 대립』(一潮閣, 1997).

문중양, 「18세기 조선 실학자의 자연지식의 성격-象數學的 宇宙論을 중심으로」, 『한국과학사학회지』 21(1999), 27~57쪽.

문중양, 「18세기 후반 조선 과학기술의 추이와 성격-정조대 정부 부문의 천문역산 활동을 중심으로」, 『역사와 현실』 39(2001), 199~231쪽.

문중양, 「19세기의 호남 실학자 이청의 『井觀篇』 저술과 서양 천문학 이해」, 『韓國文化』 37 별책(2006), 125~156쪽.

문중양, 「18세기 후반 조선 과학의 역사 시간」, 김인걸 외, 『정조와 정조 시대』(서울대학교 출판부, 2011), 17~56쪽.

박권수, 「徐命膺의 易學的 天文觀」, 『한국과학사학회지』 20(1998), 57~101쪽.

박권수, 「조선 후기 서양과학의 수용과 상수학의 발전: 17세기 말 천문학지식에 대한 상수학적 해석의 시작」, 『한국과학사학회지』 28(2006), 29~53쪽.

朴星來, 「丁若鏞의 科學思想」, 尹絲淳 編, 『정약용』(고려대학교 출판부, 1990), 327~350쪽.

박종천, 「다산의 제사관-『목민심서』 「예전」 '제사'조를 중심으로」, 『茶山學』 9호(2006), 81~122쪽.

박종천, 「茶山 丁若鏞의 『讀禮通考』研究 初探」, 『한국실학연구』 21호(2011), 7~38쪽.

박철상, 「간찰을 통해 본 다산-文集 未收錄 簡札을 중심으로」, 『세계유산: 다산프로젝트-다산 탄신 250주년 기념 다산학 국제학술회의 자료집』(2012년 7월 5일) 1일차, 117~128쪽.

박홍식 편, 『다산 정약용』(예문서원, 2005).

박희병, 『범애와 평등-홍대용의 사회사상』(돌베개, 2013).

방 인, 「정약용의 「주자본의발미」 연구」, 『茶山學』 19호(2011), 5~53쪽.

裵賢淑, 「朝鮮에 傳來된 天主敎 書籍」, 한국교회사연구소 편, 『한국교회사논문집』(한국교회사연구소, 1984), 1~34쪽.

백민정, 「다산 심성론에서 도덕감정과 자유의지에 관한 문제」, 『한국실학연구』 14호(2007), 401~446쪽.

백민정, 『정약용의 철학-주희와 마테오 리치를 넘어 새로운 체계로』(이학사, 2007).

山內弘一, 「경성(京城) 귀족으로서의 긍지-정약용의 귀천(貴賤)과 화이(華夷)에 대한 이해」, 『茶山學』 1호(2000), 292~331쪽.

山內弘一, 「이조 후기 지식인의 반주자학 비판의 한 사례」, 『전통과 현대』(2000, 봄), 234~266쪽.

三浦國雄, 『朱子と氣と身體』(東京: 平凡社, 1997): 이승연 옮김, 『주자와 기 그리고 몸』(예문서원, 2003).

샤를르 달레 著, 安應烈, 崔奭祐 역, 『韓國 天主敎會史』(한국교회사연구소, 1980~1987).

서강대학교 인문과학연구원 편, 『다산사상 속의 서학적 지평』(서강대출판부, 2004).

성태용, 「다산 철학에 있어 계시 없는 상제」, 『茶山學』 5(2004), 103~126쪽.

송성수, 「정약용의 기술사상」, 『한국과학사학회지』 16(1994), 261~276쪽.

송영배, 「茶山철학과 『天主實義』의 패러다임 비교연구」, 『한국실학연구』 2호(2000), 173~220쪽.

송영배, 「정약용 철학과 성리학적 리기관의 해체―『천주실의』와의 영향관계를 중심으로」, 『철학사상』 13호(2001), 113~146쪽.

신동원, 『한국근대보건의료사』(한울아카데미, 1997).

신동원, 「朱熹와 연단술: 周易參同契考異의 내용과 성격」, 『한국의사학회지』 14권 2호(2001), 45~57쪽.

신동원, 「조선 후기 의원의 존재 양태」, 『한국과학사학회지』 26(2004), 197~246쪽.

신동원, 「종두법 논쟁」(2005년도 과학기술부 정책과제, "한국과학기술사의 쟁점" 연구보고서).

신동원, 「유의(儒醫)의 길: 정약용의 의학과 의술」, 『茶山學』 10호(2007), 171~224쪽.

신동원, 「다산 정약용의 의약 생활과 건강관리」, 『세계유산: 다산프로젝트―다산 탄신 250주년 기념 다산학 국제학술회의 자료집』(2012년 7월 5일), 1일차, 81~95쪽.

沈慶昊, 「18세기 후반, 19세기 전반의 한국문학에 나타난 실학적 특성에 관한 일 고찰」, 『韓國實學研究』 5호(2003), 247~291쪽.

심경호, 「다산 정약용 산문의 저술 시기 고찰」, 『茶山學』 23호(2013), 41~84쪽.

안대옥, 「18세기 正祖期 朝鮮 西學 受容의 系譜」, 『東洋哲學研究』 71집(2012), 55~90쪽.

안병직, 「다산과 체국경야(體國經野)」, 『茶山學』 4호(2003), 54~95쪽.

余英時, 「從宋明儒學的發展論淸代思想史 上篇: 宋明儒學中知識主義的傳統」, 『中國學人』 2(1970), 19~42쪽.

정약용의 문제들

연세대학교 국학연구원 편, 『韓國實學思想硏究 2－政治經濟學篇』(혜안, 2006).

연세대학교 국학연구원 편, 『韓國實學思想硏究 4－科學技術篇』(혜안, 2006).

오상학, 「다산 정약용의 지리사상(地理思想)」, 『茶山學』 10(2007), 105~131쪽.

오상학, 『朝鮮時代 世界地圖와 世界認識』(창비, 2011).

吾妻重二, 「朱熹周易參同契考異 について」, 『日本中國學會報』 36(1984), 175~190쪽.

우경섭, 「朝鮮中華主義에 대한 학설사적 검토」, 『韓國史硏究』 159호(2012), 237~263쪽.

劉鈍, 韓琦等編, 『科史薪傳』(遼寧敎育出版社, 1997).

유봉학, 『燕巖一派 北學思想 硏究』(一志社, 1995).

유초하, 「정약용 철학에서 본 영혼불멸과 우주창조의 문제」, 『韓國實學硏究』 6호 (2003), 117~161쪽.

尹絲淳 編, 『정약용』(고려대학교 출판부, 1990).

이광호, 「이퇴계의 철학사상이 정다산의 경학사상의 형성에 미친 영향에 관한 고찰」, 『퇴계학보』 90집(1996), 29~70쪽.

이광호, 「退溪 李滉의 心學的 理學이 茶山 丁若鏞의 道德論 形成에 미친 影響」, 『韓國實學硏究』 12호(2006), 21~45쪽.

李能和, 『朝鮮基督敎及外交史』(朝鮮基督敎彰文社, 1928), 영인판(서울: 學文閣, 1968).

이동환, 「다산 사상에서의 '상제' 도입경로에 대한 서설적 고찰」, 박홍식 편, 『다산 정약용』(예문서원, 2005), 347~370쪽.

이동환, 「다산 사상에서의 '상제' 도입의 경로와 성격」, 박홍식 편, 『다산 정약용』 (예문서원, 2005), 371~392쪽.

이문규, 『고대 중국인이 바라본 하늘의 세계』(문학과지성사, 2000).

이봉규, 「다산학 연구의 최근 동향과 전망－근대론의 시각을 중심으로」, 『茶山學』 제6호(2005), 135~177쪽.

이봉규, 「사서(四書) 해석을 통해 본 정약용의 정치론」, 『茶山學』 제7호(2005), 167~202쪽.

李榮薰, 「茶山의 井田制改革論과 王土主義」, 『민족문화』 19집(1996), 55~111쪽.

이영훈, 「다산 경세론의 경학적 기초」, 『茶山學』 제1호(2000), 122~161쪽.

李榮薰, 「18~19세기 小農社會와 實學－實學 再評價」, 『韓國實學硏究』 4호(2002), 1~33쪽.

이영훈, 「다산의 인간관계 범주구분과 사회인식」, 『茶山學』 제4호(2003), 8~53쪽.

李乙浩, 『茶山의 易學』(民音社, 1993).

이태호, 「조선 후기에 '카메라 옵스큐라'로 초상화를 그렸다―정조 시절 정약용의 증언과 이명기의 초상화법을 중심으로」, 『茶山學』 제6호(2005), 105~134쪽.

이헌창, 「茶山 정약용의 國家制度論에 관한 一考察」, 『韓國實學研究』 24호(2012), 9~81쪽.

임종태, 「무한우주의 우화―홍대용의 과학과 문명론」, 『역사비평』(2005, 여름), 261~285쪽.

임종태, 『17, 18세기 중국과 조선의 서구 지리학 이해―지구와 다섯 대륙의 우화』(창비, 2012).

임형택, 「茶山의 '民' 主體 政治思想의 이론적, 현실적 근거―「湯論」「原牧」의 이해를 위하여」, 姜萬吉, 鄭昌烈 외, 『茶山의 政治經濟 思想』, 52~78쪽.

임형택, 「『사대고례(事大考例)』와 정약용의 대청관계(對淸關係) 인식」, 『茶山學』 12호(2008), 25~47쪽.

장동우, 「다산학 연구의 최근 동향. 철학」, 『다산과 현대』 2호(2009), 7~42쪽.

장승구, 「동서사상의 만남과 정약용의 인간관―작위(作爲)의 주체로서의 인간」, 『茶山學』 8호(2006), 385~415쪽.

張永堂, 「梅文鼎對術數的態度」, 『明末淸初理學與科學關係再論』(臺北: 學生書局, 1994), 265~284쪽.

張永堂, 『明末方氏學派研究初編―明末理學與科學關係試論』(臺北: 文鏡文化事業有限公司, 1987).

張永堂, 『明末與淸初理學與科學關係再論』(臺北: 學生書局, 1994).

전용훈, 「조선중기 유학자의 천체와 우주에 대한 이해―여헌 장현광의 「역학도설」과 「우주설」」, 『한국과학사학회지』 18(1996), 125~154쪽.

전용훈, 「조선 후기 서양천문학과 전통 천문학의 갈등과 융화」(서울대학교 박사학위 논문, 2004).

전용훈, 「19세기 조선 수학의 지적 풍토―홍길주(1786-1841)의 수학과 그 연원」, 『한국과학사학회지』 26(2004), 275~314쪽.

전용훈, 「서양 사원소설에 대한 조선 후기 지식인들의 반응」, 『한국과학사학회지』 31(2009), 413~435쪽.

丁奎英, 『俟菴先生年譜』(正文社, 1984).

정긍식, 「참작감률(參酌減律)을 통해 본 다산의 법인식」, 『茶山學』 제4호(2003), 96~128쪽.

정두희, 「다산과 서학에 대한 여러 가지 관점들」, 서강대학교 인문과학연구원 편, 『다산사상 속의 서학적 지평』(서강대출판부, 2004), 1~35쪽.

정약용의 문제들

鄭奭鍾, 「正祖·純祖年間의 政局과 茶山의 立場」, 鄭奭鍾 외, 『丁茶山과 그 時代』(민음사, 1986), 11~40쪽.

鄭奭鍾 외, 『丁茶山과 그 時代』(민음사, 1986).

정순우, 「다산에 있어서의 천과 상제」, 『茶山學』 9호(2006), 5~39쪽.

정옥자, 『조선후기 조선중화사상연구』(일지사, 1998).

정일균, 『다산 사서경학 연구』(일지사, 2000).

정일균, 「다산 정약용의 『심경(心經)』론—심경밀험(心經密驗)』을 중심으로」, 『사회와 역사』 73집(2007), 337~384쪽.

정일균, 「조선후기 유교사상계의 동향: 주자학과 그 대항 담론」, 『다산과 현대』 2호(연세대학교 강진다산실학연구원, 2009), 289~338쪽.

정호훈, 「실학자의 정치이념과 정치운영론」, 연세대학교 국학연구원, 『韓國實學思想研究 2—政治經濟學篇』(혜안, 2006), 101~153쪽.

조 광, 「丁若鏞의 민권의식연구」, 『아세아연구』 56(1976), 81~118쪽.

趙成山, 「조선후기 소론계의 古代史 연구와 中華主義의 변용」, 『歷史學報』 202집(2009), 49~90쪽.

趙成山, 「18세기 후반~19세기 전반 對淸認識의 변화와 새로운 中華 관념의 형성」, 『韓國史研究』 145(2009), 67~113쪽.

조성산, 「조선후기 西人·老論의 풍속인식과 그 기원」, 『史學研究』 102호(2011), 39~77쪽.

조성산, 「18세기 말~19세기 전반 조선의 自國文獻에 대한 관심확대와 그 의의」(미출간 원고).

조성을, 「丁若鏞의 身分制改革論」, 『동방학지』 51(1986), 75~118쪽.

조성을, 『여유당집의 문헌학적 연구』(혜안, 2004).

조성을, 「朝鮮後期 實學의 理想國家와 政治體制論」, 연세대학교 국학연구원, 『韓國實學思想研究 2—政治經濟學篇』(혜안, 2006), 55~100쪽.

좌담, 「다산, 주자학, 그리고 서학」, 『茶山學』 제2호(2001), 210~271쪽.

蔡振豊, 「丁若鏞 四書詮釋의 체계와 그 의의」, 『韓國實學研究』 18호(2009), 219~259쪽.

최기복, 「조선조 천주교회의 제사금령과 다산의 조상제사관」, 『韓國敎會史論文集』 2(한국교회사연구소, 1984), 97~198쪽.

崔相天, 「李家煥과 西學」, 『韓國敎會史論文集』 2(1984), 41~67쪽.

최석기, 「星湖學派의 『대학』해석—星湖, 貞山, 茶山을 중심으로」, 『韓國實學研究』 19호(2010), 123~159쪽.

최석우, 「정다산의 서학사상」, 정석종 외, 『정다산과 그 시대』(민음사, 1986), 105~137쪽.

최 식, 「19세기 '實事求是'의 다양한 층위와 학적 지향」, 『韓國實學研究』 19호(2010), 255~286쪽.

최익한, 『실학파와 정다산』(1955)(청년사, 1986).

최재건, 『조선후기 서학의 수용과 발전』(한들출판사, 2005).

카와하라 히데키(川原秀城), 「정약용의 과학저작」, 『茶山學』 13호(2008), 43~75쪽 ; 신동원의 논평, 108~120쪽.

彭林, 「試論茶山的考據學」, 『茶山學』 제6호(2005), 179~204쪽 ; (국문번역) 같은 책, 205~238쪽.

河宇鳳, 「丁茶山의 西學 關係」, 『敎會史研究』 1(1977), 75~112쪽.

何佑森, 「淸代漢宋之爭平議」, 『文史哲學報』 27(1978), 97~113쪽.

韓國敎會史研究所, 『邪學懲義』(弗咸文化社, 1977).

한국사상사연구회, 『인성물성론』(한길사, 1994).

한국사상사연구회 편, 『조선 유학의 자연철학』(예문서원, 1998).

韓琦, 「從明史曆志的纂修看西學在中國的傳播」, 劉鈍, 韓琦等 編, 『科史薪傳』(遼寧敎育出版社, 1997), 61~70쪽.

한영호, 「서양 기하학의 조선 전래와 홍대용의 《주해수용》」, 『역사학보』 170집 (2001), 53~89쪽.

한영호, 「서양과학의 수용과 조선의 신법 천문의기」, 연세대학교 국학연구원 편, 『韓國實學思想研究 4-科學技術篇』(혜안, 2006), 335~393쪽.

한우근 편, 『丁茶山研究의 現況』(민음사, 1985).

한형조, 『주희에서 정약용으로-조선 유학의 철학적 패러다임 연구』(세계사, 1996).

한형조, 「다산과 서학: 조선 주자학의 연속과 단절」, 『茶山學』 제2호(2001), 128~155쪽.

허윤섭, 「정조말~순조초의 農政개혁 논의를 통해 보는 曆象개혁에 대한 당시의 두세 가지 추구 방향」(한국과학사학회 발표문, 2010.11.5.).

허태용, 『조선후기 중화론과 역사인식』(아카넷, 2009).

홍덕기, 『茶山 丁若鏞의 토지개혁 사상』(전남대학교 출판부, 2001).

히라카와 스케히로(平川祐弘), 노영희 옮김, 『마테오 리치-동서문명교류의 인문학 서사시』(동아시아, 2002).

정약용의 문제들

〈영어문헌〉

Baker, Don, "A Different Thread: Orthodoxy, Heterodoxy, and Catholicism in a Confucian World," in Jahyun Kim Haboush and Martina Deuchler, eds., *Culture and the State in Late Chosŏn Korea* (Cambridge, Mass.: Harvard University Press, 1999), pp.199~230.

Baker, Donald, "Thomas Aquinas and Chŏng Yagyong: Rebels within Tradition", 『茶山學』 제3호(2002), pp.32~69.

Baker, Donald, "Tasan between Catholicism and Confucianism: A Decade under Suspicion," 『茶山學』 5호(2004), pp.55~86.

Baker, Donald, "Practical Ethics and Practical Learning: Tasan's Approach to Moral Cultivation", 『한국실학연구』 18호(2009), 194~217쪽.

Baker, Donald, "Shamans, Catholics, and Chŏng Yagyong: Tasan's Defence of the ritual Hegemony of the Confucian State," 『茶山學』 15호(2009), pp.139~180.

Bloom, Irene, and Joshua A. Fogel, eds., *Meeting of Minds: Intellectual and Religious Interaction in East Asian Traditions of Thought* (New York: Columbia University Press, 1997).

Cheng, Chung-ying, "Practical Learning in Yen Yuan, Chu Hsi, and Wang Yang-ming," William Theodore de Bary and Irene Bloom, eds., *Principle and Practicality* (New York: Columbia University Press, 1979), pp.37~67.

Ching, Julia, *The Religious Thought of Chu Hsi* (Oxford: Oxford University Press, 2000).

Chow, Kai-wing, *The Rise of Confucian Ritualism in Late Imperial China: Ethics, Classics, and Lineage Discourse* (Stanford: Stanford University Press, 1994)

Chu, Pingyi. "Trust, Instruments, and Cross-Cultural Scientific Exchanges: Chinese Debate over the Shape of the Earth, 1600-1800," *Science in Context* 12 (1999), 385-411

Davis, Edward L. *Society and the Supernatural in Song China* (Honolulu: University of Hawaii Press, 2001)

de Bary, William Theodore, and Irene Bloom, eds., *Principle and Practicality* (New York: Columbia University Press, 1979).

de Bary, William Theodore, and John W. Chaffee, eds., *Neo-Confucian Education: The Formative Stage* (Berkeley: University of California Press, 1989).

de Meyer, Jan A. M., and Peter M. Engelfriet, eds., *Linked Faiths: Essays on Chinese Religions and Traditional Culture in Honour of Kristofer Schipper* (Leiden: Brill, 2000).

Dudink, Ad, "Opposition to the Introduction of Western Science and the Nanjing Persecution (1616-1617)", Catherine Jami, Peter Engelfriet, and Gregory Blue, eds., *Statecraft and Intellectual Renewal in Late Ming China: The Cross-Cultural Synthesis of Xu Guangqi (1562-1633)* (Leiden: Brill, 2001), pp.191~224.

Ebrey, Patricia, "Sung Neo-Confucian Views on Geomancy," in Bloom, Irene, and Joshua A. Fogel, eds., *Meeting of Minds: Intellectual and Religious Interaction in East Asian Traditions of Thought* (New York: Columbia University Press, 1997), pp.75~107.

Elman, Benjamin A., *On Their Own Terms: Science in China, 1550-1900* (Harvard University Press, 2005).

Gallagher, Louis, tr., *China in the Sixteenth Century. the Journals of Matteo Ricci, 1583-1610* (New York: Random House, 1953).

Golvers, Noël, ed., *The Christian Mission in China in the Verbiest Era: Some Aspects of the Missionary Approach* (Leuven: Leuven University Press, 1999).

Haboush, Jahyun Kim, and Martina Deuchler, eds., *Culture and the State in Late Chosŏn Korea* (Cambridge, Mass.: Harvard University Press, 1999).

Henderson, John B., *The Development and Decline of Chinese Cosmology* (New York: Columbia University Press, 1984): 문중양 옮김,『중국의 우주론과 청대의 과학혁명』(소명출판: 2004).

Jami, Catherine, Peter Engelfriet, and Gregory Blue, eds., *Statecraft and Intellectual Renewal in Late Ming China: The Cross-Cultural Synthesis of Xu Guangqi (1562-1633)* (Leiden: Brill, 2001).

Kim, Yung Sik, "The *Ts'an-t'ung-ch'i k'ao-i* and the Place of Internal Alchemy (Nei-tan) in Chu Hsi's Thought," *Monumenta Serica* 55 (2007), pp.99~131.

Metzger, Thomas A., *Escape from Predicament: Neo-Confucianism and China's Evolving Political Culture* (New York: Columbia University Press, 1977).

Mungello, D. E., *The Great Encounter of China and the West, 1500-1800* (New York: Rowman and Littlefield, 2005), pp.29~30.

Needham, Joseph 등, *Science and Civilisation in China* (Cambridge: Cambridge University Press, 1954~).

Ng, On-cho, *Cheng-Zhu Confucianism in the Early Qing: Li Guangdi (1642-1718) and Qing Learning* (Albany: SUNY Press, 2001).

Peterson, Willard J., "Learning from Heaven: The Introduction of Christianity and Other Western Ideas into Late Ming China," in Denis Twitchett and Frederick W.

Mote, eds., *The Cambridge History of China,* volume 8 (Cambridge: Cambridge University Press, 1998), pp.789~839.

Shi Yunli, "Nicolaus Smogulecki and Xue Fengzuo's *True Principles of the Pacing of the Heavens*: Its Production, Publication, and Reception," *East Asian Science, Technology, and Medicine* 27 (2007), pp.63~126.

Smith, Kidder, Jr., Peter K. Bol, Joseph A. Adler, and Don J. Wyatt, *Sung Dynasty Uses of the I Ching* (Princeton: Princeton University Press, 1990).

Standaert, Nicolas, ed., *Handbook of Christianity in China. Volume One: 635-1800* (Leiden: Brill, 2001).

Tu Wei-ming, "Perceptions of Learning (*Hsüeh*) in Early Ch'ing Thought," in Tu Wei-ming, *Way, Learning, and Politics: Essays on the Confucian Intellectual* (Albany: SUNY press, 1993), pp.117~140.

Tu Wei-ming, *Way, Learning, and Politics: Essays on the Confucian Intellectual* (Albany: SUNY press, 1993).

Twitchett, Denis, and Frederick W. Mote, eds., *The Cambridge History of China*, volume 8 (Cambridge: Cambridge University Press, 1998).

Witek, John W., "Explaining the Sacrament of Penance in Seventeenth-Century China: An Essay of Ferdinand Verbiest (1623-1688)," in Noël Golvers, ed. *The Christian Mission in China in the Verbiest Era: Some Aspects of the Missionary Approach.* (Leuven: Leuven University Press, 1999), pp.55~71.

Yü Ying-shih, "Some Preliminary Observations on the Rise of Ch'ing Confucian Intellectualism," *Tsing-hua Journal of Chinese Studies* 10(1975), pp.105~136.

Zürcher, E., "Christian Social Action in Late Ming Times: Wang Zheng and His 'Humanitarian Society'," in Jan A. M. de Meyer and Peter M. Engelfriet, eds., *Linked Faiths: Essays on Chinese Religions and Traditional Culture in Honour of Kristofer Schipper* (Leiden: Brill, 2000), pp.269~286.

찾아보기

정약용의 문제들

정약용의 문제들

정약용의 문제들